인권의 지평

인권의 지평

새로운 인권 이론을 위한 밑그림

1판1쇄 ㅣ 2016년 3월 15일
1판4쇄 ㅣ 2021년 5월 24일

지은이 ㅣ 조효제

펴낸이 ㅣ 정민용
편집장 ㅣ 안중철
책임편집 ㅣ 윤상훈
편집 ㅣ 강소영, 이진실, 최미정

펴낸 곳 ㅣ 후마니타스(주)
등록 ㅣ 2002년 2월 19일 제2002-000481호
주소 ㅣ 서울 마포구 신촌로14안길 17, 2층 (04057)
전화 ㅣ 편집_02.739.9929/9930 영업_02.722.9960 팩스_0505.333.9960

블로그 ㅣ blog.naver.com/humabook
페이스북, 인스타그램, 트위터 ㅣ @humanitasbook
이메일 ㅣ humanitasbooks@gmail.com

인쇄 ㅣ 천일문화사 031.955.8083 제본 ㅣ 일진제책사 031.908.1407

값 20,000원

ISBN 978-89-6437-245-6 93300

이 도서의 국립중앙도서관 출판시도서목록(CIP)은 e-CIP홈페이지(http://www.nl.go.kr/ecip)와
국가자료공동목록시스템(http://www.nl.go.kr/kolisnet)에서 이용하실 수 있습니다.
(CIP제어번호: CIP2016004734)

인권의 지평

새로운 인권 이론을 위한 밑그림

조효제 지음

UNIVERSAL DECLARATION OF HUMAN RIGHTS
ARTICLE 1. / ALL HUMAN BEINGS ARE BORN FREE AND EQUAL IN DIGNITY AND RIGHTS. THEY ARE ENDOWED
WITH REASON AND CONSCIENCE AND SHOULD ACT TOWARDS ONE ANOTHER IN A SPIRIT OF BROTHERHOOD.
ARTICLE 2. / EVERYONE IS ENTITLED TO ALL THE RIGHTS AND FREEDOMS SET FORTH IN THIS DECLARATION.
WITHOUT DISTINCTION OF ANY KIND, SUCH AS RACE, COLOUR, SEX, LANGUAGE, RELIGION, POLITICAL OR
OTHER OPINION, NATIONAL OR SOCIAL ORIGIN, PROPERTY, BIRTH OR OTHER STATUS. FURTHERMORE, NO
DISTINCTION SHALL BE MADE ON THE BASIS OF THE POLITICAL, JURISDICTIONAL OR INTERNATIONAL STATUS
OF THE COUNTRY OR TERRITORY TO WHICH A PERSON BELONGS, WHETHER IT BE INDEPENDENT, TRUST,
NON-SELF GOVERNING OR UNDER ANY OTHER LIMITATION OF SOVEREIGNTY.
ARTICLE 3. / EVERYONE HAS THE RIGHT TO LIFE, LIBERTY AND SECURITY OF PERSON.

후마니타스

| 차례 |

도표 차례

일러두기

1. 후주에 언급된 연구물의 서지 사항은 참고문헌에 수록했다.

2. 국내에 번역된 도서를 인용할 때에는 한글 서지 사항만 밝혔다. 다만 원서를 인용했으나 국역본이 있는 경우, 참고문헌에 해당 서지 사항을 병기했다.

3. 인터넷에 출판된 글을 인용했을 때에는 면수 구분 없이 '온라인 인용'이라고만 표시했다. 모든 온라인 자료의 최종 접속 일자는 2016년 2월 25일이다.

4. 단행본·전집·정기간행물에는 겹낫표(『 』)를, 논문·논설·기고문 등에는 큰따옴표(" ")를, 법령·국제법·선언 등에는 홑화살괄호(〈 〉)를 사용했다.

5. 직접 인용한 단락의 원저에 원래부터 강조가 되어 있을 경우에는 '원문 강조'라고 표시했고, 지은이가 임의로 강조를 덧붙인 경우에는 '강조 추가'라고 표시했다. 첨가한 내용에는 대괄호([ ])를 사용했다.

6. 본문에서 인권, 인권 담론, 인권 운동, 인권 운동 진영 등을 굳이 구분하기가 번거롭고 비효율적이라 생각되어 '인권'으로만 표시한 부분이 많다.

서문

이 책을 쓴 목적은 역사적 인권의 경험에서 형성된 기존의 인권론을 비판하고 대안적 인권 이론을 모색하기 위해서이다. 전통적 인권론의 공헌을 인정하되 그것을 넘어 인권에 관한 새로운 일반 이론의 토대를 제시하려 한다. 가능한 한 넓은 화폭에 원점에서부터 인권을 다시 그리고, 인권을 침해하는 근본 원인과 인권을 촉진하는 근본 조건을 밝힘으로써 인권을 달성할 수 있는 새로운 이론의 밑그림을 제안할 것이다. 이 목적을 위해 현재 전 세계적으로 등장하고 있는 학설과 사조들을 광범위하게 수집·분석해 새로운 인권 이론의 체계를 구상했다. 이런 체계는 통상적이지 않은 관점에서 인권의 패러다임을 상상해 보려는 사회과학적 탐색의 표현이다. 이를 통해 오늘날 인권학 연구가 얼마나 다양한 영역으로 확장되고 뿌리를 내렸는지 확인할 수 있을 것이다. 이 책은 인권 이론서이지만 인권 단체가 보내는 긴급 행동 메시지만큼이나 시급한 현실적 문제의식을 품고 집필했다. 그 문제의식이 무엇인지를 설명하기 위해 지금부터 인권의 정의, 기존 인권 담론의 위상·특징·한계를 간략히 설명할 것이다.

이 책에서는 〈세계인권선언〉 서두에 나오는, 인권에 대한 정의에 충실한 해석학적 입장을 취한다. 제1조는 다음과 같다. "모든 사람은 자유로운 존재로 태어났고, 똑같은 존엄과 권리를 가진다. 사람은 이성과 양심을 타고났으므로 서로를 형제애의 정신으로 대해야 한다." 뒤이어 제2조에는 차별 금지,

제3조에서는 생명·자유·안전에 대한 권리를 인권의 원형질로 제시한다. 내 경험에 따르면, 보통 사람들에게 '무엇이 제일 중요한 인권이라고 생각하는가?'라는 질문을 던지면 거의 대부분 〈세계인권선언〉 제1·2·3조에 나오는 총론적 개념에 해당하는 예를 든다. 가령 생존, 생계, 전쟁 없는 세상, 일신상의 안전, 자기 인생을 스스로 꾸릴 능력, 남에게 무시당하지 않고 살기 등을 대답으로 제시한다. 이 점에서 일반 대중의 인권관과 〈세계인권선언〉 서두의 일반론적 인권관이 정확히 조응한다고 할 수 있다. 반면에 국제법상 인정되는 여러 개별 권리 항목을 구체적으로 제시하는 경우는 드물다. 보통 사람들이 생각하는 인권은 물론이고, 〈세계인권선언〉의 서두에서 규정하는 일반적 인권과, 특정 시대의 경험을 반영하는 역사적 인권 사이에 차이가 있고, 간극이 생기는 형국이다.

나는 이와 관련해, 전문적 인권 담론들은 대중이 직관적으로 받아들이는 일반화된 인권 개념에 큰 의미를 두지 않는 경향이 있다고 생각한다. 그런 일반 개념은 추상적이고 선언적인 원칙을 천명한 것에 불과하다고 보기 때문이다. 마치 대한민국 헌법에 규정된 행복권을 추상적이고 선언적인 원칙의 천명에 불과하다고 보는 것과 비슷한 태도이다. 전문적 인권 담론에서는 총론을 건너뛴 각론으로서의 개별 권리들, 그중에서도 법 제도로 확립된 권리들을 더 중시하고 더 깊게 다룬다. 그러나 내 의견은 다르다. 오히려 추상적이고 선언적인 원칙으로서의 인권, 즉 일반인들이 직관적으로 추론하는 원형으로서의 인간 존엄성 개념에 더 큰 비중을 두어야 한다고 생각한다. 개별 권리들은 추상적이고 선언적인 인권 원칙이 특정한 역사 경험 속에서 구체적 형태로 나타난 것이라 할 수 있다. 이는 시대와 장소에 따라 그 중요성이나 형태가 얼마든지 달라질 수 있으며, 지금도 변천과 진화를 거듭하고 있다. 그렇지만 일반 인권 원칙은 이런 개별적 권리들의 총합으로 환원될 수는 없다. 나는 지금까지 발전되어 온 개별 권리들의 전체 체계를 존중하되, 인권의 기원론적 개념에 충실한 인권 이론을 새롭게 정립할 필요가 있다고 믿는다. 그런 작업은 전혀 새로운 인권의 지평을 요구하며, 이를 위해 최대한 넓은 캔버스가 필요하다.

20세기 후반에 인권은 국내외적으로 대단히 중요한 법적·정치적·사회적 담론으로 자리 잡았다. 법과 정치 영역에서 각각 이런 추세를 대변하는 대표 저작으로 법철학자 로널드 드워킨Ronald Dworkin의 『권리를 심각하게 받아들이기』[1]와, 정치철학자 노르베르토 보비오Norberto Bobbio의 『권리의 시대』를 들 수 있다(Dworkin 1977; Bobbio 1996). 오늘의 눈으로 보면 인권에 대한 대중의 높은 관심은 마치 당연한 일이라고 생각될 것이다. 그러나 이런 추세는 1970년대 중반 이후에 형성되어 확산된 새로운 현상이다. 이는 몇 가지 흐름이 수렴된 결과였다. 우선 국제 인권법 체계를 지탱하는 양대 기둥인 〈시민적·정치적 권리에 관한 국제규약〉ICCPR(이하 〈자유권 규약〉)과, 〈경제적·사회적·문화적 권리에 관한 국제규약〉ICESCR(이하 〈사회권 규약〉)이 1976년에 발효되면서 국제 인권법 제도와 레짐이 본격적으로 등장했다. 1975년 〈헬싱키 협정〉의 체결로 인해 인권이 동구 사회주의 진영 내부의 변화를 이끄는 중요한 요인이 되었다. 또한 국제 인권 엔지오들이 적극적인 활동을 전개하면서 국제정치의 주요 행위자로 등장했으며, 이를 입증하듯 국제 앰네스티 Amnesty International(국제사면위원회)가 1977년 노벨 평화상을 수상해 세계적인 주목을 받았다. 미국 의회가 대외 정책과 해외 원조에서 인권을 주요 변수로 고려하기 시작했고, 1977년부터 카터 행정부가 사상 최초로 추진한 인권 외교는 국제적으로 커다란 반향을 불러왔다. 인권 담론이 본격적으로 등장해 확산됨에 따라 글로벌 차원, 지역 차원, 국내 차원, 지방 차원에서 인권 제도와 인권 레짐이 동반 확산되었다. 한국에서도 이제는 인권을 빼고 국제 관계, 대북 관계, 국내 정치를 논할 수 없다. 국가인권위원회(국가 인권 기구NHRI) 설립을 필두로 지방자치단체의 인권 조례 제정, 각급 학교에서 시행되는 인권 교육, 공무원 인권 연수, 군대 인권 실태 점검, 권리에 기반을 둔 해외 원조 등 인권의 영향력과 가시성이 대폭 확대되었다.[2] 사회운동 부문에서는 현실 사회주의 붕괴 이후 전 세계적으로 인권이 전통적인 의미에서의 계급 운동이나 노동운동을 대체할 새로운 해방 기획으로 큰 기대를 모으기 시작했다(Falk 2000). 나 역시 인권의 비중이 확대되어 온 지난 30여 년간의 과정을 가까운 거리에서 참여·관찰하면서, 인권이 우리 시대의 대안 담론이라는 데 깊이 공감했다. 모든 개별 인간의 존엄성을 옹호하는 인권의 규범적 보편성은 그 어떤 사회운동에서도 찾기 힘든 현대적 설득력과 호소력을 지녔다.

그러나 인권의 영향력이 커지면서 몇 가지 예기치 못했던 현상이 나타났다. 우선 국제 관계에서 '인권의 정치'라 부를 수 있는 흐름이 출현했다. 유엔 인권 프로세스가 인권 규범을 설정하는 주체로 확고하게 자리 잡았고, 미국을 위시한 강대국들이 인권 외교를 대외 정책의 핵심으로 설정했으며, 1990년대 코소보 사태 이후 더욱 중요해진 인도적 개입 논의에서 볼 수 있듯 국가 행위자들이 인권의 보편성과 규범성을 국제 관계의 주요 변수로 적용·활용·오용·남용하기 시작한 것이다(4장 참조). 오늘날 대다수 나라의 거의 모든 외교관들은 인권을, 국익 경쟁이 적나라하게 드러나는 모습을 세련되게 치장하는 일종의 수사처럼 사용한다. 이라크 전쟁에서 볼 수 있듯 이제 인권 보호는 타국을 침략할 구실로 사용되기도 한다. 심지어 인권이 '패권적 담론'이 되었다고 비판하는 목소리가 나올 지경에 이르렀다.

더 나아가 역사적 인권의 여러 역할 가운데 '도구적 역할'만이 인권 제도와 인권 레짐의 형태로 계승되고, 다른 역할들은 무시되거나 경시되기도 한다. 인권의 도구적 역할이란 법과 제도의 형태로 구체화된 인권을 통해 인간 존엄성을 보장하는 것을 뜻한다. 말하자면, 인간 존엄성이 목적이 되고, 인권은 이를 달성하기 위한 수단(도구)이 된다. 역사 속에서 주장된 여러 개별 권리들을 헌법과 실정법 체계 내에서 기본권의 형태로 보장하려는 흐름이 인권의 도구적 역할을 상징한다. 1215년의 〈마그나카르타〉(대헌장)를 위시해 18세기 말 미국의 〈독립선언문〉, 프랑스혁명 당시 발표된 〈인간과 시민의 권리선언〉의 내용들, 그리고 각종 권리 보장 조처들이 19세기 이후 전 세계 각국의 헌법 체계 내에 시민의 기본권으로 명시되기 시작했다. 1966년에 제정되어 1976년 발효된 국제인권규약을 중심으로 지금까지 발전해 온 각종 국제 인권법 제도 역시 이런 흐름에 속한다. 그러나 인권에는 도구적 역할만 있는 것이 아니다.

근대 인권은 17세기 이래 계몽주의의 정치적 기획으로 발전해 왔다. 계몽주의의 기획에 따라 인간의 권리는 인본주의-인도주의, 합리주의, 개인주의라는 역사적 흐름을 이끈 토대가 되었다(Goodhart 2013). 정치적 기획으로서 추진된 인권은 '내재적 역할', 즉 인간 존엄성을 최고의 가치로 승인하고 수용함으로써 평등한 개개인을 정치의 궁극적 단위로 격상하는 역할을 담당했다. 또한 인권은 '표출적 역할', 즉 인간의 권리를 보편적으로 선포함으로써 개인의 자유과 자율을 인간 사회의 발전과 민주정치를 위한 핵심적 동력으로 선양하는 역할을 담당했다. 보편적으로 선언된 인간의 권리는 법의 형태로 제도화되었는지 여부와 상관없이 그 자체로 민주주의를 향한 인류의 행진을 향도하는 나침반이 되었다. 모든 개개인이 동등한 가치와 존엄을 지니고 있다고 하는 규범적 이상은 예나 지금이나 혁명적인 울림을 발산한다. 물론, 그럼에도 계몽주의의 '보편적' 기획이 이론상으로나 실천상으로 많은 한계가 있었고, 이중적이고 위선적인 방식으로 타자를 지배하는 담론으로 악용되었던 사례가 수도 없이 존재한다. 이런 점에서, 인권을 지지하는 사람일수록, 역사적 인권의 추악한 뒷모습을 겸허히 인정해야 한다. 사실, 20세기 비판적 사회 이론의 발전사는 서구에서 기원한 보편적 인간 존엄성 담론의 허구성을 다양한 측면에서 폭로해 온 여정이라 해도 과언이 아니다. 그렇지 만 이 같은 비판과 이론적·현실적 한계들이 있음에도 모든 인간의 가치가 아주 깊은 차원에서 평등하다는 보편적 주장은 여전히 장중한 설득력을 지 니고 있으며, 법이나 제도를 지향하는 도구적 역할과는 다른 차원에서 민주 주의의 정치적 표상이자 기관차의 기능을 담당해 왔다.

요컨대 인권의 내재적·표출적 역할은 계몽주의적 해방의 정치를 추진하 기 위해 고안된 독특한 장치였다. 앞서 본 대로 〈독립선언문〉과 〈인간과 시 민의 권리선언〉은 도구적 역할도 담당했지만, 사실은 인권의 내재적 역할과 표출적 역할을 수행한 측면이 더 컸다. 시민혁명의 주도자들은 인간의 권리 를 결코 개별 권리들이 법제화된 것으로서만 이해하지 않았다. '제1조, 제2 조……' 하는 식의 개별 권리들은 시민의 자유·평등·우애의 정신을 구현하 기 위해 요구되는 최소한의 조처들을 예로 든 것에 불과했고, 이런 예시적 명제들은 급진적 혁명 정치를 추동하는 매니페스토로 활용되었다. 1948년 의 〈세계인권선언〉 역시 본질적 차원에서 인간 진보의 매니페스토였고, 인 권의 내재적·표출적 역할을 강조한 정치적 문헌이었다.

정리하자면 다음과 같다. 도구적 인권은 개별 권리의 침해를 법 제도를 통해 가시적으로 해결하려 한다. 이때 단기적 결과의 도출이 중요하며, 문제 의 제도적 해결과 종결을 지향한다. 도구적 인권은 확정적이고 구체적이어 서 제도와 정책의 형태로 표현하기가 용이하다. 도구적 인권은 직접적 인권 침해, 긴급한 인권 상황, 사람들에게 본능적인 분노를 불러일으키는 신체적 안전의 유린, 직관적인 불의감을 초래하는 부당한 폭력 등의 문제를 해결할 때 특히 유용하다. 이런 점에서 도구적 인권의 쓰임새는 앞으로 계속 늘어날 것이다. 반면에 내재적·표출적 인권은 보편적 인간 존엄성을 민주정치의 궁극적 목표로 승인하는 데 목표를 둔다. 이때 단기적 결과를 도출하는 것은 부차적인 목표에 불과하다. 추상적이고 선언적인 인권 원칙을 선포하고, 이를 국가의 존립 근거로 설정하며, 민주정치 과정을 통해 이를 지향하는 것에 의미를 두기 때문이다. 따라서 인간 존엄성의 가치를 철학적·정치적·담론적으로 주장하는 것 자체가 인권의 핵심 목표가 된다. 인간 존엄성의 보편적 원칙을 확고하게 지지하되 그것의 내용과 해석은 제가끔 시대와 장소의 특성을 반영하고, 민주적 숙의의 대상이 될 수 있다고 본다. 이 과정에서 나타나는 불확정적이고 유동적인 해석의 문제는 인권 담론이 감당해야 할 과업이라고 믿는다. 비유하자면 도구적 인권은 정답이 정해져 있는 객관식 문제이고, 내재적·표출적 인권은 질적 평가가 필요한 주관식 문제이다. 인권의 내재적·표출적 역할은 인권의 법제화로 가기 위한 중간 단계로만 필요한 것이 아니다. 법제화와는 별개의 차원에서 작동하는 독립된 정치적 원리이다.

이처럼 인권에는 다양한 역할이 있음에도, 나는 지난 반세기 동안 국내외적으로 인권의 제도화가 진전되면서 인권의 도구적 역할만이 주로 부각되고, 인권의 내재적·표출적 역할의 중요성과 의미가 쇠퇴한 것을 심각한 손실이라고 생각한다. 인권이라는 명칭을 내건 법과 제도만 시행하면 인권이 보장되리라고 믿는 단순 논리는, 인권이 마치 복잡한 사회문제를 일거에 해결할 만병통치약과 같다는 맹신을 불러오기 쉽다. 이처럼 지적으로 불충분하고 인권의 내재적·표출적 취지에 부합되지 않는 논리는 인권에 대한 기대치를 성급하게 높이거나 때 이른 실망을 초래한다. 충분한 논의가 진행되지 않고 시민들이 내면화하지 않은 상태에서 도구적 인권의 법제화만 이루어졌을 때 오히려 제도가 의도했던 것과 반대되는 부작용이 나타날 수도 있다.

물론 인권의 도구적 역할로 말미암아 직접적 인권침해의 문제가 많이 해소되었고 인권 담론이 부각된 것이 사실이다. 또한 도구적 역할 덕분에 인권이 현대 민주정치에서 정의를 상상하는 유력한 방식 중 하나가 된 점을 부인할 수 없다(슈메이커 2010, 643-702). 게다가 인권의 도구적 역할은 정치적·이념적 차이를 가로질러 존재하는 최소한의 중첩된 합의 영역을 모색하려는 글로벌 규범으로 구체화되었다. 사상사적으로 봐도 획기적인 변화가 일어난 것이다. 이런 점은 아무리 강조해도 지나치지 않다. 하지만 성공만큼이나 문제점도 적지 않게 드러나고 있다. 한 가지씩 짚어 보자.

- **인권 법제화의 한계 ❶ : 인권과 법적 요구 자격의 동일시.**[3] 인권 문제를 법과 제도를 중심으로 이해하는 경향이 나타났다. 인권(인간人間의 권리權利)에서 말하는 '권리'를 법적 요구 자격으로 보는 견해 때문에 실정법 체계 속의 규정으로 성문화되고, 제도의 틀 내에 포함되어야만 인권이 실질적으로 보장되는 효과를 발휘할 수 있다는 압도적 믿음이 형성된 것이다. 그러나 '권리'right, Recht, droit, regt라는 말은 원래 중의적 어휘이다. 이 단어에는 '법적 요구 자격'뿐만 아니라 '규범적 정당성'이라는 뜻이 먼저 내포되어 있다(조효제 2015a, 21-26). 권리를 법적 요구 자격으로만 이해하면 권리 개념을 반쪽으로만 해석하게 된다. 계몽주의적 해방의 정치를 기획했던 사상가들은 '정당한 규범'으로서의 권리가 모든 사회변혁 과정을 이끌어 가는 동태적 역할을 할 수 있다고 믿었다. 이를 간과하고 권리를 법적 요구 자격에 국한하면 인권을 정태적인 제도화의 경로 내에 위치시키게 된다.

- **인권 법제화의 한계 ❷ : '순진한 규정 숭배'의 오류.** 만일 인권침해가 발생했음에도 이를 효과적으로 다룰 수 있는 법 제도가 없을 때에는 그 문제의 '법적 요구 자격'을 새롭게 쟁취하는 것을 인권 운동의 주요 목표로 삼게 되

었다. 대표적으로 입법 운동, 악법의 개정 혹은 폐지, 제도 신설과 개선 및 확장 등을 들 수 있다. 오늘날 한국 사회에서 법적 요구 자격 쟁취는 인권 운동의 주요 활동에 속한다. 하지만 법적 요구 자격이 생긴다고 해서 이를 곧바로 향유할 수 있다는 뜻은 아니고, 제도의 수립이 행동의 변화를 수반한다는 뜻도 아니며, 그것이 그 사회의 인간적 안녕을 총체적으로 보장할 수 있다는 뜻은 더더욱 아니다. 법적 요구 자격의 획득을 중심으로 인권을 이해한다면 법과 제도를 잘 만들고 잘 지키기만 하면 인권 문제가 해결될 수 있다고 낙관하는 태도가 생길 수 있다. 이는 에릭 포스너Eric Posner가 '순진한 규정 숭배'라고 불렀던 오류이다(4장 참조). 예를 들어, 헌법에 규정된 시민 기본권 보장의 수준으로만 따지면 남아프리카공화국·인도·러시아 같은 나라들이 전 세계에서 인권을 가장 잘 보호하는 곳이 되어야 한다. 과연 그런가? 명문화된 법적 요구 자격은 인권 달성의 필요조건은 될 수 있을지언정 충분조건과는 거리가 멀다.

- **인간 존엄성의 획일적 해석**. 인권을 인간의 존엄성이라는 추상적이고 선언적인 개념 — 원칙상 규범적이고 절대적이지만, 실천적으로는 고정되지 않아서 민주적 논의를 통해 개척되고 재구성될 수 있는 어떤 것 — 으로 상상하기보다, 인권법 및 인권 제도와 연관된 확정적인 어떤 것으로 이해하기 시작했다. 즉 법과 제도에 규정되어 있는 인권이 침해되었을 때 이를 바로잡는 것이 곧 인권의 회복이라는 관점, 그리고 인권이 모든 행동에 확고한 지침을 제공할 수 있다는 관점이 자리를 잡은 것이다. 더 나아가 이런 관점으로부터 구체적이고 미시적인 개별 권리들을 중심으로 인간 존엄성을 이해하는 경향이 나타났다. 하지만 인간의 존엄성은 개별 권리들을 모두 합친 것보다 더 큰 어떤 것이다. 이에 대해 제임스 니켈James

W. Nickel은 다음과 같이 경고한다. "[구체적 문제를] 결정하는 데 있어서 ……구체적 인권의 기초가 되는 추상적인 도덕적 고려 사항을 돌아보고, 인권 존중을 증진시키기 위한 행동과 정책이 가져올 개연성 있는 결과를 내다볼 필요가 있다. 인권은 사려 깊은 정책적 숙고를 위해 지침을 제공하지만 그런 숙고를 대체할 수는 없다"(니켈 2010, 261-262). 다시 말해 이런 통찰을 놓치면 정치적 이해관계의 분절 지점, 혹은 정체성을 둘러싼 다면적 의미, 혹은 인간 자유·자율성의 해석 차이에서 비롯되는 다양한 인권 문제들을 법 규정 위배라고 하는 평면적 차원으로 환원해 단순화하는 오류가 발생한다. 예를 들어, 성을 사고파는 행위를 전통적 의미에서의 인권 문제로 봐야 하는지, 혹은 볼 수 있는지 등의 논쟁은 매우 복잡한 가치판단을 요구한다. 나는 개인적으로 인신매매의 부작용과 남성성의 폭력적 지배가 압도적인 현실을 감안해 성매매를 '정상적' 노동으로 재규정하는 데 반대해 왔다(조효제 2015a, 305-307). 그러나 이는 어디까지나 성매매에서 파생되는 부작용을 강조한 것일 뿐, 구성적이고 본질적 차원에서 성매매가 그 자체로서 인권침해인지 혹은 개인의 자유·자율에 맡길 문제인지에 대해서는 아직 명확한 입장을 정리하지 못했다. 이는 우리 시대의 인간 존엄성이 무엇을 의미하는지에 대해 철학적·윤리적 숙의를 거쳐 잠정적 합의를 찾아야 할 문제이지, 미리 정해 놓은 획일적 인권 기준을 적용해 흑백으로 재단할 수 있는 문제가 아니라고 생각한다.

- **국가 내부 지향성의 문제**. 인권이 주로 시민과 국가 사이의 관계 속에서 발생하는 권력의 일탈적 양상만을 다루는 것이라는 관점이 생겼다. 이 같은 인권의 국가 내부 지향성intra-state orientation은 인권을 한 국가 내에서 정부와 시민 간에 합의되고 형성되는 근대적 사회계약의 기초인 시티즌십 차

원으로 한정시키고, 그 밖에 인권을 침해하는 구조적·국제적 차원의 권력을 도외시하는 결과를 낳았다. 예를 들어, 전 세계적으로 인권을 가장 큰 차원에서 침해하는 원인 가운데 하나인 전쟁의 경우, 아직 어떤 국제 인권 규범에서도 '전쟁으로부터 자유로울 수 있는 권리'를 정식 인권으로 인정한 적이 없다. 상식적으로 이해하기 어려운 일이지만, 인권의 국가 내부 지향성에 비추어 보면 너무나 당연한 결과이다. 이상적으로는, 유엔 프로세스와 각종 국제 인권 제도 및 레짐이 존재하고, 인권 담론이 국제적 보편 기준으로 제시되고 있기 때문에, 인권이 국가를 초월해 작동하고 있다고 믿기 쉽다. 하지만 현실은 그렇지 않다. 여전히 시민들의 인권 문제를 해결하고 인권 기준을 이행하는 주된 주체가 국민국가이며, 인권이 보호되는 장소 역시 국민국가이므로 인권 보장이 궁극적으로 국가 내부에서의 실행을 통해 이루어질 수밖에 없다는 관점이 아직도 주류적인 견해를 형성하고 있는 실정이다.

- **인권침해 원인의 협소한 이해.** 인권 문제가 발생하고 이를 해결하기까지의 전 과정이 '침해 발생 → 진상 규명 → 책임 소재 → 가해자 처벌 → 피해 복원 → 재발 방지'라는 식의 정형을 따르게 되었다. 인권 문제를 이렇게 파악하면 인권침해가 일어난 '원인'에 대한 분석이 결여된 채, 인권침해를 비정상적 일탈로만 한정하게 된다. 예를 들어, 법과 제도가 존재함에도 이를 준수하지 않은 제도적 일탈성, 혹은 인권침해를 유발한 가해자의 '비정상적' 행위만을 인권침해의 주원인으로 확정해 버리는 결과가 나온다. 이는 행위 중심의 인과관계에 근거한 접근 방식이다(1장 참조). 이런 관점은 필연적으로 모든 인권침해를, 법과 제도를 위반한 범죄행위로 간주해 이해하는 태도를 수반한다. 이런 프레임을 벗어난 인권 문제는 아무

리 심각한 인권유린이더라도 통상적인 인권론에서 잘 다루지 않고, 다룰 수도 없는 '괄호 바깥의 의제'로 취급된다. 예를 들어, 기후변화와 같은 구조적 문제는 금세기 최대의 인권 문제를 야기하고 있음에도 통상적 인권론에서 잘 다루지 않을뿐더러 다루기도 어렵다(2장 참조).

- **맥락과 조건에 대한 의도된 무관심**. 인권의 법적 요구 자격을 확보하는 일보다 훨씬 더 중요한 정치·경제·사회·문화·역사적 맥락과 조건을 감안하지 않고, 인권의 렌즈로만 사회문제를 파악하고, 인권의 방법론으로만 인권 문제를 해결하려고 하는 인권 중심주의적 경향이 존재한다. 이런 경향은 '오직 인권만을'sola iura humana 지향한다는, 일종의 세속적 근본주의와 같은 관점을 반영한다. 이처럼 의도된 탈맥락화 혹은 내장된 탈정치화 관점은 인권의 절대적 보편성 주장과 결합되어, 21세기에 들어서도 인권의 존재론적 바탕이 마치 절대적 형이상학의 원칙 위에 구축되어 있는 것처럼 믿는 오해를 낳기 쉽다. 또한 맥락과 조건을 무시하고 초연한 존재론에 근거해 인권 문제를 해결하려고 하면 애초에 의도한 목표를 달성하기 어려워진다. 인권을 달성할 수 있는 근본적 차원의 조건을 고려하지 않고 '오직 인권만을' 추구하면 협소한 의미에서의 개별 권리조차 보장받기 어렵다. 이 점은 극히 중요하며 이 책의 전체 논증을 관통하는 핵심 주장이다. 인권 친화적인 정치·경제·사회·문화·역사적 맥락 및 조건이 갖춰져야 인권 향상이라는 거시적 물레방아가 잘 돌아갈 수 있다. 그런 상태가 확보되면 — 인권이라는 용어를 사용하는지 여부에 관계없이 — 이미 인권이 높은 수준에서 보장되는 지점에 이른 것이다. 이를 '권리 보유의 역설'이라고 한다(1장 참조). 이런 상태에서 각종 사회문제들을 구체적인 권리의 이름으로 개념화하고 해결책을 모색할 때, 인권을 둘러싼 거시적 환

경이 개선되고 구체적 개별 권리의 문제가 해결되는 이중적 효과가 나타
날 수 있다. 그러나 그것의 반대는 불가능하다. 설령 개별적 인권 문제가
일부 해결된다 하더라도 그것만으로 전체 인권 수준을 높일 수는 없다.

- **국제 인권 전문화의 폐쇄 회로**. 마지막으로, 인권의 전문화 경향이 심화되었
다. 국제 인권법 체계를 중심으로, 각국의 헌법 체계, 형법과 실정법, 인
권 정책 들을 설계함으로써 인권을 보장하려는 노력은 필연적으로 인권
을 법률가들과 전문가들의 전유물로 만든다. 이는 인권에서 도구적 기능
이 강조된 데 따른 필연적 결과이다. 정교한 법체계를 구축하고 구속력
있는 제도화의 수준을 높이는 것을 인권 달성의 주요 목표로 간주하고 이
를 담당하기 위해서는 그 과업의 패러다임 내에서 발전해 온 용어와 개념
의 클러스터, 제도와 관행의 총체적 레짐에 익숙하고, 그것들을 능란하게
활용할 수 있는 전문가들의 존재가 반드시 필요하다. 실제로, 인권의 전
문적 담론은 전통적이고 직접적인 인권침해 문제를 구제할 때, 그리고 인
권 정책을 입안할 때 반드시 필요하며 그 유용성 또한 날이 갈수록 커지
고 있다. 응급 환자에게 전문의가 필요한 것과 같은 이치이다. 그러나 모
든 전문화 과정이 그러하듯 인권 역시 자체 완비형 담론을 구비할수록 전
문가와 일반 대중의 사회적 거리는 멀어진다. 유엔, 지역 인권 기구들, 국
제조약, 각종 이행 기구 등이 국제 인권 레짐을 형성하면서 이 레짐에 참
여하는 행위자들이 자체 완결적인 성채와 같은 인식·행동 클러스터를 형
성했기 때문이다(4장 참조). 예를 들어, 시민들의 '일반적' 건강을 증진하기
위한 모임에 '뇌수술 전문의들'만 참여하면 어떻게 되겠는가? 인권이 전문
담론의 성채를 쌓으면 쌓을수록 인권의 내재적·표출적 역할은 도구적 역
할의 부차적인 기능으로 격하되고, 쉽게 립 서비스의 대상으로 전락한다.

지금까지 말한 일곱 가지 특징적 현상은 인권이 오늘날처럼 중요하게 부각되지 않았다면 큰 문제가 되지 않았을지도 모른다. 마이클 프리먼Michael Freeman을 비롯한 여러 인권 전문가들은 지금까지 인권이 법률가들의 영역이었다고 지적한다. 만일 인권이 법적 개념으로만 남아 있었더라면 인권 담론이 아무리 확장되었어도 별 문제가 되지 않았을 것이다. 그러나 이제 현대 인권은 법률가들의 전유물이 아니다. 정치·사회적 사조를 이끄는 일반론적인 주류 담론이 된 것이다. 이제 인권을 보장하는 레짐의 구축을 민주정치의 이상적 모습으로 간주하거나, 인권의 질을 민주주의의 질과 동일시하는 학설도 나타나고 있다(Donnelly 2013). 오늘날 인권은 개별 권리들의 목록에만 존재하는 것이 아니다. 헌법 정신을 논할 때, 정치체의 민주성을 논할 때, 사회정책의 최적 모델을 상상할 때, 그 사회의 일반적 수준을 논할 때 반드시 인권이 등장한다. 다시 말해, '보편적' 인권 원칙에서 연역해 정치·경제·사회·문화·국제 문제들을 해결하려는 경향이 나타난 것이다. 이처럼 인권의 위상이 고조된 결과 역사적 인권에 기반을 둔 특정한 인권론으로 감당할 수 없는 여러 문제들이 부각되기 시작했다. 앞서 설명한 일곱 가지 현상이 대표적 사례들이다.

따라서 새로운 인권론이 제시되어야 할 필요성이 커졌다. 전문적 인권 담론의 틀을 넘어 인권이 주류 정치·경제·사회의 사조와 적극적으로 만나야 할 때가 온 것이다. 이는 단순히 학문적 호기심 차원의 문제가 아니다. 내가 인권 단체의 긴급 행동 메시지만큼이나 시급한 문제의식을 품고 이 책을 집필했다고 말한 이유가 바로 여기에 있다. 1980년대 중반부터 세계 인권학계에서 인권 달성의 새로운 패러다임을 찾으려는 노력이 나타나기 시작했다. 인권론을 법학과 기능적 제도주의에 한정하지 않고 전체 사회과학의 일부로서 다뤄야 한다는 주장이 등장했다. 사회학·인류학·정치철학·비교정치학·

평화학·국제관계학·사회심리학·교육학·사회정책학·복지학 등 다학문, 학제 간 연구로 인권을 분석한 문헌이 대거 축적되었다. 법학에서도 이 같은 관점을 반영해 비판법 이론, 법사회학, 사회학적 제도주의를 반영한 법 준수 이론 등이 제출되고 있다. 이 책은 이런 폭넓은 조류들을 내 나름대로 분석하고 정리해 인권 이론의 지평을 넓히고자 노력한 산물이다.

이 책의 집필 방향은 앞서 본 현대 인권 담론의 일곱 가지 특징적 현상과 조응한다. 즉 20세기에 형성된 특정한 인권론의 한계를 넘어 인권 이론의 새로운 토대를 구축하려 한다. 궁극적으로는 '인권의 일반 사회 이론'을 정립하려는 노력의 첫걸음이다. 그것은 인권의 내재적·표출적 역할의 중심성을 다시 살리고, 거시적이고 장기적인 맥락 속에서 인권을 상상할 수 있게 하며, 인권침해의 직접적 원인을 넘어 근본 원인을 탐색하고, 인권 달성을 가능하게 하는 근본 조건을 제시하려는 것이다. 요컨대 계몽주의 전통에 따른 정치적 인권 기획을 복원해 인간의 자유와 존엄성을 민주정치의 궁극적 목표로 둘 수 있게 하는 대안적 인권 이론을 모색하려는 것이다.

이 책은 모두 일곱 장으로 구성되어 있다. 1장에서는 인권 문제를 낳은 근본 원인을 분석하고 복합적인 인과관계를 확인하는 일이 왜 중요한 과제인지를 설명한다. 또한 인권을 달성한다는 것이 정확히 무엇을 의미하는지를 살펴본다. 그와 함께 이 책 전체를 관통하는 문제의식을 정리한다. 본론에 해당하는 2장부터 6장까지는 인권침해를 야기하는 근본 원인과 인권 달성을 촉진하는 근본 조건들을 범주화해 고찰한다. 내가 구상하는 인권 이론의 전체 캔버스에 해당하는 내용이다. 이 다섯 가지 근본 차원들에 대해 추상적이고 선언적인 인권 원칙을 정치적으로, 장기적으로 적용해야 한다는 점을 강조할 것이다. 다섯 장들은 서로 구분되면서도 그 내용은 중첩되며 상호 연결되어 있다.

- **2장**. 구조적 인권침해와 근본 원인 분석.
- **3장**. 친인권 이데올로기와 반인권 이데올로기, 그리고 인권을 둘러싼 대중의 도덕관념.
- **4장**. 국제 관계의 원리와 인권의 정치. 국제 인권법 제도의 필요성과 그것의 유효성 및 한계.
- **5장**. 인권과 인권침해를 형성하는 사회심리. 증오·차별·지배·공격성·불의감을 둘러싼 인간의 감정과 심리적 동기. 대중의 인권 의식과 태도, 그리고 시스템 정당화 이론의 함의.
- **6장**. 국가 존립의 인권적 근거. 국가가 가장 큰 인권침해자이면서 동시에 인권 보장의 궁극적 수호자인 역설. 정치적 폭력과 민주주의, 그리고 포스트 성장 시대에 지속 가능한 경제적·사회적 권리를 모색할 방안.

마지막 7장에서는 책 전체의 논지를 정리하는 한편, 인권이 인간 존엄성을 확보하기 위한 표출적 역할을 해야 한다는 점을 재삼 지적한다. 그리고 이런 결론이 인권 운동에 주는 교훈을 논의한다. 인권 운동이 거시적이고 장기적인 관점에서 정치 시스템과 사회 메커니즘의 변화를 이끄는 힘이 되어야 한다는 점을 강조하려 한다. 끝으로 이런 점들을 종합하는 인권 이론의 밑그림을 제시함으로써 결론을 내릴 것이다.

책을 탈고하고 나니 아쉬움이 적지 않다. 인권의 패러다임을 전환하자는 주장을 담은 이론서로서 인권에 영향을 주는 모든 영역을 다룬 까닭에 깊이보다 넓이를 추구한 책이 되었다. 그뿐만 아니라 인권침해의 근본 원인과 인권 달성의 근본 조건들을 분류하고 체계화하는 것을 넘어, 이런 요인들이 어떤 상호작용과 메커니즘을 통해 인권에 영향을 주는지에 관한 정교한 이론화 작업을 완성하지 못했다. 또한 1980년대 중반 이후 전 세계적으로 등장한 새로운 관점의 인권 연구들을 집대성하겠다는 목표를 세웠던 까닭에 국내의 실증적 연구들을 다루는 데 미흡할 수밖에 없었다. 이런 점들을 보완해 멀지 않은 장래에 개정판을 낼 수 있기를 희망한다.

나는 2007년 후마니타스에서 『인권의 문법』을 내면서, 인권의 전문적 서사와 인권의 비판적 서사를 연결하고 종합하는 작업이 필요하다고 제안했었다. 그 문제의식이 『인권의 지평』을 집필하도록 이끈 것 같다. 인권 담론이 인권 전문가들이 주도하는 개별 권리의 보호 운동으로 파편화되는 경향에 제동을 걸기 위해, 더 늦기 전에 학문적인 개입의 모멘텀을 마련하고 싶었다. 이 책은 다른 학술 매체에 발표된 적이 없는 원고를 단행본으로 내기 위해 전작 집필한 것이다. 외부의 지원을 받지 않고 작업을 끝낼 수 있었던 것에 개인적으로 자부심을 느낀다. 성공회대학교의 연구년 제도 덕분에 2014년 가을부터 2015년 여름 사이 집필에 집중할 시간을 낼 수 있었다. 출판계가 어려운 시기에 사회과학 이론서의 출간을 결정해 준 후마니타스의 정민용 대표와 박상훈 전 대표에게 감사드린다. 편집 실무를 꼼꼼히 챙긴 윤상훈 편집자와 편집진의 노고로 책의 완성도가 높아질 수 있었다. 민주주의에서 인권 연구의 중요성을 인정하고 관심을 보여 주신 최장집 교수님께 사의를 표한다. 연구년 도중 귀한 시간을 내서 초고를 읽고 건설적 논평을 보내 준 홍성수 교수께 동학으로서 고마운 마음을 전한다. 각 장 집필을 마칠 때마다 막걸리로 격려해 준 성석제 작가의 주덕을 기억한다. 말로 다 표현할 수 없지만 아내 권은정과 딸 명원이는 내 마음을 누구보다 잘 알 것이다.

2016년 초봄을 맞으며
항동골 연구실에서 조효제 드림

제1장

인권의 근본 원인과
근본 조건

"이곳에 이유 같은 건 없어."

　　_아우슈비츠 수용소 순찰대원

"반드시 이유를 물어야 합니다."

　　_홀로코스트 생존자

우리가 인권을 찾고 인권을 원하는 것은 인간의 존엄성을 보장받고 누리기 위해서다. 어떻게 하면 인권을 누릴 수 있을까? 이 질문에 대한 통상적인 해법은 단순하고 명쾌하다. 인권침해 사건의 진상을 규명하고, 가해자를 처벌하고, 피해자에게 보상·배상을 해주고, 관련 법 제도를 정비하고 이를 잘 시행하면 된다. 이 책은 이런 통념에 의문을 던지고 대안적 견해를 제시하려 한다. 이 장에서는 인권 달성의 방법을 둘러싼 주요 쟁점들을 소개하고, 전통적인 인권 담론에서 충분히 다루지 않았던 근본 원인에 관한 질문이 왜 모든 인권 논의에서 핵심을 이루어야 하는지를 설명한다.

수단 정부군의 집단 강간 사건

2014년 아프리카의 수단에서 정부군의 무장 병력이 다르푸르 지역 남부의 타비트 마을을 급습한 사건이 발생했다. 군인들의 난동은 10월 30일 목요일 저녁, 금요일 오전, 그리고 금요일 저녁부터 11월 1일 토요일 아침까지 모두 세 차례에 걸쳐 36시간 동안 계속되었다. 이들은 주로 타비트 마을 인근에 주둔 중이던 정부군과 타 지역에서 차출된 병력으로 추정된다. 다르푸르는 반군 활동 지역이기는 했지만, 그날 타비트 근방에서는 반군의 활동이 전혀 감지되지 않았다. 정부군이 민간인 거주 지역을 습격한 이유는 뚜렷하지 않다. 주민들의 증언에 따르면 군인들은 반군에게 납치된 동료 병사를 구하기 위해, 또는 반군에게 보복하고자 마을에 쳐들어왔다고 말했다고 한다.

타비트 마을에 진입한 정부군은 가택 수색, 재산 약탈, 무차별 폭행, 그리고 부녀자에 대한 강간을 자행했다. 특히 2백여 건이 넘는 집단 강간이 조직적으로 이루어졌다. 그사이 동네의 성인 남성들은 마을 외곽으로 끌려가 위협과 구타를 당했다. 이 작전에 가담했다 나중에 반군 쪽에 투항한 정부군 병사들의 증언에 따르면, 반군과 내통한 부역자들을 벌주기 위해 여성들을 겁탈하라는 상관의 명령이 있었다고 한다.

무력 충돌 시 민간인을 상대로 강간 등의 가혹 행위를 하면 국제인도법(전쟁법)과 국제 인권법상의 전쟁범죄에 해당된다. 국가 간 전쟁이든 국가 내 분쟁이든, 정규군이든 반군이든, 국제인도법을 준수할 의무가 있다. 민간인에게 집단 강간을 하라고 지시했거나 자행을 묵인한 지휘자 역시 전쟁범죄의 지휘 책임으로부터 자유롭지 않다. 또한 민간인을 상대로 광범위하고 조직적인 공격(살상·고문·강간 등)을 가했을 경우, 이는 반인도적 범죄에 해당할 가능성도 크다.

사건이 발생한 직후부터 수단 정부와 군 당국 그리고 지역 유지들은 사건을 은폐하기 위해 타비트 마을 주민들에게 다양한 압력을 가했다. 주민들의 입을 막기 위해 협박하고, 사건 발생을 부인하는 역정보를 주민들과 언론에 유포했다. 반항하는 주민들을 자의적으로 구금한 뒤 고문과 가혹 행위를 자행했으며, 강간 피해자들에게 적절한 의료 서비스를 제공하지도 않았다. 현지의 사정상 보건소나 의료 시설이 열악해 상황이 더욱 악화되었다. 여성들이 병원을 찾아 자초지종을 밝히면 치료를 받기는커녕 허위 사실 유포죄로 처벌될 위험마저 있었다.

더 나아가, 수단 정부는 이곳에 주둔 중인 '다르푸르 지역 유엔-아프리카 연합 합동평화유지군'UNAMID이 이번 사건을 조사하는 것을 방해했다. 평화유지군의 임무 중에는 민간인 보호가 포함되어 있었다. 11월 9일 현지를 방문한 평화유지군의 야전조사팀은 집단 강간이 발생한 사실을 확인할 수 없었다고 공식 발표했다. 하지만 조사팀이 정부 보안군 관계자들의 안내로 현지를 방문했고, 그 지역에 몇 시간 머물지도 않은 상태에서 서둘러 조사 결과를 발표했다는 사실은 보도 자료에 언급되지 않았다. 그 뒤 평화유지군은 재차 현지 조사를 추진했지만 번번이 정부 측의 거부로 타비트 마을에 접근할 수 없었다.

국제사회의 압력에 못 이겨 수단 정부는 자체적으로 다르푸르 지역에서 발생한 범죄를 수사할 특별검사를 11월 20일 타비트 마을에 파견했다. 특별검사가 마을을 방문해 주민들의 증언을 들었지만, 겁에 질린 사람들이 인권 침해의 실상을 검사 면전에서 사실대로 밝히기는 어려웠다. 당시 특별검사의 활동을 취재한 로이터의 보도사진을 보면, 특별검사가 증언을 청취하는 자리에 정부 측 고위 관리들이 동석해 있던 것을 확인할 수 있다. 강간 사건의 피해자 증언을 청취하는 자리에 가해자의 가족이 동석한 것과 다름없었다. 그 뒤 특별검사는 타비트에서 범죄행위가 발생했다는 근거를 찾을 수 없다는 공식 결론을 내렸다.

지금까지 기술한 내용은 널리 알려진 국제 인권 단체인 휴먼라이츠워치 Human Rights Watch가 2015년 2월에 발표한 동 사건의 조사 보고서를 요약한 것이다(Human Rights Watch 2015). 휴먼라이츠워치는 사건 발생 후 11월과 12월 두 달에 걸쳐 광범위하고 철저한 조사를 벌였다. 휴먼라이츠워치는 수단 정부의 거부로 현지를 방문하지 못했기에, 수단 내 인권 단체들 및 운동가들의 지원을 받아 정보를 수집했다. 또한 현지어 통역이 딸린 국제전화 통화로 피해 주민들과 직접 인터뷰를 진행했다. 전화 인터뷰는 한 번에 한 사람씩 개별적으로 이루어졌으며 1인당 30분에서 두 시간 동안 지속되었다. 성인 여성 17명과 여아 1명(그중 강간 피해자 15명), 직접 가혹 행위를 당한 남성 10명, 강간 외의 인권침해를 목격한 남성 8명과 여성 1명, 사건 직후 마을을 방문했던 민간인 9명, 나중에 반군에 투항한 정부군 4명(작전에 직접 참여했던 병사 3명)을 합해 총 50명을 전화로 인터뷰했다. 휴먼라이츠워치는 조사 대상자들에게 조사 목적을 명확히 설명하고, 2차 피해를 주지 않기 위해 익명으로 조사를 진행한다는 점을 설명했으며, 조사에 자발적으로 응한다는 동의를 받았다. 피해자, 증언자, 주민, 지역 인권 단체를 통해 강간 피해를 당한 여성 221명의 정확한 신원도 확인했다. 모든 정보는 이중·삼중으로 확인을 거쳤으며 객관적 사실facts과 주장된 사항alleged matter을 구분했다. 조사 과정에서 금전을 포함해 어떤 유인도 제공되지 않았다. 조사 보고서는 국내외 전문가들의 검증을 거친 뒤 발표되었다.

휴먼라이츠워치는 이 보고서에서 다음과 같은 '권고 사항'을 제안했다. 권고 사항은 인권 단체가 특정 인권침해 사건의 해결 방안을 제시하는 것으로서, 진상 조사와 함께 보고서의 양대 핵심을 이루는 부분이다. ① 수단 정부에 대한 권고. 군 당국이 주민들에게 추가적으로 자행하는 인권침해를 즉각 중지하도록 명령할 것. 현지에 대한 외부 조사단의 접근권을 보장할 것. 피해 여성들에 대한 의료, 인도적 지원 등 모든 조치를 제공할 것. 지위 고하를 막론하고 사건에 책임이 있는 모든 당사자를 색출해 처벌할 것. 구금 중인 주민들을 즉각 석방할 것. 검찰로 하여금 엄정한 수사를 재개하도록 할 것. ② 평화유지군에 대한 권고. 수단 정부에 현지에 대한 접근권을 계속 요구하고 현지 주민의 보호를 위한 순찰 활동을 강화할 것. ③ 유엔 안전보장이사회에 대한 권고. 평화유지군의 현지 접근을 위한 결의안을 채택할 것. 사건 책임자들에게 국내외 여행 금지령을 내리고, 이들이 평화유지군의 조사 활동을 방해하지 못하게 할 것. ④ 유엔 인권최고대표에 대한 권고. 현재 평화유지군의 조사 활동이 거부된 상태이지만 최고대표실이 독자적으로라도 조사에 착수할 것. ⑤ 국제형사재판소ICC에 대한 권고. 집단 강간을 포함한 민간인 인권침해에 관해 기소 여부 타진을 포함한 수사에 착수할 것. ⑥ 여타 국제기구들에 대한 권고. 즉각 수단을 방문해 수단 정부에 항의하고, 수단 및 여타 지역의 폭력 분쟁에서 여성들을 보호할 방안을 강구할 것.

이처럼 2014년 10월 수단에서 발생한, 정부군에 의한 민간인 집단 강간 사건은 인권 엔지오인 휴먼라이츠워치가 활동한 덕분에 국제사회에 비교적 상세히 알려질 수 있었다. 휴먼라이츠워치는 객관적이고 과학적인 조사 방법을 동원해 중립적이며 불편부당한 일차 조사를 했다. 그들은 보고서를 집필하고 출판하는 과정에서 과학성과 투명성을 최대한 준수했다. 그리고 이를 통해 정부와 국제사회의 여러 당사자들에게 구체적이고 실천적인 권고를 했다. 대중은 온라인과 오프라인을 통해 누구라도 보고서의 내용을 확인할 수 있다. 요컨대, 상상할 수 있는 모든 방법을 동원해 만든 철두철미한 진상 조사 보고서가 나온 것이다. 모범적이고 표준적이며 홈 잡을 데 없는 조사 결과라고 인정할 만하다. 인권 운동에 조금이라도 경험이 있는 사람이라면 이렇게 높은 수준의 보고서를 발표한 데 경의를 표할 수 있을 것이다. 또한 상식과 양심이 있는 사람이라면 이 보고서를 접하고 누구나 도덕적 분노를 느끼리라고 생각한다. 나도 이 보고서가 세계적 인권 단체의 경륜과 전문성이 돋보이는 결과물이라는 데 동의한다.

그러나 휴먼라이츠워치의 이 같은 성과에도 불구하고 보고서에는 중요한 결함이 있다. 그에 앞서 한 가지 전제가 필요하다. 나는 휴먼라이츠워치의 조사 결과만을 비판하는 것이 아니다. 인권 운동이 인권 문제를 해결하기 위해 흔히 적용하는 접근 방식의 문제점을 지적하기 위해 이번 보고서를 하나의 예로 제시할 뿐이다. 더 나아가, 이는 인권 운동과 일반 대중이 인권을 바라보는 통상적인 관점에 내포되어 있는 핵심적인 맹점을 비판하기 위한 출발점이기도 하다. 그렇다면 그 문제란 도대체 무엇인가?

그 문제란 인권침해의 조사에서 '왜'라는 질문이 빠져 있다는 점이다. 휴먼라이츠워치는 인권침해의 사실 확인, 기록, 비판과 주창, 해결 방안으로서 권고를 내놓았지만, 그 인권침해 사건이 애초에 왜 발생했는지에 대한 이유나 분석을 제시하지 않았다. 다시 말해, 보고서 전체를 차지하고 있는 내용은 사건의 전후 전개 과정, 피해자와 관련자를 대상으로 수집한 상세한 증언, 그리고 꼼꼼한 권고 사항뿐이었다. 반면, 정부군이 왜 그런 행위를 저질렀는지, 어떤 원인 때문에 사건이 발생했는지, 이 같은 결과가 발생하도록 만든 환경이 **사건 발생 이전**에 어떻게 조성되어 있었는지에 관한 설명이 전무하다. 따라서 원인과 분석이 부재한 방식, 다시 말해 인과관계가 부재한 방식으로 인권침해 사건의 '진상'이 공개된 것이다.

물론 휴먼라이츠워치가 인과관계 설명을 완전히 무시한 것은 아니다. 보고서의 해결 방안(권고)을 뒤집어 보면, 이 단체가 사건의 원인으로 파악한 바를 어느 정도 유추할 수 있다. 이에 따르면, 불분명한 군의 작전 이유, 군 당국의 의도적 혹은 무질서한 작전 수행, 부실한 명령 체계, 지휘관의 불철저하고 무책임한 감독, 군의 이완된 기율, 병사들의 폭력성과 일탈성, 정부의 정치적 책무성 결여, 책임 회피 및 이차적 가해, 국제기구의 무기력·무관심·무능이 이번 사건을 초래한 직간접적 원인이라고 분석하고 있음을 알 수 있다. 그런데 문제의 원인이 이것뿐일까?

인권 문제를 이런 식으로 접근하면 인권을 근시안적이고 현상적이며 표피적으로만 보기 쉽다. 또한 인권을 가해자-피해자 중심으로만 파악하는 우를 범하게 된다. 그 결과 인권침해를 우연하고 무작위적인 서사로 묘사할 위험이 생긴다. 예를 들어, 다음과 같은 서사이다. "평화롭던 마을에 어느 날 난폭하고 잔인한 병사들이 갑자기 쳐들어와 무고한 주민들을 무자비하게 구타하고 힘없는 부녀자들을 인정사정없이 강간한 사건이 벌어졌다. 천인공노

할 일이다. 진상을 철저히 규명해 당사자와 책임자를 처벌해야만 한다." 얼핏 들으면 타당한 설명 같지만 사건을 이런 식으로 다루면 그 사건의 배후에 존재하는 **역사·배경·맥락·뿌리·조건**이 사라지면서, 끔찍한 일이긴 하지만 어쩌다 일어난 비극적 일화처럼 인권 문제가 단순화된다. 이를 가리켜 인권침해의 에피소드화라 할 수 있다.

인권 사건을 깊은 이해 없이 현상적·피상적으로만 받아들인다면, 이는 뉴스 보도를 통해 사건·사고 소식을 접한 뒤 잠시 깜짝 놀라긴 하지만, 이내 일상으로 돌아가는 것과 다를 바 없다. 더 나아가 인권침해 사건을 역사적·정치적·경제적·사회적 맥락에서 분리한다면, 이는 결국 누군가를 이롭게 할 수도 있다. 다시 한 번 분명히 해둘 점이 있다. 나는 휴먼라이츠워치의 조사 결과가 전적으로 잘못됐다거나 불필요하다고 말하는 것이 아니다. 이 단체의 조사는 주어진 상황에서 최선을 다해 나온 결과이며, 그것이 함축하는 바는 전적으로 타당하다. 따라서 보고서에 적힌 권고 사항은 모두 이해되어야 할 것이다. 그럼에도 내가 이 보고서를 비판하는 이유는 이런 식의 접근이 크게 미흡하다고 보기 때문이다. 말하자면, 우리는 휴먼라이츠워치의 보고서에 나오진 않지만 다음과 같은 질문들을 할 수 있고, 또 해야만 한다.

- 수단의 분쟁과 불안한 정치 상황은 어떤 대내적·대외적 역사를 지니고 있는가?
- 다르푸르 지역의 분쟁이 어떤 배경과 이해관계에서 촉발되었는가?
- 남수단이 분리 독립한 이후 수단의 내정은 현재 어떤 상태에 있는가?
- 2009년 국제형사재판소에서 체포 영장이 발부되었던 수단의 오마르 알바시르Omar al-Bashir 대통령은 왜 아직 처벌되지 않았나?(4장 참조)
- 수단 정부가 외부의 비판과 제재에도 불구하고 재정적으로 생존을 유지

하고 독재 체제를 존속시킬 수 있는 이유가 무엇인가?

- 수단을 상대로 해외투자 및 국제무역을 하는 전 세계 161개 주요 기업들은 수단 정부로부터 어떤 특혜를 받으며, 어떤 결탁 관계에 있는가?
- 군사 및 보안 장비의 조달과 수입에 관여된 국내외 네트워크는 어떻게 자금을 충당하며 수익을 올리는가?
- 수단의 정부군이 2004년 이래 다르푸르 지역에서 자행한 수많은 인권침해 가운데 실질적으로 해결된 경우가 얼마나 되는가?
- 수단의 대통령과 정부가 인권침해의 주범으로 비판받는 상황에서, 국제사회가 수단에 인권 문제를 해결하라고 촉구한다고 해서 얼마나 효과가 있는가?
- 수단 정부가 정규군 외 폭력 조직인 잔자위드 민병대를 얼마나 활용했으며, 현재 정부군 내에 민병대 출신 인력이 얼마나 되는가?
- 고삐 풀린 군기 탓에 국가 폭력이 발생하는가, 아니면 국가를 폭력적으로 다스리고자 고삐 풀린 군기가 필요했는가?
- 이슬람 극단주의 세력을 저지한다는 명목으로, 미국·영국 등 서방 세력은 수단과 어떤 관계를 맺었고, 수단을 어떻게 외교 도구로 활용했는가?
- 수단으로부터 원유 필요량의 10퍼센트를 수입하고, 수단의 최대 무기 수출국인 중국은 수단 정부와 군에 대해 어떤 영향력이 있는가?
- 유엔 안보리에서 러시아는 왜 수단의 집단 강간 사건에 대해 침묵했는가?
- 수단의 젠더 불평등은 전 세계 국가들 가운데 어느 정도 수준인가?
- 기존에 다르푸르 지역에서 발생했던 젠더 관련 폭력과 인권침해의 역사는 어떠한가?
- 오랜 분쟁에 시달린 수단에서 여성의 인신매매와 성매매가 늘어남에 따라 남성들, 특히 남성 군인들이 여성을 착취 및 성적 도구화의 대상으로

보는 데 익숙해진 점은 없는가?

- 수단 정부가 다르푸르 지역에서 여성 인권 단체들을 추방한 이후, 이 지역에서 젠더 관련 범죄가 얼마나 발생했는가?

- 수단이 전 세계에서 〈여성차별철폐협약〉 CEDAW에 가입하지 않은 6개국에 속한다는 사실이 이번 집단 강간 사건을 설명하는 원인 가운데 하나가 될 수 있는가?

- 전쟁 및 폭력 분쟁의 현장에서 여성에 대한 폭력 및 강간이 전쟁 수행의 수단으로 활용되는 경향과 이번 사건 사이에 어떤 연관성이 있는가?

- 여성을 강간한 행위가 부족 혹은 친족적인 지배 및 우월성 유지와 어떤 관계가 있는가?

- 수단의 이슬람 정치 문화와 샤리아 법이 젠더 불평등 및 여성에 대한 폭력에 일반적으로 어떤 영향을 주고 있는가?

- 수단 정부군의 인권침해와 그 사실의 은폐 때문에 간접적 혹은 결과적으로 이득을 보는 세력이 있는가? 있다면 누구인가?

- 유엔과 아프리카연합 AU을 비롯한 국제사회가 수단의 인권 상황을 개선하거나 또는 방관하는 데 따르는 비용과 효과, 유인과 탈유인은 무엇인가?

- 그렇다면 유사한 사건이 재발하지 않게 하는 데 **필요한 근본적 조치**가 무엇인가?

만일 내가 제기한 의문들이 정당한 근거가 있고, 수단에서 발생한 집단 강간 사건의 원인 혹은 조건이 된 측면이 조금이라도 있다면, 이런 점들이 보고서에 포함되었어야 하지 않을까? 또한 문제 해결을 위한 권고에도 그런 점들이 반영되었어야 하지 않을까? 다시 말해, 피상적 원인과 피상적 해법뿐만 아니라 **심층적 원인과 심층적 해법**도 보고서에 포함되어야 했지 않을까? 인권침해를 초래하는 '진짜' 원인에 대응하는 '진짜' 해법을 찾지 않은 채 제시된 해법은, 의료에 비유하자면, 응급치료 혹은 대중요법에 불과할지도 모른다. 물론 위급한 상황에 처해 병원에서 응급조치를 받아야 할 때가 있다. 통증이 심해 진통제를 써야 할 경우도 있다. 하지만 그런 조치만으로 문제를 덮어 버릴 때 발생하는 한계와 잠재적 위험도 분명히 존재한다. 응급조치와 진통제만을 진정한 해결이라고 오해해서도, 헌신이나 전문성으로 착각해서도 안 된다.

그렇다면 어떻게 해야 할 것인가? 이 질문에 답하기에 앞서 우선 인권과 인권 달성이 정확히 무엇을 의미하는지 정리하고 넘어갈 필요가 있다.

인권과 인권 달성의 여러 차원들

인권은 '인간의 권리'를 줄인 말로, 20세기에 전 세계적으로 가장 중요한 정치 사조의 하나로 등장한 실천 개념이다. 인권은 역사 속에서 '자연권'natural rights 혹은 '인간의 권리'rights of man라고 불린 적도 있는데, 오늘날 흔히 쓰이는 용어인 '휴먼 라이츠'human rights는 19세기 중반 헨리 데이비드 소로Henry David Thoreau가 저서인 『시민의 불복종』에서 처음 사용했다(Thoreau 1849, 14; 조효제 2015a, 21-22 참조). 그 이후, 제2차 세계대전이 끝난 뒤 국제법 사상 최초로 〈유엔헌장〉 전문前文에 '기본 인권'fundamental human rights이라는 말이 등장하면서 인권은 세계 사회의 윤리적 기준으로 자리매김하기 시작했다.

인권은 모든 사람의 가치가 평등하다고 가정한다. 인권은 모든 인간의 존엄성을 적어도 어느 정도는, 절대적으로 보장해야 한다고 상정한다. 그런데 인권이 잘 지켜지려면, 권리를 요구하고 이를 누리는 주체인 **권리 보유자**와, 그 요구를 충족시킬 책임이 있는 상대방, 즉 **의무 담지자** 사이에 서로 상응하는 관계가 이루어져야 한다. 여기서 문제는 항상 누가 이런 의무의 담지자가 되어야 하는지다. 인권(인간의 권리)에서 말하는 '인간'은 문자 그대로 모든 인류를 뜻한다. 따라서 인류 전체를 책임지는 세계정부가 인류 전체의 인권을 보장하는 의무 담지자가 되는 것이 논리적으로 타당하다. 하지만 세계정부는 존재하지 않는다. 근대 이후 국제 질서는 주권국가들이 모인 글로벌 국가 체제에 근거하고 있으므로 인권을 보장할 책임은 현실적으로 개별 국가들에 부과되었다. 그 결과 권리 보유자(모든 인류)와 의무 담지자(개별 국가) 사이에 괴리가 발생했고, 이는 인권 보장에 주요한 장애 요인이 되었다. 이런 한계에도 불구하고 개별 국가가 자국 영토 내에 살고 있는 '모든 사람'의 인권을 보장할 최종 책임이 있다는 견해는, 부족하나마, 유효하다. 물론 최근 들어, 국가 외에도 다국적기업MNC, 엔지오 등의 비국가 행위자들non-state actors에도 인권 보장에 일정한 책임이 있다는 주장이 등장했다(Clapham 2006). 그러나 개별 국가의 책무성을 능가할 권위와 능력을 갖춘 인권 보장 주체는 아직 나타나지 않았다. 국가가 인권 보장에서 양날의 칼과 같은 의미를 지닌 존재라는 점은 6장에서 상세히 다룰 것이다.

흔히 인권을 하늘이 인간에게 자연권을 부여했다는 '천부인권'天賦人權론을 통해 설명하기도 하지만, 인권의 존재론적 토대가 무엇인지를 놓고 여러 이론이 경쟁한다. 천부인권론의 토대가 된 자연법 이론이 제일 오래되고 영향력이 크긴 하지만, 그 외에도 인간의 도덕적 지위, 자율성, 사람들 사이의 상호성, 인간의 주체 행위, 인간 존엄성, 인류 가족, 사회계약설에 의한 정치 공동체 구성원, 인간의 안녕, 인간의 필수 기능에 근거한 욕구, 다양한 문화권의 윤리적 공통분모, 정의론 등에 의존한 다양한 인권 이론들이 나와 있다 (Ackerly 2013; Langlois 2013). 그러나 어떤 이론도 '왜 인간의 존엄을 보호해야 하는가?'라는 본질적 질문에 완벽한 답을 주지 못한다. 다만 어떤 이론적 입장을 취하든 결국 인간을 특별하고 소중한 존재로 이해하는 '높은 인간관' high anthropology에 수긍한다는 공통점이 있다(Langlois 2004).

권리rights 개념에는 두 가지 의미가 담겨 있다. 첫째, **옳음**rectitude. 이는 객관적인 도덕적·규범적 기준을 뜻한다. 따라서 권리 보유자는 내용상 옳기 때문에 어떤 권리를 주장하는 것이고, 의무 담지자는 내용상 옳은 그 권리를 충족시킬 책임이 있다. 둘째, **요구 자격**entitlement. 이는 권리 보유자의 주관적 요구를 뜻한다. 권리 보유자는 권리의 본질적 성격 — '으뜸 패'trump와 같은 — 에 힘입어 자신의 권리를 의무 담지자에게 요구할 수 있고, 의무 담지자는 권리 보유자가 권리의 카드를 꺼내 드는 순간 여기에 응할 책임이 생긴다 (Dworkin 1977).

지금까지 봤듯 인권은 **도덕적 권리**와 **법적 권리**로 이루어진다. 전자는 '옳음'의 논리에 근거해 요구되는 권리이다. 그것은 실정법의 존재 여부와 상관없이 요구의 내용이 객관적·도덕적으로 옳다는 이유로 요구되는 어떤 권리다. 후자는 '요구 자격'에 근거해 요구되는 권리이다. 헌법·법률·계약·정책 등에 규정된 개인의 기본권과 자격을 뜻한다. 도덕적 권리와 법적 권리는 인권 속에서 병행·공존한다. 어떤 인권은 도덕적 권리인 동시에 법적 권리인 경우가 있다. 이런 경우가 현실적으로 가장 바람직하다고 할 수 있다. 그러나 둘이 언제나 함께하지는 않는다. 법적 권리로 규정되지는 않았지만 도덕적 근거를 가진 인권이 있고, 그 반대의 경우도 있다. 따라서 인권은 헌법이나 실정법에 규정된 기본권과 — 결과적으로 같은 경우가 많지만 — 포괄 범위가 항상 일치하는 것은 아니다. 이럴 때 격렬한 논쟁이 벌어진다. 예를 들어, 누구도 차별받지 않아야 한다는 도덕적 권리 원칙에 근거해 성 소수자(성적 소수자)가 인권을 요구하지만, 우리 사회는 아직 그 인권을 법적 권리로 뒷받침하지 못한다. 이런 불일치 상황에서 인권을 요구하는 당사자들이 느낄 실망과 분노가 얼마나 클 것인가? 바로 이 때문에 국가 인권 기구와 같은 인권전문 기관의 역할이 중요하다. 법적 권리만 인권으로 인정된다면 사법부만 있으면 된다. 그러나 법적 권리로 규정되지 않았거나 경계선상에 놓인 권리이지만 국제사회에서 인권으로 인정되는 도덕적 권리에 대해, 이 또한 인권이라고 유권해석을 할 주체가 필요하기 때문이다.

인권은 그 자체로서 목적이기도 하고 수단이기도 하다. 즉 내재적 가치와 도구적 가치를 모두 지니고 있다. **내재적 가치**를 강조하는 입장에서는 인간의 인격체적 성격personhood을 보장하기 위해서는 인간이 자신도 남들과 똑같은 가치를 지닌 소중한 존재라는 자기 인식, 그리고 남들로부터 똑같은 인간이라고 인정받을 수 있는 존재감을 가져야 한다고 본다. 이런 자기 인식과 타자로부터 인정받을 수 있는 능력 자체가 바로 인권이라는 것이다. 이렇게 본다면 인권은 바람직한 어떤 목적, 행복한 어떤 상태, 인도적 가치를 대변하는 상징이 된다. **도구적 가치**에 주목하는 입장에서는 인간이 자신의 존엄성을 보장받기 위한 수단으로서 인권이 필요하다고 본다. 즉 인간 존엄성의 보장이 목적이고, 인권은 그 존엄성을 가지기 위한 수단인 셈이다. 그런데 인간 존엄성이 보장되는 삶이란 결국 객관적으로 인정되는 '좋은 삶'을 뜻한다. 따라서 인권은 인류가 좋은 삶을 누리기 위해 필요하다고 동의한, 최소한의 어떤 기준 ― 양심의 자유로부터 사회보장 권리를 모두 아우르는 ― 을 충족하기 위해 사용하는 규범적·도덕적·법적·제도적 수단인 것이다.

인권은 형이상학적 관념으로 정당화되었지만, 인간의 사회적 상호작용의 결과물이기도 하다. 따라서 어떤 시대 상황에 필요한 일정한 욕구가 인권으로 개념화되었다는 뜻에서 **인권이 역사적으로 특정**하다고 하는 것이다. 인권의 사회적·역사적 특성 때문에 인권을 이른바 '보편적'이고 단일한 기준으로만 해석하고 실천하기는 어렵다. 인권의 '보편성'이라는 표현을 자주 쓰지만 이는 원론적인 성격 규정에 불과하고, 인권의 해석·실천·이행에서는 항상 맥락과 배경을 감안해야 한다. 이를 맥락화된 인권이라고 한다(Cho 2010b). 현실에서의 인권은 언제나 해석상 유동적이며, 권력관계 속의 투쟁과 타협을 포함한다(김비환 2009). 따라서 인권은 내적으로 불균형성과 비일관성을 특징으로 한다. 더 나아가 권리와 권리가 충돌하는 문제로 인해 인권은 늘 모순적이며, 양자택일의 강요를 받는 것처럼 보이기도 한다(Christie 2011).

인권은 목적인 동시에 수단이라는 이중적 의미를 지니고 있으므로 인권을 이해할 때도 다차원적으로 접근할 수밖에 없다. 초보적인 질문 하나를 해보자. '인권이 있다', '인권을 가진다', '인권을 누린다', '인권을 향유한다', '권리를 행사할 자격이 있다.' 등 인권에 관해 왜 이렇게 다양한 표현들이 존재하는가? 〈세계인권선언〉 제1조는 "모든 사람은 자유로운 존재로 태어났고, 똑같은 존엄과 권리를 가진다."라고 전제한 뒤, 제3조에서 "**모든 사람은** 생명, 자유, 그리고 인신 안전의 **권리를 가진다.**"Everyone has the right to⋯⋯라고 규정한다. 그런데 같은 선언의 제2조에서 "모든 사람은 ⋯⋯ 권리와 자유를 **누릴 자격이 있다.**'Everyone is entitled to⋯⋯라는 표현도 나온다.

권리를 '가지는' 것과 권리를 '누릴 자격'이 있다는 것은 같은 말인가, 다른 말인가? 이 의문에 답하기에 앞서 인권을 넓은 의미에서 보장받는다는 뜻을 지닌 표현들도 여러 형태가 있음을 지적해야 하겠다. 인권의 보장protection, 인권의 증진promotion, 인권의 이행implementation, 인권의 준수compliance 또는 observance, 인권을 향유enjoyment, 인권의 충족fulfillment, 인권에의 접근access, 인권의 보유possession 등 여러 용어가 쓰이고 있다. 그러나 나는 인권을 포괄적으로 이해할 수 있는 가장 일반적인 용어는 인권의 **달성**achievement이라고 생각한다. 실제로, 이 말은 〈세계인권선언〉의 전문에 나와 있다.

따라서 이제, 유엔총회는, 사회 속의 모든 개인과 모든 조직이 이 선언을 언제나 마음속 깊이 간직하면서, 가르침과 배움을 통해 이런 권리와 자유가 존중되도록 애써 노력하며, 국내에서든 국제적으로든, 전향적이고 지속적인 조치를 통해 이런 권리와 자유가 보편적이고 효과적으로 인정되고 지켜지도록 애써 노력하기 위해, 모든 인민과 모든 국가가 함께 **달성**해야 할 하나의 공통된 기준a common standard of achievement for all peoples and all nations으로서 세계인권선언을 유엔 회원국들의 인민들뿐만 아니라 회원국의 법적 관할하에 있는 영토의 인민들에게 선포하는 바이다.[1]

인권의 '달성'이라는 말에는 인권과 관련된 네 가지 차원의 긍정적 의미가 모두 들어 있다. 그것은 ① 요구 자격, ② 향유, ③ 자력화, ④ 포용이다. 넷 다 'E'로 시작하는 단어이므로 '4-E'라고 불러도 좋겠다.

- **권리의 요구 자격**Entitlement. 우리가 어떤 권리를 '가졌다'고 할 때 흔히 어떤 것을 '요구할 자격'이 있다는 의미에서 그렇게 쓰는 경우가 많다. "내가 이런 권리를 가지고 있으니 당신은 그걸 내게 충족시켜 달라."라고 상대방(의무 담지자)에게 요구하는 것이다. 따라서 요구 자격이 있다는 말은 자신의 권리를 적극적으로 행사할 수 있는 근거 — 법적·제도적·계약상 — 가 있다는 말과 같은 뜻이다. 합당한 근거를 지닌 권리 주장이 제기되면 원칙적으로 그 요구를 반드시 충족시켜 주어야 한다. 바로 이 점이 인권의 요구를 대단히 매력적인 정치적·사회적 담론으로 만들었다고 할 수 있다. 협상이나 흥정 없이 권리 보유자의 권한을 행사할 수 있기 때문이다. 국제 인권법상 60여 개의 권리들이 이런 인권 항목에 포함되어 있다(조효제 2007, 115).

한국의 민주화 이후 시민운동과 인권 운동에서 가장 많이 제기된 이슈

가운데 하나가 시민들이 민주 체제에 합당한 권리들(요구 자격)을 어떻게 가질 수 있도록 보장할지였다. 권리를 확보하는 가장 통상적인 방법은 법과 제도를 만드는 것이다. 장애인 이동권, 복지 수급권, 정보공개 청구권 등 수많은 권리들이 제도화·입법화 과정에서 시민의 요구 자격으로 자리 잡았다. **시민 권리의 입법화 운동은 한국 민주화의 직접적 산물이자 민주주의 심화 과정에서 가장 두드러진 특징** 가운데 하나였다(홍일표 2007). 제도적으로 보장되고 입법을 통해 성문화된 권리가 이처럼 중요하고 인기가 있음에도 그것은 자주 실망과 분노의 원천이 되기도 한다. 문서상으로 분명히 요구 자격이 주어져 있음에도, 실제로는 이를 제대로 누리지 못하는 경우가 많기 때문이다. 예를 들어, 노동권은 대한민국 헌법에서 명확히 보장되고 있고 국제사회에서도 확실히 인정되는 주요 인권이다. 그러나 우리나라의 노동권은 열악하기로 악명이 높다. 2014년 국제노동조합총연맹 ITUC이 발표한 『세계 노동자 권리지수』 조사에서 한국이 최하위 5등급 국가 — 알제리·방글라데시·중국·이집트·과테말라 등과 같은 등급 — 로 분류된 사실만 봐도 알 수 있다(ITUC 2014). 왜 권리가 공식적으로 주어졌음에도 실제로 누리지 못하는가? 왜 인권이 그림의 떡이 되는 경우가 이토록 많은가?

이 질문은 인권 운동이 권리의 제도화·입법화를 어떻게 이해하고 평가해야 할지에 관해 큰 숙제를 안겨 준다. 제도적으로 권리를 확보했다고 해서 그것이 반드시 인권의 실질적 향유를 뜻하는 것은 아니기 때문이다. 인권의 제도화·입법화에 전념하는 수많은 인권 옹호자들에게 이 사실은 이해하기도 어렵고, 받아들이기도 어렵다. 인권 옹호자들은, 인간의 존엄성을 절대적으로 규정한 인권의 존재론적 지위('높은 인간관')가 인정되고 인권이 성문화된 법률적 지위를 보유하고 있음에도 정작 현실 속에서 인권이 실행되지 않는 상황을 변칙적·비정상적·불법적이라고 여긴다. 그들은 법 제도에 나와 있는 바를 제대로 지키기만 하면 인권 상황이 크게 향상되리라고 믿는다. 그러나 인권이 사회적으로 만들어진 것이라는 사회구성주의적 통찰은, 인권이 실천되지 않는 현실조차도 사회적으로 구성된 — 결코 바람직하지 않지만 그 나름대로 뿌리 깊은 원인과 역사적·사회적 조건 때문에 비롯되었다는 — 것임을 우리에게 일깨워 준다. 규범적 정당성에 의거해 제정해 놓은 법과 제도만으로 인권을 누릴 수 있는 것은 아니다. 그러므로 우리는 권리의 제도화만큼이나, 아니 어쩌면 그보다 더, 권리를 어떻게 향유할 수 있을지의 문제에 관심을 기울여야 한다.

- **인권의 향유** Enjoyment. 인권을 향유한다는 것은 권리의 내용을 실질적으로 즐기고 누린다는 뜻이다. 그리고 인권을 누린다는 것은 성문화되고 제도화된 권리가 그 소기의 목적을 달성한 상태를 의미한다. 요구 자격이 제노석으로 보장되더라도 권리를 향유할 수 없는 경우가 많다는 점은 앞서 설명했다. 이처럼 권리를 향유하지 못하게 하는 이유는 여러 가지가 있는데, 이를 인권침해가 발생하는 논리적 차원들이라고 보면 된다. 첫째, 국가, 사회 혹은 일반 대중이 개인이나 집단의 절실한 기본 욕구를 정당한 요구로 인정하지 않고, 그 요구를 법제화하지 않는 경우가 있다. 이때는 원천적으로 권리의 향유가 거부된다. 노예제도가 폐지되기 전 노예들의 상태가 이러했다. 현재 한국에서 양심에 근거한 병역거부권은 아직 공식적으로 인권의 반열에 들지 못했다. 국제 인권법으로 보나 도덕적 권리의 원칙으로 보나 엄연한 인권임에도 우리나라에서는 실정법의 장벽에 가로막혀 있는 것이다. 이 권리를 반대하는 사람들은 한국의 특수 상황을 거론하곤 한다. 상황이 특수하면 인권의 향유를 제한할 수 있다는 논리다.

둘째, 권리를 요구할 수 있는 자격이 공식적으로 인정되고, 권리 보유자가 자기 권리를 주장함에도 의무 담지자가 그 권리를 지켜 주지 않는 경우가 있다. 이는 분명히 제도·규정 위반이고, 심지어 불법적이기도 한 행위이지만, 실제로는 비일비재하게 일어난다. 수많은 인권침해 사건이 이런 구도 아래에서 발생하곤 한다. 국가가 직접적 가해자가 된 경우(존중 의무 위반)도 있고, 국가가 가해자를 적절히 통제하지 못한 경우(보호 의무 방기)도 있고, 국가가 마땅히 제공해야 할 어떤 것을 제공하지 않은 경우(충족 의무 불이행)도 존재한다(6장 참조). 또는 훨씬 더 거시적인 요인이 개입되었을 수도 있다.

셋째, 권리 보유자가 어떤 것을 요구할 자격이 있음에도 이를 적극적으로 행사하지 않는 경우가 있다. "권리 위에 잠자는 자는 보호받지 못한다."는 예링Rudolf von Jhering의 말은 이를 원론적으로 경고한 것이다. 그러나 권리 보유자가 나태와 무지와 태만의 이유만으로 권리를 행사하지 않는 것이 아니다. 자기 권리를 잘 인식하고 이를 행사할 의사가 있어도 그렇게 하지 못할 때가 있다. 이른바, 허위 자백이 좋은 예이다. 1심에서 유죄, 2심에서 무죄판결이 난 사건들의 피고인 가운데 무려 31.5퍼센트가 허위 자백을 했다는 우리나라의 실증 연구도 나와 있다(김상준 2013). 고립된 상태에서 신문을 받는 피의자 — 특히 약자나 소외 계층 — 는 자신이 아무리 결백하고, 자신에게 무죄를 주장할 권리가 있음을 안다 하더라도, 심리적 불안감, 굴욕감, 무력감, 자백을 하면 처벌을 낮춰 주겠다는 회유 등에 굴복해 허위 자백을 하곤 한다. 인권에 대해 아주 소극적인 견해를 가졌던 토마스 홉스Thomas Hobbes조차 스스로에게 죄상을 씌우는 '자기부죄 自己負罪를 하지 않을 권리'를 중요한 인권으로 인정했을 정도였다(Hobbes 1651, XIV, 86-87). 그러나 21세기에 들어서도 우리는 허위 자백을 강요받지 않을 권리를 기본권으로 보장받지 못하는 현실을 목격하고 있다.

넷째, 인권을 둘러싼 다양한 조건들 — 구조적 불의, 배타적 이념과 도덕성, 국제정치의 역학, 증오의 사회심리, 미발전된 민주주의와 정치적 폭력 — 이 인권의 향유를 방해한다. 이런 악조건들이 권리의 제도화를 원천적으로 억제하기도 하고, 설령 권리가 법제화되어도 그것이 실질적으로 효과를 내지 못하게 무력화시키곤 한다. 우리의 통념과는 달리 인권의 법제화는 그 바탕이 되는 근본 조건들에 비해 상대적으로 비중이 작다. 이 점은 매우 중요하며 이 책의 전체를 관통하는 주제이기도 하다. 다시 말해, 이는 "권리의 향유를 가로막는 수많은 문화적·정치적·경제적 장벽들이 존재한다. 이런 장벽은 **권리를 차단하는 권력이 영향력을 발휘하고 있음을 뜻한다**"(Ackerly 2013, 33, 강조 추가). 이 책은 2장부터 6장에 걸쳐 이런 조건들, 즉 인권의 제도화나 인권의 향유 혹은 그 둘 모두를 억제하거나 촉진하는 원인과 조건들을 소개하려 한다. 이를 통해 왜 가해자의 가해행위만을 중심에 놓고 인권침해를 논하면 안 되는지, 그리고 인권의 향유가 이루어지지 않는 근본적 차원이 무엇인지를 분석할 것이다.

인권의 침해 원인과 촉진 조건을 검토하면 뜻밖의 통찰을 얻을 수 있다. 인권을 촉진하는 조건들이 활성화되어 있는 사회에서는 권리 보유자의 적극적 요구가 없더라도 의무 담지자가 그 권리를 먼저 '알아서' 보장한다. 더 나아가 권리를 누릴 수 있는 조건과 환경이 고도로 발전한 인권 '선진국'에서는 인권이 자연스럽고 당연하게 보장된다. 이런 곳에서는 대다수 사람들이 권리를 당연히 누리면서도 이를 굳이 '권리 요구와 의무 이행'이라는 형태로 인식하거나 실천하지 않는 경우가 많다(Donnelly 2013). 모든 문제를 일일이 인권의 이름으로 요구하지 않아도 자연스럽게 인권이 지켜지는 상태야말로 최선이라 할 수 있다. 사회적 비용이 제일 적게

들기 때문이다. 이 부분에 대해서는 이후 다시 설명할 것이다.

- **인간의 자력화**Empowerment. 인권 달성에서 독특한 차원으로 볼 수 있는 것이 인간의 자력화이다. 자력화 차원은 권리가 단순히 결과론적 혜택과는 구분되는 어떤 것임을 보여 준다. 'Empowerment'는 역량 강화, 권한 강화, 세력화, 권한 부여 등 여러 용어로 번역되며, 음차를 해 '임파워먼트'라고 쓰기도 한다. 이 책에서는 자력화自力化로 표현하는데, 이는 '자신의 권한과 능력을 인지하고 이를 적극적으로 발휘한다.'는 의미를 강조하기 위해서다. 인간의 자력화가 인권의 달성에서 중요한 이유는 그것이 인권의 핵심 특성 가운데 하나이기 때문이다. 예를 들어, 어떤 권리가 제도화되어 있지 않고, 시민들이 그것을 요구하지 않는 상태에서 통치자가 순수한 호의로 그 권리의 '내용'을 시민들에게 베풀어 준다고 치자. 그 결과로 시민들은 권리와 유사한 형태의 콘텐츠를 즐길 수 있다. 그러나 우리는 그것을 '권리'라 할 수는 없다. 어떤 요구가 권리의 요구 자격으로 인정되지 않은 상태에서, 설령 그것의 내용을 받아 누릴지라도 이는 자선이나 호의에 따른 혜택일 수는 있어도 권리라 할 수는 없다. 내용상 비슷하다 **해도 호의에 의한 시혜와 권리에 의한 요구는 전혀 다른 성격**의 것이다. 혹자는 시혜이든 권리이든 내용상 같다면 무슨 차이가 있느냐고 반문할지도 모른다. 그러나 경우에 따라 둘 사이의 차이가 삶과 죽음을 가르기도 한다. 1981년 북아일랜드의 IRA(아일랜드공화국군) 수감자들이 다섯 개 요구 사항을 내걸고 단식투쟁에 돌입한 사건이 있었다. 그중 첫 번째 요구가 죄수복을 입지 않을 권리였다. IRA는 자신들이 일반 테러범이 아니라 전쟁 포로이므로 영국 사법 체계의 관할에 속하지 않는다고 주장했기 때문이다. 영국 정부가 권리right가 아닌 특전privilege의 형식으로 그 요구를 들

어주겠다고 제안했지만 IRA는 권리가 아니라 영국 정부의 특전에 의한 것이라면 받아들일 수 없다는 입장을 견지했다. 결국 보비 샌즈Bobby Sands를 포함한 10명의 수감자들이 단식투쟁 끝에 사망했다.

이 사례에서 볼 수 있듯 사람이 스스로 권리를 주장할 수 있는 주체임을 자각하고 자기 권리를 요구할 줄 아는 것, 즉 인간의 자력화는 모든 인권 달성의 첫걸음이 된다. 어쩌면 인간의 자력화는 인권 달성에서 가장 중요한 요소일 수도 있다. 설령 가난하고, 못 배웠고, 지위가 낮아도, 한 인간으로서 이러저러한 것을 당당히 요구할 자격이 자신에게 있다는 주체적 권리 의식에 눈뜨는 순간, 인간의 자력화는 시작된다. 한번 열린 자력화의 문은 그 어떤 권력의 강압으로도 닫을 수 없다. 앞서 보았듯이 인권을 내재적 가치의 입장에서 이해한다면, 인간의 자력화는 권리의 제도화나 향유 이전에 그 자체로서 소중하다. 다시 말해, "우리가 권리를 누릴 수 있는 이유는 **우리가 그렇게 말하기 때문**이라는 점이 제일 중요하다. 우리가 스스로 가치 있는 존재이며 타인의 존중을 받을 만한 자격이 있는 존재라고 믿는다면, 그런 믿음에 따라 우리의 삶을 영위할 수 있다. 만일 우리가 스스로 권리를 누릴 자격이 없다고 믿는다면 사회가 우리에게 어떤 보호 조처를 제공할지라도 우리는 이미 패배한 존재에 불과하다"(Ni 2006, 10, 원문 강조). 또한 인간의 자력화는 인권의 원초적 시발점인 불의감sense of injustice을 키우기 위해서도 반드시 필요하다(5장 참조). 대다수 시민들이 자력화되어 있는 사회라면 — 사람들이 자신의 존엄을 인식하고, 자존감이 있으며, 인간적 위엄을 서로 존중하는 공동체라면 — 권리의 법제화 이전에 상당수 권리들이 일상 속에서 이미 자연스레 실천되고 있을 가능성이 크다. 따라서 권리의 형식논리에 구애받지 않고 법과 제도 바깥에서 사회학적 상상력을 동원해 인간 사회의 이치를 짚어 볼 필요가 있다. 그런데 자력화된 상태라 해서 모든 사회문제를 언제나 권리의 문제로만 주창해야 한다는 뜻은 아니다. 자력화된 인간은 어떤 사회문제를 권리로 주창할 수도 있고, 그렇게 하지 않을 수도 있다. 권리의 주창보다 더 중요한 점은 자신에게 무엇인가를 요구할 수 있는 **내적 요구 자격이 있음을 인지하고, 자신감과 자존감을 유지**하는 것이다. 이런 조건이 갖춰진다면 굳이 모든 경우에 권리를 호명할 필요가 사라질 수 있다. 다시 말하지만 자력화의 요체는 권리를 불러낼 정도의 자의식을 갖추고, 필요하면 언제든 인권을 주장할 수 있는 ― 하지만 경우에 따라 주장하지 않을 수도 있는 ― 인격의 잠재적 바탕을 배양하는 것이다.

• **인간의 포용** Embracement. 인권 달성의 마지막 차원은 '포용'이다. 모든 인간은 사회 속에서 타자로부터 인정받고 싶어 하는 욕구가 있다. 인간의 존재 증명에 대한 갈망은 생물학적 생존 본능만큼이나 강하다. 이는 사회적 동물로서 인간 종의 특성이기도 하다. 인간의 인정 욕구라는 감정이 사회 구조 속에서 다양한 형태의 인정 투쟁을 유발한다고 본 악셀 호네트Axel Honneth는 권리 개념을 인정 투쟁의 중요한 요소로 간주한다(호네트 2011). 권리는 상호 주관적 인정의 한 형태이다. 인간 공동체는 구성원들이 저마다 권리를 가진 주체임을 상호 인정해야만 유지될 수 있다. 권리를 가졌다는 말은 도덕적 판단을 할 수 있는 인격을 가졌다는 뜻이기 때문이다. 따라서 구성원들이 권리를 상호 인정한다는 것은 각각 상대방을 도덕적 인격체로 인정한다는 의미가 된다. 모두가 평등한 권리를 가진 개인이라는 상호 주관적 인정을 통해 그 공동체는 제대로 된 인간사회, 즉 '권리 공동체'의 지위를 누릴 수 있다. 호네트는 새로운 종류의 기본권이 늘어나는 이유가 모든 사람이 정치적 공동체의 완전한 구성원이 되려는 인정 욕

구에서 비롯된다고 설파한다. 나는 이에 더해 새로운 기본권의 확대가 그 권리 공동체의 도덕적 지위를 상승시키는 효과도 낳는다고 본다.

그런데 권리가 상호 주관적 인정의 중요한 형태 중 하나라는 호네트의 통찰은 권리의 법적 요구 자격에 머물고 있다는 인상을 준다. 사실 호네 트가 권리라고 지칭하는 독일어 'Recht'는 법적 요구 자격entitlement의 의 미를 강하게 내포한 단어이다. 나는 독일 사회의 인권 담론에 관한 현지 조사를 수행한 적이 있는데 독일에서는 인권을 거의 예외 없이 법적 요구 자격으로 이해하는 경향을 확인했었다(조효제 2015e, 6-7). 그러나 앞서 본 대로 법적 요구 자격이 주어진다 해도 그것이 권리의 향유를 자동적으로 보장하지는 않는다. 나는 권리가 실제로 향유될 수 있기 위해서는 상호 주관적 인정에 의한 법적 요구 자격의 확보라는 차원 외에도, 상호 주관 적 포용이라는 측면이 중요하다고 생각한다. **포용은 형식적 인정보다 인격 적 관계의 설정이라는 의미가 더 강하고, 사회심리적 차원의 '받아들임'이라는 의미를 더 잘 반영**하는 개념이다. 예를 들어, 성적 지향에 따른 차별을 법 적으로 철폐했다고 치자. 그리고 이를 어기는 사람이나 조직이 처벌받을 수 있게 되었다 치자. 형식논리로 보면 이제 성 소수자가 그 어떤 차별도 받지 않는 평등한 인격체로서의 권리를 갖게 되었다. 하지만 사람들이 법 을 어기지는 않지만 제도적 차원 바깥의 사회심리적 차원에서 성 소수자 에 대해 여전히 차별과 증오의 감정을 품고 있다면 어떻게 될까? 그 같은 대중의 태도는 법적으로 처벌할 수 없는 차원에서 막강한 영향을 발휘할 수 있으며, 당사자인 성 소수자에게 이전보다 더 큰 고통을 안겨 줄 수도 있다. 왜냐하면 공식적 차원에서의 법적 요구 자격은 가시적이고 확실한 실체가 있는 사안이었지만, 비공식적 차원에서의 눈에 보이지 않는 차별 의 장막을 상대로 투쟁하기는 더욱 어려운 일이기 때문이다. 나는 인권의 달성을 위해 '포용'의 차원이 그다지 중요하지 않다고 생각했던 때가 있었다. 그러나 불확정적이고 모호한, 그러나 분명히 존재하는 불의와 차별과 모순이 때론 확정적이고 가시적인 인권침해보다 더 큰 고통을 유발하는 경우를 많이 접하면서 종전의 견해를 수정했다.

지금까지 인권 달성의 네 가지 차원을 검토했다. 인권 달성은 권리의 요구 자격, 인권의 향유, 인간의 자력화, 인간의 포용이 교차되고 연결되는 과정 속에서 복합적으로 이루어진다. 흔히 권리의 요구 자격이 제도적으로 보장된 상태만을 인권이 달성된 것으로 보는 경향이 있다. 그렇지만 현실이 꼭 그렇지만은 않다. 권리가 주어져도 이를 실제로 누릴 수 없으면 무슨 소용이 있는가? 그런 경우에는 권리가 없었을 때보다 더 큰 불만이 야기될 수도 있다. 아마티아 센Amartya Sen은 요구 자격이 확보된 권리를 '법률상 권리'de jure rights로, 실질적으로 향유할 수 있는 권리를 '사실상 권리'de facto rights로 표현한 바 있다(Sen 1999). 그런데 인권 기대치와 현실에서의 불충분한 인권 달성 사이에서 나타나는 격차가 클수록 심각한 역풍이 발생하는 특징이 있다. 단순한 실망을 넘어 오히려 인권에 대해 냉소하거나 인권 자체를 부정하는 일도 생긴다. 인권에 반대하는 사람들의 심리를 분석해 보면, 인권의 약속 불이행에 대한 분노가 인권 자체에 대한 반대로 나타나는 경우가 있음을 알 수 있다(3장·5장 참조).

또한 인권이 단순한 시혜가 아닌 인간의 인격적 역량으로 표출되려면 반드시 인간의 자력화가 필요하다는 사실은 매우 중요하다. 자력화와 권리의 제도화는 양방향으로 작용한다. 자력화가 먼저 일어난 뒤 권리의 제도화를 요구할 때도 있고, 권리의 제도화가 사람들의 권리 의식과 자력화를 자극하기도 한다. 후자는 제도주의 이론의 기본 전제가 된다. 요컨대 인권 달성 혹은 인권 미달성의 메커니즘이 그리 단순하지 않음을 기억하자.

　이 절을 마치기 전에 잭 도널리Jack Donnelly가 제시한 **권리 보유의 역설**pos-session paradox을 소개할 필요가 있다. 도널리는 권리가 자연스럽게 지켜지지 않거나, 의무 담지자가 권리를 준수하지 않는 경우에는, 권리 보유자가 의무 담지자에게 권리를 당연히 요구해서 자기 권리를 얻어내야 한다고 말한다. 권리를 누리지 못하는 상태에서는 권리가 반드시 필요하다. 그러나 권리를 이미 즐기고 있다면 권리 주장이 나타나지 않으며, 나타날 필요가 없다. 권리의 보유와 권리의 요구는 서로 반비례 관계를 이루기 때문이다. 다시 말해, **권리가 있을 때 권리는 사라지고, 권리가 없을 때 권리가 나타난다.** 이런 관점에서 보면, 놀랍고 역설적이게도, 권리의 궁극적인 목적은 권리를 없애는 것이 된다. 도널리는 인권이 자기 소멸self-liquidating 상태를 지향한다는 인상적인 주장을 편다(Donnelly 2013, 12). 이 책의 2장부터 6장 사이에서 인권침해의 근본 원인과 인권 달성의 근본 조건을 다룰 예정인데, 인권의 근본적 차원을 개선한다면 ─ 인권이라는 말을 사용하는지 여부와 관계없이 ─ 이미 인권이 상당히 개선되는 효과가 발생해 있을 것이다. 인권의 조건을 충족시킴으로써 인권을 호명할 필요가 없어진 상태를 달성하는 것이, 개별 권리를 일일이 호명함으로써 인권을 달성하려는 노력보다 시간은 더 걸리겠지만 훨씬 근원적이고 효과적인 방법이라고 나는 믿는다. 또한 개별 권리를 보호하기 위해서라도 인권의 근본적 차원들의 개선이 반드시 필요하다. 인권을 둘러싼 환경이 열악한 상황에서 개별 권리를 보호하고자 노력한다 해서 그것이 잘 지켜진다는 보장이 없다. 설령 개별적으로 성공 사례가 나온다 하더라도 이는 방어적인 저항에 가깝기에 유사한 인권침해가 계속 발생할 가능성이 높다. 이어지는 절에서는 통상적인 인권 달성의 접근법을 먼저 분석한 뒤, 이를 넘어 근본 원인에 기반을 둔 인권 달성이 무엇인지를 설명한다.

인권 달성의 통상적 방법

앞서 본 대로 우리는 인간의 존엄에 꼭 필요한 기본욕구가 권리로 인정되지 않을 때, 그리고 권리로 인정되더라도 지켜지지 않을 때, 인권 달성이 불가능하다고 판단하곤 한다. 이런 관점에서 보면 인권침해의 주원인은 결국 두 가지로 압축된다. 첫째, 권리 요구를 공식적으로 인정하는 제도의 결여이다. 둘째, 제도가 있더라도 작동하지 않거나, 이를 무시·위반하는 가해자(국가기관·공무원·기업·일반인 등)의 존재이다. 이 같은 통념에 발맞춰 인권 달성에 적합한 각종 방법들이 개발되었다. 인권 달성을 위해 동원하는 방법을 관찰하면 우리가 인권 달성을 어떤 식으로 이해하는지 유추할 수 있다. 전통적으로 사용되는 방법들을 꼽아 보면, 인권 기준 설정standard setting, 법과 제도 수립, 침해 및 이행의 감시monitoring, 인권 관련 정보 확산, 외교 협상, 여론의 압력, 경제 제재, 더욱더 극단적인 경우로서 군사적 개입 등이 있다(Hass 2014, 12-13, 일부 수정). 이 장의 서두에서 소개한 휴먼라이츠워치의 보고서에 나오는 권고 사항은 이런 전통적 방법들을 활용하면서 그것들을 정책 차원에서 한층 더 강조한 것이다.

그런데 이런 방법이 인권 달성에 실제로 얼마나 도움이 되는지를 질문해 볼 수 있다. 결론부터 말하면, 이 질문은 인권이 달성되었다는 판단의 기준을 어디에 두느냐에 달려 있다. 우리는 흔히, 어떤 문제가 먼저 생기고, 이를 해결하기 위해 적절한 방법(도구)을 찾는다고 가정하곤 한다. 그런데 이런 가정은 두 가지를 간과하고 있다. 첫째, 문제가 무엇인지를 판별하는 기준 자체가 선행하는 가정에 의존하고 있을 수 있다. 예컨대, 우리가 어떤 사회적 고통을 특정한 인권침해로 규정한다면, 그 고통은 인권법의 회로와 논리 속에서 고통으로 개념화된다. 다시 말해, 막연하던 고통에 인권침해라는 이름과 의미가 부여되는 것이다. 그렇게 되면 인간이 주관적으로 경험하는 사회적 고통이, 객관적으로 규정되어 있는 인권침해라는 범주로 환원되어 버린다. 둘째, 인권법의 논리에 맞춰 개발된 인권 달성 방법을 사용하면 그런 방법론에서 정한 기준·절차·조치를 충족하는지 여부가 인권 달성의 기준이 된다. 문제 해결을 위해 적합한 방법을 사용하는 것이 아니라, 역으로 특정한 방법을 미리 정해 놓고 이를 적용한 결과에 따라 문제가 해결되었는지를 판정하는 것이다. 예를 들어, 병원에서 수술을 받은 뒤 환자는 여전히 고통스러운데 의사가 완치를 선언했다고 치자. 이때의 완치 판정은 임상적 기준에 따른 평가를 뜻한다. 이처럼 임상적 완치 판정과 환자의 주관적 경험이 언제나 일치하는 것은 아니다.

물론 인권 기준을 설정해야 하고, 이행되는지를 감시해야 한다. 더 나아가 법 제도가 없는 것보다 있는 편이 훨씬 더 낫다. 하지만 그것만으로 인권 달성이 완성되었다고 할 수 있을까? 앞서 휴먼라이츠워치의 보고서에 대한 나의 비판에 암시되어 있듯이, 인권침해가 '왜' 일어나는지를 근본적 차원에서 따지지 않는 인권 해결책은 미흡할 뿐만 아니라 부적합할 위험마저 있다. 그 이유는 다음과 같다.

우선 형식적·법적 권리로만 인권을 달성하기는 어렵다. 2015년 1월 파리에서 발생한 『샤를리 에브도』 잡지사 기자들이 피살된 사건을 보자. 사건 후 많은 논평이 나왔다. 프랑스가 과거 제국주의의 유산을 청산하지 못했고, 이주자들의 사회 통합 문제를 제대로 관리하지 못했으며, 프랑스의 공화주의 전통이 지구화와 다문화주의의 도전 앞에서 허점을 보였다는 분석이 많았다. 하지만 이는 서구 사회의 높은 잣대에 비추어 문제가 많다는 것이지, 전세계적 기준으로 보아 프랑스의 인권이 절대적 의미에서 열악하다고 말하기는 어렵다. 프랑스혁명의 자유·평등·우애 정신이 오늘날 잘 실천되지 않는다고 프랑스 사람들 스스로 비판하는 것을 뒤집어 생각하면, 그런 정신을 반영하는 제도들의 바탕이 프랑스에 광범위하게 존재한다는 뜻이다.

또한 프랑스에서 국내 제도만큼이나 중요하게 인정되는 유럽 인권 메커니즘은 세계 최고 수준의 인권 보호 제도이다. 유럽 인권 보장 체계는 특히 다양성, 소수민족, 이주자 관련 법률들과 정책들을 많이 발전시켰다. 1954년 〈유럽문화협정〉European Cultural Convention, 1957년 〈사람들의 이주관련 합의사항〉European Agreement on Regulations Governing the Movement of Persons, 1959년 〈난민비자 면제협정〉European Agreement on the Abolition of Visas for Refugees, 1977년 〈이주노동자 법적 지위협정〉European Convention on the Legal Status of Migrant Workers, 1988년 〈일시 체류자 의료제공에 관한 합의〉Arrangement for the Application of the European Agreement Concerning the Provision of Medical Care to Persons During Temporary Residence, 1992년 〈소수민족 언어헌장〉European Charter for Regional or Minority Languages, 1995년 〈소수민족 보호협정〉Framework Convention for the Protection of National Minorities, 2006년 〈국가승계시 무국적자 발생억제 협정〉Convention on the Avoidance of Statelessness in Relation to State Succession 등을 꼽을 수 있다. 그뿐만 아니다. 1990년 〈신유럽을 위한 파리헌장〉Charter of Paris for a New Europe은 관용을 강조하고 인종주의 및 차별을 금지했다. 1999년의 〈암스테르담조약〉Amsterdam Treaty은 모든 차별의 금지를 규정했고, 1997년 유럽이사회는 인종주의와 외국인 혐오에 대처할 감시 센터를 설립했다. 2002년에는 인종주의 및 불관용 금지 유럽위원회가 설립되었다.

그렇다면 다음과 같은 질문을 할 수 있다. 국내 및 해당 지역(유럽)의 인권 제도화가 세계 최고 수준인 프랑스에서 왜 그렇게 엄청난 사건이 일어났는가? 인권 관련 법규가 촘촘하게 마련되어 있다고 자타가 공인하던 프랑스에서, 테러 사건 이전부터, 이슬람계 이주자들의 차별·빈곤·소외·폭동이 빈발했던 이유가 무엇인가? 다음과 같은 교훈을 얻을 수 있을 것이다. 인권의 제도화가, 단순한 차원의 인권침해를 해결해 주는 것처럼 보이지만, 법만으로는 해결하기 어려운 더 크고 복잡한 차원의 인권침해가 존재한다는 것이다. 인권학자 마이클 프리먼은 인권의 제도화가 권리를 보호하기는 하지만, 그것은 권리가 현존 권력 체계를 '덜 위협하는' 방식으로 보호한다고 지적한다. 제도화 역시 권력이 인간을 대하는 사회적 과정의 일부이기 때문이다. 인권의 제도화란 결국 권력이 용인할 수 있는 수준으로만 인권을 보장할 뿐이라는 비판인 것이다(프리먼 2005).

권리의 요구 자격이 주어지더라도 이를 현실에서 누릴 수 있게 하려면 법 이상의 어떤 '번역 과정'이 필요하다. 앞서 보았듯이 권리의 요구 자격이 인정되어야, 즉 인권 관련 법 규정이 있어야 인권이 구체적이고 실행 가능한en-forceable 개념이 될 수 있다. 도덕적 권리만 있고 법적 권리가 뒤따르지 않을 때는 불만이 더 커진다는 점을 이미 지적했다. 하지만 여기서 더 나아가 생각할 필요가 있다. 인권법에 명시된 권리의 목록은 그 자체로서는 큰 의미가 없다. 그보다는 법이라는 '수사'가 정치적 현실로 전환되는 것이 더 중요하다(Smith 2013, 59). 다시 말해 법이라는 제도적 틀과, 이를 이행하고 이행 여부를 감시하는 것이 통상적 인권 달성의 양대 메커니즘인데, 그 메커니즘의 작동은 결국 권력의 의지에 달려 있다는 뜻이다. 한국에서도 마찬가지이다. 보수 정부가 집권한 뒤, 예전과 동일한 인권 관련 법률·제도들이 존재하고 있음에도 실질적 인권이 후퇴하고 있다고 국제 인권 단체들은 지적한다(예컨대 Amnesty International 2015, 218-220). 이 분석이 옳다면 인권 달성을 위해 진짜 중요한 요소가 무엇인가? 인권 제도인가, 인권 친화적 정부인가?

인권 운동이 개별 인권침해 사례에만 초점을 맞춰 이를 폭로하고 고발한다면 ― 휴먼라이츠워치의 보고서에서 본 대로 ― 그 자체로 의미가 없진 않지만, 결과적으로 인권침해를 발생시킨 근본 원인을 묵과하고 그에 방조하는 효과가 발생한다. 인권 달성을 이런 식으로 접근하면 그것이 우리 시야를 좁히는 '블라인더' 혹은 '터널 비전'이 되어 우리가 더 큰 그림 — 역사적·사회적·정치적·경제적·문화적 차원의 인권침해 요인들 — 을 볼 수 없게 가로막는다(Marks 2011, 59). 물론 인권에서 인과관계는 중요하다. 특히 법을 적용할 때 가해(범죄)행위의 책임 주체가 누구인지를 확정하는 것이 제일 중요하다. 이는 어떤 행위 주체와 행위 결과 사이를 연결시키는 **상호작용적 인과관계**라 할 수 있다("누구의 소행인가?").[2] 그러나 그 행위가 왜, 어떤 배경에서, 어떤 조건 아래 일어나게 됐는지를 알기 위해서는 **설명적 인과관계** 역시 찾아야 한다(2장·6장 참조). 전자는 특정 행위 주체들 사이의 관계에, 후자는 일반화가 가능한 사회과학적 인과관계의 설명에 더 관심을 기울인다.

예를 들어 보자. 고문을 방지하기 위한 국제법적 접근 방식의 효과를 조사한 인류학적 연구가 있었다(Kelly 2009). 유엔은 〈고문방지협약〉CAT이 제대로 준수되는지를 감시하기 위해 정교한 절차를 두고 있는데, 이 절차는 외부에서 감시가 가능한 특정한 평가 형태로 구성되어 있다. 예를 들어, 유엔 고문방지위원회는 수감자 관련 통계, 법규 내용, 법 집행 절차와 과정 등, 객관적 측정과 묘사가 가능하고 각국 간 비교를 하기에 쉬운 지표indicator들을 통해 각국의 전반적인 고문 실태를 파악한다(하지만 고문이 벌어지는 현장의 구체적 현실, 그 나라의 정치·경제적 상황, 법 집행 공직자들의 행동 양식과 관행 그리고 신문 기법 등 역사적 맥락 분석과 참여 관찰이 필요한 조사 방식은 '측정'이 어렵고 나라 간 비교가 정확하지 않다는 이유로 유엔의 감시·평가 절차에 거의 포함되지 않는다).

유엔이 이런 지표들을 특히 강조하는 현실은 무엇을 말해 주는가? 지표의 수치가 개선되면, 다시 말해 해당 국가가 국제 기준에서 정한 제도와 정책을 잘 준수하기만 하면 고문이 줄어들 것이라고 가정하는 것이다. 제도와 법을 바꾸면 고문이 줄어들 것이라는 가정에 입각한 문제 해결 모델이다. 그러나 이 같은 가정은 고문의 인과관계를 분석하는 것이 아니라, 고문을 감시하고 비교·평가할 수 있는 제도와 절차에 초점을 둔다. 이렇게 접근했을 때, 고문 은 불완전한 제도 설계, 그리고 피의자의 고통을 아무렇지도 않게 여기는 경찰의 가치관 때문에 발생하는 일탈적 현상으로 해석된다. 그러나 이렇게 되면 고문의 정치적 배경, 경제적 불평등에 따른 고문 행위의 계층화 등 설명 중심의 인과관계는 고려 대상에서 사라진다(Kelly 2009, 798). 유엔의 인권 감시 시스템에서는 이와 같은 비판을 감안해 좀 더 정확한 인권침해 측정 및 인권 달성 이행을 위한 지표들을 개발 중이다(United Nations 2012). 그러나 아무리 정교한 지표가 개발되어도 인권침해의 근본 원인을 설명할 분석적 서사의 역할을 대체하기는 어려울 것이다.

그런데 통상적 인권 달성 방법이 이렇게 진화한 이유가 있다. 그 연유를 알고 보면 이해할 만한 측면이 없지 않다. 우선 인권은 역사 단계마다 등장했던 그 시대 특유의 구체적인 인권침해를 해결하기 위한 저항 담론이다. 그런데 인권은 '모든 사람의 평등한 가치'라는 — 표현은 유순해도 내용상 혁명적인 — 주장으로 출발했음에도 이를 구현하기 위해서는 국가 권력에 기대야만 했다. 〈버지니아 주 권리선언〉(1776년), 미국의 〈독립선언문〉(1776년), 프랑스혁명 당시의 〈인간과 시민의 권리선언〉(1789년)에서 보듯이 근대의 인권은 주로 선언적 천명declaratory statement — "하늘이 주신 권리를 만천하에 선포하고 요구하노라." — 의 형식으로 제시되었다.[3] 그런데 이렇게 선언된 인권은 인간 존엄성이라는 형이상학적 인간관에 근거한 추상적 인간 해방을 주창한 것이어서 그 포부와 취지가 아무리 훌륭했다 하더라도 구체적으로 실천하는 단계에서는 국가가 받아들일 수 있는 한계 내에서 운신할 수밖에 없었던 것이다. 알다시피 국가가 승인하는 인권의 제도화는 국가를 초월하는 차원에서 진정으로 보편적이거나 혁명적이거나 전복적일 수 없다.

어쨌든 인권 달성은 제도화라는 형태로 진행되었고, 시간이 흐르면서 인권 운동가들은 권리의 요구 자격을 둘러싼 **제도화 투쟁과 인권 달성 투쟁을 동일시**하기 시작했다. 또한 인권은 점진적이고, 실용적이고, 문제 해결 중심이고, 법률의 제정을 통해 달성할 수 있는 것이라는 통념이 굳어졌다. 급진적 기원을 가진 사상이 현실적 차원의 '정책'으로 해결 가능하다는 식의 온건화, 순치화, 포섭화, 체제 내화가 이루어진 것이다. 나는 국가기관과 지방자치단체의 인권 정책 과정에 제한적으로나마 관여한 경험이 있다. 그때 인권 피해자들이 요구하는 최소한의 정의를 정책적으로 해결하기가 얼마나 어려운지를 절실히 깨달았다. 하지만 그런 문제를 대하는 국가권력의 입장은 전혀 달랐다. 절차, 자원, 전례, 규정, 행정 원리, 형평성, 시기, 국민 여론, 행정 체계 등 온갖 이유를 들어 인권 요구를 되도록 적게 받아들이려 했다. 처음에는 공무원들의 개인적 태만이나 소극성 또는 직무유기 때문에 그렇다고 생각했지만, 관찰할수록 꼭 그런 이유만은 아니었다. 통치 체계의 수단인 관료제와 행정의 원리상 그런 경향이 발생하는 것 같았다. 그럴 때마다 나는 "이런 문제를 해결해야 국가권력의 정당성이 생긴다. 피해자들의 요구가 절대 과도한 것이 아니다."라는 논리로 설득하곤 했다. 하지만 솔직히 말해, 깊은 차원에서 보면, 그런 논리 자체가 인권을 권력의 지배 체계에 포함시켜 '인간의 얼굴을 한 권력' ― 하지만 여전히 인간을 억누를 잠재성이 있는 권력 ― 을 만드는 데 일조한 것이 아니겠는가? 권력의 본질을 성찰하지 않고 인권을 통해 권력의 행사 방식만을 순화하려 할 때 결국 권력은 정당성을 획득하고 더욱 공고하게 자리 잡는다.

국제 인권 운동에서도 인권의 근본 원인을 묻지 않게 된 역사적 이유가 있다. 20세기 후반 냉전 시대에 압도적으로 펼쳐졌던 지정학적 권력 투쟁 구도 속에서 국제 인권 단체가 운신할 수 있는 폭은 매우 협소했다. 그래서 국제 앰네스티 같은 인권 단체는 언제나 인권 운동의 중립성·불편부당성·비당파성·비정치성을 강조하곤 했다. 인권 운동은 정치나 냉전과는 전혀 무관하고, '오직' 인권침해에만 관심을 기울이고 인권 달성만 원할 뿐이라는 태도를 취해야 했다. 그래야만 인권침해를 고발하는 인권 단체의 순수한 정체성이 입증된다고 믿었다. 국제 앰네스티는 1960년대 창설 초기부터 양심수를 선정할 때 자본주의·사회주의·비동맹권 출신의 정치범들을 명단에 고루 포함하려 노력했다. 당파적이라는 오해를 사지 않으려는 신중한 태도에서였다. 그런데 이런 방식이 인권침해 사건을 고발하고 비판하는 데는 유효했을지 몰라도 인권침해가 왜 벌어지는지를 규명하기에는 역부족이었다. 인권침해가 체제 자체의 문제 때문에 발생한다는 점을 잘 알면서도 의도적 무관여와 계산된 무관심을 고수하면서, 그저 인권침해만 시정하라고 요구해야 했기 때문이다(서문 참조). 바로 이런 이유들 때문에 인권 운동은 '왜'라는 근본 원인에 대한 질문을 회피하곤 했던 것이다. 이처럼 제도화라는 인권 달성의 방법론은 인권 달성의 필요조건일 수는 있어도 충분조건이 되지는 못한다.

인권과 근본 원인 분석

제1차 세계대전이 발발한 다음 해인 1915년 런던에서 『국가들의 화해 그리고 그들 갈등의 숨은 원천』이 발간되었다. 저자는 시인, 사회주의자, 철학자, 평화운동가, 동성애 권리 운동가인 에드워드 카펜터Edward Carpenter, 1844·1929였다. 카펜터는 이 책의 1장에서 전쟁의 근본 원인을 알아야 한다고 주장했다. 영어권에서 '근본 원인'root cause이라는 말이 처음으로 등장한 순간이었다.

나는 현 상황을 적절히 분석하는 과제가 거의 불가능에 가깝다고 여기는 까닭에, 이 전쟁에서 고려해야 할 한 가지 측면에 관해서만 이런저런 설명을 하려 한다. 특히 독일과 영국 사이의 차이점에 관해 중점적으로 쓸 요량이다. 양국 간에 서로 누가 옳으니 그르니 다투느라 시간을 허비하기보다, 이 전쟁(그리고 다른 전쟁들)의 **근본 원인을 파악**하려고 노력하는 편이 훨씬 나을 것이라고 나는 생각해 왔다. 그렇게 하면, 아마 영원히 미지수로 남을 **세세한 정황과 우발적 상황들에 얽매이지 않고** 초연하게 우리의 결론을 내릴 수 있을 것이다. 일반적으로 말해 네 종류의 특징적인 전쟁들 — 종교 전쟁, 인종 전쟁, 야망과 정복의 전쟁, 그리고 영토 획득과 영리 추구의 전쟁 — 이 존재한다. 물론 어느 전쟁이든 이 요소들이 다소간 혼재되어 있을 것이다(Carpenter 1915, 온라인 인용, 강조 추가).

우선 근본 원인에 관한 용어들을 정리하자. **원인**cause이란 어떤 결과를 초래한 사건과 조건이다. **직접 원인**direct cause 또는 **근접 원인**proximate cause이란 어떤 결과를 직접 초래한, 그리고 시간상 가장 최근인 사건과 조건을 말한다. **근본 원인**이란 직접 원인보다 앞선, 직접 원인을 일으킨 심층적 조건과 환경을 가리킨다. 근본 원인은 인과관계의 긴 사슬에서 최초 시발점이 되는 요인이다. 이 때문에 어떤 결과(인권침해)를 해결하기 위해 어떤 개입(인권 달성의 방법 적용)을 할 때, 근본 원인에 개입을 해야 진정한 효과가 발휘될 수 있다. 인권침해를 해결하기 위해 문제가 발생한 인과관계의 최초 시발점에 개입할 수 있는 방안을 적용하자는 뜻이다. 질병이 발생했을 때 증상만 관리하는 대중요법이 아니라, 질병의 원인을 찾아 이를 치료할 수 있는 처방을 써야만 근본 치료를 할 수 있는 것과 같은 이치이다.

근본 원인을 분석해 인권 달성에 접근하기 위해서는 인권침해의 직접 원인을 초래한 상태 이전의 심층 원인을 찾아야 한다. 인권침해를 발생시킨 제도적 문제 혹은 가해자는 직접 원인이라 할 수 있다. 그러나 그런 제도와 가해자를 애초에 만들어 낸 시스템 자체는 근본 원인이라 할 수 있다. 직접 원인을 해결하는 데만 치중하면 **행위 중심의 인과관계**만 보는 것이지만, 근본 원인 해결까지 추구한다면 **설명 중심의 인과관계**까지 고려하는 것이다.

근본 원인을 간과한 채 직접 원인을 해결하는 방법은 지엽적·단기적 변화만 가져올 따름이다. 이를 인권 달성이라고 오해해선 안 된다. 근본 원인에는 여러 형태가 있다(2~6장 참조). 그중 하나인 구조적 원인의 예를 들어 보자. 구조적 원인에 의한 인권침해란 어떤 거시적 조건, 맥락, 또는 경제·사회 사조 속에 내재된 경향성으로 인해 인권침해와 인간의 사회적 고통이 초래됨을 뜻한다. 루돌포 월시Rudolfo Walsh는 이를 '설계된 불행'planned misery이라 부른다(Marks 2011). 설계된 불행이란, 사람들의 의도나 명확성, 그리고 시간의 장단과 상관없이, 어떤 시스템의 고유한 성격 때문에 인간의 사회적 불행과 비참이 발생하는 것이다.

예를 들어, 극단적 공리주의를 추구하는 경제 시스템이 있다고 치자. 이런 시스템은 그것을 **운용하는 사람들의 의도나 인지 여부와 상관없이 인권을 침해할 가능성을 경향적으로 내장**하고 있다(3장 참조). 그 이유에 대해 제롬 셰스탁Jerome Shestack은 다음과 같이 설명한다. "공리주의는 국민들의 행복의 총량을 최대한 크게 만들도록 요구하는 **극대화 및 집단화** 경향의 원칙이다. 공리주의 원칙은 자연권(인권) 이론과 반대될 수밖에 없다. 자연권은 각 개인의 특정한 기본 이익을 우선시하는 **분배적이고 개인화하는 경향**을 지닌 원칙이기 때문이다"(Shestack 1998, 213, 원문 강조). 여기서 보듯, '설계된 불행'은 개인의 의지·의도·의미와 상관없이 불행을 경향적으로 창조하기 쉬운 시스템의 산물인 것이다.

근본 원인을 분석하면서 인권 달성의 적절한 개입 방법을 찾을 때 가장 큰 장점은 항구적 해법을 추구할 수 있다는 점, 그리고 예방이 가능하다는 점이다. 항구적 해법을 모색하지 않으면 같은 문제가 재발하기 쉽다. 권리의 요구 자격, 즉 제도화가 이루어져도 **동일한 성격의 인권침해가 형태만 달리해** 계속 나타나기 쉬운 이유가 여기에 있다. 예를 들어, 노예제도 폐지를 보자. 노예제도 반대 운동은 18세기 말에 출현했으며, 1807년 영국에서 〈노예무역폐지법〉이 제정된 것을 필두로 1926년 〈노예, 종속, 강제노동 금지협정〉을 거치면서 노예제도는 이제 전 세계 모든 나라에서 불법화되었다. 제도적으로 노예는 이제 지구상에서 사라진 것이다. 그러나 인신매매, 강제노동 등 실질적 노예 상태에 놓인 사람들이 21세기에도 약 2천1백만 명에서 2천9백만 명이나 있다고 추산된다. 다시 말해, 노예무역을 금지하거나 노예제도 폐지법과 조약을 만들어도 노예 문제를 발생시키는 근본 원인에 개입하지 않으면, 이 문제는 형태만 교묘하게 바뀐 채 계속 불거져 나오는 것이다(베일스 2003 참조). 인권학에서는 항구적인 해결을 '유의미하고 지속적인 변화'라고 표현한다.

　근본 원인의 특징이 무엇인가? 첫째, 근본 원인은 하나뿐인 최종 원인을 뜻하지 않으므로 정확히 표현하자면 복수형인 '근본 원인들'이라고 해야 한다. 따라서 근본 원인 접근은 모든 인과관계를 궁극의 단일한 원인으로 환원하는 결정주의가 아니다. 예를 들어, 근본 원인식 접근은 구조적 폭력에 의한 구조적 인권침해에 큰 주의를 기울이지만 그것만을 뜻하지는 않는다. 둘째, 인권이 흔히 보편적이고, 상호 연결되어 있으며, 상호 의존하는 개념이라고 보듯, 인권침해의 근본 원인들 역시 대다수 인권침해의 뿌리 원인이 된다는 뜻에서 '보편적'이다. 또한 근본 원인들은 상호 연결되고 상호 의존하면서 때로는 교차성intersectionality의 특성을 보이기도 한다. 셋째, 특정한 인권침해 사안의 성격에 따라 더 중요한 근본 원인이 서로 다르게 확인될 수 있다.

예를 들어, 교실 내 왕따 문제의 근본 원인과 도시 주거권 문제의 근본 원인은 다르게 나타난다.

넷째, 근본 원인과 직접 원인을 잇는 일종의 매개변수가 존재할 수도 있다. 이를 인권 달성의 '조건'이라고도 한다. '조건'은 근본 원인이 직접 원인으로 발현되게끔 만드는 구조적·문화적·이데올로기적 환경이라 할 수 있다. 즉 근본 원인의 일부이기도 하면서 동시에 그것이 인권침해의 직접 원인이 되도록 매개하는 요인이 곧 '조건'인 것이다. 인권침해의 원인-조건을 뒤집으면 역으로 인권을 달성할 수 있는 조건을 포착할 수 있다. 또한 **'조건'은 국제정치에서 근본 원인을 완곡하게 표현할 때 사용하는 대체 용어**이기도 하다. 근본 원인이라는 어휘가 너무 급진적인 느낌을 준다고 생각하기 때문인지도 모른다. 〈유엔헌장〉의 전문이 이를 잘 보여 준다.

ⓐ 국제연합의 인민들은 우리 일생에 두 번이나 말할 수 없는 슬픔을 인류에 가져온 전쟁의 불행에서 다음 세대를 구하고, ⓑ 기본적 인권, 인간의 존엄 및 가치, 남녀 및 대소 각국의 평등권에 대한 신념을 재확인하며, ⓒ 정의와 조약 및 기타 국제법의 연원으로부터 발생하는 의무에 대한 존중이 계속 유지될 수 있는 **조건들을 확립**함establish conditions으로써, ⓓ 더 많은 자유 속에서 사회적 진보와 생활수준의 향상을 촉진할 것을 결의했다.

즉 유엔의 설립 목적이 평화(ⓐ), 인권(ⓑ), 발전(ⓓ)인데, 이를 달성하기 위한 방법으로 정의와 국제법이 존중될 수 있는 조건들을 확립(ⓒ)하겠다고 한 것이다. 왜 그냥 정의와 국제법을 존중하겠다고 하지 않고, 그것들이 존중될 수 있는 **조건들을 확립**하겠다고 했을까? 그 이유는 정의와 국제법이 존중되지 않는 **근본 원인들을 해결**해야만 이들이 존중될 수 있다는 사실을 강조하기 위해서였다. 근본 원인이라는 표현이 너무 과격하게 들릴 것 같아 에둘러 '조건'이라는 표현으로 대체한 것이다.

근본 조건의 중요성을 강조하는 정신은 〈국제인권장전〉 International Bill of Human Rights(〈세계인권선언〉 및 2개 국제인권규약)에서도 계승되었다. 〈자유권 규약〉 및 〈사회권 규약〉의 전문에는 다음과 같은 내용이 공통적으로 들어 있다. "세계인권선언에 따라 공포와 결핍으로부터의 자유를 향유하는 자유 인간의 이상은 모든 사람이 자신의 시민적·정치적 권리뿐만 아니라 경제적·사회적·문화적 권리를 **향유**enjoy할 수 있는 **조건**conditions이 조성되는 경우에만 **달성**achieved될 수 있음을 인정하며……" 여기에서도 볼 수 있듯 세계 인권 레짐의 창시자들은 인권을 향유하려면 인권의 기반이 되는 어떤 토대적 조건들이 반드시 충족되어야 한다는 **사회과학적 인식**을 분명히 가지고 있었다. 이러저러한 **개별 권리 항목들을 보장한다고 해서 인권이 총체적으로 보장된다고 믿는 협소한 시각이 없었던 것이다.** 이런 관점은 인간의 존엄성이 개별 권리들의 총합이 아니라, 전일적holistic(전체론적)이고 종합적인 어떤 체계를 요구한다는 사실을 꿰뚫어 본 관점이다.[4] 이를 위해 인권 달성을 가로막는 근본 조건들을 발본색원하려는 노력이 필요한 것이다.

어쨌든 유엔의 이 같은 정신이 아주 중요한 원칙임에도 그 뒤 발전한 국제 인권 시스템이 이 원칙을 철저히 따르지 않은 것은 애석한 일이었다. 유엔에서 예외적으로 이런 접근법을 제시한 경우는 있었다. 예를 들어, 1967년 유엔 경제사회이사회는 결의안 1,235호에서 유엔 인권위원회가 남아프리카공화국의 아파르트헤이트 정책으로 인한 "인권 및 기본적 자유의 심대한 침해와 연관이 있는 정보를 검토"하도록 허용한 적이 있다(United Nations Economic and Social Council Resolution 1967). 그러나 이런 경우는 오히려 예외였다. 합의형 국제 인권법 체계의 특성상 각국 정부가 근본 원인 분석법을 따르기에는 부담이 컸으리라고 짐작할 수 있다.

다섯째, 근본 원인들이 서로 모순·상충 또는 긴장 관계를 이루는 경우도 있다. 예를 들어, 구조적 폭력이 어떤 인권침해의 근본 원인으로 지목될 때도 있고(2장 참조), 행위 주체들의 '합리적'이고 의지적인 선택을 인권침해의 근본 원인으로 주목하는 경우도 있다. 주체 행위를 강조하면서도 그것의 동기에 대해 의견이 갈리기도 한다. 예를 들어, 극단적 인권침해 상황에서 국가 탄압state repression의 근본 원인이 권력의 사악한 의도 때문인지 아니면 비용과 편익을 감안한 계산적 선택 때문인지는 지금도 논쟁거리로 남아 있다(6장 참조). 여섯째, 근본 원인은 인권침해의 원인이자 그 결과이기도 하다. 예를 들어, 폭력 분쟁 상황이 사람들의 인권을 침해하는 거시적 원인이지만, 경우에 따라서는 심각한 인권침해 상황이 지속될 때 그것이 폭력 분쟁을 초래하기도 한다. 마지막으로, 직접 원인과 근본 원인 둘 모두에 개입해야 인권 달성의 효과가 배가된다. 시급한 직접 원인을 해결하는 통상적 방법에 **더해** 장기적 근본 원인에 대한 개입을 함께 모색해야 하는 것이다(7장 참조).

인권 달성에서 근본 원인 분석을 하지 않을 때 치르는 대가는 크다. 수전 마크스Susan Marks에 따르면 인권을 침해하는 조건과 거시적 틀을 무시하면 결국 형식적·절차적 해법, 보완적·보충적 조치에 치중할 수밖에 없다고 한다. 그리고 제도에 너무 의존하면 국가를 인권 문제 해결을 위한 최선의 주체로 떠받들게 됨으로써 시민들이 기여하고 행동할 가능성을 좁히는 결과가 초래된다. 또한 원인과 결과를 혼동하는 경우도 생긴다. 예를 들어, 중동 지역에서 흔히 발생하는 자의적 구금 문제는 통상적으로 법 집행 공직자들의 부정부패 때문이라고 이해하곤 한다. 이런 인과관계를 받아들이면, 부패하고 악의적인 공직자들이 자의적 구금의 근본 원인이 된다. 그런데 문제를 좀 더 심층적으로 분석해 보면, 극심한 사회적 불평등으로 말미암아 개인 채무에 시달리는 빈곤층이 고소·고발이나 구속 위협에 이미 취약해져 있는 상태임이 드러난다. 그런 상황을 틈타 공직자들이 자의적 구금을 자기 사복을 채우기 위한 수단으로 악용하는 것이다. 이런 관점으로 보면 중동 지역에서 일어난 자의적 구금 문제의 근본 원인은 사회적 불평등이고, 법 집행 공직자들은 직접 원인임을 알 수 있다.

나오면서

지금까지 나는 통상적인 방법으로 인권을 달성하는 데는 한계가 있음을 지적하고, 그 보완책으로서 근본 원인 분석을 통한 해결책이 병행되어야 한다고 주장했다. 최근 전 세계 인권학계에서 근본 원인에 대한 관심이 늘어나고 있다. 다양한 영역에서 인권침해의 근본 원인에 대한 연구물들이 축적되고 있다. 그중 일부만 소개한다면 다음과 같다. 고문, 인신매매, 여성 인신매매, 테러리즘, 젠더 불평등, 폭력 갈등, 민주주의 이행기 사회의 인권 문제, HIV/에이즈 차별, 난민, 제노사이드 등이다.[5]

이 책에서 나는 기존의 실증적 연구들을 분석·종합해 이 연구들에서 거론되는 인권침해에서 공통적으로 작동하는 근본 원인들과 선행 조건들을 추출하고, 그것을 다섯 개 범주로 정리했다. 2장에서부터 각 범주를 장별로 다룬다. 이들은 모두 **인권침해의 근본 원인**이자 인권 달성을 차단하는 **억제 조건**인데, 반대로 접근하면 여기서 인권 달성의 **촉진 조건** 또한 도출할 수 있다. 사실, 이처럼 인권 달성의 촉진 조건을 확정한다는 것은 항구적 인권론, 즉 인권 달성에 관한 일반 이론을 제시하려는 학문적 노력이라 할 수 있다. 이 같은 모색은, '영구 평화론에 대한 구상은 이미 나와 있는데, 왜 영구 인권론은 나오지 않았는가?'라는 나의 오랜 질문에서 나온 것이다(칸트 1796/1992).

이 책은 이런 의문을 오랫동안 궁구한 결과이다. 기존의 연구들과 설명들을 큰 틀에서 종합하고 일정한 질서를 부여한 이론적 시도라 할 수 있을 것이다. 하지만 왜 인권에서 지금까지 이런 문제를 충분히 다루지 않았는지, 그리고 그런 경향이 인권 담론에 어떤 악영향을 끼쳤는지를 비판적으로 숙고할 계기를 이 책이 제공할 수 있기를 기대한다.

잭 도널리는 인권학자이지만 인권을 굳이 호명하지 않아도 인권이 보장되는 사회가 제일 좋은 사회라고 생각한다. 그는 다음과 같이 지적한다. 즉 "권리를 보유한 상태와 권리가 존중되는 상태, 또는 권리를 자주 호명하는 상태를 동일시하면 안 된다. 성자들로 이루어진 세상에서는 권리를 거의 요구하지 않고, 권리를 상대에게 강요하지 않더라도 권리가 널리 존중될 것이다"(Donnelly 2013, 10). 그런데 이 말이 원론적으로 맞는 말이긴 하나, 현실 세계가 그렇게 이상적이지 않기 때문에 오히려 인권을 더욱 요구해야 한다고 도널리를 비판할 수도 있을 것이다. 그러나 인권을 불러내어 인권 문제를 해결하는 것과 인권적 환경을 조성해 인권 문제를 장기적으로 해결하는 것이 내재적으로 연결되어 있음을 이해해야 한다. 권리를 호명함으로써 시급한 인권 문제를 해결하려는 노력만으로는 부족하다. 인권 문제의 단기적 해결이 반드시 **인권 달성의 조건들을 제대로 구축**하는 장기적 조처와 연결되어야만 인권 달성을 위한 근본적인 처방이 이루어질 수 있다. 이런 조건들이 높은 수준에서 자리 잡을 수 있도록 노력을 기울이는 동시에, 인권 문제로 볼 수 있는 사회문제가 발생할 때 이를 인권침해로 규정하고 법과 제도의 개입을 통해 해결하는 것이 정석이다. 모든 사회문제를 일일이 인권 문제로 규정하는 것만으로 그 문제들이 일거에 해결되지는 않는다. 문제의 근본 원인을 찾아 '왜'라는 질문을 던지고 근본적 해결책을 강구해야 한다. 모기를 한 마리씩 잡는 노력도 필요하지만 모기의 서식처인 웅덩이 문제를 해결하는 일, 즉 발생원 억제source reduction는 더욱 중요하기 때문이다.

제2차 세계대전이 막바지에 이른 1944년 봄, 프리모 레비Primo Levi, 1919~
87는 나치의 아우슈비츠 수용소에 끌려갔다. 그를 괴롭힌 것은 가축 운송용
기차에 실려 오랜 시간 강제로 이송되어야 했던 고통도, 수용소의 형편없는
처우 때문에 겪어야 했던 생활상의 고통도 아니었다. 그를 진정 고통스럽게
만든 원천은 자신이 왜 인간 이하의 대우를 받아야 하는지, 왜 수백만 명의
무고한 사람들이 가스실에서 죽어 가야 하는지, 그 이유를 알 수 없다는 사
실이었다. 레비는 어느 날 아우슈비츠에서 경험한 에피소드를 훗날 자전적
기록『이것이 인간인가』에 다음과 같이 남겼다.

> 갈증을 참지 못한 나는 창문 밖, 손이 닿는 곳에서 고드름을 발견했다. 난 창문을
> 열고 고드름을 땄다. 하지만 밖에서 순찰을 하던 키가 크고 뚱뚱한 남자가 창 쪽으
> 로 다가와 거칠게 고드름을 빼앗아 버렸다. 'Warum?'(왜 그러십니까?) 난 서툰 독
> 일어로 물었다. 'Hier ist kein warum.'(이곳에 이유 같은 건 없어.) 그가 나를 막
> 사 안으로 떠밀며 대답했다(레비 1958/2007, 38).

프리모 레비는 이듬해 전쟁이 끝나고 기적적으로 귀향한 뒤에도 수십 년
동안 '왜'라는 질문에 매달렸다. 끝내 이 문제를 풀지 못했던 레비는 결국 자
신의 삶을 스스로 마감하기에 이르렀다.[6]

홀로코스트 연구에서 지금까지도 논란이 거듭되는 질문 중 하나가 '홀로
코스트의 이유를 찾을 수 있는가, 아니면 이유를 찾을 수 없고 찾지도 말아
야 할 것인가?'라는 질문이다(Ambrosewicz-Jacobs 2009). 이유 따위는 묻지 말
라고 했던 나치 순찰대원의 힐난은 역으로 홀로코스트의 이유를 따져 물어

야 하는 강력한 근거가 될 수 있다. 아우슈비츠에서 살아남았던 또 다른 유대인 루이 미첼스Louis Micheels는 홀로코스트의 이유를 따질 필요가 있는지를 묻는 한 언론인(Rosenbaum 2014, 276)에게 다음과 같이 대답한다. "반드시 이유를 물어야 합니다."Da soll ein warum sein.

나는 인권에 대해서도 이 말을 쓸 수 있다고 생각한다.

제2장

구조적 인권침해의
문해 능력

"한 남편이 자기 아내를 구타하면 명백히 개인적
폭력이지만, 1백만 명의 남편들이 1백만 명 아내들의
교육을 방해하면 그것은 구조적 폭력이다."

　_요한 갈퉁

"기후변화는 우리 시대 모순의 근본 원인이다."

　_프란치스코 교종

"만일 문제가 시스템에서 온 것이라면 해법 역시
시스템에서 찾아야 한다."

　_수전 마크스

이 책을 쓰는 동안 나는 국경없는 기자회의 독일 지부를 방문한 적이 있다. 크리스티안 미어Christian Mihr 사무국장이 이런 이야기를 했다. 요즘 들어 언론 자유, 표현 자유에 관해 대중을 상대로 인권 교육을 해보면 흥미로운 현상이 관찰된다는 것이다. 일반인들은 독재국가에서 언론인을 투옥하면 중요한 인권 문제로 인식하지만, 자기 나라 정보기관의 무차별 대량 감시나 빅 데이터에 의한 사회통제와 같은 사안에 대해서는 잘 모를뿐더러 별 관심도 없어서 그런 문제들의 심각성을 일깨우기가 무척 어렵다고 했다. 이 장은 바로 이와 비슷한 문제의식에서 출발한다.

　인권의 구조적 분석은 그 중요성에 비해 오랫동안 간과되어 온 영역으로, 이 같은 구조적 분석의 결여 ― 인권 담론의 내재적 특성 때문이든, 의도적인 선택이었든 간에 ― 는 인권 개념과 실행이 특정한 방향으로 고착되는 데 일조했다. 이 장에서는 구조적 분석이 무엇인지를 설명한 뒤 요한 갈퉁Johan Galtung의 구조적 폭력 개념을 원용해 구조적 인권침해의 발생 원인을 찾는다. 그리고 구조적 분석이 특히 잘 적용될 수 있는 빈곤과 불평등의 문제를 구조적 인권침해의 관점에서 살펴본다. 전 지구적 차원의 재난을 초래하고 있는 기후변화 역시 구조적 인권침해의 극적인 사례임에도 인권 운동에서 매우 소홀히 해온 주제이다. 따라서 구조적 차원에서 가장 중요한 인권 문제라 할 수 있는 기후변화를 인류의 실존적 위험이라는 관점에서 재조명하고 이에 주의를 환기하는 것으로 이 장을 마무리한다. 인권의 구조적 접근은, 인권을 침해하는 가해자의 책임을 희석한다는 비판을 받기도 한다. 그러나 인권에서 행위 중심의 인과관계를 넘어 설명 중심의 인과관계를 찾는다면 구조적 분석은 필수 불가결한 접근이 된다(1장 참조).

인권의 구조적 분석

사회과학에서 말하는 '구조'structure란 도대체 무엇인가? 구조는 원래 건축학에서 쓰던 용어인데 근대에 들어 사회과학적 사고가 출현하면서 차용해 쓴 말이다. 인간은 해변의 모래알처럼 제각기 흩어진 상태에서 살아가는 것이 아니라, 육안으로 보이지는 않지만 어떤 형태와 유형을 갖춘 사회 속에서 살아간다. 이 점에서 사회구조social structure란 인간 사회를 구성하는 사회적 관계 및 제도 사이의 조직화되고 질서화된 유형들이라고 정의할 수 있다. 사회구조는 눈에 보이지 않지만 그 속의 인간들이 살아가며 경험하는 삶의 모든 차원에 큰 영향을 미친다.

구조적 조건은 곧이어 다룰 여타 네 가지 근본 조건들(이데올로기, 국제 관계, 사회심리, 국가와 민주주의)을 포괄할 수 있는 최상위의 메타적 근본 조건이라 할 수 있다. 존재론적으로나 인식론적으로 보면 구조적 조건이란 사회과학적 분석의 궁극적 변인으로 흔히 인정된다. 그렇게 본다면 구조적 조건이곧 근본 조건이라 할 수 있다. 그러나 이 책에서는 여타 근본 조건들이 가진 맥락적 특성과 개별적 설명력을 좀 더 정밀하게 분석하기 위해 구조적 조건과 여타 근본 조건들을 구분해 기술할 것이다.

나는 갓 입학한 신입생들에게 사회학 개론을 가르칠 때 강의실의 벽과 문과 천장과 바닥을 가리키며 "건물의 구조와 사회 계급 구조, 둘 중에 어느 쪽이 더 단단한지 상상해 보라."고 말하곤 한다. 얼핏 들으면 이 질문은 깊이 생각할 필요가 없을 만큼 단순하다. 당연히 콘크리트로 만들어진 건물 구조가 훨씬 더 단단할 것처럼 생각된다. 그러나 과연 그럴까? 건물은 꼭 필요하다면, 쉽진 않겠지만, 큰 망치와 포클레인으로 언제든 부수고 다시 지을 수 있다. 그런데 건물을 허물듯이 사회 계급 구조를 하루아침에 부수고 다시 지을 수 있을까? 당연히 불가능하다. 이렇게 생각하면 사회구조가 결코 단순한 문제가 아님을 알 수 있다.

사회구조는 다중적이고 다차원적이다. 따라서 사회구조는 분석하고자 하는 대상의 특정 속성과 체계적 준거 틀에 따라 상대적으로 개념화된다(Chazel 2001). 사회구조라는 개념 속에 계급·계층·지위·성별·인종 등 온갖 종류의 칸막이들이 쳐져 있다는 뜻이다. 이 칸막이들은 흔히 서로 겹치곤 한다. 사람들은 사회 속에서 모래알처럼 파편화된 채 흩어져 살아가는 존재가 아니다. 인간은 자신의 정체성, 자신의 이해관계, 타인과 상호작용을 형성하는 사회 전반의 관계론적 구조 속에 깊이 심어져 있는 존재이다. 지상의 어떤 인간도 기본적 차원에서 이런 사회적 사실로부터 자유롭지 못하다.

사회과학에서 구조적 분석이란, 개인들이 사회구조 속에 심어져 있다는 점을 전제로, 그 개인들이 사회구조 내에서 어떤 억압을 받는지, 아니면 일정한 자극을 받거나 어떤 식으로 행동하게끔 촉진되는 경우도 있는지, 그 과정과 변인을 검토하는 것을 일컫는다. 구조적 분석에서는 개인이 어느 정도 자유의지를 행사할 수는 있지만, 완전한 자유의지를 가진 행위 주체라고 가정하지 않는다. 눈에 보이지 않지만 실제로 존재하는 물리적 실체처럼 인식되는 어떤 얼개, 즉 물화物化된 사회구조가 인간의 사회적 행동을 억제하거나 촉진시키기 때문에 개별 행위자는 어떤 특정한 결과를 자기 마음대로, 완전히 자유롭게 결정하지 못한다고 상정된다(Landman 2006, 45). 더 나아가 구조적 분석에서는 개인과 국가가 합리적 선택만으로 의사 결정을 내릴 수 있다고도 보지 않는다. 일정한 구조적 제약의 영향을 받기 때문이다(6장 참조).

구조적 분석에서는 인간을 각기 흩어져 존재하는 모래알로 파악하지 않기 때문에 개인의 주체 행위보다 개인-집단-제도-조직들 간의 **상호 의존적 관계**, 그리고 그들 사이에 형성되는 사회적·정치적·경제적 **관계망**에 더 큰 관심을 기울인다. 달리 말해, 사회의 전일적 측면에 관심을 갖는다는 뜻이다. 그런데 구조적 분석을 거시적 분석과 같은 것으로 오해해선 안 된다. 미시적 차원에서 일어나는 개인들의 상호작용 행위가 사실은 그 이전에 이미 구조화된 상태에서 이루어지는 것일 수도 있기 때문이다. 또한 거시적 차원의 제도들(예컨대 노동조합·사회운동·기업 등)이 일정한 자체 의지를 갖고 ─ 마치 개인들이 상호작용하듯 ─ 서로 상호작용할 수도 있다(Giddens and Sutton 2014, 24).

이렇듯 사회구조는 근대 사회과학의 기본적 관점 가운데 하나이고, 알고 보면 인권침해와 인권 달성에 큰 영향을 미치고 있음에도 인권론에서는 여전히 소홀하게 취급되어 왔다(그런 경향이 인권 달성 및 인권 이론의 발전에 심각한 악영향을 끼쳤음을 고려해, 이 책의 본론에 해당하는 장들 가운데 가장 첫 장인 2장에 구조적 분석 내용을 배치했다). 사회구조를 중심으로 인권 문제를 분석하는 방식 가운데, 우선 마르크스주의 관점에서는 계급 구조와 계급 간의 모순 관계를 중심에 두고 권력의 지배와 종속을 **보편적으로** 설명한다. 이런 관점의 구조 분석에서는 각각의 역사 단계마다 특유한 지배-종속 관계가 형성되었다고 가정한다. 예를 들어, 자유민과 노예, 귀족과 평민, 영주와 농노, 자본가와 노동자 등이 그런 관계이다. 이렇게 제도화된 지배-종속 관계는 모든 인간의 평등한 가치를 전제하는 인권과 원리적으로 충돌한다.[1] 마르크스주의에 따르면 역사 속의 모든 지배-종속 관계를 관통하는 가장 중요한 원인은 물질이다. 물질의 생산 수준과 분배 및 그것을 규율하는 방식이 단일한 변인으로 상정되는 것이다.

더 나아가, 단일 변인에 의한 구조적 분석의 통찰을 인정하면서 그것에 더해 다원적 변인을 상정하는 관점도 있다. 이때 흔히 국가 형태와 국가 권력, 사회·정치적 혁명, 경제 발전 양상, 계급 형성, 계급 구조, 계급 동맹, 분업 구조 등이 열거된다. 예를 들어, 거시 역사적 구조 분석의 고전적 업적으로 꼽히는 테다 스카치폴Theda Skocpol의 연구를 보자. 프랑스·러시아·중국의 혁명을 비교한 스카치폴은 사회혁명을 초래하는 인과 변수로 계급 구조와 계급 정렬, 국가 권력을 꼽았다. 그중에서도 농업의 사회정치적 구조가 특히 중요하다고 보았다. 스카치폴에 따르면 사회혁명이란 사회 구조와 정치 구조의 근본적 변동이 상호 보완적으로 동시에 발생하는 것이다(스코치폴[스카치폴] 1989). 1983년부터 2009년 사이 스리랑카에서 발생한 타밀 주 분리주의 운동을 둘러싼 내전의 원인을 조사한 연구도 비마르크스주의의 구조적 분석에 속한다(Permanent Peoples' Tribunal 2010; 2013).

이런 다원적 변인을 활용한 거시 역사적 분석이 최근 들어 인권 영역에서도 나오기 시작했다. 새뮤얼 모인Samuel Moyn의 연구가 대표적이다. 모인은 특정한 권리들의 목록이 중요한 것이 아니라, 권리가 어떤 맥락에서, 어떤 환경에서, 어떤 이유로, 어떤 과정을 거쳐, 어떻게 요구되느냐가 중요하다고 전제한다. 모인은 현대 인권이 (적어도 〈마그나카르타〉에까지 거슬러 올라가는) 장기 역사적 기원을 가졌다는 전통적 인권 역사관에 의문을 제기한다. 그에 따르면 인권은 1970년대 들어 갑자기 전 세계적인 담론으로 부상했다. 따라서 예전에 자연권 혹은 인간의 권리라고 부르던 개념들이 오늘날 우리가 '인권'이라고 부르는 것의 직접 원조가 아니라는 말이다. 인권의 돌연한 출현을 주장하는 단절론인 셈이다. 모인의 주장은 논쟁적이지만, 인권 담론의 변천과 현대적 부상에 적용한 구조적 분석 방법만큼은 눈여겨볼 필요가 있다.

모인은 1970년대 이전까지 인권은 주로 국민국가 내에서 시민권(시티즌십 citizenship)의 형식으로 요구되었다고 설명한다. 시민들은 근대 국민국가의 내적 정당화 논리인 주권재민 원칙을 실질적으로 보장받기 위해 국가에 대해 시민권을 보장해 달라고 **정치적으로** 요구했다는 것이다. 즉 "각국의 국내 정치에서 권리가 통용되기 시작하면서, 국가 바깥의 어떤 기준을 지목하기보다, 국가 내에서 여러 세력들이 각기 자신의 정치적 권위를 요구하게 되었다. 시민권의 요구를 놓고 언제나 그것의 경계와 의미를 둘러싼 세력 간 경쟁이 벌어졌다. **권리의 이런 구조적 역할** — 법적인 요구가 아니라 시민들의 정치적 동원을 의미하던 — 은 장기간 역사적으로 핵심적인 것이었다"(Moyn 2010, 32, 강조 추가). 따라서 이때까지만 해도 인권은 보편적 인간 권리가 아닌 국내 시민권의 요구로 이해되었고, 국가 내에서 국내 정치의 기준에 의해 시민들이 제기한 정치적 요구 사항이었던 것이다.

그러나 1970년대가 되면서 인권은 **국가 바깥의 국제법 기준을 근거로 국가에 대해 요구**하는 것으로 그 형태가 크게 달라졌다. 왜 이 시기에 이 같은 변화가 일어났을까? 이 핵심 질문에 대해 모인은 다음과 같은 이유를 제시한다. 첫째, 사상적 측면에서, 유토피아적 해방을 추구하던 기존의 각종 변혁 운동들을 대체할 만한 대안을 모색할 필요가 있었다. 즉 제2차 세계대전 후 초강대국이 된 미국식 자본주의-상업주의 모델에 대한 반감이 커졌고, 또한 소련식 사회주의에 대한 환멸이 찾아왔으며, 제3세계 탈식민 해방운동이 보여 준 내적 한계에 실망한 사회운동이 새로운 반정치적anti-politics 유토피아 사상을 인권에서 찾았다는 설명이다. 게다가 기존의 변혁 사상들이 최대주의적·집합적·혁명적인 특징이 있었던 반면, 최소주의, 개인 가치, 도덕적 담론의 특징을 가졌다고 여겨진 인권 사상은 신선한 매력으로 다가왔다. 둘째, 국제정치의 구조적 측면에서, 비국가 행위자인 초국적 인권 운동이 폭발적으로 증가했다. 국제 앰네스티, 헬싱키워치Helsinki Watch 그룹들, 휴먼라이츠워치 등 국제 인권 엔지오들과 각종 지역 인권 엔지오들이 생겨났고, 이들이 서로 연결되면서 전 지구적 시민사회global civil society라고 부를 법한 국제 시민사회 공간이 형성되었다. 그 결과 국가들이 독점하던 전 지구적 질서 내에 균열이 생기면서 초국적 시민사회 영역이 등장해 점차 많은 인권 엔지오들이 보편적 국제 기준에 근거해 ― 국민국가 내의 시민권 사상에 근거한 것이 아니라 ― 인간의 보편적 권리를 내세우는 활동을 전개하기 시작한 것이다.

셋째, 국제법 체계의 측면에서, 유엔을 중심으로 각종 국제법 레짐이 등장해 국제정치에 실질적인 영향을 미치기 시작했다. 거의 30년 가까운 산고 끝에 〈자유권 규약〉과 〈사회권 규약〉이 1976년 발효된 것이 대표적인 사례이다. 넷째, 미국 헤게모니 성격의 변화 측면에서, 초강대국인 미국의 대외 정책에 큰 변화가 왔다. 이는 칠레를 포함한 라틴아메리카 내정 개입의 부정적 여파를 만회하고, 베트남전쟁 패배 이후 실추한 미국의 지정학적 리더십을 도덕적 리더십으로 회복하려는 움직임이었다. 비슷한 시기에 미국 의회에서도 해외 인권에 관심을 기울이기 시작했다. 1977년 대통령에 취임한 지미 카터Jimmy Carter는 국제정치사상 최초로 '인권 외교'를 공약으로 내걸고 당선된 정치인이었다. 그 밖에도, 미국과 구분되는 자신만의 정치적 정체성을 찾고, 동구 사회주의권에 대항해 이데올로기 우위를 모색하던 유럽이 지역 인권 레짐을 발전시켰고, 1975년의 〈헬싱키 협정〉 이후 소련 내 반체제 인사들이 인권을 적극적으로 주창하기 시작함에 따라 전 세계에서 이상주의적 인권의 열풍이 일었다는 것이다(Moyn 2010). 이처럼 새뮤얼 모인의 연구는 인권 담론이 오늘날 전 세계적으로 핵심 의제로 대두하게 된 이유를 사회적·정치적·문화적 구조 내에서 파악하는 하나의 사례를 제공한다.

그렇다면 이런 관계론적 구조에는 일반적으로 어떤 것들이 있을까? 첫째, 과학혁명·산업혁명·자본주의·시민혁명 등의 거시적 역사 과정 속에서 진화된 구조로서 시장 제도, 자본주의 체제, 국민국가 체제, 시민사회, 과학기술 패러다임 등이 대표적인 사회구조라 할 수 있다. 이렇게 거시적 역사 과정 속에서 진화한 사회구조들이 개별 행위자들의 사회적 행위를 억제하거나 촉진한다. 그런데 이런 사회구조들이 모든 나라에서 동일하게 발전하지는 않았다. 따라서 서로 다른 맥락에서 형성된 경제·사회·정치적 구조는 서로 다른 방식으로 인간 행위에 영향을 주기 마련이다. 둘째, 국가의 공적 제도 역시 중요한 사회구조를 이룬다. 입법·사법·행정부의 정부 조직 형태, 정당과 정당 체계, 선거제도, 중앙집권제 혹은 연방제와 같은 국가 조직 형태, 대통령 중심제 혹은 내각책임제, 재정·군사·사회보장 등의 국가 제도가 이에 해당한다. 셋째, 민간 부문에서는 노동조합, 기업 조직, 종교 조직은 물론이고 가족 등과 같은 친족 체계도 사회구조로서 인간의 행위에 큰 영향을 줄 수 있다. 넷째, 유엔·유럽연합·세계은행·국제통화기금IMF·세계무역기구WTO·국제노동기구ILO 등 각종 정부 간 국제기구들이 있다. 마지막으로, 1945년의 〈유엔헌장〉과 1948년의 〈세계인권선언〉을 기점으로 촘촘하게 발전 중인 국제인권법 레짐과 그 이행 메커니즘이 있다. 지금까지 말한 다섯 종류의 사회구조들이 모두 인권침해와 인권 달성에 지대한 영향을 미친다.

인권의 구조적 분석을 통해 우리가 얻을 수 있는 점이 무엇인가? **인권침해의 구조적 계층화**를 확인할 수 있게 해준다는 것이 가장 중요하다. 모든 사람의 인권이 확률적으로 비슷한 빈도로 침해되는 것이 아니라 — 즉 무작위로 인권침해가 일어나는 것이 아니라 — 특정 계층이나 특정 집단에 속한 사람들에게 인권침해가 집중적으로 발생한다는 사실을 경험적으로 입증할 수 있게 해준다. 토드 랜드먼Todd Landman은 다음과 같이 말한다. "국내 계급 구조와 사회적 관계의 구조에 초점을 맞추는 분석은, 개인이 경험하는 사법 정의, 권리의 향유와 행사 방식, 그리고 권리의 실현이 그 **개인의 사회적 위치**에 따라 어떤 식으로 억제되거나 촉진되는지"를 알 수 있게 해준다(Landman

2006, 47, 강조 추가).

인권침해가 구조적으로 계층화되어 있음을 잘 보여 주는 연구가 있다. 의사이자 인류학자인 폴 파머Paul Farmer는 아이티, 관타나모, 멕시코 치아파스, 러시아 등 전 세계 각지에서 진료와 연구를 수행한 결과를 『권력의 병리학』이라는 책으로 펴냈다(Farmer 2003). 파머는 '왜 질병이 인구 집단 내에서 사람들에게 무작위로 일어나지 않고 특정한 계급·계층과 연관해 발생하는가?'라는 의문을 품었다.

애초에 그는 항생제에 내성이 생겨 악성 폐결핵을 앓는 환자 혹은 HIV/에이즈 환자들을 치료하면서, 이런 질병의 발생 문제를 순수하게 의학적으로만 접근했다. 그러나 파머는 이런 사람들이 전쟁, 토지수용, 영양실조, 국가에 의한 고문, 불결하고 비좁은 거주환경 등 각종 사회적 요소들 때문에 질병에 걸리기 이전부터 이미 심신이 취약해진 상태임을 발견했다. 빈곤층에 속한 사람들은 질병에 걸리기에 앞서 사회구조적 조건들로 말미암아 자신의 삶을 통제할 수 없는 상황으로 밀려들어가 있었던 것이다.

그 결과, 동일한 병균에 감염되더라도 부유하고 편안한 환경에서 사는 사람들보다 삶의 취약성이 높아진 상태에 놓인 빈곤층이 질병 피해를 훨씬 더 심하게 입는다. 병균은 모든 사람을 '평등하게' 공격하지만 그에 따른 결과는 확률적으로 평등하지 않다. 정치·경제·사회적 구조 탓에 열악한 환경에 놓인 사람들은 면역력이 떨어지고 이는 발병률을 높일 뿐만 아니라, 발병 후 치료와 요양을 통한 대응력을 낮춘다. 이런 점을 감안하지 않고 질병을 엄밀하게 생물학적·임상적 실체로만 이해하고 가르치며, 이에 입각해 보건 정책을 입안하게 되면 질병에 제대로 대응할 수 없다. 자신이 방문한 모든 곳에서 이런 현상을 목격한 파머는 **질병의 사회적 원인**을 찾아야 함을 절감하면서, 누가 왜 그런 관점을 방해하는지를 묻는다.

인권침해는 우연히 일어나지 않는다. 무작위로 분포하거나 무작위로 결과가 나타나지 않는다. 인권침해는 권력의 심층 병리학적 증상이며 누가 더 고통 받을지를 결정하는 **사회적 조건들**과 긴밀히 연관되어 있다. 인간 존엄성에 대한 공격이 그 분포나 결과에 있어 절대 무작위적이지 않다면 그런 공격이 무작위라고 말하는 사람은 도대체 누구에게 도움을 주려고 그렇게 하는 것일까(Farmer 2003, 7, 강조 추가; 파머 2009, 38).

파머는 사회적 원인, 즉 권력의 불평등 때문에 초래되는 구조적 폭력이 건강권 침해를 야기하는 주범이므로, 생물학적 병리가 아닌 권력의 병리학 pathologies of power이 질병의 주범이라고 단언한다.

구조적 폭력과 구조적 인권침해

요한 갈퉁은 평화를 가로막는 근본 원인을 찾기 위해 폭력의 뿌리를 탐구한 학자로서 '20세기 평화학의 아버지'라고 불린다. 갈퉁의 평화론이 나오기 전까지 갈등·분쟁 연구는 주로 전쟁과 안보를 중심으로 이루어졌다. 그러나 갈퉁은 전쟁과 무력 분쟁을 관리하고 방지하는 차원을 넘어 적극적 평화의 길을 모색함으로써 평화 연구를 한 차원 높였다는 평가를 받는다. 갈퉁은 자신이 1964년 오슬로에서 창간한 『평화연구학보』Journal of Peace Research의 창간호 권두언에서 새로운 평화론의 개략적 구상을 밝혔다. 단순히 폭력이 없는 상태는 '소극적 평화'에 지나지 않으며, 이를 넘어 적극적 평화, 즉 '인간 사회의 통합'을 지향해야 한다고 본 것이다(Galtung 1964, 2). 갈퉁의 폭력 이론은 평화학뿐만 아니라 인권학에도 큰 영향을 주었다. 물론 평화학과 인권학은 강조점의 차이가 있긴 하지만,[2] 둘 다 근본적 차원에서 폭력의 문제를 다룬다는 점에서 공통점이 많다. 갈퉁은 폭력을 개인적(직접적) 폭력, 구조적 폭력, 그리고 문화적 폭력으로 구분한다. 그중 문화적 폭력은 이데올로기를 다루는 3장에서 다룰 것이다(갈퉁 2000 참조).

1장에서 설명한 대로 우리는 흔히 누가 가해자인지가 확실한 개인적·직접적 인권침해만을 주된 인권침해로 간주하기 쉽다. 이른바 행위 중심의 인과관계이다. 그러나 이런 통념은 갈퉁의 구조적 폭력structural violence 이론이 나온 뒤 수정되었다. 구조적 폭력이 무엇인지 알아보기 전에 먼저 갈퉁의 **폭력** 개념을 정리해 보자. 갈퉁이 정의한 폭력은 단순히 신체에 가해지는 물리적 해로움만이 아니다. 여기서 폭력이란 "**인간 심신의 잠재적 실현 수준보다 실제적 실현 수준이 낮아져 있는 상태**"라는 유명한 정의가 나온다(Galtung 1969, 168). 인간의 몸과 마음이 높은 차원에 도달할 수 있음(잠재적 실현potential realizations)에도 불구하고, '폭력'으로 인해 낮은 차원에 머물러 있다(실제적 실현 actual realizations)는 뜻이다. 폭력이 개입해 이런 격차를 빚어내기도 하고, 반대로 이런 상태 자체가 폭력을 의미하기도 한다. 갈퉁의 폭력 개념이 주는 함의가 무엇인가?

갈퉁에 따르면 폭력에는 여섯 종류의 차원이 존재하는데 그중에서 **구조적 폭력**이 제일 중요하다.[3] 다음은 갈퉁이 분석한 구조적 폭력의 특징들이다(Galtung 1969, 170-171).

- 개인적인 폭력이 아니며, 가해자가 명백히 확인되지 않는다.
- 구조 속에 폭력이 내장되어 있으므로 간접적으로 피해를 발생시킨다.
- 자원의 분포를 결정하는 권력이 불평등하게 분포되어 있을 때, 자원이 불평등하게 분포될 가능성이 높아진다.
- 자원의 분포가 불평등할 때 인간이 경험하는 여러 차원의 상황이 영향을

받는다. 예를 들어, 소득, 교육, 건강, 사회적 관계 등 '삶의 기회'가 전체 적으로 열악하게 나타난다.

- 구조적 폭력은 마르크스주의에서 자본주의를 분석할 때 현저하게 드러난다. 생산과정에서 산출되는 잉여가치를 처분할 수 있는 권력이 생산수단을 소유한 사람의 수중에 있으면 그 잉여에서 비롯된 자본이 자본 소유자의 삶과 자본을 소유하지 않은 사람의 삶에 거대한 파급력을 발휘한다.

- 구조적 폭력은 자유주의에서 현실 사회주의를 분석할 때에도 유효하다. 예컨대 소수의 당 간부 수중에 권력이 집중되어 있다면 그것이 사회 전체의 모든 영역에 영향을 끼친다.

- 현상 포착이 어렵고 비가시적이며 폭력의 효과가 '극적으로' 나타나지 않는다. 구조적 폭력에서는 개인적·직접적 폭력에서 나타나는 **주체-행위-대상 관계**subject-action-object relation가 잘 드러나지 않기 때문이다. 따라서 그 사실을 잡아내기 어렵고 정확히 표현하기도 어렵다. 그 결과 '주어-술어-목적어 관계'도 잘 성립되지 않는다. "한 남편이 자기 아내를 구타하면 명백히 개인적 폭력이지만, 1백만 명의 남편들이 1백만 명 아내들의 교육을 방해하면 그것은 구조적 폭력이다"(Galtung 1969, 171).

- 구조적 폭력은 의도적일 수도 있고 비의도적일 수도 있다. 전통적 윤리학에서는 의도적 폭력에만 관심을 기울이는 경향이 있다. 이 점을 갈퉁은 윤리학의 심각한 한계라고 비판한다. "의도된 폭력만을 반대하는 윤리 체계는 구조적 폭력을 쉽게 놓치곤 한다. 그렇게 될 때 '잔챙이는 잡으면서 대어는 놓치는 우'를 범하게 된다"(Galtung 1969, 172).

- 결론적으로, **구조적 폭력은 사회적 불의(부정의)**라 할 수 있다.

갈퉁이 관찰한 구조적 폭력의 특징에 두 가지를 더 추가할 필요가 있다. 첫째, 구조적 폭력은 해결할 방법을 찾기 어렵다. 문제가 시스템 자체에 숨어 있으므로 문제의 근본 원인을 밝히기 어려운데다, 근본 원인을 밝힌다 하더라도 그것을 바꾸는 일이 거의 불가능한 것처럼 생각되므로 이를 정면으로 다루지 못할 가능성이 크다. 사람들은 용이하게 해결하기 힘든 문제를 접할 때 그것과 대면하기를 회피하는 경향이 있다. 이때 문제의 존재 자체를 외면하는 부인 현상이 일어날 수도 있다(코언 2009). 둘째, 구조적 폭력의 특징인 간접성, 비가시성, 극적 효과 부재, 비의도성으로 말미암아 대다수 사람들로부터 분노를 자아내기 어렵다. 인권 달성의 요소 중 하나인 인간의 자력화가 이루어지려면 사회적 불의에 대해 일정한 분노(공분)를 느낄 수 있어야 한다. 그러나 눈에 보이지 않는 구조적 폭력은 그 중요성에 비해 대중의 인식과 분노의 강도가 지나치게 낮다는 결정적 문제가 있다(5장 참조).

갈퉁의 통찰을 이어받은 슬라보예 지젝Slavoj Žižek은 개인적·직접적 폭력이 '주관적 폭력'이어서 눈에 잘 띄는 반면, '객관적 폭력'은 보통 사람들이 흔히 놓치기 쉬운 폭력이라고 지적한다. 객관적 폭력은 '구조적 폭력'과 '상징적 폭력'으로 이루어져 있다. 이런 폭력은 겉으로 보기에 '정상적인' 정치 체계 및 경제 체계 아래서 일상적으로 발생하므로 사람들이 인지하기 어려운, 근본적인 차원에서의 깊은 억압을 낳게 된다. 그리고 주관적 폭력과 맞서는 듯 보이는 표면상의 투쟁이 사실은 객관적 폭력을 은폐하고 부인하며, 이를 정상화·정당화하거나 심지어 가중하는 역설을 낳기도 한다고 지젝은 비판한다(지젝 2011).

여기서 우리는 '왜 어떤 집단이 유독 사회적 고통과 인권침해를 더 겪게 되는가?'라는 원래의 질문을 상기할 필요가 있다. 그 이유는 시스템 속에 내재된 폭력성 때문이다. "잠재적 실현의 수준은 우리에게 이미 주어진 통찰과 자원으로써 실현이 가능하다. 만일 이런 통찰과 자원이 **특정 집단이나 계급에 의해 독점**되어 있거나, **다른 목적을 위해 사용된다면** 잠재적 실현의 수준보다 실제적 실현의 수준이 떨어지게 되는데, 그런 시스템이 곧 폭력적 시스템이다"(Galtung 1969, 169, 원문 강조). 다시 말해, 자원의 분배를 결정하는 권력이 불평등하게 분포되어 있으면 자원 자체가 불평등하게 분배되기 쉽다. 따라서 권력을 불평등하게 박탈당한 결과, 불평등한 자원 분배에 따른 피해까지 입게 된 집단은 사회적 고통과 인권침해를 더 많이 겪게 되는 것이다.

앞서 보았듯이 인간의 심신이 도달할 수 있는 잠재적 실현 수준은 우리 인간이 현재 보유하고 있는 통찰(지혜·지식·기술·노하우)과 자원(수단·재화·역량)을 동원하면 충분히 달성할 수 있음에도, 어떤 사회적 폭력 때문에 막혀 있는 것이다. 이런 상태는 충분히 회피 가능한 것이므로 폭력은 인간의 노력 여하에 따라 얼마든지 해결될 수 있는 문제이다. 그럼에도 이런 문제들을 해결하기가 쉽지 않으며, 흔히 인권침해로 연결되곤 한다. 그런데 구조적 폭력이 있을 때 왜 그것은 인권침해로 연결되기 쉬운가? 바로 이 지점에 중요한 사실이 숨어 있다. 구조적 폭력은 개인의 삶의 기회를 박탈하므로 이는 곧 **개인의 주체 행위를 억압**하는 기제가 된다. 다시 말해 구조적 폭력의 존재로 인해 개인의 주체 행위가 억압당하면 성취 가능한 **법률상 권리와 사실상 권리** 간에 격차가 발생한다. 이를 **구조적 폭력에 의한 구조적 인권침해**라 할 수 있다. 우리는 1장에서 권리의 요구 자격이 있더라도 권리를 향유하지 못하면 인권이 달성되지 않은 상태라는 점을 살펴보았다. 즉 법률상 권리와 사실상 권리가 일치하지 않아 인간의 기본욕구가 충족되지 못한다면, 이는 구조적 폭력이 존재한다는 뜻이 되고, 그런 상태는 그 자체로 인권침해이다.

폴 파머는 구조적 폭력을 다음과 같이 표현한다. "구조적 폭력이라는 용어는 대단히 적합하다. 왜냐하면 구조적 폭력 탓에 발생하는 고통은 **역사적**

으로 주어진, 그리고 경제적으로 추진된 과정과 힘에 의해 구조화되어 있기 때문이다. 이런 과정과 힘이 …… 인간의 주체 행위에 제약을 가한다. 나의 환자들에게 있어 크고 작은 삶의 선택들은 인종차별, 성차별, 정치적 폭력 그리고 극심한 빈곤에 의해 제약을 받았다"(Farmer 2003, 40, 강조 추가; 파머 2009, 80). 파머는 사회적 축 — 계급·인종·젠더 등 — 들이 불평등할 때 구조적 폭력이 야기되고, 이는 심각한 문제를 발생시킨다고 지적한다. 예를 들어, 한 개인이 사회적으로 어떤 집단에 속하고, 어느 위치에 있느냐에 따라 개인의 주체 행위가 얼마나 제한되는지가 결정되며, 또한 그에 의해 개인이 어떤 침해 앞에서 얼마나 취약한지도 결정된다는 것이다.

빈곤, 불평등, 발전

구조적 폭력 및 구조적 인권침해는 그 비인격적non personal 특성 때문에 빈곤이나 불평등과 같은 경제적·사회적 권리 영역에서 특히 설명력이 높아진다. 빈곤과 불평등에 관한 대표적인 오해는 다음과 같다(유아사 마코토 2009). '빈곤은 개인의 책임이다'(편향적 견해일 가능성이 높음), '빈곤은 착취의 결과이다'(부분적으로만 정확), '빈곤이 불편한 상태인 것은 분명하지만 그것을 인권과 연결시킬 수는 없다'(이어지는 설명 참조), '빈곤은 경제적·사회적 권리를 주로 침해한다'(이어지는 설명 참조). 그렇지만 앞서 본 것처럼 빈곤은 인간의 기본적 욕구를 충족시킬 수 있는 성취 가능한 수준과 실제 수준 사이에 큰 격차가 생겨서 발생한 것이다. 따라서 빈곤은 구조적 폭력의 결과이고 그 자체가 구조적 인권침해이다.

구조적 폭력이라는 근본 원인을 도외시한 채 개인의 책임감 결여, 개인의 노력 부족, 개인의 도덕적 해이 및 의존성 등의 요인으로 빈곤을 설명하는 시도는 — 연원이 깊고, 지속적으로 나타나는 주장이기는 하지만 — 구조적 분석의 통찰을 무시하는 것이다. 예를 들어, 기아로 고통 받는 사람들이 과연 자신이 게을러서 가난에 빠지고, 그렇기 때문에 음식을 구하지 못해 굶주림에 시달리는가? 기아와 영양실조의 근본 원인은 전 세계 식량 생산 체계가 상업적인 이윤 창출의 논리 위에 형성되어 있고, 식량의 분배 체계가 — 인간의 기본욕구 충족이 아닌 — 자본 증식 원리의 지배를 받고 있기 때문이다 (조효제 2013a). 또한 빈곤을 악덕 기업주나 탐욕적인 자본가가 착취한 결과로만 여기면, 개인적·직접적 인권침해만 인권침해로 인정하는 한계를 벗어나지 못한다. 빈곤이 직접적 착취로 발생하는 경우도 적지 않지만, 이미 존재하는 자원이나 지식을 동원하면 얼마든지 방지할 수 있는 구조적 폭력을 — 의도적 혹은 비의도적으로 — 회피·부인·방임하게끔 만드는 시스템 자체의 속성 때문에 발생하는 경우가 훨씬 더 많다.

빈곤층이 누릴 수 있는 인권은 사실상 제한되어 있다. 우선 **삶의 기회가 박탈**된다. 심각한 가난은 교육, 의료, 사회 서비스 등 모든 분야의 접근성에 제약을 가한다. 한국이 경제협력개발기구OECD 국가들 가운데 복지 비율이 하위권에 속한다는 사실은 잘 알려져 있다. 낮은 수준의 복지나마 모든 빈곤층이 그 서비스를 온전히 활용할 수 있는 것도 아니다. 복지 수급 자격이 있음에도 그 제도를 제대로 이용하지 못하는 경우도 있다. 그렇다면 이야말로 본인의 책임이라 해야 하지 않을까? 물론 그렇지 않다. 이 같은 편견을 불식하기 위해서라도, 빈곤층이 삶의 기회를 박탈당하는 심층적 이유를 찾을 필요가 있다. 이미 다양한 연구들을 통해 수급 신청 절차의 접근성 문제, 제도에 대한 홍보 미비, 체면과 낙인 효과, 까다로운 판정 과정에 비해 얻을 수 있는 효과가 낮은 경우 등의 요인들 탓에 가난한 사람들이 복지 제도를 제대로 이용하지 못하는 경우가 많다는 사실이 제시되어 왔다. 최근에는 더 나아가 이와 관련해 새로운 가설이 제시되고 있다.

빈곤과 '비합리적'으로 보이는 행동 사이에 상관관계가 있다는 사실은 오래전부터 학계에 보고되어 왔다. 예를 들어, 가난한 사람들은 건강관리를 소홀히 하고, 의사의 투약 지시를 제대로 이행하지 않으며, 생산적으로 업무를 수행하지 못하고, 자녀를 유능하게 양육하지 못할 가능성이 크고, 금전 관리를 부실하게 한다는 사실이 관찰되어 왔다. 이런 행동을 피상적 차원에서 비합리적이라고 간주하면 개인의 결함 때문에 가난해졌다는 결론을 내리기 쉽다. 즉 본인의 의지박약과 무능력이 독립변수이고 가난은 그에 따른 결과라는 고정관념이 사람들 사이에 널리 유포되어 있다. 그러나 최근 연구에 따르면 성격상 결함과 무능력 때문에 가난해지는 것이 아니라, 가난하기 때문에 성격상 결함과 무능력이 '한시적으로' 나타난다고 한다(Mani et al. 2013).[4] 누구든지 가지고 있는 **정신적 용량**mental bandwidth은 비슷하다. 그런데 **궁핍**scarcity에 시달리는 사람은 자신의 정신적 용량을 눈앞의 근심을 해결하는 데 소진한다. 그렇게 되면 인간의 **종합적인 인지능력이 단기적으로 줄어든다**. 하루하루 살아가기 급급해 목전에 필요한 자원을 구하느라 다른 것을 생각할 겨를이 없게 되는 것이다. 예를 들어, 인도의 타밀나두 지역에서 사탕수수를 재배하는 농부 464명을 조사한 결과, 추수 한 달 전의 지능지수가 추수 한 달 후의 지능지수보다 월등히 낮았다. 추수 직전 제일 쪼들리는 시기에는 매일 끼니 걱정을 해야 할 정도로 살림이 곤궁해 아이들의 교육이나 중장기적 농사 계획 등에 신경 쓸 여력이 없었다. 그러나 추수를 마치고 형편이 나아지면 정신적 여유가 생기면서 인지능력이 다시 이전 수준으로 회복되었다는 것이다.

이런 연구 결과의 함의는 분명하다. 원래 무능한 사람이 따로 있는 것이 아니라, 누구라도 형편이 어려워지면 무능해 보이는 상태에 빠진다는 사실이다. 앞서 살펴본 연구에 의하면 궁핍 상태에 놓인 사람들의 평균 지능지수 IQ가 13점이나 떨어지는데, 이는 만성 알코올의존자의 인지적 수준과 비슷하다고 한다. 이처럼 가난은 사람의 마음을 갉아먹고, 판단 능력을 떨어뜨린다. 쪼들리는 삶 속에서는 자신을 둘러싼 삶의 기회들을 전체적으로 조망할 수 있는 정신적 시야가 차단된다. 그리고 자신에게 필요한 도움을 찾아낼 기회도 줄어든다. 우리는 이 연구로부터 **궁핍과 빈곤이 개인의 주체 행위를 억제**하며, 그것이 사람의 잠재 능력을 총체적으로 떨어뜨려 빈곤에서 헤어나지 못하게 하는 실상에 관해 중요한 통찰을 얻을 수 있다. 요컨대, 빈곤은 구조적 인권침해의 대표적 사례인 것이다. 마이클 굿하트Michael Goodhart는 빈곤 탓에 자신의 인격을 팔아야 하는 상황을 심각한 인권침해로 간주하지 않는 주류 경제학의 관점을 비판하면서 기본 소득을 경제적 권리로 접근해야 한다는 주장을 편다(Goodhart 2007).

　빈곤은 경제적·사회적 권리만을 침해하는 것이 아니다. 가난한 사람들은 그렇지 않은 사람들보다 시민적·정치적 권리까지 침해받기 쉽다. 제도적인 법체계는 모든 사람이 법 앞에 평등하다는 원칙을 기본 전제로 한다. 하지만 '무전 유죄'라는 속설에서 볼 수 있듯이 법의 현실은 만인의 평등과 거리가 멀다. 사법 시행의 전체 단계에서 가난한 사람들은 명시적으로 혹은 암묵적으로 불이익을 당한다. 빈곤층은 법률 시스템 속에 내장된 자본의 논리 앞에서 사실상 차별받고 무력화된다. 자본주의사회에서 경제적으로 궁핍한 사람들은 사회적 지위가 낮다고 간주될 뿐만 아니라, 그렇지 않은 사람들에 비해 인간으로서의 평등·존엄·자존감 등에서 직간접적으로 낙인 효과를 경험하기 쉽다. 경찰·검찰·변호사·법원은 불공평한 사회적 관행을 답습하는 데 그치지 않고 그것을 더욱 악화시키기 일쑤이다. 형식적으로 평등을 규정한 법률(잠재적 실현)과는 상관없이 수사, 변호사 선임과 조력, 기소, 구금, 판결, 복역, 복역 중의 사회 지원, 석방 후의 사회 재적응 등 모든 차원에서 '무전 유죄, 유전 무죄'의 현실이 통용(실제적 실현)되는 것이다. **사법의 구조적 폭력은 빈곤층에 대한 시민적·정치적 권리의 구조적 박탈로** 이어진다.

　시민적·정치적 권리의 구조적 박탈을 보여 주는 더 극적인 사례도 많다. 가령 빈곤 때문에 여성, 어린이, 농촌 거주자, 그리고 주변부의 사람들이 얼마나 많이 인신매매 대상이 되는지를 보여 주는 실증 연구들이 많이 나와 있다. 이 문제에 대해 국제사회의 이해와 행동을 촉구하는 유엔 인권최고대표의 보고서는 다음과 같이 지적한다. "국가 및 정부 간 기구들은 인신매매에 대해 사람들의 취약성을 증가시키는 요인들 — **불평등, 빈곤, 그리고 모든 형태의 차별** — 을 해결할 수 있는 개입을 채택해야 한다"(United Nations Office of the High Commissioner for Human Rights 2002, 1, 강조 추가). 또한 고문처럼 극히 기본적인 시민적·정치적 인권침해조차, 그 근본 원인은 사회 내의 빈곤 및 불평등과 같은 구조적 폭력이라는 사실이 드러나고 있다(World Organisation Against Torture 2008). 더 나아가, 빈곤은 테러리즘에 가담하는 사람들을 양산하는 경제적·사회적 기반이 되곤 한다. 빈곤이 당사자의 인권을 침해할 뿐만 아니라 타인의 인권을 침해하는 테러리즘을 발생시키는 악순환의 역설이 존재하는 것이다(Ranstorp 2007).

　국가 내의 빈곤뿐만 아니라 **전 지구적 차원의 빈곤** 문제도 거시적인 구조적 폭력의 본보기이다. 전 지구적 빈곤을 인권 문제로 이해하는 방식에는 크게 보아 피터 싱어Peter Singer와 토마스 포기Thomas Pogge의 접근 방식이 있다. 먼저, 피터 싱어는 1971년 동벵골 지역(현재 방글라데시)의 극심한 기근으로 수백만 명의 이재민이 발생했던 사례를 토대로, 인도주의적 지원 분야에서 이정표가 될 만한 한 편의 논문을 발표했다(Singer 1972). 이 논문 서두에서 싱어는 동벵골 난민들에 대한 선진국 정부들의 인도적 지원이 과연 어느 정도 규모로 이뤄지고 있는지 그 실상을 제시한다. 가령 싱어에 따르면 영국은 9백만 명의 난민들을 위해 총 1,475만 파운드를 제공했다. 그러나 같은 시기에 영국 정부는 콩코드 기를 개발하고자 적어도 2억7,500만 파운드를 지출하고 있었다. 영국 정부는 초음속 여객기의 개발이 인간 9백만 명의 목숨보다 수십 배나 더 중요하다고 여긴 것이 틀림없다고 싱어는 비판한다. 같은 시기에 오스트레일리아 정부가 동뱅골을 위해 기부한 금액은 시드니 오페라 하우스 건축비의 12분의 1에 불과했다.

싱어는 이런 예들을 소개한 뒤 우리에게 묻는다. 자기 나라 바깥에서 일어나는 일들에 대해 우리는 어떤 태도를 취해야 옳은가? 자기와 상관없어 보이는 외국의 비극에 대해 약간이나마 성의를 표하면 그나마 완전히 외면한 것보다는 낫다고 봐야 할 것인가? 아니면 부유한 나라의 도덕률은 그런 차원을 넘어서는 어떤 것이어야 하는가? 싱어는 국민국가의 경계 내에서만 작동하는 기존의 정치철학적 윤리관을 거부하고, 초국적 윤리에 해당하는 적극적이고 보편적인 인도주의를 현대 정치의 핵심으로 상정해야 한다고 주장한다. 그러나 싱어는 빈곤국의 현 상황을 거슬러 올라가 역사적 뿌리를 따지거나 빈곤국의 현실에 대해 근본 원인을 묻는 것은 당장 시급한 문제가 아니라고 본다. 지금 여기에서 가장 화급한 일은 우리 눈앞에서 고통을 당하고 있는 동료 인간들을 위해 부국의 국민들이 할 수 있는 바를 행하는 것이다. 역사적 근원을 따져 선진국이 개도국의 현 상황에 어느 정도로 직접 책임이 있느냐의 여부와 관계없이 — 그리고 설령 현 상황에 직접 책임이 없다 하더라도 — 고통 받고 있는 사람들을 우리가 도울 힘이 있으면 도와야 한다고 싱어는 주장한다. "우리가 아주 나쁜 일을 막을 수 있는 능력이 있다면, 그리고 우리 자신에게 도덕적으로 중요한 어떤 것을 희생하지 않더라도 그런 행동에 나설 만한 여력이 있다면, 우리는 도덕적으로 그렇게 해야만 한다"(Singer

1972, 235). 싱어의 이 같은 명제는 행동 중심의 도덕적 의무를 제시했다는 점에서 **적극적 의무**positive duty라 불린다. 인도주의에서 적극적 의무는 도움을 주는 측의 **능력과 자발적 동기**에 호소하는 행동 윤리라 할 수 있다.

반면, 토마스 포기는 인권의 기본 전제를 먼저 확정한 뒤 인도주의의 윤리를 따진다. 그에 따르면 인권은 사회의 조직 방식에 관한 도덕적 요구이다. 그러므로 사회를 구성하는 시민들은 자기 사회가 도덕적으로 조직되게 할 집합적 의무를 가진다. 민주사회에 사는 시민들에게는 권리만 주어지는 것이 아니라, 일정한 정치적 책임도 부과된다는 뜻이다. 시민 개개인은 윤리적이고 도덕적일 수 있다. 그러나 개인이 타인에게 직접 인권침해를 가하지 않는 것만으로 시민이 자신의 민주적 의무를 다했다고 할 수는 없다. 개인이 아니라 사회 제도들이 인권침해의 주범인 경우 — 즉 구조적 인권침해가 있는 경우 — 시민들은 그 제도의 반인권성을 비판하고 이를 재조직할 책임이 있는 것이다. 만일 그렇게 하지 않는다면 인권침해를 결과적으로 방조하는 셈이 된다(Pogge 2002).

이와 관련해, 토마스 포기는 잘사는 선진국 정부와 국민들이 오늘날 빈곤국의 현실에 대해서도 직간접적인 책임이 있다고 본다. 그럼에도 사람들이 책임감을 느끼지 못하는 이유는 적어도 국내에서라면 — 아무리 독재국가라 하더라도 — 적용될 수 있는 정치적 책무성의 도덕적 기준과, 전 지구적으로 적용되는 정의의 기준 사이에 너무나 큰 격차가 있기 때문이다. 즉 국민국가 중심의 정치적 사고방식으로 보면 우리의 도덕관념은 국경선 앞에서 멈춘다. 윤리적이고 민주적인 시민조차도 국경선 바깥으로 자신의 도덕관념을 넓힐 줄 아는 사람은 소수에 불과하다. 포기는 이런 식의 고정관념이 **불의한 전 지구적 질서**를 유지하게 하는 핵심 원인이라고 생각한다. 이 같은 질서는 궁극적으로 누구의 책임인가? 포기의 견해에 따르면, 부유한 선진국 정부들,

그리고 유엔, 유럽연합, 북대서양조약기구NATO(이하 나토), 세계은행, 국제통화기금, 세계무역기구와 같은 국제기구들이다.

　바로 이 지점에서 토마스 포기의 견해는 자신의 박사 논문 지도 교수였던 존 롤스John Rawls와 달라진다. 먼저, 롤스는 부유한 나라의 국민들이 '빈곤에 억눌린 사회'를 지원할 의무에 대해 조건부로만 찬성한다. 인도적 지원의 목적은 "빈곤에 허덕이는 사회들이 합당하고 합리적으로 자신의 내정을 관리해 마침내 '잘 조직된 인민들로 이루어진 국제 공동체'의 일원이 될 수 있도록 돕는 데 있다. 이것이 인도적 지원의 목적이다. 이 목적이 이루어져 힘겨운 나라들이 '잘 조직된 인민들로 이루어진 국제 공동체'의 구성원이 된 뒤에는, 설령 이들이 여전히 상대적으로 가난하다 하더라도 그 이상의 지원은 요구되지 않는다." 나아가, 롤스는 빈곤국 지도자들의 부정부패로 인한 빈곤의 책임을 선진국에 물을 수는 없다고 봤다. 반면, 포기는 앞서 지적했듯이, 거시적인 구조적 차원에서 잘사는 선진국 정부와 국민들이 빈곤국의 현실에 직간접적인 책임이 있다고 보는 것이다.

　그렇다면, 애당초 왜 불의한 전 지구적 질서가 형성되었는가? 첫째, 오늘날 전 세계는 거대한 공통의 제도들 — 무역·개발·금융 등 — 에 의해 움직이고 있는데, 이 같은 제도들은 거의 모두 서구가 주도해 창설한 뒤 빈곤국에 강요해 온 것들이다. **서구에 압도적으로 유리한 불평등한 제도들** 때문에 예상할 수 있고 회피 가능한 빈곤이 발생하고 재생산되고 악순환으로 이어진다.[5] 둘째, 잘사는 나라들은 압도적인 자본과 기업의 영향력을 이용해 전 세계의 천연자원을 독점하고 배타적으로 사용한다. 그 결과 빈곤국들은 **부당한 배제**를 당한다.[6] 셋째, 오늘날의 빈곤국들은 과거 서구에 의한 식민화, 노예제도, 인종차별과 탄압 등 **역사적 폭력**을 경험했고 현재도 그에 따른 후유증을 앓고 있는 중이다.

이처럼 불의한 전 지구적 질서 속에서 서구는 자유무역을 설교하면서도 자국 농업 부문에 대한 보조금, 반덤핑 조치 등을 통해 자신들에게 유리한 무역 관행을 유지한다. 그리고 무역 체제와 국제 경제 질서 확립을 위한 협상에서 자신의 우월한 협상력과 전문지식을 활용해 빈곤국들을 무시하고 조정하며, 개도국들의 약점(예컨대 내부 부패)과 지식 부족을 역이용해 그들로 하여금 자신에게 불리한 제도를 받아들일 수밖에 없도록 압박한다. 국제 대출과 자원 배분에 관련된 규정들은 거의 모두 부유한 선진국들이 제정해 빈곤국과 개도국에 강제로 부과한 것과 다름없다. 게다가 빈곤국의 권위주의적 지도자와 부패한 엘리트들은 이런 불평등한 질서로부터 이익을 취하며 자국 국민들의 빈곤과 불평등을 방조하고 외면하고 방치한다. 그렇다 보니 제3세계는 전 세계 금융 질서 내에서 발생하는 위기에 더욱 취약해질 수밖에 없다. 포기는 이렇게 불의한 전 지구적 질서를 유지시키는 것은 도덕적으로 용납되지 않는다고 비판한다. 서구 정부는 빈곤국 국민들이 기본 인권을 향유하지 못하도록 가로막는 질서 — 그런 결과가 충분히 예상되는 — 를 빈곤국에 강요하면 안 되고, 선진국 국민들도 자국 정부의 그런 정책을 묵과해선 안 된다. 만일 묵과한다면 선진국 국민들이 빈곤국 국민들의 인권침해에 일정한 책임이 있게 된다. 즉 "우리와 우리 정부는 빈곤국의 가장 기본적인 권리를 박탈하는 전 지구적 질서에 참여하고 있다"(Pogge 2002, 23)는 것이다. 포기는 후속 연구에서 잘사는 **선진국 국민들이 직접적 인권침해자**로서 빈곤 개도국 국민들의 인권을 박탈한다고 분명히 지적한다(Pogge 2005; 2011).[7]

이런 분석을 통하면 부유한 나라의 시민들에게는 자기 나라 정부가 불의한 전 지구적 제도를 개혁하도록 촉구하고 압력을 넣어야 할 집단적 책임이 있다는 결론이 나온다. 이 지점에서 피터 싱어의 의무 개념과 토마스 포기의 의무 개념이 어떻게 다른지가 드러난다. 포기에 따르면 선진국 국민들은 불의한 전 지구적 질서에 참여하지 않아야 할 **소극적 의무**negative duty가 있다.[8] 잘사는 나라의 국민들은 적어도 빈곤국 국민들의 권리를 침해하는 국제 제도들의 문제를 알고도 묵인해서는 안 된다. 그리고 적어도 그런 질서가 유지되지 않도록 최소한의 행동을 취할 의무가 있다. 자국 정부에 정치적으로 압력을 넣는 것도 하나의 방법이다. 선진국 정부는 일차적으로 자국 국민의 행복과 안녕을 보살필 책임이 있지만 적어도 빈곤국의 기본욕구를 침해할 정도로 무책임하고 방임적인 정책을 취해서는 안 된다. 더 나아가, 선진국은 큰 부담 없이도 빈곤국의 현실을 크게 개선시킬 수 있다. 선진국들의 소득 총량 가운데 0.16퍼센트만 투입하면 전 지구적인 빈곤 해소가 가능하기 때문이다(Pogge 2002). 오늘날 전 세계 인류는 달성 가능한 공평한 국제 질서 그리고 현실상의 불공평한 국제 질서 사이의 격차를 메꿀 수 있는 역사상 최초의 순간에 놓여 있다. 다시 말해, 구조적 인권침해를 근본적으로 해결할 수 있는 지식과 능력이 있는 상태라는 뜻이다.

토마스 포기가 주장하는 국제적 인권관은 다음과 같은 특징을 가진다. 첫째, 그는 **인권이 법적 권리가 아닌 도덕적 권리**라고 이해한다. 특히 〈세계인권선언〉 제25조의 규정 "모든 사람은 자신과 가족의 건강과 안녕에 적합한 생활수준을 누릴 권리가 있다", 그리고 제28조의 규정 "모든 사람은 이 선언에 나와 있는 권리와 자유가 온전히 실현될 수 있는 사회체제 및 국제 체제 내에서 살아갈 자격이 있다."를 도덕적 권리의 핵심으로 간주한다. 둘째, 인권을 상호작용적이 아니라 제도적인 것으로 본다. 이는 구조적 폭력 이론과 상통하는 개념이다. 즉 개인들 간의 상호작용 행위를 중심에 놓고 인권의 가해-침해를 파악하지 않고(행위 중심의 인과관계), 구조-제도적으로 인권을 파악하는 것이다(설명 중심의 인과관계). 이렇게 보면 인권 달성을 가능하게 하는 제도적 질서와 공적인 문화를 배양할 책임 논리가 중시되며, 사회 시스템이

사회의 모든 구성원들의 인권을 보장하기 위해 재구성되어야 한다. 셋째, 인권을 한 나라 내의 시민권으로 대체하지 않고 모든 인류의 진정한 보편 권리로 개념화한다. 즉 "인류 개개인은 궁극적 도덕의 한 단위로서 전 지구적 수준의 위상을 누린다"(Pogge 2002, 169). 이는 신칸트주의자로서 포기의 사상을 이해하는 열쇠가 된다. 우리는 1장에서 인권을 보장할 의무가 있는 주체를 확정하는 문제의 어려움을 살펴보았다. 포기는 한편으로 이상적인 세계정부, 다른 한편으로 국가들로 이루어진 현실 국제 질서라는 양극단을 극복할 수 있는 대안을 제시했다. 일국 내의 시민들이 자신의 정치적 책임을 자각함으로써, 다시 말해 적어도 인권침해를 야기하는 국제 제도와 그것을 지탱하는 자국 정부를 지지하지 않겠다는 소극적 의무를 수행함으로써, 세계정부가 없는 세계에서도 국제적 정의(보편 인권)를 실천할 수 있다는 이론적 가능성을 개척한 것이다.

피터 싱어와 토마스 포기의 인권관을 간략히 비교해 보자. 싱어는 책임에 대한 강조 없이 부자 나라의 시민들이 빈곤국을 적극적으로 지원할 의무를 강조한다. 싱어의 적극적 의무론을 논리적으로 확대하면, 빈곤국 국민들에게는 선진국의 지원을 받을 수 있는 '소극적negative 권리'가 발생한다. 그리고 잘사는 나라 쪽에서 설령 정부가 빈곤국을 도우려 하지 않더라도 시민들의 적극적 의무론에 입각한 시민사회의 동원과 각종 인권 단체 및 인도적 지원 엔지오의 역할이 강조될 수 있다. 선진국의 정부가 미온적이라도 시민사회가 자발적으로 빈곤국을 지원하는 활동을 주도할 수 있기 때문이다. 반면에 포기는 강자가 약자의 불행에 역사적 책임이 있음을 지적한다. 그리고 빈곤국의 불행을 지속시키는 불의한 질서에 적어도 참여하지 말아야 할 소극적 의무가 있음을 역설한다. 그런데 이 논리를 뒤집으면 빈곤국 국민들에게는 정의로운 국제 질서와 그에 따른 결실을 향유할 적극적 권리가 발생한다. 소극적 권리로서 선진국의 지원을 받는 것을 넘어, 선진국의 역사적 책임과 정의로운 국제 질서를 설립할 책임을 요구할 적극적 권리가 생긴다는 뜻이다. 또한 포기가 말한 선진국 국민들의 소극적 의무론과 정치적 책임론에서는 시민들의 민주적 선택과 역할이 강조된다(Young 2003 참조). 이처럼 전 지구적 차원에서의 구조적 불의에 관한 싱어와 포기의 접근은 상당히 다르다. 하지만 두 입장은 강조점만 다를 뿐 큰 틀에서 보면 '우리가 할 수 있는 바를 해야 한다.'는 점에서 동일하다고 볼 수 있다. 싱어가 잘사는 나라 국민들의 정치적 책임을 부인하지 않을 것이고, 포기가 그들의 인도적 지원 활동을 반대하지 않을 것이기 때문이다(Van der Meer 2012).[9]

구조적 폭력의 결과인 빈곤과 연관된 개념으로 불평등, 특히 '극단적 불평등'을 꼽을 수 있다. 설령 빈곤층의 비율이 낮아지더라도 사회 내의 부가 극단적으로 불평등하게 분포되어 있을 때에는 여러 문제가 발생한다. 경제성장의 동력이 떨어지고, 빈곤의 감소율도 저하된다. 또한 남녀 불평등의 악화, 건강이나 교육과 같은 삶의 기회의 박탈, 사회 해체, 각종 사회문제의 창궐, 정신병과 폭력 범죄 등이 늘어나게 된다. 이는 구조적 인권침해를 낳는 주범들이다. 국제 엔지오인 옥스팜OXFAM에 따르면 세계 각국의 국내 불평등 및 전 지구적 불평등이 1980~2002년 사이에 급증했다고 한다(OXFAM 2014). 옥스팜은 전 세계 최고 갑부들 85명의 개인 재산이 전 세계 하위 50퍼센트(35억 명가량)가 소유한 재산 총량과 비슷하다고 추산한다. 빌 게이츠Bill Gates의 재산을 모두 소비하려면 하루 1백만 달러씩 써서 총 218년이 걸린다는 통계도 나와 있다. 이는 신자유주의적 경제 지구화가 부의 총량을 확대시킨 동시에 극단적 불평등을 가파르게 증가시켰다는 확실한 증거인 셈이다(헬드 외 2002). 최근 전 지구적 불평등 악화를 둘러싼 경제사적 논쟁이 세계적으로 크게 주목받고 있다(초스도프스키 1998; 피케티 2014).

인권학에서도 불평등과 인권의 상관관계에 관한 연구들이 축적되고 있다(조효제 2015a, 237-242 참조). 예를 들어, 지구화 경향이 최고조에 달했던 1980년부터 2004년 사이에 세계 162개국의 불평등 상황과 인권의 관계를 조사한 연구가 있다. 불평등이 악화될수록 시민적·정치적 인권침해가 늘어나며, 특히 소득 불평등이 인권에 악영향을 초래하는 원인이라는 사실이 통계적으로 입증되었다. 민주주의를 시행하거나 경제가 발전하더라도 극심한 불평등이 존재하면 인권 상황이 나빠진다는 발견은 특히 중요한 의미를 지닌다(이연호 2013 참조). 사회적 응집력이 와해될 때 사회문제가 증가하고, 그로 말미암아 나타나는 시민들의 불만 표출을 공권력으로 통제할 때 상황이 더욱 악화되는 악순환이 이어지기 때문이다. 그러므로 경제적 포용성이 높은 경제 제도는 인권 보장의 전제 조건이 된다. 즉 "경제성장의 과실이 축적됨과 함께 국가의 부가 분배되어야 인권이 보장된다. 정부는 최악의 빈곤과 사회적 배제를 완화하기 위해 누진세 등을 통해 소득 불평등 문제를 해결해야 한다"(Landman and Larizza 2009, 731). 불평등은 시민적·정치적 권리의 기둥인 선거권(〈세계인권선언〉 제21조)의 행사에도 악영향을 끼친다. 한국에서 소득계층별 불투표율(기권율)을 조사했을 때 저소득층일수록 기권율이 높아진다는 연구가 있다. 소득 불평등이 민주주의 자체를 불신하게 만들고 고소득자들만 민주적 의사결정에 참여하는 결과를 초래해 사실상의 과두정으로 이어지는 악순환이 발생하는 것이다(신광영 2016).

구조적 인권침해는 여러 쟁점 영역들이 중첩되어 나타나는 경향이 있다. 폴 파머가 말한 구조적 폭력의 사회적 축들 — 빈곤, 인종차별, 젠더 차별 등 — 은 인권침해를 가중하는 동시에 인권침해의 복합적 양상을 나타낸다. 2014년 8월 9일 미국 미주리 주 퍼거슨 시에서 대런 윌슨Darren Wilson이라는 백인 경찰관이 마이클 브라운Michael Brown이라는 18세 흑인 청소년을 사살한 사건이 발생했다. 그 뒤 퍼거슨 시에서는 심각한 인종 폭동과 소요 사태가 발생했다. 사건의 여파를 겪은 뒤 미국 연방 법무부는 2015년 3월 공식 조사 보고서 두 편을 발표했다. 첫 번째 보고서는 연방 검찰에 의한 사건 기소가 가능한지를 다루었다. 잠재적 피고(윌슨 경관)의 행위가 연방 시민권 법률에 규정된 범죄행위인지, 그리고 그의 혐의를 '합리적 의심의 여지없이 증명 가능한지'가 문제의 핵심이었다. 이 사건이 두 조건을 모두 충족할 수 없으므로 연방 차원에서 기소할 수 없다고 결론 내렸다(Department of Justice 2015a). 백인 경관에 의한 개인적·직접적 인권침해를 묻지 않기로 한 것이다.

그러나 이와 동시에 발간된 『퍼거슨 경찰에 대한 조사』라는 두 번째 보고서에서는 마이클 브라운 사건을 조사하며, 구조적 인권침해 문제를 다루었다(Department of Justice 2015b). 이 보고서는 퍼거슨 경찰이 불합리한 수색·체포·압수를 금지한 연방헌법 수정 조항 제4조, 표현의 자유를 규정한 제1조, 적법 절차와 법의 평등한 보호를 규정한 제14조를 위반했다는 결론을 내렸다. 경찰 내부에 만연한 인종적 편견의 실상도 드러났다. 그리고 보고서는 퍼거슨 경찰이 공공의 안전보다 시의 세수입을 올리는 데에만 급급한 것이 사건의 근본 원인이 되었다고 적시했다. 퍼거슨 시는 경범죄에 대한 범칙금을 시의 주요한 재정원으로 간주해 빈곤층과 차상위 계층의 서민들 — 대다수가 흑인들 — 에게 범칙금을 과도하게 부과하는 정책을 공공연하게 실시했고, 이를 위해 경찰과 법원에 경범죄 단속을 독려하고 강요하기까지 했던 것이다.[10] 특히 싱글 맘으로 살아가는 가난한 흑인 여성들은 교통 관련 경범죄로 처벌받으면 운전면허가 취소되고, 운전을 못 하면 직장에 출근할 수 없고, 출근을 못 해 해고되면 자녀를 양육할 수 없는 악순환에 빠지게 된다. 빈곤과 인종과 젠더를 교차하는 구조적 폭력이 중첩적으로 발현되면서 이중, 삼중의 구조적 인권침해가 발생한 것이다. 이 보고서를 발간하면서 함께 발표한 보도 자료에서 연방 검찰총장은 이례적으로 "퍼거슨 시의 지도자들이 **전반적이고 구조적인 시정책**wholesale and structural corrective action을 취해야 할 때가 왔다."는 논평을 발표했다. 마이클 브라운이 구조적 인권침해의 희생자였음을 인정한 것이다. 또한 그런 시정책에는 반드시 "화해를 증진하기 위한 **자원 집약적**이고 포용적인 과정"이 포함되어야 한다고 지적했다. 구조적 문제 해결을 위해 자원을 투입하는 구조적 개혁을 해야 한다는 지적이다.

구조적이고 전 지구적인 인권침해에 대한 문제의식에 근거해 대안으로 등장한 인권이 **발전에 대한 권리**right to development(발전권)이다. 발전권 사상은 전 지구적 자본주의 체제 내에서 구조적으로 불리한 위치에 있는 나라들은 공정한 발전을 못하게끔 고착되고, 공정한 발전이 없으면 장기적으로 권리를 보호하는 사회체제를 구축하기 어렵다는 현실 인식에서 비롯되었다(안드레아센·마크스 2010; Donnelly 2013). 발전권은 성취 가능한 잠재적 능력과 사실상 능력 사이의 격차를 국제적 차원에서 줄이자는 취지에서 등장했으므로 구조적 인권 문제를 인권의 주요 의제로 격상시킨 개념이다. 즉 구조적 폭력의 결과인 빈곤을 퇴치하는 데서 한 걸음 더 나아가, 더욱 적극적으로 인간의 잠재력을 극대화하자는 포부를 지닌 사상인 것이다. 발전권은 그 개념의 전 지구적 성격으로 인해 국민국가의 국경을 넘어서는 국제 협력에 큰 의미를 부여한다. 발전권은 시민적·정치적 권리(1세대 인권)와 경제적·사회적·문화적 권리(2세대 인권)를 변증법적으로 통합한 종합적 권리인 3세대 인권이라고 해석되기도 한다. 따라서 발전권은 단순히 특정한 내용이나 대상을 요구하는 권리가 아니다. 발전권은 사람들이 자기가 소중하게 여기는 가치를 실현할 수 있는 역량의 확장을 의미하므로 인간 번성과 자기실현의 전일적 권리라고 의미를 부여할 수 있다(Ho 2007).

흔히 한국에서 'development'를 '개발'로 번역하는 경우가 있듯 발전권 역시 '개발권'으로 번역할 때가 많다. 그런데 개발권 혹은 발전권은 흔히 개도국이 경제개발과 경제성장을 할 수 있는 권리라고 오해되기도 한다(맥마이클 2013, 역자 서문 참조). 이런 오해 때문에 고전적 의미의 민주주의와 경제개발을 연계시키는 **민주적 발전**democratic development 개념은 발전권 혹은 개발권 사상에서 아직도 소수 의견으로 남아 있는 실정이다. 오히려 전통적인 '개발' 논의에서는 ― 원조를 제공하는 공여국과 제공받는 수원국에서 모두 ― 민주주의와 인권을 개발의 범주에 포함시키는 것을 경원시하는 경향마저 있다. 전 세계 인권 규범의 설정을 선도해 온 유엔에서 민주적 발전 개념에 소극적이었던 것도 이런 경향에 한몫했다. 개도국 경제개발의 이론과 실무를 제공해 온 세계은행이 '개발의 정치화'를 지양한다는 명분으로 경제 일변도의 개발론을 전파한 것도 이런 경향을 더욱 심화시켰다. 그러나 1986년 유엔총회에서 〈발전권리선언〉이 채택된 이래 이런 추세가 점진적으로 변하고 있다.[11] 그 결과 사회개발과 경제개발 활동에 대중의 참여를 적극 권장하기 시작했다. 의사 결정 과정에 참여하는 것이 민주주의의 한 요소임을 인정하기 시작한 것이다. 그리고 엔지오를 비롯한 시민사회의 이해 당사자들이 지역사회 발전 계획에서 발언권을 가져야 한다는 인식이 높아졌다. 그러나 인권학자 데이비드 포사이스David Forsythe에 따르면, 민주적 발전에 대한 태도가 약간 변화했음에도 불구하고, 또한 개도국 현장에서는 의사 결정 과정에 참여하는 등의 '미시적' 민주주의는 인정받지만, 권력의 교체·감시와 정치적 책무성 같은 '거시적' 민주주의에 대한 지지까지 기대하기는 여전히 어려운 실정이다(Forsythe 1997, 339). 이처럼, 현실적으로는 이런 장벽이 존재하고 있지만, 발전권의 원래 취지는 인간 잠재력이 개화하고 번성하는 데 있으므로, 넓은 뜻의 발전권은 시민적·정치적 권리와 경제적·사회적·문화적 권리를 반드시 함께 포괄해야 한다. **시민적·정치적 권리도 보장되는 민주적 경제 발**

전이 발전권의 모범 답안인 것이다. 이를 **지속 가능한 민주적 발전**이라고 표현하기도 한다.

경제개발 중심의 발전 패러다임을 민주적 발전 패러다임으로 바꾼 데에는 아마티아 센의 『자유로서의 발전』이 큰 기여를 했다(Sen 1999; 센 2013). 센은 단순히 소득과 재산이 불어나는 것을 발전으로 보지 않는다. 발전은 개인이 자신의 주체 행위를 선택하거나 행사할 수 있도록 도와주는 역량(잠재 능력)과 같은 것이다. 이런 잠재 능력을 가로막는 것이 바로 '비자유'unfreedom 이므로 우리가 진정한 발전을 원한다면 인간 주체 행위를 차단하고 저해하는 **비자유의 원천을 제거**할 필요가 있다. 특히 빈곤은 정치적 권리를 포함한 모든 인권을 약화시키기 때문에 비자유의 주요한 원천으로 꼽는다. 다시 말해, "발전을 이루려면 비자유의 주요 원천들 — 예컨대 빈곤, 전제정치, 열등한 경제적 기회, 조직적인 사회적 박탈, 공공 편의 시설의 방치, 억압적 국가의 불관용 혹은 과잉 활동 — 을 제거할 필요가 있다"(Sen 1999, 3).

이렇게 본다면 **인간 자유의 확대**(비자유의 차단)가 발전의 목표가 되어야 마땅하다. 즉 개인 자유를 확대하고자 발전을 추구하겠다는 목표가 뚜렷해야 민주적 발전이 가능해질 수 있다. 이 말을 정책적으로 옮겨 쓴다면, 자유의 확대를 위해서는, 경제성장도 중요하지만, 교육이나 의료 등 경제적·사회적 조치, 그리고 정치적·시민적 권리(공적 토론과 심의 참여의 자유)가 모두 동시에 필요하다. 나아가, 이럴 경우, 발전의 내용을 결정하기 위한 논의에 참여할 권리가 발전 자체만큼이나 중요하다. 요컨대, 경제적 자유와 정치적 자유는 서로를 보완·강화할 수 있고, 그래야만 한다. 이것이 포사이스가 말한 '민주적 발전'의 진정한 의미이다. 그런데 우리는 민주적 발전의 이상에 경의를 표하는 데 그치지 말고 논의를 좀 더 진전시킬 필요가 있다. 민주주의·성장·번영을 포괄적으로 추구하려는 민주적 발전 사상은 계몽주의 이래로 인간의 사회 진보를 낙관하는 사유의 전통 속에 있다. 하지만 민주적 발전 혹은 자유의 확대라는 고매한 목표가 자원 고갈과 기후변화로 고통 받고 있는 21세기에도 여전히 인류의 목표가 될 수 있을지를 묻는 근원적 차원의 의문이 제기되고 있다. 이와 비슷한 맥락에서, 아마티아 센의 발전론 역시 지속 가능한 환경을 비중 있게 고려하지 않는다는 이유로 비판의 대상이 되었다(맥마이클 2013 참조). 이 질문은 이어지는 내용에서, 그리고 6장에서 추가로 논의할 것이다.

기후변화와 인류의 실존적 위기

기후변화가 미치는 영향을 절실하게 경험하고 있는 환태평양권 작은 섬나라들의 사례로 이 절을 시작해 보자.[12] 2015년 3월, 사이클론 팸이 바누아투를 강타했다. 수많은 사상자와 이재민이 발생했고 국민 대다수가 노숙을 하는 처지가 되었다. 볼드윈 론스데일Baldwin Lonsdale 대통령은 '괴물' 같은 재난이 나라의 발전을 한순간에 앗아갔다고 비통해 하면서, 그 주범으로 기후변화와 해수면 상승, 이상 강우를 꼽았다.[13] 인구 2만1천 명의 팔라우는 해수면이 상승해 나라 전체가 물에 잠길 위험을 받게 되자, 국제사법재판소에 국제법상 유권해석을 요청하는 이메일을 보내 놓은 상태이다. 산업화된 선진국가들이 초래한 기후변화가 개도국 주민들의 인권을 유린했으므로 이는 일종의 내정간섭이며, 주권국가 원칙을 규정한 베스트팔렌 체제를 위반한 것이라는 이유에서. 전문가들은 이 사례가 기후변화를 국제법 원칙으로 다룰 수 있을지를 판단하는 시금석이 될 것으로 본다(Kysar 2013). 키리바시 역시 해수면 상승으로 국민의 해외 이주까지 고민하기 시작한 나라이다. 정부의 공식 사이트는 다음과 같이 호소한다. "전 세계 대다수 나라들은 기후변화에 대비할 시간 여유가 조금이라도 있겠지만, 키리바시는 당장의 생존을 고민해야 하는 세계 최초의 나라가 되었다. 우리는 취약한 나라들 중에서도 가장 취약하다. 해수면이 조금만 더 올라가도 우리의 미래는 재앙에 빠진다. 세상에 우리만큼 기후변화의 결과를 절감하는 나라도 없을 것이다. 키리바시의 전 국민이 진정한 위험에 처해 있다."[14] 2014년에는, 해수면 상승 때문에 뉴질랜드로 피신한 투발루의 가족들이 사상 최초로 영주권을 부여받기도 했다. 남태평양 지역에서는 '기후변화 난민'이라는 범주를 공식적으로 인정하자는 논의가 진행되고 있다(Bedford and Bedford 2010).

2050년이면 전 세계 해안 지역 거주민 가운데 2억 내지 2억4천만 명이 목숨을 부지하기 위해 원치 않는 이주 — 그것 자체가 거대한 인권침해 — 를 해야 할 처지에 놓일 전망이다. 기후변화 현실은 한국과 무관하지 않을 뿐만 아니라 한국에서 더욱 심각하다는 보고도 있다. 국립환경과학원과 기상청이 발표한『한국 기후변화 평가보고서 2014』에 따르면 한반도 주변 해양의 온도 및 해수면 상승은 **전 지구적 평균에 비교해 두세 배 더 높을 것으로** 예측된다. 기후변화로 말미암아 생태계 분포와 종 변화, 식량 생산 저하, 질병 발생 및 사망자 증가, 지역별·산업별 갈등 증가 등의 악영향이 예상된다. 폭염에 의한 서울 지역의 사망자를 예측한 결과, 현재 수준(2001~10년)은 인구 10만 명당 0.7명 사망인데, 가까운 미래에는(2036~40년) 인구 10만 명당 1.5명 사망 수준으로 두 배 이상 증가할 것이라 한다. 부산 지역은 해수면이 1미터 상승할 경우 이로 인한 경제적 손실액이 연간 약 3,963억 원에 이를 것으로 추정된다.[15]

기후변화의 배경을 설명하기 위해 '대가속화'Great Acceleration라는 개념이 사용된다.『사이언스』의 연구에 따르면 인구 증가, 실질 국내총생산GDP, 해외직접투자, 도시 거주 인구, 에너지 사용량, 화학비료 사용량, 대규모 댐, 물

사용량, 종이 생산량, 교통 및 전기통신 보급, 관광 등의 경제적·사회적 추세가 전 세계적으로 1950년부터 급격히 늘어났다. 이때부터 자원 소비가 폭발적으로 증가한 것이다. 전 지구적 생태 시스템의 추세로 봐도 비슷한 점이 관찰된다. 이산화탄소와 질소산화물 및 메탄가스 배출, 오존층 파괴, 지표면 온도, 해수 산성화, 어획고와 새우 양식 감소, 열대우림 소실 등이 1950년부터 대폭 증가했다(Steffen et al. 2015). 1950년을 기점으로 전 세계 **인류의 전체 활동 총량**이 비약적으로 늘어났음을 알 수 있다.

온실가스 감축에 관한 국제적 논의가 시작된 1990년과 비교해, 2013년 현재 이산화탄소 배출량은 61퍼센트나 늘었다. 지구의 기온이 계속 상승하고 있다는 증거는 이제 의심할 바 없이 명확하다. 전 세계 기온을 체계적으로 측정·기록하기 시작한 것은 1880년인데 그해부터 2014년 사이에 가장 더웠던 해가 2000년 이후 14년 동안에 몰려 있다. 2015년 7월의 평균기온이 기상관측 136년 사상 최고로 더운 달이었으며, 1월부터 8월까지의 전 세계 평균기온 역시 14.68도로서 관측 역사상 최고치를 기록했다.[16] 국제사회는 21세기 말까지 전 세계 평균 온도가 섭씨 2도 이상 올라가지 않게 하는 것을 목표로 삼고 있다.[17] 섭씨 2도 이상 올라가면 이른바 '비선형적 변곡 요인' nonlinear tipping elements 현상이 나타나 지구 생태계의 지탱 능력이 한순간에 폭락할 수도 있다. '2도 이내 저지'라는 공식 목표에도 불구하고, 그와 같은 목표를 달성하는 것이 사실상 불가능하며, 4도 증가를 예상하는 경고가 이미 나온 바 있다. 세계은행의 보고서『열기를 식히기: 왜 4도 이상 뜨거워진 세상을 피해야 하는가』는 현재 비율대로 온실가스가 배출되면 금세기 내에 지구 온도가 4도 이상 올라갈 가능성을 배제할 수 없다고 지적하면서 전 세계적 식량 부족, 생태계와 생물 다양성 소실, 해수면 상승 등 "사실상 우리가 알고 있는 세계의 종말"이 올 것이라는 전망을 내놓는다(World Bank 2012).

기후가 정상 범위 내의 변화치를 완전히 벗어나 새로운 차원으로 옮겨가는 현상을 '기후 이탈'climate departure이라 한다. 『네이처』는 1860년에서 2005년 사이에 유지되어 온 지표면 대기 온도의 평균적 변동성이 어느 시점부터 평균 범위를 완전히 벗어날지를 예측했다(Mora et al. 2013). 탄소 배출을 현재 비율보다 낮출 수 있다고 가정한 낙관적 예측에 따르면 2069년 기준 ±18년, 현재 비율을 유지한다고 가정한 비관적 예측에 따르면 2047년 기준 ±14년이 나왔다. 비관적 예측 — 사실은 현실적 예측 — 의 가장 이른 시기에 따르면 현재 대학교에 입학하는 신입생들이 마흔 살이 되기 전인 2033년에 이미 기후 이탈의 시대를 맞게 된다. 케빈 앤더슨Kevin Anderson이 묵시록적으로 표현한 '문명사회의 특징과 부합되지 않는 세상'이 말 그대로 눈앞에 닥친 것이다.

지금까지의 설명을 요약하기 위해 빌 맥키벤Bill McKibben이 말한 '전 지구적 재앙을 보여 주는 세 개의 숫자'에 하나를 더해 네 개의 숫자로 기후변화와 구조적 폭력을 설명할 수 있다(McKibben 2012).

- **2도**. 금세기 말까지 인류가 고수해야 할 기온 상승의 한계선이다. 현재까지 0.8도가 올랐다. 그러나 2도 선의 고수가 가능한지에 대해서는 비관적인 전망이 우세하다. 현재의 과학기술 수준으로 미루어 보아 인류가 집합적 의지를 모은다면 기후변화를 억제할 수 있다. 그러나 인류는 지구라는 공유지를 계속 파괴하고 있으므로 인간의 실제적 실현 수준은 극히 낮아져 있는 상태이나. 즉 2도라는 온도는 인간의 잠재적 실현 가능성과 실제적 실현 사이의 격차에 따른 **구조적 폭력의 결과**를 명확하게 나타내는 수치이다.

- **565기가 톤**(5,650억 톤). 이산화탄소를 현재의 비율대로 배출할 경우 21세기 중반까지 대기에 뿜어질 이산화탄소 총량의 추정치이다. 보수적 계산법을 따랐기에 거의 틀림없는 수치라고 볼 수 있으며 현실적으로 이보다 더 늘어날 가능성이 크다. 즉 확실하게 환경상의 **구조적 폭력을 초래할 것으로 예상되는 직접 요인을 표현하는** 수치이다.

- **2,795기가 톤**(2조7,950억 톤). 전 세계 에너지(석유 및 가스) 회사들과 자원 보유국들이 이미 확보해 채굴 계획을 완료해 둔 화석연료의 탄소 총량이다. 외부에서 개입하거나 저지하지 않는 한 이들 전체량이 확실히 개발되어 대기에 배출될 것으로 예상된다. 현재 세계 환경 운동, 사회운동에서는 2,795기가 톤의 탄소를 품고 있는 화석연료의 채굴을 저지하려는 캠페인을 시작했다.[18] 화석연료에 근거한 경제성장 패러다임을 찬성하는 사람들 ─ 좌우파를 막론하고 ─ 을 채굴론자extractivist라 부른다. '채굴 대 반채굴' 논쟁은 21세기 경제·정치·사회의 최대 이슈가 될 것이다. 이는 아직 채굴되지 않았지만 매장량이 확인된 상태이므로, 현재 추세대로 채굴된다면 기후변화라는 구조적 폭력을 초래할 가능성이 극히 높은, 암담한 **미래**를 보여 주는 수치이다.

- **1610년**. 지질학의 공식 정의상 우리는 빙하기가 끝난 1만1,500년 전부터 현재까지 충적세Holocene에 살고 있다. 그러나 인간이 지구의 지질연대를 바꿀 정도로 자연에 큰 영향을 준 결과, 이제 지구가 '인류세'Anthropocene Epoch에 진입했다는 주장이 나오기 시작했다. 산업화로 인간의 생태 발자국이 자연 전반에 돌이킬 수 없는 변화를 초래한 것이다. 인류세의 기원이 1610년에 시작했다는 연구가 발표되었다(Lewis and Maslin 2015). 1610

년은 유럽인이 라틴아메리카에 도착한 뒤 약 1세기가 지난 시점이다. 정복자들이 전파한 질병으로 말미암아 아메리카 대륙 인구 중 약 5천만 명이 사망했는데 이들 대다수가 농민이었다. 농사가 중단되면서 대륙 전체의 경작지가 열대우림이나 사바나로 되돌아갔다. 나무의 고형 성분 중 절반이 탄소이므로, 산림이 새롭게 형성되었다는 말은 대기 중의 탄소가 그만큼 산림으로 재흡수되었다는 뜻이다. 이 같은 대기 중 탄소량의 급격한 변화는 당시의 빙하 샘플을 조사한 결과 관찰된 것이다. 나아가 이 시기를 기점으로, 서구의 비서구 정복과 식민화는 서구의 산업화를 지탱하고자 비서구의 자원을 착취하는 방향으로 전개되었고, 그 결과 대기 중 탄소량의 급격한 변화(증가)를 초래했다. 대규모 인권침해성 정복으로 시발된 **세계사적 차원의 구조적 폭력**이 4백 년 이상 지속되면서 지질연대를 변화시킬 정도로 큰 변화를 몰고 왔다는 뜻이다. 인권침해 사건이 기후변화의 기원이 되었고 그 기후변화가 오늘날 다시 인권유린의 주범이 된, 역사적 악순환의 고리를 우리는 목격하고 있다.

인류 종말에 대한 과학적 우려를 상징하는 지구 종말 시계Doomsday Clock는 2015년 현재 자정 3분 전을 가리키고 있다. 이는 1984년 이래 최악의 상태이다.[19] 원래 지구 종말 시계는 핵물리학자들이 핵전쟁을 반대하기 위해 개발한 지표인데, 2012년부터는 기후변화의 심각성이 잠재적 지구 종말의 핵심 요인에 포함되었다. 지구 종말 시계는 '전 지구적 파국 위험'을 수학적으로 계산한 수지에 근거한다. 그런데 전 지구적 파국 위험보다 한 걸음 더 나아간 '실존적 위험'existential risk의 연구가 새로운 학문으로 떠올랐다.[20] 인류의 실존 위험은 인류의 멸종, 즉 인간이 상상할 수 있는 최후의 극한적인 구조적 폭력을 전제한다. 인류가 인류의 생존을 위한 통찰 ― 무탄소 에너지, 재생에너지 등 — 을 이미 보유하고 있고, 정치적 의지만 있다면 동원할 수 있는 자원이 존재함에도 기후변화를 되돌리지 못한다면 **기후변화는 구조적 인권침해의 궁극적 형태**라 할 수 있다. 즉 기후변화는 인류 역사상 최대 규모의 인권침해를 일으키는 주범이라 해도 과언이 아니다(Letman 2013).

기후변화가 심각해지자 환경권 사상에도 변화가 일어났다. 과거의 환경권은 산업공해로 인한 인간의 건강권 침해에 초점을 맞추었다. 그러나 오늘날 환경권은 기후변화로 인한 지구 생태계 전체의 보존과 인간의 권리를 함께 강조한다. 기후변화는 인간과 자연이 서로 분리될 수 없는 관계에 있으며, 인권과 '생태권'을 나누어 생각할 수 없음을 상기시켜 준다. "세상 만물은 상호 연결되어 있고, 우리 인간의 생명을 진정으로 돌보는 것 그리고 우리가 자연과 맺는 관계는 우애, 정의, 타자에 대한 신실성과 분리될 수 없음을 우리는 확신한다"(Francis 2015, 52).[21]

사이먼 카니Simon Caney는 기후변화가 침해하는 인권을 세 종류로 정리한다. 첫째, **생명권**을 침해한다. 생명권은 인권을 거론할 수 있는 가장 원초적인 차원의 권리이다. 둘째, **건강권**을 침해한다. 기후변화는 각종 전염병과 풍토병의 유형을 바꾸고 악화시킨다. 이상고온현상, 물 부족, 사막화, 산성화는 인간 심신의 평형을 교란한다. 셋째, **생계권**을 침해한다. 식량 안보가 위협받고, 농지가 유실되며, 흉작과 기근이 만연하기 때문이다(Caney 2010). 이에 더해 자기 결정권 침해, 생활수준 저하, 주거 환경 악화, 문화의 질 하락, 재산권 침해, 교육 환경 황폐화 등의 부정적 영향도 확인된다(Center for International Environmental Law 2011, 6).

기온이 상승하면 폭력과 갈등이 증가한다는 연구도 나와 있다. 역사학·경제학·지리학·범죄학·정치학에서 행해진 기존의 연구 60건을 메타 분석 방식으로 조사한 결과, 기온 상승과 폭력 및 갈등의 증가 사이에 통계적 유의성이 입증되었다. 기온이 오르면 첫째, 살인, 강간, 가정 폭력과 같은 개인적 폭력, 둘째, 집단 간 폭력 및 정치적 불안정, 그리고 셋째, 사회제도 붕괴 등 세 가지 차원의 폭력이 늘어난다는 것이다. 즉 "역사적으로 기후변화는 인간의 갈등에 심대한 영향을 끼쳤다. …… 이런 영향은 시대와 장소를 가리지 않으며, 크고 작은 모든 사회조직에서 확인된다. …… 기후변화의 표준편차에 시그마1의 변동만 발생해도 집단 간 갈등은 평균 14퍼센트, 개인 간 폭력은 4퍼센트나 증가한다"(Hsiang, Burke and Miguel 2013, 1,224).

전 세계 인권 운동은 최근 들어서야 **기후변화를 가장 심각한 구조적 폭력으로 인식**하기 시작했다. 2007년 11월 14일 몰디브 제도의 수도 말레에서 인권 운동가들이 발표한 〈말레 선언〉Malé Declaration[22]이 대표적 사례이다. 〈말레 선언〉은 환경이 인류 문명의 인프라이고, 기후변화는 인류 공동체와 환경에 대한 즉각적·근본적·광범위한 위협이며, 모든 사람은 인간사회를 유지할 수 있는 환경에 대한 기본권이 있고, 기후변화는 인권의 온전한 향유에 대해 명백하고 즉각적인 함의를 지니며, 유엔의 인권 기구들이 기후변화가 인권에 주는 함의를 한시바삐 조사해야 한다고 요구한다.

기후변화에 의한 구조적 인권침해의 계층화 현상은 잘 알려져 있다. 특히 섬나라, 개도국, 저소득 국가 등이 가장 큰 피해를 본다. 즉 "기후 이탈은 저소득 국가들이 모여 있는 지역에서 가장 먼저 발생할 것이다. 따라서 기후변화를 일으킨 [산업화와 자본주의] 역사 과정으로 인해 이득을 본 사람들과 그것의 환경적·사회적 비용을 지불해야 할 사람들 사이의 격차가 더욱 벌어질 것이다"(Mora et al. 2013, 186). 이처럼 계층화된 인권침해는 심각한 결과를 초래한다. "지구온난화가 최고조에 달하면 **빈곤국 집중 지역은 인간이 거주할 수 없는 곳으로 전락**할 것이다. 대규모 사망, 기근, 사회 붕괴, 대량 이주가 확실히 예상된다. …… 심지어 전 지구적 분쟁과 문명의 붕괴까지도 예상할 수 있다"(Pamlin and Armstrong 2015, 10, 강조 추가).

한 나라 내에서도 **취약 계층이 기후변화의 최대 피해자**가 된다. 예를 들어, 여성의 경우 삶의 질 악화에 따른 출산율 저하는 '재생권의 침해'로 이어진다 (Klein 2014, 362-387). 기후변화로 인한 아동들의 교육권 박탈도 충분히 예상 되는 인권침해이다. 개도국 가구들의 생계가 어려워지면 아동들이 교육을 받기보다 당장 생계 활동에 투입되어야 하기 때문이다. 자연 산림에 의존해 살아가는 원주민 집단들은 기후변화로 인해 식생과 야생동물의 분포가 바뀜 으로써 생계권이 위협받는다. 기후변화로 약자 집단의 인권이 유린되는 현 상을 **인권 멜트다운**human rights meltdown이라고 한다.

여기서 우리는 초보적인 질문을 던질 수 있다. 기후변화의 구조적 폭력과 인권침해 사이에 이토록 명백한 인과관계가 있음에도 왜 지금까지 지구온난 화 및 기후변화를 인권 문제로 다루는 시각이 적었는가? 국제 인권 정책협의 회ICHRP는 그 이유를 다음과 같이 설명하는데(ICHRP 2008, 3-6), 이는 구조적 폭력과 인권을 잘 연결시키지 못하는 일반적 경향에도 큰 함의가 있는 중요 한 분석이다. 첫째, 기후변화가 주로 과학계에서 논의가 시작되어 그것의 생 태적·환경적·경제적 측면만 강조되는 '경로 의존성' 문제가 발생했다. 둘째, 기후변화 협상이 주로 합의에 근거한 복지적(절충적) 해법을 추구하는 경향 이 있는 반면, 인권은 정의의 관점에서 해법을 추구한다. 셋째, 인권 운동은 이미 발생한 구체적 사실이 아닌, 가상의 시나리오로 프레임이 짜인 쟁점을 다루기 어렵다. 넷째, 기후변화에 따른 인권침해를 다룬다 해도 지금까지는 이를 주로 경제적·사회적 권리로만 파악했기에, 시민적·정치적 권리와 같은 시급한 인권 문제를 다루는 데만 익숙했던 전통 인권 담론에서 이를 제대로 이행할 방법을 찾기 힘들었다. 다섯째, 전 지구적으로 야기된 초국적 차원의 문제에 대해 법적 소재를 따지기 어렵고, 피해에 대해 자국 내에서 법적·정치적 책임 소재를 묻기 어려운 점도 한몫했다. 마지막으로, 개도국의 경우, 기후변화에 따른 자연재해가 발생했을 때 인권법과 인권 규범보다 인도적 구호와 지원을 시급한 조치로 인식하곤 한다. 요약하자면, **법 논리에 경도되어 있는 인권이 형식적·법적 정의를 추구하는 반면, 인도적 행동주의에서는 실질적·정책적 정의를 추구**하는 차이가 있다는 것이다.

이런 문제에도 불구하고, 인권을 중심으로 기후변화를 분석하고 이에 대처하는 데는 장점이 많다(Caney 2010). 지금까지 기후변화에 대한 관례적 접근 방식은 비용편익분석cost-benefit analysis과 안전 분석security analysis 방법이었다. 전자는 총합에 따른 평균과 결과론적 혜택을 중시한다. 따라서 가장 취약한 계층의 이익은 평균치를 강조하는 숫자 분석 속에 매몰되어 무시되는 경향이 있다. 구조적 인권침해의 가장 큰 피해자들이 통계 수치에서 사라지는 착시 효과가 발생하는 것이다. 후자의 안전 분석에서는 구조적 폭력이 개인들에게 가하는 고통에 대해 비교적 무관심하고, 주로 집단 간 갈등 및 국가 간 분쟁에만 초점을 맞추는 경향이 있다. 이 점을 보완하기 위해 인권과 인간 안보human security를 통합한 개념이 제안되어 있다. 이런 연구는 인권과 인간 안보 개념의 상호 보완성과 상호 의존성을 강조한다(4장 참조; Ramcharan 2002). 요컨대 인권에 근거해 기후변화 문제에 접근하면 약자 및 취약 계층의 이익을 보호하는 접근이 가능하고, 구조적 폭력으로 말미암아 피해를 당한 사람들을 문제 해결의 중심에 놓는 접근이 가능해진다.

기후변화로 인한 구조적 인권침해 문제를 어떻게 해결할 것인가? 상식적으로 보나, 회피 가능한 구조적 폭력 이론으로 보나 **기후변화의 근본 원인인 탄소 배출**을 줄이는 수밖에 없다. 기후변화 문제는 인류의 공공재적 성격에 해당하는 쟁점이다. 공공재는 누구에게나 필요하고 누구에게나 혜택을 주는 재화이지만, 이를 제공하는 데서 **집합적 행동의 문제**, 즉 혜택을 누리기만 하고 자신이 부담해야 할 비용은 회피하는 무임승차 문제가 발생하기 쉽다. 2015년 6월 대한민국 정부는 '2030년 온실가스 감축 목표'를 발표했다. 이 목표는 2009년 정부가 국제사회에 약속한 2020년 배출량보다 사실상 후퇴한 것이고, 그나마 전체 감축량의 3분의 1 정도를 해외로부터 탄소 배출권을 구입해 충당하겠다는 부실한 목표치이다. 이는 2014년 리마에서 열린 제20차 〈유엔 기후변화협약〉에서 합의한 '후퇴 금지' 원칙principle of non-regression/backsliding에 어긋날 뿐만 아니라, 전 세계 온실가스 배출 7위인 경제 대국 한국이 전 지구적 공공재를 무임승차해 사용하겠다는 의사 표현과 다름없다. 바로 이런 점을 환경 이슈로서만이 아니라 심각한 인권 문제로 인식하자는 것이 구조적 폭력과 구조적 인권 논의의 핵심 메시지이다.[23]

집합 행동의 문제보다 더욱 근본적인 문제는 바로 시스템의 문제이다. 현재 전 세계는 자본주의 패러다임 내에 있으므로 기후변화 문제를 해결하기 어렵게 하는 결정적 장애가 존재한다(Jung et al. 2015). 지구 온도 상승을 2도 이내로 고정시키려면, 늦어도 2017년부터 매년 탄소 배출을 10퍼센트씩 줄여야 하며, 탄소 배출을 줄이려면 자원 소비를 줄여야 한다. 그러나 자본주의 경제 시스템이 지속되기 위해서는 자원을 계속 소비하는 성장이 무한정으로 이루어져야 한다.[24] 여기에 근본적 모순이 존재한다. 즉 자원 소비가 계속 늘어나야만 자본주의가 유지될 수 있는데, 탄소 배출을 줄인다는 말은 화석연료에 의존하는 자본주의를 억제한다는 뜻이기 때문이다. 혹자는 새로운 자원의 개발과 에너지 효율성을 높이는 기술적 해결책을 선호하지만 이는 **반등 효과**rebound effect[25] 때문에 실현될 수 있을지 의문스러운 방법이다.

이런 통찰을 논리적으로 확장하면 다음과 같은 질문으로 이어진다. 기후변화에 의한 구조적 인권침해를 근본적으로 해결하기 위해 자본주의의 기본 패러다임을 다른 어떤 것, 예컨대 탈성장degrowth 패러다임으로 대체해야 하는가(러미스 2011; 맥마이클 2013, 512-527). 기존의 인권론에서 거의 제기되지 않았지만, 이는 현시점에서 반드시 필요하고 상식적인 질문이 아닐 수 없다. 그런데 이 같은 질문이 왜 과격하고 불가능하고 불온한 주장처럼 들리는 것일까? 그런 문제를 공개적으로 제기하는 것 자체를 금기시하는, 사회 전체의 무언의 ― 그러나 압도적인 ― 순응 압력이 작동하기 때문이다. 그렇게 된 이유를 나오미 클라인Naomi Klein은 다음과 같이 설명한다.

> 우리는 탄소 배출을 줄이기 위해 필요한 행동을 취하지 않았다. 왜냐하면 그런 행동이 **탈규제된 자본주의와 근본적으로 갈등** 관계를 이루기 때문이다. 기후변화 위기가 발생한 뒤 우리가 출구를 모색해 온 전체 기간[신자유주의 시대] 동안 탈규제 자본주의가 **지배적 이데올로기**였기 때문이다. 기후변화 재난을 막을 수 있는 최고의 기회를 제공할 행동, 절대 다수에게 이득이 될 그런 행동이, 우리의 경제·정치·미디어를 장악한 소수 엘리트들에게 크나큰 위협이 되었기 때문이다(Klein 2014, 16, 강조 추가).

기후변화로 인해 구조적 폭력이 발생하는 원인, 더 나아가 이에 따라 초래된 인권침해의 근본 원인을 파악하고자 한다면, 그것이 탈규제된 자본주의 또는 자본주의 그 자체로부터 상당 부분 기인한다는 인식을 사회 구성원들이 함께 공유하는 것이 무엇보다 필요하다. 이는 이데올로기의 관점에서 제기하는 문제가 아니라 상식과 이성의 문제이다.[26] 또한 자본주의 시스템과 기후변화 및 인권의 연관성을 객관적으로 파악한다면, 대안적 발전 모델을 함께 고민하지 않을 수 없다(6장 참조; Kirchmeier 2013).

기후변화가 인류에게 실존적 차원의 위협을 가하고 있음에도 인권 운동이 이 문제에 대응해 온 기록은 초라하기 짝이 없다. 법적 장치가 잘 마련된 나라에서 환경문제의 피해자가 인권침해를 근거로 법적 구제를 받는 일은 간혹 일어날 수 있다. 그러나 그런 장치가 부재한 개도국에서 기후변화의 피해자가 소송에서 승리할 가능성은 극히 적다. 아무리 수준 높은 사법부가 있다 하더라도 기후변화와 같은 문제는 그 성격상 법리적 해결 패러다임과는 거리가 멀다. 국제 인권 운동은 최근에야 기후변화를 인권 문제로 다루려는 움직임을 보이기 시작했다. 환경문제에 관한 정보 접근권, 기후변화로 고통받는 원주민 보호, 유엔 인권이사회가 주관하는 국가별 정례 인권 검토Universal Periodic Review, UPR에서 기후변화를 더욱 언급하는 추세, 환경과 인권을 다루는 특별보고관제 신설 등이 대표적 사례이다. 그러나 이런 움직임이 기후변화라는 거대한 인권유린 사태를 해결하는 데 과연 얼마나 도움이 될지는 의문이다. 인권 운동이 적어도 기후변화의 근본 원인이 화석연료 사용에 따른 온실가스 배출이라는 상식을 인정한다면, 화석연료 사용 문제 자체를 정식 인권 의제로 다룰 수 있어야 하지 않을까? 이 문제를 오랫동안 연구해 온 스티븐 험프리스Stephen Humphreys는 인권 운동이 다음과 같은 활동을 당장 시작해야 한다고 주장한다.

현재 땅속에 매장되어 있는 원유 중 적어도 80퍼센트 이상을 채굴하지 말아야 한다. 이를 위해 구체적이고 과감한 조처가 필요하다. 예를 들어, 원유 채굴의 금지, 단계적 폐지, 원유 시추 일시 중지, 과잉생산 벌금 부과, 그리고 불법화를 단행해야 한다. …… 세상에 이런 아이러니가 어디에 있는가? 기후변화와 같이 특별하고 실존적인 위협, 전 지구적 차원의 위협이 '국제적으로 보호되는' 인권의 달성을 불가능하게 만들고 있음에도 인권법, 인권 변호사, 그리고 인권 운동은 할 수 있는 말이 별로 없고, 실제로 할 수 있는 일도 거의 없으니 말이다. 내 생각이 틀렸기를 바란다(Humphreys 2015, 온라인 인용).

근본 원인을 따지는 인권 운동이라면 개인적·직접적 인권침해뿐만 아니라 경제체제·환경·생태를 전일적으로 고려하는 메타 사회운동의 성격을 갖춰야 하는 강력한 이유가 바로 여기에 있다. 2-565-2795-1610. 우리 앞에 높인 이 숫자는 기후변화와 실존적 위기의 시대에 인권 운동이 유념해야 할 패스워드가 되었다.

나오면서

인권침해를 일회성·우연성·비정상성·무작위성으로 파악하는 관례적 접근은 주목받기 쉬운 직접적 폭력성과 불의만을 중요한 인권 문제로 파악하는 한계가 있다. 인권침해를 이런 차원으로만 이해하거나, 빈곤과 불평등을 인권침해의 구조적 근본 원인으로 인정하면서도 이에 책임이 있는 메커니즘 및 그와 같은 메커니즘이 유지되는 데 이해관계가 있는 세력의 실체를 인권이 직시하지 않는다면, 그것은 부분적이고 미흡한 인권 담론, 무책임한 인권 담론에 지나지 않는다. 불철저한 분석으로는 불철저한 해결책밖에 나오지 못한다. 구조적 폭력 이론을 제안한 갈퉁의 우려도 이런 점을 겨냥한다.

인권 선언들은 인간이 평등하다는 규범을 제창하지만 구조가 아닌 개인적 측면에만 초점을 맞추는 한계가 있다. 인권은 자원의 평등한 분포를 말할 뿐 자원의 분포를 결정하는 권력에 대해서는 말하지 않는다. 달리 말해, 통상적으로 이해되는 인권은 가진 자들의 온정주의와 아주 잘 맞아떨어진다. 인권이 이 같은 통상적인 방식으로 실현될 수 있다면 권력을 가진 **기득권 세력은 궁극적 권력을 제외한 나머지 부분을 기꺼이 내줄 용의**가 있을 것이다. 그럴 경우, 권력 구조에는 아무런 변화도 일어나지 않는, 외견상의 평등만 이루어질 뿐이다(Galtung 1969, 188, 강조 추가).

구조적 폭력으로 인한 구조적 인권침해를 해소하기 위해서는 권력의 평등한 분포, 자원의 평등한 분포, 삶의 기회의 평등한 분포가 요구된다. 그런데 구조적 인권침해에 대한 관점도 기후변화 위기를 기점으로 그 이전과 이후가 많이 달라졌다. 기후변화 위기 이전의 구조적 분석에서는 자본주의 작동의 파생적 결함, 즉 빈곤과 불평등에 주로 초점을 맞추었다. 그러나 기후변화 위기 이후의 구조적 분석에서는 자본주의 자체의 구성적 결함에 더욱 주목하게 되었다. 인권 운동이 이런 통찰을 적극적으로 수용해 최근 받아들이기 시작한 구조적 분석과 구조적 접근에 대해 역사가들은 때늦었지만 당연하고 필요한 발전이라고 평가한다. 따라서 **구조적 관점에서 보면 인권은 개별적 권리 투쟁을 통해 쟁취한다기보다, 거시적 조건이 형성되었을 때 자연스럽게 보장되는 어떤 것이다.**

일회적 위기에 대한 일회적 대응은 그 위기를 애초에 발생시킨 문제를 결코 해결하지 못할 것이다. 이목을 끄는spectacular 부정의로부터 구조적structural 부정의로 관심을 전환하는 정치적 거버넌스 관념이 최근 인권 운동과 빈번하게 결합되고 있다. …… 숙고해 보면 이런 진화는 놀라운 일이 아니다. 19세기의 인권 역사와 그 이후 국내의 시민권 운동을 볼 때, 초기에는 운동가들이 추상적인 개별 권리들을 요구했지만, [이후에는 그와 같은 요구의 한계를 직시하며] 그런 **권리를 향유할 수 있게 하는 조건들** ― 명백히 구조적·제도적·경제적·문화적인 ― 을 모색할 수밖에 없었던 것이다(Moyn 2010, 223-225, 강조 추가).

그런데 1장에서 보았듯이 구조적 조건은 억제 조건이 되기도 하지만 촉진 조건이 될 수도 있다. 예를 들어, 기후변화의 주범이 무한 성장을 추구하는 자본주의라면 기후변화의 해결을 위해서는 자본주의의 문제를 근본적으로 해결해야 한다. 그런데 바로 이 점이 총체적 사회 변화로 이끌 절호의 기회가 될 수 있다는 주장이 제기된다. 기후변화를 저지하고 지구 생태계와 인류를 살리려면 현시대 구조적 폭력의 토대가 되는 자본주의 문제 자체를 직시해야 하는 상황이 온 것이다. 과거에 시작되어 오늘날에도 지속되고 있는 각종 인권 운동들이 기후변화 반대 운동 — 자본주의 체계의 근본적 변화를 요구하는 — 으로 결집될 수 있다면 세계 사회운동 사상 한 번도 이루지 못했던, 구조적 폭력의 문제를 해결할 절호의 계기가 마련될 수 있으리라는 발상이다. 이를 위해 모든 종류의 인권 운동은 기후변화의 구조적 폭력을 반대하는 목표에 동참해야 한다고 클라인은 주장한다.

> 민족, 젠더, 성적 지향을 초월해 온전한 인권과 평등을 위한 운동, 진정한 탈식민과 과거사 배상을 위한 운동, 식량 안보와 농민 권리를 위한 운동, 소수 지배 반대를 위한 운동, 공공 영역을 방어하고 확장하려는 운동들이 지금도 여전히 활동 중이다. …… **기후변화는 이 모든 운동들을 하나로 묶는 힘 — 거대한 추동력**the grand push — **이 될 수 있다**(Klein 2014, 396, 강조 추가).

정리하자면, 인권의 진정한 달성을 위해 우리에게 시급히 요청되는 바는, 인권을 구조와 조건의 맥락에서 파악할 수 있게 하는 **구조적 인권침해에 관한 문해 능력**literacy을 키우고 이에 합당한 행동에 나서는 것이다. 구조적 폭력의 궁극적 형태인 기후변화가 우리에게 일깨우는 명백하고 현존하는 위험, 즉 인류 문명의 종말이라는 실존적 위기보다 더 심각한 인권 문제를 나는 알지 못한다.

제3장

이데올로기와
도덕관념

"내가 가장 증오하는 것은 국가주의입니다. 인류보다 자기
주권을 더 생각하는 국가주의는 모두가 인간이라는 단순한
사실을 잊고 있는 고로 악입니다."

　_김홍섭 판사

"사람은 이성과 양심을 타고났으므로 서로를 형제애의
정신으로 대해야 한다."

　_〈세계인권선언〉 제1조

"인류의 정치적 과제는 효율적 경제, 사회정의, 개인의
자유를 결합시키는 것이다."

　_존 메이너드 케인스

오늘날 이데올로기를 논하는 것은 시대착오적 인식처럼 들릴 수도 있다. 냉전 종식과 함께 정치 이념들의 대결적 현실이 약화된 뒤 이데올로기의 종언을 단언하는 주장까지 나오지 않았던가? 그러나 인권에서 이데올로기는 상수와 같은 조건을 형성한다. 그 이유와 함의를 밝히는 것이 이 장의 목적이다. 이를 위해 이 장에서는 인권론에서 잘 다루지 않았던 정치 이데올로기와 인권의 상호작용을 분석한다. 흔히 인권은 '이념과 관계없이, 이념을 초월해' 모든 사람에게 보장되어야 한다고 정당화된다. 물론 이는 인권을 올바르게 **적용하는 방식**이다. 그러나 이런 정당화 논리가 마치 인권이 이념적 토대가 없는 것처럼, 그리고 현실 이데올로기의 맥락과 초연하게 추구될 수 있는 것처럼 오해하도록 만든 측면이 있다. 인권은 탈이념적으로 작용되지만 인권 사상의 토대에는 특정 이데올로기가 전제되어 있다. 또한 20세기의 정치 이데올로기들은 인권의 발전·변용·왜곡에 결정적인 영향을 끼쳤다. 이 점을 염두에 두고 친인권적 이념과 반인권적 이념을 구분하고, 인권을 억제하거나 촉진할 수 있는 근본 조건으로서 이데올로기가 갖는 중요성을 이해할 필요가 있다.

이데올로기는 사회의 적절한 질서 및 이를 확보할 수 있는 방안에 관한 일단의 신념 체계이다. 특히 정치사상으로 표현된 이데올로기는 정치적 사고들을 논리적으로 연결시켜 놓은 '정치적 사고의 클러스터'라 할 수 있다. 모든 이데올로기는 특정한 집단, 계급, 지지 기반 사이에서 널리 공유되는 공통의 믿음과 가치를 구체화하고 전파하는 기능을 담당하며, 다른 믿음 체계로부터 구성원들의 인식이 '오염'되지 않도록 차단하는 역할도 수행한다

(Freeden 1998). 이데올로기에 대한 개념 정의를 둘러싸고 비판적 전통과 가치중립적 접근이 대립해 왔다. 이 장에서는 이데올로기를 범주적으로 구분할 때에는 가치중립적으로, 인권에 대한 이데올로기의 영향을 기술할 때에는 비판적 입장을 취할 것이다. 이데올로기를 좌우 이념으로 나눌 때에 흔히 변화에 대한 태도(변화 대 현상 유지), 그리고 불평등에 대한 태도(평등 지향 대 불평등 용인)의 두 축을 설정하는 경향이 있다. 인권을 둘러싼 이데올로기 논쟁에서도 이 구도가 여전히 유효하지만, 인권의 특성상 각론에서는 좀 더 정교한 평가 기준이 필요하다.

이데올로기에는 상징적 차원과 작동적 차원이 있다. 상징적 차원은 특정 이데올로기에서 주장되는 일반적·추상적 차원에서의 언명과 범주를 그대로 수용해 그에 따라 현실을 해석·개념화·묘사·동일화하는 것이다. 이는 개별 이념의 이론적 개념을 비교적 충실히 따르는 방식이다. 이에 반해 작동적 차원은 구체적 이슈를 놓고 이데올로기 원칙을 현실에 적용할 때 나타나는 실제적 측면을 뜻한다. 상징적 차원과 작동적 차원은 상호 부조화를 초래하기도 한다. 이 점은 인권 친화적 이념과 인권 소극적 이념에서 모두 나타난다. 예를 들어, 어떤 이념은 인권을 원칙적으로 찬성한다고 하면서 특정 권리만을 강조하거나 거부하는 경우가 있다. 또 어떤 이념은 인권을 지지하면서도 이를 달성하는 데 필요한 비용과 희생의 부담에 대해서는 무관심하다. 인권에 소극적인 이념을 신봉하더라도 자신의 이해관계가 걸리면 권리를 적극 수용하는 태도를 보이기도 한다.

왜 인권에서 이데올로기가 중요한가? 가장 큰 이유는 **이데올로기의 현실적 효과** 때문이다. 어떤 이념을 본인이 명시적으로 지지하든 암묵적으로 수용하든 상관없이, 정치 이념은 인권과 관련된 — 거의 언제나 논쟁적인 — 이슈에 대해 판단을 내리는 기준이 된다. 그리고 선거에서 친인권/반인권 정당을 선택하고, 친인권/반인권 후보를 결정하는 데 유의미한 영향을 끼친다. 또한 이데올로기는 어떤 집단이 다른 집단을 대하는 태도와 행동을 좌우하기도 한다. 그리고 이데올로기는 현재 상태status quo와 현 체제를 정당화하는 인지적 도구가 되곤 한다. '시스템 정당화'system justification 기능을 수행하는 이데올로기는 인권의 확장을 위한 변화를 거부하는 태도를 조장할 가능성이 크다(5장 참조). 이렇게 될 때 모든 인권, 특히 경제적·사회적 권리에 심각한 결과가 초래된다. 이 장에서는 이런 점들을 설명한 뒤, 이데올로기가 만들어지고 사람들에게 수용되는 과정 — 합리적 추론, 심리적 정향, 현실적 이해관계, 엘리트와 대중의 상호작용 등 — 이 인권에 미치는 영향을 분석할 것이다. 그리고 20세기 인권이 냉전의 이데올로기 대결 구도하에서 어떻게 왜곡되었는지를 설명한 뒤, 문화적 폭력으로서의 이데올로기를 검토한다. 마지막으로 이데올로기와 도덕관념에 관한 기존의 통념에 도전한 새로운 학설인 '도덕 기반 이론'Moral Foundations Theory을 비판적으로 살펴보고 그것이 인권에 야기하는 함의를 제시한다. 이 장 마지막에 실린 내용 중 일부는 5장의 사회심리적 차원과 중복된다. 이데올로기의 철학적 바탕은 특이성과 의지에 따라 자율적으로 선택한다는 전제를 깔고 있으므로, 심리의 차원과 확실히 구분되는 측면이 있다. 하지만 철저히 이성적 영역처럼 보이는 이데올로기 개념조차 그것의 형성과 추종에 있어 감정과 심리가 미치는 영향에서 자유롭지 않다는 점을 잊어선 안 된다.

인권과 이데올로기

정치 이념 중에는 그 구성 원리상 인권 친화적 이념이 있고 인권 적대적 이념이 있다. 연속선상에 배열할 때 그 중간에 위치하는 이념도 존재할 수 있다. 인권과 이데올로기의 관계를 설명하기 위해 몇 가지 기본 전제가 필요하다. 우선, 이데올로기와 마찬가지로, 인권에서도 여러 차원의 철학적 가정이 전제되어 있다(Cho 2010a, 303). 인권은 인간 존엄성과 모든 인간의 평등한 가치라는 **존재론**을 전제한다. 그러므로 다른 가치들이 인권 가치와 충돌할 때 인권 가치가 '으뜸 패' 역할을 한다고 믿는다. 인권은 개인의 자유와 자율과 본질적 이익을 추구하는 **인간론**을 강조한다. 기본적 자유와 기본적 이익은 '기본권' 개념으로 발전해 왔다. 또한 인권은 국가가 시민들의 권리를 존중-보호-충족할 의무가 있다는 **사회론**을 지지한다. 정치 공동체의 존립 근거가 개인들의 인권 보장에 있다고 보는 것이다. 마지막으로, 인권은 법적 규범과 기준의 설정, 시민사회의 주창 활동을 통한 담론의 확장 등의 인식론과 **방법론**을 견지한다. 지금까지 등장한 수많은 정치 이데올로기들의 철학적 가정들을 인권의 이런 차원들과 비교하면 친인권적 경향의 이념과 반인권적 경향의 이념을 유추할 수 있다.

앞서 말한 이데올로기의 상징적 차원과 작동적 차원이 완전히 일치하는 경우는 드물다. 상대적으로 인권에 가까운 이념이라 해도 그것이 현실적으로 작동할 때에는 언제나 타협과 흥정을 포함한다. 인권은 양보할 수 없는 인간 존엄성을 제창하는 절대적 도덕관념을 견지하므로, 특정 이념을 현실 정치에서 구현할 때 흔히 나타나는 타협과 흥정 때문에 그 어떤 이념도 인권을 완벽하게 보장하지는 못하는 것처럼 보인다. 나는 '타협과 흥정'을 민주정치에서 가치중립적 의미로 사용한다. 또한 특정 이념의 원칙 내에 내재된 특징으로 인해 **구성적 도덕성**의 문제가 나타날 수가 있고, 이념을 현실에 적용하기 위해 활용하는 **파생적 도덕성**의 문제가 드러날 때도 있다.[1]

이념은 고착된 것이 아니다. 이데올로기는 시대에 따라 진화·분화·역전·변화를 겪는다. 예를 들어, 고전적 자유주의는 오늘날 한편으로 보수주의와 결합했고, 다른 한편 현대 자유주의로 발전했다(슈메이커 2010). 그 결과 **고전적 자유주의와 현대 자유주의는 작동적 차원에서 거의 정반대의 특징을 지닌 이념으로 분화되었다.** 이 점은 인권과 이데올로기의 관계를 논할 때 중요한 시사점을 준다. 계몽주의와 근대 시민혁명을 거치면서 초기의 고전적 자유주의가 인간 권리 사상을 확산하는 데 크게 공헌한 역사적 시기가 있었다. 그러나 오늘날 보수주의와 결합한 — 그리고 자유 지상주의 또는 신자유주의로 급진화된 — 고전적 자유주의는 인권, 특히 경제적·사회적 권리를 억제하는 기능을 수행하는 경우가 많다(클라인 2008). 그러나 현대 자유주의는 이와 반대되는 경향을 보인다. 자유주의에 고전적 자유주의와 신자유주의만 있는 줄 알았다는 학생들을 만나곤 한다. 21세기의 인권을 논할 때, **오늘날 보수로 분류되는 고전적 자유주의 및 신자유주의와, 상대적으로 진보로 분류되는 현대 자유주의를 명확히 구분하지 않으면 큰 오해를 불러올 수 있다.** 이 점을 반드시 기억해야 한다.

인권에 적대적이거나 회의적인 경향이 있는 이데올로기의 특징들을 정리해 보자. 첫째, 반인권 이데올로기들은 **배타적인 구별**을 강조하는 특징이 있다. 이런 이데올로기를 배타적(배제적) 이념exclusionary ideology이라 한다. 배타적 이념들은 성별·계급·피부색·종교·국적·재산 등 여러 기준에 따라 내집단in-group과 외집단out-group을 가르고, 그 구분에 과도한 의미를 부여하면서 외집단 구성원의 인격적 존엄을 부정하거나 폄훼한다. 다시 말해, "보수적이고 우파 지향적 이데올로기는 다양한 외집단, 특히 지위가 낮은 집단 혹은 오명이 씌워진 집단에 대한 고정관념·편견·불관용·적의 등과 일반적으로 결합되어 있다"(Jost, Federico and Napier 2009, 325). 이는 '합리적' 유인에 따라 인권침해를 자행한다고 보는 비용–편익 선택 이론과는 다른 입장이다(6장 참조). 배타적 이념은 주로 국가의 프로파간다, 그리고 사회집단들의 선전·세뇌·사회화·교육·미디어를 통해 전파되고 주입된다. 이 때문에 인권에서 교육 및 미디어와 커뮤니케이션의 중요성이 날로 커지고 있다.

정체성에 근거해 특정 집단을 배척하는 이념이 인권에 부정적인 영향을 끼친다는 사실은 잘 알려져 있다. 사회의 주류 집단이 모든 비주류적 정체성을 '정상 범주'에 속하지 않는다고 규정할 때, 그런 규정 자체가 이미 인권침해일 가능성이 크다. 또한 주류 집단이 이른바 '정상적' 정체성이라고 규정한 것에 순응하지 않는 성향과 태도, 그리고 그런 태도를 옹호하는 사람도 잠재적으로 인권침해의 대상이 되기 쉽다. 이때 국가의 태도가 중요한 변수이다. 국가가 어떤 정체성에 대해 배타적 이념을 제창하거나 그 이념을 제도화하면 직접적이고 체계적인 인권침해가 자행될 수 있다. 1935~36년 사이에 나치가 제정한 인종법(이른바 '뉘른베르크법') 및 그 결과가 대표적 사례이다. 오늘날에도 유사한 사례가 존재한다. 우간다 정부는 반(反)동성애 선전·선동에서 더 나아가 2014년 반동성애법을 제정해 동성애자들을 최대 종신형까지 처할 수 있게 했다. 이런 식으로 배타적 이념과 국가에 의한 제도화가 결합하면 내적 구조를 갖춘 일종의 배타적 체제가 구축된다. 이때 그 체제에 의존하며 기생하는 먹이사슬이 형성되고 이해관계가 얽힌 유기체적인 질서가 만들어진다. 이런 식으로 창조된 질서는 그것의 반인권적 성격과는 별개로 자체 생명력을 유지하면서 재생산되기 마련이다. 이 때문에 독재 체제에서 민주주의로 이행한 수많은 나라에서 구체제의 비밀경찰과 탄압 기구를 해체하는 데 큰 어려움을 겪어야 했다. 이렇게까지 심각하지 않더라도 국가의 무관심·묵인·방조가 간접적인 인권침해로 이어지는 경우는 훨씬 많다. 그런데 인권 피해자의 입장에서 보면 국가의 직접적 가해나 간접적 방조 사이에는 그 결과에 있어 큰 차이가 없다. 국가의 인권 의무는 존중-보호-충족으로 이루어진다. 그런데 국가의 직접적 가해가 없다 하더라도(존중 의무), 국가가 보호-충족 의무를 다하지 않는다면 인권은 얼마든지 침해될 수 있다(6장 참조).

둘째, 반인권 이데올로기는 개인보다 **집단을 강조**하는 특징이 있다. 인권은 원래 개인의 자유와 자율이 침해받지 않는다는 소극적인 '1세대 권리'로 출발해, 그런 자유를 실현할 수 있는 물적 기반을 보장받는 적극적인 '2세대 권리'로 확장되었다가, 개인들의 집합적 자기 결정권을 인정받는 '3세대 권리'로 발전해 왔다. 따라서 집단적 권리(연대권·발전권 등)는 국제적으로 인권의 정당한 일부로 인정되고 있다. 1966년에 제정된 〈자유권 규약〉과 〈사회권 규약〉의 제1조에 동일하게 규정된 다음과 같은 내용이 이 점을 잘 보여준다. "모든 인민은 자결권을 가진다. 이 권리에 기초해 모든 인민은 그들의 정치적 지위를 자유로이 결정하고, 또한 그들의 경제적·사회적·문화적 발전을 자유로이 추구한다." 그렇다면 국제 인권법에서 인정하는 집단적 자기 결정 권리와, 집단을 강조하는 반인권 이데올로기의 교의 사이에 어떤 차이가 있는가? 나시 말해 징딩한 집딘 권괴 부당한 집단권이 구분될 수 있는가? 이 점은 3세대 인권을 둘러싼 핵심 쟁점이 되었다.

이 문제에 대해 집단적 권리에 포함된 두 측면을 구분해야 한다는 분석이 제출되어 있다(조효제 2015b; Jones 1999). 우선, 구성원들 모두의 이익을 대변하고 이를 위해 일하는 실체로서 집단을 보는 관점이 있다. 예를 들어, 미세먼지를 제거하고, 깨끗한 수돗물을 제공하는 것은 모든 사람들에게 중요한 공동의 이익이라 할 수 있다. 이런 문제를 잘 해결해 달라고 요구하는 것은 모든 구성원의 이익을 증진할 수 있는 권리로 볼 수 있다. 이런 집단 권리를 **이익 공유 집단 권리**collective group rights라 한다. 이익 공유 집단 권리는 한 사람, 한 사람의 이익을 모두 합친 것이 집단 전체의 이익이 되어야 한다고 가정한다. 이익 공유 집단 권리에서는 개인 권리와 집단 권리 사이의 공통 이익을 전제하며, 둘 사이의 갈등을 인정하지 않는다. 그러나 집단 권리를 이와 전혀 다르게 보는 관점도 있다. 이런 관점은 구성원 개개인과는 상관없이 집단 자체를 하나의 고유한 실체로 본다. 더 나아가 그런 집단 자체가 도덕적 인격체로서 자체적인 이익과 권리를 가질 수 있다고 믿는다. 이를 **일체적 집단 권리**corporate group rights라 부를 수 있다. 일체적 집단 권리가 중요한 인권인 경우가 있다. 탈식민 인민 자결권이 좋은 예이다. 어떤 민족이 식민 지배로부터 해방될 때 그 민족 전체 차원의 이익과 권리가 증진된다고 보는 것이다. 그러나 일체적 집단 권리에는 잠재적 위험성이 내포되어 있다. 집단 전체의 이름으로 구성원들의 의견을 억압하거나 소수자의 인권을 침해할 가능성이 있기 때문이다. 이때 다수와 다른 의견을 지닌 비주류 구성원 혹은 소수 정체성을 가진 구성원은 전체 집단의 일원이 아니라, 배제되어야 할 이질적 요소로 간주된다. 일체적 집단 권리는 반인권적 이데올로기인 국가주의에서 그 부정적 측면이 가장 극명하게 드러난다.

반인권적 이데올로기의 세 번째 특징은 **국가 안보를 최우선 과업**으로 상정한다는 점이다. 국가 안보의 강조는 집단주의와 국가주의의 논리적 연장선상에 있으며, 오늘날 '국가 안보주의'라고 부를 수 있을 정도로 절대적인 신념 체계가 되었다. 이런 신념의 추종자들은, 국가를 생명력과 인격성을 가진 실체로 묘사하면서 국가가 그 구성원들과는 별개로, 그리고 구성원들 위에 존재하며, 국가의 생존과 영속이 그 어떤 가치보다 우선한다고 믿는다. 국가 안보주의는 내집단의 체제 우월 의식과 외집단에 대한 두려움을 동시에 ─ 모순적으로 ─ 견지한다. 자국의 안전보장과 자국 체제의 안녕을 절대화하는 동시에, 외부의 실제적·잠재적 위협을 극단적으로 과장하고 두려워한다. 끊임없는 공포는 외집단에 대한 적의와 공격, 그리고 내집단 내의 반대파에 대한 과잉 대응과 정치적 편집증으로 표출되곤 한다. 국가 안보주의는 냉전 시기에 전 세계적으로 맹위를 떨쳤다. 이런 식의 세계관을 지닌 이념이 횡행할 때 인간의 자유와 권리가 꽃피기는 힘들다. 국가 안보주의는 2001년 9·11 사태 이후 다시 중요한 이념으로 등장했으며, 이른바 대테러 전쟁 와중에 '안보냐 인권이냐?'라는 가상의 이분법 아래 인권은 심각한 제약을 받아야 했다. 한국의 경우 반공주의와 결합된 국가 안보주의는 그 어떤 이념보다 인권을 질식시키는 데 악영향을 끼쳤다(조효제 2015c).

넷째, 반인권 이데올로기는 **공리주의적 경향**이 강하다(조효제 2007, 78-81, 319-322). 공리주의는, '최대 다수의 최대 행복'이라는 구호로 표현되듯, 사회 내 복리의 **평균치를 극대화**하려는 현실 철학이다. 공리주의는 근대 국민국가의 정책 방향을 결정하고, 국가의 부와 생산성의 총량을 증대시키는 출발점이 된 이념이다. 공리주의는 자본주의와 경제성장론을 합리화하는 결과론적 세계관이다. 어떤 정책 개입의 최종 산물로서 전체 평균치가 올라갈 수 있으면 그것이 곧 사회의 선익이라고 본다. 공리주의가 현대 국가의 운용 원칙에서 중심적 지위를 차지하고 있음은 재론할 필요가 없다. 그러나 공리주의는 경우에 따라 인권과 반대될 수 있다. 공리주의를 논리적으로 연장하면 전체의 선익을 위해 소수 개인들의 권리를 침해하더라도 큰 문제가 되지 않는다. 전체 평균치를 상승시키는 것이 중요하기 때문이다. 공리주의가 언제나 인권침해를 야기하는 것은 아니지만, 인권침해적 사상과 정책을 공리주의의 이름으로 합리화하는 경우가 흔하다.[2] 특히 현실 정치인과 행정가들은, 적어도 원칙의 차원에서, 공리주의가 아닌, 인권에 기반을 둔 공공 정책의 원리를 잘 알지 못하며, 상상하지도 못한다.

특히 기업 제일주의, 경제성장 우선주의의 관점에서 노동자와 서민의 사회적 권리를 희생시키더라도 경제의 전체 평균치가 올라간다면 장기적으로 노동자와 서민에게 이득이 된다고 믿는 이데올로기가 우리 사회에 팽배해 있다. 이 점을 한 경제학자는 다음과 같이 설명한다. "차가운 머리만 있다고 보는 보수 성향 경제학자도 진정한 의미에선 **따뜻한 가슴을** 가지고 있다고 **주장해요.** 일단 성장해야 춥고 배고픈 사람에게도 혜택이 간다는 거죠. 하지만 실제 '낙수 효과'는 잘 일어나지 않습니다. 가난한 계층을 직접 돕는 프로그램이 중요하지 일단 부유층을 돕고 그 여파가 가난한 계층에 미치길 기대하긴 어렵죠"(이준구 2015, 강조 추가). 경험적 결과가 이렇게 명백함에도 왜 어떤 이념적 입장을 한번 받아들이면 그 견해를 바꾸기가 그렇게 어려운 것일까? 그런 경제학자는 자기기만에 빠진 것일까? 그럴 수도 있고 그렇지 않을 수도 있다. 더 정확히 말해 보수 성향 경제학자가 따뜻한 마음을 가졌는지, 또는 그것을 인식하고 있는지 여부는 핵심이 아니다. 그것은 특정 이데올로기가 제공하는 중요한 완충 기능이 있기 때문이다. 이데올로기의 설명력은 그것의 신봉자, 특히 현 체제와 현 상태의 유지를 원하는 사람에게 그 체제의 부정의와 불평등을 인식할 때 발생하는 인지 부조화 혹은 심적 갈등을 완화시켜 주고, 계속 모순적인 언행을 할 수 있게 해준다(Jost, Federico and Napier 2009, 326-327).

다섯째, 반인권적 이데올로기는 젠더 및 섹슈얼리티와 관련해 **남성의 여성 지배와 특정한 형태의 섹슈얼리티**를 당연시하고 정당화한다. 이런 입장은 자연의 이치로부터 남성 군림의 정당성을 유추할 수 있다고 주장한다. 또한 남성 지배를 유지하고 재생산하는 주요 기제인 가부장제가 현대에도 계속 유지될 수 있는 논리를 개발하고 제공한다. 젠더의 불평등한 양상은 여러 겹으로 이루어진 아주 단단한 껍질들에 비유할 수 있다. 가장 바깥에는 여성의 사회 진출과 사회 속 차별, 취업 등에서 양성 평등을 거부하는 껍질이 있다. 이 껍질은 제도적 개입으로 상당 부분 연성화되고 있는 중이다. 다음으로 공적 영역과 사적 영역을 엄밀하게 구분해 국가를 비롯한 모든 통치행위가 공적 논리에 따라 공적 영역에만 적용되어야 한다고 가르치는 껍질이 있다. 이렇게 되면 사적 영역에서의 지배-종속에는 공적 정치의 논의가 개입할 여지가 없다. 최근 이 껍질도 조금씩 균열되는 양상을 보인다. 이 껍질 아래에는 임신·출산·양육·모성을 둘러싼 사회적 통념과 습속이라는 껍질이 있다. 거의 문화적 차원에서 단단히 장악력을 발휘하는 장벽이다. 가장 안쪽에는 인간의 친밀성과 섹슈얼리티에 관해 이른바 '정상성'을 규정하는 껍질이 있다. 이성애와 동성애를 둘러싼 논쟁이 대표적인 사례이다. 특정 이데올로기가 젠더와 섹슈얼리티에 관한 이 껍질들을 더욱 단단하게 만드는지, 아니면 해체하는 쪽으로 논리를 제공하는지가 21세기에 점점 더 중요한 사회적 이슈가 되었다. 혹자는 이런 경향을 생명 정치biopolitics가 점점 더 정치 행위에서 핵심 담론의 지위를 획득하고 있는 추세와 연결시키곤 한다.

여섯째, 반인권 이데올로기는 **사회 다윈주의**social Darwinism의 경향을 띠곤 한다. 이런 믿음에 따르면 강한 자가 지배하고 약한 자가 종속되는 것은 당연하고 상식적인 진리이다. 사회 다윈주의 사상에서는 힘이 정의가 되고 약육강식이 정상이 된다. 이에 따르면 자연도태가 생물계의 진화를 이끌듯이, 우승열패는 인간사회의 발전을 추동한다. 경쟁이 사회 발전과 인간 발전을 이끄는 효과적 방법이라는 지배자의 논리가 사회 다윈주의를 통해 편리하게 반복된다(강수돌 2009). 그러므로 '자연의 흐름'을 거스르는 온정주의, 사회적 개입, 사회보장, 약자 보호, 인간의 평등한 존엄성과 권리는 장기적으로 인류 종을 유약하게 만드는 시도이므로 금기로 취급된다. 역사가 티모시 스나이더Timothy Snyder는 히틀러Adolf Hitler의 나치즘이 사회 다윈주의의 극단적 형태였다고 지적한다. "[히틀러에 따르면] **약자는 강자에게 지배당해야만 했다.** 왜냐하면 '이 세상은 졸렬한 약자들을 위한 장소가 아니기 때문'이다. [나치즘은] 이런 사실만이 우리 지식과 믿음의 유일한 실체가 되어야 한다는 주장이었다"(Snyder 2015, 온라인 인용, 강조 추가). 사회적 다윈주의를 국제정치 영역에 대입한 이론이 **현실주의** 이론이다. 국제정치에서의 현실주의는 초국적 규범인 보편 인권이 현실에서 존재하는 국가의 주권 원칙에 도전하는 것이 바람직하지 않으며, 인권을 국가보다 강조하면 국제 질서의 근간인 주권국가 체제가 훼손될 수도 있으므로 대단히 위험한 발상이라고 본다(4장 참조). 한스 모겐소Hans Morgenthau와 같은 학자는 현실주의 국제 관계론의 핵심이 권력정치realpolitik이며, 모든 국가가 수단과 방법을 가리지 않고 자신의 주권을 수호할 태세를 갖추는 것이 권력정치의 요체라고 주장한다(모겐소 2010). 데이비드 포사이스는 국제 관계에서의 인권을 '현실주의적 세계 속의 자유주의적 정치'라고 규정한 적이 있다(Forsythe 2012a). 최근 현실주의 일각에서 국가 간 행동의 동기로서 인권과 민주주의의 수사를 활용하는 경향이 나타나고는 있다. 현실주의 국제 관계론 전체를 반인권적이라고 속단하는 것은 지나친 해석일 수 있지만, 그럼에도 전반적으로 현실주의를 친인권적 이론이라고 하기는 어렵다.

반인권적 이데올로기의 마지막 특징으로 개인 간, 집단 간, 국가 간의 문제를 해결하는 수단으로 **강압력·폭력·군사력**을 적극적으로 지지하거나, 적어도 반대하지 않는다는 점을 들 수 있다. 사실, 적극적 평화주의를 제외한 기존의 많은 정치 이념들도 이 기준으로 보면 미흡한 것이 사실이다. 파시즘·나치즘과 같이 직접적 폭력을 노골적으로 조장·미화하는 이념도 있다. 그러나 직접적 폭력을 거부하면서도 구조적 폭력을 유지하고 악화시키는 데 일조하는 이데올로기도 있다. 예를 들어, 개인 간 폭력과 사적 영역의 폭력을 거부하고, 사형 제도의 폐지를 주장하는 진보적 이념이라 하더라도 2장에서 본 대로 구조적 폭력의 측면에서는 반인권적일 수 있다. 또한 국내에서는 폭력을 억제하는 정치를 표방하고 민주주의의 확장을 실험하는 현대 자유주의조차 국제 분쟁과 국가 안보에서는, 필요한 경우, 무력 사용을 국가정책을 수행하는 중요한 지렛대로 간주하는 경향이 있다. 전쟁을 원천적으로 부정하거나 군대를 폐지함으로써 확실히 반군사주의적 이념을 제창하는 나라는 극히 드물다.[3] 특정 이념이 군사력과 폭력에 어떤 태도를 취하는지는, 인권과 평화 간의 연결고리가 더욱 적극적으로 설정되는 최근의 추세에 비추어 그 중요성이 한층 더 커지고 있다.

이와 같은 반인권 이념들의 특징을 감안하고, 또한 역사적 경험에 비추어, 반인권적이거나 반인권적 경향을 가졌다고 할 수 있는 개별 이데올로기들을 지목할 수 있다. 적어도 그 목록에는 인종주의와 국수주의, 군국주의, 파시즘, 나치즘, 반공주의, 스탈린주의, 신자유주의, 성차별주의, 이성애 규범주의, 종교 근본주의 등이 포함되어야 할 것이다.[4]

이 절을 마치기 전에 왜 사람들이 이데올로기에 경도되는지를 살펴보자. 이는 대중이 인권에 대해 취하는 태도를 결정하는 요인이 무엇인지를 묻는 질문과도 연결된다(5장 참조). 이 질문은 사상적 차원의 이데올로기와 심리적 차원의 성향을 연결하는 중요한 고리가 된다. 이데올로기 형성은 하향식 사회화 과정과 상향식 심리적 과정이 결합된 결과이다(Jost, Federico and Napier 2009). **하향식 사회화 과정**에서는 정치와 사상을 움직이는 엘리트들이 생각의 묶음들bundle을 사회적으로 구성해 대중에게 제시하고 대중들을 설득한다고 본다. 이때 특정 대중은 마치 여러 상품 중 하나를 선택하듯 하나의 이데올로기를 선택하고 그에 해당되는 정치적 태도를 습득한다고 한다. 이때 대중은 중립적이고 이성적이며 '빈 서판'tabla rasa과 같은 상태에서 냉정한 평가와 가치판단을 통해, 엘리트들이 위에서 내려 준 이데올로기에 반응해 이를 내면화한다고 상정된다. 반대로 **상향식 심리적 과정**이란 개인이 내적 동기에 의해 엘리트들이 제시한 여러 이데올로기 중에서 특정 이데올로기에 열렬하고 즉각적으로 공명해 그 이념에 동화되는 것을 뜻한다. 이때 개인은 객관적·

그림 3-1_ 이데올로기의 창조와 현실 효과

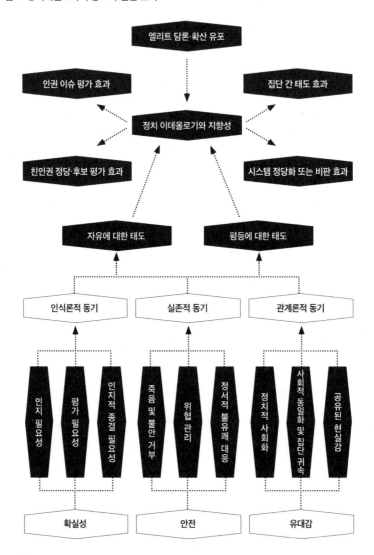

자료 : Jost, Federico and Napier(2009, 319)를 수정.

중립적 입장에서 이데올로기를 평가해 선택하는 것이 아니라, 이미 어떤 동기적 성향을 지닌 상태에서 특정 이데올로기에 흡인되는 것이다. 이는 '이데올로기가 특정한 인간을 선택'하는 과정이라 할 수 있다.

사람들이 특정 이데올로기에 공명하는 내적 동기에는 세 가지가 있다. 첫째, 인식론적 동기는 그 이데올로기 덕분에 자아가 세상을 이해하는 인식에 확실성을 가질 수 있다는 것이다. 둘째, 실존적 동기는 그 이데올로기 덕분에 인간이 경험하는 여러 위협들, 죽음, 정서적 불유쾌 등의 실존적 불안을 떨칠 수 있는 안전을 가질 수 있다는 것이다. 셋째, 관계론적 동기는 그 이데올로기 덕분에 사회적·정치적으로 집단에 대한 귀속감과 동일화가 필요한 사람들이 서로 공유된 현실 의식과 유대감을 가질 수 있다는 것이다. 하향식 사회화 과정과 상향식 심리적 과정은 **선택적 친화성**elective affinities의 특징으로 나타난다. 선택적 친화성이란 "한편으로 신념 체계의 구조 및 내용, 다른 한편으로 그 신념 체계를 받아들이는 개인과 집단의 기층 욕구와 동기 사이에 존재하는 상호 간의 친화력"을 뜻하며(Jost, Federico and Napier 2009, 308), 다른 말로 '사상-정서 공명'ideo-affective resonance이라고도 한다. 이런 통찰은 이데올로기와 인권의 관계 설정이 복합적임을 보여 준다. 즉 단순히 친인권적 이데올로기를 함양하는 것만으로는 부족하고, 사람들의 내적 동기가 형성되는 어떤 근원적 차원에서부터 인권을 배양할 수 있는 방안을 강구해야 한다는 것이다.

20세기 이데올로기 투쟁 속의 인권

작가 H. G. 웰스Herbert George Wells는 제2차 세계대전이 한창이던 1940년에 소략한 정치 평론서 『새로운 세계 질서』를 출간했다(Wells 1940). 웰스가

이 책을 쓴 목적은 두 가지였다. 그는 연합국 국민들에게 왜 전쟁을 해야 하는지를 논리적으로 설득하고자 했다. 그에 따르면 제2차 세계대전은 보통의 전쟁 — 통상적으로 국가들 사이에서 벌어지는 '다른 수단에 의한 정치' — 이 아니었고, 인류의 자유를 위협하는 파시즘과 나치즘을 격퇴해야 하는 가치론적 전쟁이었다. 더 나아가, 그는 전쟁에 승리한 뒤에 건설해야 할 새로운 세계의 청사진을 제시하고자 했다. 그런 청사진 중에서 가장 중요한 부분이 보편 인권을 세계적 차원의 규범으로 설정하는 것이었다. 웰스는 『새로운 세계 질서』의 10장 "인간 권리선언"에서 새로운 세계를 위한 인권 원칙의 구상을 기술했다. 그는 1215년의 〈마그나카르타〉 제정 이래 역사 속에서 나타났던 여러 종류의 권리 문헌들이 중앙정부의 권력으로부터 일반 시민을 보호하는 '구조적 방어벽' 역할을 했다고 지적한다. 그런 전통의 연장선상에서 총 10개 조항으로 이루어진 인권 선언 시안을 제시한다. 역사 속의 수많은 권리 문헌들이 본질적으로 국가의 간섭과 개입으로부터 개인을 보호하려는 소극적 권리를 주장한 것이었지만, 웰스는 자신의 선언 제1조에서부터 적극적 권리의 중요성을 강조한다. 이 점은 오늘의 눈으로 봐도 근원적인 주장이다. "모든 인간은, 인종·피부색·신념·의견과 무관하게, 자신의 **온전한 심신 발전의 가능성을 실현**하고, 태어나서 죽을 때까지 건강 상태를 유지하는 데 필요한 섭생·의복·의료·보살핌을 받을 권리가 있다"(Wells 1940, 90, 강조 추가). 웰스는 10장을 "민주국가들이 이런 공통의 인권을 위해 싸우지 않는다면 도대체 무엇을 위해 싸울 것인가?"라는 반문으로 끝낸다. 웰스의 인권 선언은 오늘날 거의 망각된 문헌이 되었지만, 그의 통찰은 인권과 이데올로기의 관계에서 중요한 시사점을 준다. 즉 20세기의 현대 인권은 파시즘·나치즘과 같은 반인권 이데올로기에 대항해 탄생했다는 점, 인권은 소극적 권리만이 아니라 적극적 자유를 지향해야 한다는 점, 그리고 인권의 목적이 인간존재의 총체적 개화("온전한 심신 발전의 가능성을 실현")에 있음을 밝힌 것이다.[5] 이 관점은 친인권적 이데올로기의 특징들과 잘 조응한다. 웰스의 인권 사상은 이듬해 프랭클린 루스벨트Franklin D. Roosevelt 미국 대통령이 발표한 '네 가지 자유'에 상당한 영향을 주었다(Burgers 1992).

17세기 후반 이래 정치의 존립 근거가 기본권 보장에 있고, 권력의 구성 근거가 인민주권에 있다는 사상이 대세를 이루면서 인간의 권리는 근대 민주 체제의 필수 요건이 되었다. 그러나 오늘날 우리가 '모든 인간을 위한 모든 권리'라고 이해하는 이른바 보편 인권은 20세기의 두 차례 세계대전, 특히 제2차 세계대전을 겪으면서 새롭게 개념화되어, 세계적인 공통 규범으로 부상했다(조효제 2007). 루스벨트 대통령의 네 가지 자유 연설(1941년),[6] 대서양헌장의 인민 자결권 공약(1941년),[7] 연합국들의 대서양헌장 재확인 선언(1942년),[8] 아프리카민족회의ANC의 권리장전(1943년)[9] 등 일련의 인권 문헌들이 전쟁 중에 제안되었다. 1945년 샌프란시스코에서 채택된 〈유엔헌장〉은 국제조약에서 '기본적 인권'이라는 어휘를 사용한 최초의 문서가 되었다.[10] 유엔이 결성된 뒤 제일 먼저 결정한 사안 중에, 유엔 인권위원회에서 국제 인권 장전을 작성하도록 한 조치가 있었다. 나중에 〈세계인권선언〉으로 불리게 된 이 문헌은 이전 시대의 자연권적 인간의 권리 사상을 계승하면서도 현대적 인권 개념을 새롭게 규정한 역사적 이정표가 되었다.[11] 〈세계인권선언〉은 그 뒤에 등장한 모든 국제 인권법 규범의 원천으로 인정된다. 그러나 나는 사상사적 의미를 더 강조하고 싶다. 다시 말해, 〈세계인권선언〉은 19세기 이래 인류가 고안하고 실험해 온 여러 정치 이념들을 인권이라는 지붕 아래 종합하려고 시도한 최초의 국제적 공식 문헌임을 기억해야 한다(조효제 2011, 10-31).

정치학자 리처드 포크Richard Falk는 〈세계인권선언〉이 "무색무취하고 절충주의적인 합의문"처럼 보이지만, 사실은 인류의 거대한 **이념적 기획**이었다고 지적한다(Falk 2000, 4). 서구 계몽주의 전통 내에서 말 그대로 전 인류를 상대로 제시된 대표적 이념으로 자유주의와 마르크스주의를 꼽을 수 있는데, 〈세계인권선언〉은 이 두 보편 이데올로기를 결합하려 한 시도였다는 것이다. 18세기 이래의 자유주의와 19세기 이래의 사회주의라는, 상반되는 두 이데올로기가 〈세계인권선언〉에서 변증법적 통일을 이루었다는 해석이다. 포크의 해석은 사상사적 조망에서의 일반화라 할 수 있는데, 〈세계인권선언〉 ― 그리고 여기에서 비롯된 현대 인권 ― 의 이념적 특징을 좀 더 구체적으로 살펴보면 다음과 같다.

19세기 말부터 20세기 초반을 분기점으로 민주적 시민권의 의미가 크게 변하기 시작했다. 그때까지는 시민권을 주로 정치적 대의와 참여를 중심으로 이해했다. 주권이 시민들에게 있다는 인민주권 사상이 시민권의 충분조건을 구성했던 것이다. 그러나 민주적 시민권이 진정한 의미를 가지려면 형식적 대의성과 정치 참여의 차원을 넘어 사회적 평등을 향하는 조치가 필요하다는 생각이 여러 사상적 갈래로부터 대두되었다. 정치적 참여는 주로 앵글로·색슨계 국가들에서, 그리고 사회적 평등은 19세기 후반부터 유럽 대륙 국가들을 중심으로 나타나기 시작했다(Glendon 2001, xv-xxi). 사회주의의 확산과 러시아혁명이 큰 역할을 했지만, 그 외에도 사회적 평등을 지향하는 여러 흐름들이 병존했음을 기억해야 한다.

우선 보수주의와 기독교 일각에서 노동자의 권리를 존중하는 자본주의와 공평한 경제적 분배를 요구하는 주장을 내놓기 시작했다. 오늘날 유럽 대륙, 특히 독일과 같은 곳에서 큰 영향을 발휘하는 사회적 시장경제 사상은 가톨릭 사회 교리와 일맥상통하는 점이 있다(허창수 1996; 허창수·김종민 1995; 허창수·정용교 2003).[12] 유럽 기독 민주주의 노선을 취하는 정당 및 사회운동에서 옹호하는 자본주의 경제관이 앵글로·색슨형 자본주의와 큰 차이를 보이는 것도 이런 연유에서이다. 이와 관련해 1891년 레오 13세Leo XIII 교종이 발표한 회칙 "새로운 사태"를 언급할 필요가 있다. '자본과 노동에 관하여'라는 부제를 달고 있는 이 문서는 사유재산을 인정하면서도 자유방임적 국가관을 배격하고 노동조합운동을 적극 지지하며 공동선의 관점에서 재화의 쓰임을 요구한다.[13] 이런 가톨릭 사회 교리 전통은 〈세계인권선언〉을 작성하는 과정에 반영되었고, 그 뒤 현대 기독교 인권관에도 계승되었다(Hornsby-Smith 2006; Minnerath, Carulli and Possenti 2010). 자유주의 내에서도 인간의 자유를 정치사상의 핵심 교의로 인정하면서도 그 자유를 적극적인 자유로 이해해야만 진정한 자유를 완성할 수 있다는 사상이 대두되었다. 토마스 그린Thomas Hill Green, 레너드 홉하우스Leonard Trelawny Hobhouse 등의 사회적 자유주의가 좋은 예이다(박동천 2010). 마르크스주의에서 분화해 독자 노선으로 발전한 사회민주주의 역시 사회적 평등을 강조하는데, 사회주의의 원칙 위에서 시민권의 의미를 적극적으로 포용하려 한다. 사민주의의 초기 이론가 에두아르트 베른슈타인Eduard Bernstein은 『진화적 사회주의』에서 이를 다음과 같이 설명한다. 즉 "사회민주주의는 시민사회를 철폐해 모든 사람을 무산계급으로 만들려고 하지 않는다. 사회민주주의는 노동자들을 무산계급의 사회적 위치로부터 시민의 사회적 위치로 격상시키기 위해, 그럼으로써 **시민권을 보편적으로 만들기 위해** 부단히 노력한다"(Bernstein 1899/1911, Ch.3-C, 강조 추가). 요컨대, 사회적 자유주의가 자유의 바탕에서 사회적 평등을 수용하려 한다면, 사회민주주의는 평등의 바탕에서 시민적 지위를 완성하고자 한다고 볼 수 있다.

이런 식으로 병존하던 사회적 평등 이념들은 다양한 형태로 19세기 말과 20세기 초에 걸쳐 서구와 라틴아메리카 헌법 체계에 반영되었다. 1948년

〈세계인권선언〉을 제정하는 과정에서 존 험프리John Peters Humphrey 유엔사무국 인권국장은 세계 주요국들의 헌법을 체계적으로 수집·분석해 시민적 자유와 경제적·사회적 자유를 함께 포함한 첫 번째 초안을 유엔 인권위원회의 선언기초소위에 제출했다. 여러 초안들 중에서도 험프리 초안이 〈세계인권선언〉을 작성하는 데 가장 실질적인 밑그림이 되었다(Glendon 2001).

1948년 유엔에서 세계인권선언이 채택되었을 때 이 선언은 서구 전통의 시민적·정치적 자유뿐만 아니라 새로운 평등주의적 경제적·사회적 권리를 포괄했다. 선언의 첫 번째 초고를 준비했던 캐나다 학자 존 험프리는 세계인권선언이 **인도적 자유주의와 사회민주주의를 결합하려는 시도**였다고 술회한 바 있다. 험프리뿐만 아니라 당시 대다수 민주국가의 거의 모든 정치인들이 경제적·사회적 권리 없이는 다수 대중에게 정치적·시민적 자유가 별 의미가 없다는 사실에 동의하고 있었다. 또한 불안정한 자본주의의 변덕 앞에서 정부의 지속적 개입이 없으면 사회 안정은 물론 사회적 권리도 있을 수 없음을 잘 인식하고 있었다(Broadbent 2001, xvi, 강조 추가).

여기서 인도적 자유주의라는 개념은 두 가지로 해석할 수 있다. 첫째, 자유주의 중 법적·정치적 자유 및 권리를 강조하는 입장이다. 둘째, 자유주의와 사민주의를 인도주의의 촉매로써 결합했다고 보는 입장이다. 어느 쪽으로 해석하든 〈세계인권선언〉이 탄생한 이념적 기반은 자유주의와 사회주의의 절충과 종합을 지향했던 것이 분명하다.[14]

그러나 〈세계인권선언〉의 통합 이데올로기적 기반은 선언이 발표된 뒤 전개된 냉전 상황에 전혀 부합되지 않았다. 근본적 차원에서 좌우 통합을 지향하는 인권은, 근본적 차원에서 좌우 대결을 추구하는 냉전과 상극 관계를 이루었다. 그 결과 〈세계인권선언〉에서 의도했던 사상적 종합의 시도는 거의 반세기 동안 적대적인 국제정치 상황 속에서 망각되고 무시되어 왔다. 냉전 당시 동서 양 진영은 인권을 지정학적 대결을 위한 이념적 공격 수단으로 간주했으므로 〈세계인권선언〉이 의도했던 전일적 인권이 제대로 보전되기 어려웠다(4장 참조). 미국과 소련 모두 '인권'이라는 용어를 사용했지만 양측이 이해한 인권 개념은 서로 많이 달랐고, 인권을 실천하는 체계도 양자 간에 차이가 컸다(Lambelet 1989). 우선, 인권의 토대를 놓고 미국은 자연법의 기원을, 소련은 국가 기원을 주장했다. 소련에서 국가는 '소비에트 인민의 온전한 구현체'였으므로, 그 구현체인 국가가 인민의 집합적 의지의 산물인 권리를 다시 인민에게 부여한다는 형식이었다. 또한 미국에서 인권의 실질적 내용은 시민적·정치적 권리를 의미한 반면, 소련에서는 경제적·사회적 권리의 바탕 위에서 시민적·정치적 권리가 파생된다고 보았다. 미국에서는 경제적·사회직 권리를 지유 시장 원리아 상충되는 이질적이고 집산주의적인 개념으로 여겨 거부하곤 했다. 인권의 대상을 놓고도 미국과 소련은 전혀 다른 접근을 취했다. 미국 사회에서 인권은 개인의 보호에 강조점을 두었고, 그런 개인이 국가의 잠재적 탄압으로부터 스스로를 지키기 위해 자유와 권리가 필요하다고 간주되었다. 소련 사회에서 인권은 전 사회 집합체를 대상으로 하는 개념이었다.[15] 계급 없는 사회 속에서만 개인의 창의성과 인간 본성의 목적이 충족될 수 있으므로 개인의 욕구가 사회의 욕구에 종속되어야 했다. 소련에서 인권은 사회 전체가 함께 누리는 권리로 이해되었으므로 개인이 국가에 반대하는 것은 마치 수족이 지기 몸에 반대하는 것과 같은 모순으로 간주되었다. 그 결과 반체제 인사들은 위험한 존재라기보다 '호도된 인식'을 지닌 비정상적 존재로 간주되어 감옥이 아닌 정신병원에 구금되곤 했다. 마지막으로, 인권을 보장할 의무가 있는 주체에 관해서도 미국과 소련의 견해는 상이했다. 미국은 국가가 개인에게 되도록 덜 간섭하는 최소주의적 법적·정치적 접근 방식을 취했다. 반면에 소련에서는 국가가 개인을 온정주의적으로 계도하고 훈화해야 한다고 믿었다. 또한 전 사회의 자원을 국가가 소유했으므로 경제적·사회적 권리를 포함한 모든 권리를 국가가 독점적으로 제공하는 것을 당연시했다.

미국의 우파와 백인 우월주의자들은 처음부터 인권에 회의적이었다. 그렇다 보니, 남부 지역에서 벌어지는 인종차별은 상상을 초월하는 수준이었다. 미국의 공화당 계열 정치인들은 경제적·사회적 권리는 인권이 될 수 없다고 여기는 경향이 강했다(Forsythe 1982). 미국은 1950년대 초에 더는 국제 인권 규범에 참여하지 않겠다는 의향을 밝히기도 했다. 미국은 냉전 시기를 통틀어, 그리고 그 이후에도, 이른바 자유 진영의 인권 수호자를 자처하면서도, '미국 예외주의'라는 초논리적 입장을 고수했다. 마이클 이그나티에프 Michael Ignatieff는 미국 예외주의의 특징을 다음과 같이 정리한다(Ignatieff 2005). 첫째, 미국은 국제 인권 조약이나 제도를 명목상 지지하면서도 그것에서 파생되는 의무로부터 미국이 '면제'exemptionalism되어야 한다는 태도를 시종일관 견지했다. 둘째, 미국은 자국과 타국의, 그리고 우방국과 적성국의 인권을 평가할 때 '이중 기준'double standards을 적용해 왔다. 이는 미국의 예외주의에서 가장 문제가 많은 측면이다. 셋째, 미국은 '법률적 고립주의'로써 국제 조약과 국제법의 국내 적용을 차단하고, 국제 인권법의 원칙을 국내 법정에서 무시하는 관행을 실천했다.

소련 공산당의 강경파들은 당의 통제 바깥에 존재하는 사상과 언론의 자유는 사회주의 체제의 보존을 위해 허용될 수 없다고 확신했고, 언론, 미디어, 문화계, 학문 활동의 최우선 과제가 공산 체제를 수호하는 선전 활동에 있다고 보았다. 소련에서 개별 시민들은 공식 이데올로기를 지지하는 것 외에 정치적 자유를 거의 갖지 못했다. 냉전 시기 소련의 국내 인권유린은 다음과 같은 특징이 있었다(Hollander 2008). 첫째, 체제의 잠재적 적들을 대규모로 박해하고 숙청했다. 둘째, 광범위하고 고도로 분화된 정치적 사찰 기구 및 비밀경찰을 운영했다. 셋째, 밀고자의 활동에 크게 의존해 정보를 수집하고 주민 동향을 감시했다. 넷째, 경제개발 수단으로 가혹하고 치명적인 강제 노동을 실시했다. 다섯째, 주민들의 국내·국제 이동을 통제했다. 여섯째, 공개 인민재판을 열었고 비밀 신문에서 강제 자백을 강요했다. 이런 상황은 1975년 〈헬싱키 협정〉 이후 소련을 위시한 동구권 국가들에서 시민의 자유를 요구하는 헬싱키워치의 활동을 불러일으켰고, 1985년 고르바초프Mikhail Sergeyevich Gorbachyev가 등장할 때까지 국내외적으로 논란의 대상이 되었다.

동서 진영의 이데올로기에 근거한 갈등이 펼쳐지는 와중에 인권과 관련해 두 가지 경향이 발생했다. 첫째, 비동맹 진영에서 인민 자결권과 발전권 등 기존의 인권 개념에 중요한 수정을 요하는 급진적 인권을 주장하고, 그것을 유엔에서 정당한 인권 의제로 관철시켰다(Burke 2010). 둘째, 국제 인권 엔지오들이 초국적 인권 운동의 영역을 개척하기 시작했다. 1961년에 창설된 국제 앰네스티와 1978년에 결성된 휴먼라이츠워치와 같은 단체들이 인권을 적극적으로 주창했고, 인권침해 정보를 수집해 확산시켰으며, 새로운 국제 인권 규범을 이끌었다. 그렇지만, 냉전 시기의 국제·국내 인권 운동은 양극화된 정치 환경 때문에 운신의 폭이 제한되어 있었다. 이들 단체가 어떤 인권침해 사례를 고발하면, 이는 즉각적으로 양 진영에 의해 정치적으로 활용되거나 부정되었다. 동서 양 진영은, 자신에게 유리한 경우를 제외하고, 흔히 인권 운동을 인권의 가면을 쓴 정치 집단, 심지어 상대 진영의 대변자 혹은 스파이라고 비난하곤 했다. 이런 상황에서 인권 단체들은 의식적으로 탈이념·중립·불편부당·반정치 노선을 표방했다. 국제 앰네스티는 양심수

명단을 발표할 때 모든 진영의 양심수들을 포함시키는 균형 정책을 추구했으며, 심지어 자기 단체에 대해 동·서·비동맹 모든 진영에서 제기한 비판들을 수집해 책자로 간행하기도 했다. 모든 진영으로부터 골고루 비판받는다는 사실이 역으로 인권 단체의 정치적 초연함을 입증하는 증거라고 판단한 것이다(Amnesty International 1985). 그 결과 인권이 탈이념적 작동 방식을 취할 뿐만 아니라, 인권의 성격 자체가 무이념·탈이념이라는 오해가 생겼다. 또한 체제의 성격이나 구조적 문제를 언급하지 않은 채, 겉으로 드러난 인권 침해 사실만을 고발하는 경향도 이때에 형성된 측면이 있다(1장 참조). 물론 냉전의 시대적 배경을 감안하면 이런 경향이 나타나게 된 이유를 어느 정도 추측할 수 있다. 미국에서의 경제적·사회적 권리 문제를 거론하면서 자본주의 체제 자체를 비판하거나, 소련에서의 시민적·정치적 권리 이슈를 언급하면서 공산주의 체제 자체를 비판하는 것은 인권 단체의 활동 범위를 넘어선 '정치적' 행보라는 인식이 인권 운동 내에 있었던 것이다.

이 같은 역사적 배경을 염두에 두고 친인권적 이데올로기의 특징들을 개관해 보자. 완벽하게 친인권적인 이념은 ― 구성적 도덕성으로 보나, 파생적 도덕성으로 보나 ― 존재하지 않는다. 하지만 인권의 존재론·인간론·사회론·방법론을 감안해 친인권적 이데올로기의 특징을 확인할 수는 있다. 보편적 기준으로 인간을 처우하고, 포용 원칙과 반차별 원칙을 고수하며, 인간 복리의 총체성과 변증법적 통합성을 지지하고(소극적 자유, 적극적 자유, 연대적 자유), 이성과 민주적 숙의를 중시하며, 인도주의적 에토스를 유지하는 것을 꼽을 수 있을 것이다.

구체적으로 살폈을 때 인간 자율성, 개인의 자유, 타인의 권리 존중, 규범적 평등(적어도 수사 차원에서는), 인간의 본질적 개별성, 자기 인생의 자율적 선택 등을 중시하는 자유주의는 현대 인권에서 하나의 중요한 축이라 할 수 있다. 특히 고전적 자유주의, 자유 지상주의 그리고 현대 보수주의와 구분되는 **현대 자유주의**는 인권의 실행에 크게 기여해 왔다. 적극적 정부의 역할, 시민권과 복지권의 증진, 여성과 소수자의 민주적 대표성 증진, 그리고 특히 관용을 중시하는 현대 자유주의의 이념적 성향은 인권의 기반과 중첩되는 영역이 크다. 즉 "현대 자유주의자들은 모든 사람의 기회균등에 심각한 장애가 되는 사회적 규범과 관행을 찾아내고 이를 변화시키는 데 관심을 기울인다. 현대 자유주의의 이런 태도에 힘입어 수많은 시민운동가, 동성애 권리 옹호자, 여성 권리 지지자들이 큰 문제 없이 현대 자유주의의 지붕 아래 들어와 있다"(슈메이커 2010, 152). 이 점에서 현대 자유주의는 자유주의의 정치적·시민권적 측면을 강조하는 입장이다(Kelly 2005). 잭 도널리는 한 걸음 더 나아가 **자유민주주의적 복지국가**가 모든 인권을 보장하는 데 우호적인 환경을 제공한다고 평가한다(슈메이커 2010, 152).[16] 물론 현대 자유주의의 결함도 기억해야 한다. 다시 말해, 현대 자유주의의 이중성, 자본주의와의 공존과 긴장, 수사적으로 보편을 주장하면서도 사실상 배타성을 포함한 모순성 때문에 나타나는 현대 자유주의의 한계 역시 명백히 존재한다. 그러나 크게 봐서 현대 자유주의 이념의 친인권적 특성을 공정하게 평가할 필요가 있다. 이 점에서, 이 장의 제사題詞에서 인용한 케인스John Maynard Keynes의 제안, 즉 "효율적 경제, 사회정의, 개인의 자유"를 결합하는 정치적 과제는 현대 자유주의와 민주주의적 복지국가의 바탕이 되었던 문제의식이 아닐까 한다.

현대 자유주의보다 인권의 총체적 달성에 더욱 체계적으로 접근하는 이념은 **사회민주주의**이다(MacCormick 1984). 사민주의는 자유·평등·정의·연대를 핵심 가치로 추구하면서, 인권이 얼마나 보장되는지에 따라 민주주의 체제를 평가할 수 있다고 전제한다. 사민주의에서는 소극적 인권(시민적·정치적 권리)과 적극적 인권(경제적·사회적 권리)이 타당성을 견지하고, 모든 사람에게 실현되기 위해서는 **두 종류의 인권이 동등한 지위**를 가짐을 인정해야 한다는 원칙을 고수한다. 따라서 사민주의에서는 소극적 권리와 적극적 권리 사이의 연관성을 논리적으로 확증하는 데 큰 노력을 기울인다. 권리들을 서로 나눌 수 없다는 불가분성 원칙이 있음에도 실제로는 경제적·사회적 권리가 인권이라는 인식이 아직도 뿌리를 내리지 못한 점을 고려한다면, 사민주의의 인권관은 진일보한 입장이라 할 수 있다. 사민주의의 주요 이론가인 토마스 마이어Thomas Meyer는 사민주의 원칙에 기반을 둔 인권의 4단계 논증을 제시한다(Blaesius et al. 2009, 96-98). ① 소극적 인권은 정당하며 보편적으로 적용되어야 한다. ② 그러나 적극적 인권이 제공되지 않는 사회경제적 배치 구도constellation에서는 소극적 인권을 제대로 행사할 수 없다. 예를 들어, 교육을 제공하는 사회 인프라가 미흡하거나 개인이 교육을 받을 여력이 없을 때, 언어와 문자를 사용한 표현의 자유를 행사하기 어렵다. ③ 소극적 인권이 형식적 타당성 이상의 실질성을 가지려면 적극적 인권(또는 촉진적 인권)을 보장할 방안을 강구해야 한다. 이를 위해 부유층이 사회적 재분배를 수용해야 한다. 이는 부유층이 재산권 행사의 자유를 포함한, 시민적·정치적 권리에서 약간의 침해modest infringement를 감수해야 한다는 뜻이다. ④ 부의 사회적 재분배는 통상 국가가 담당할 역할이다. 그러므로 국가는 소극적 인권과 적극적 인권 간의 균형을 협상하고 그것을 이행해야 한다.

현대 자유주의와 사회민주주의에 더해 **인도주의** 이념도 인권에 중요한 기반을 제공한다. 국제법이 진화해 온 과정을 보면, 인권은 평상시의 인권 보장, 인도주의는 주로 전쟁 중의 인권 보장을 주목적으로 하여 발전되어 왔으나, 인권과 인도주의가 공유할 수 있는 부분은 크다(유엔인권센터 2005). 또한 **페미니즘**의 문제의식에서 발전한 여성 인권론은 기존의 인권 개념을 혁명적으로 변화시켰다(조효제 2007, 175-202). 글로벌 거버넌스와 지구 시민사회를 주창하는 **세계주의**는 모든 인류의 기본권 보장을 지향하며, 이는 인권의 본래적 의미와 부합된다. **시민적 공동체주의**는 지역 공동체와 자발적 결사체의 옹호를 통해 풀뿌리민주주의의 실천에 입각한 인간의 자력화를 도모함으로써 인권의 바탕을 강화시킨다. **급진 민주주의**는 권력의 집중을 해소하고, 사적 영역과 경제 및 일터의 영역에서도 민주주의를 실현하고자 함으로써 인권을 실현하는 데 우호적인 사회 환경을 조성한다. **녹색주의**는 지구 생태계의 지탱력에 관심을 가지라고 환기하며, 인권 운동이 인류의 실존적 생존을 위한 구조적 조건에 관심을 가져야 함을 상기시킨다. **다문화주의**는 사회 내 여러 집단들의 문화적 정체성을 평등하게 대우함으로써 글로벌 시대에 소수자·선주민·이주민의 인권을 강화할 수 있는 이론적 근거를 제공한다. **자유 지상주의**libertarianism는 오늘날 흔히 개인주의적 우파 이념으로 분류되지만 인권 중에서 개인의 자유에 관련된 사안 — 예를 들어 프라이버시 보호 — 에서 확고하게 인권 원칙을 옹호한다. 예컨대, 조지 W. 부시George W. Bush 대통령의 대테러 전쟁 당시, 미국 내에서 이루어지는 정보기관의 시민 도·감청에 대해 자유 지상주의자들이 강력하게 저항하기도 했다. 지금까지 살펴본 다양한 이념들은 자유주의적 '원조' 인권에 대한 비판·변용·확장·극복을 통해 인권의 지평을 확장해 온 공통점이 있다.

문화적 폭력과 이데올로기

반인권 이데올로기가 인권을 어떻게 침해하는가? 명시적으로 인권에 반대하는 이념이라면 이 질문에 답하기 어렵지 않다. 개인의 자유와 권리를 탄압하고 파괴하는 것이 바람직하다고 주장하는 이념은 그 출발에서부터 이미 인권을 거부하고 있기 때문이다. 그러나 좀 더 미묘하고 간접적인 방식으로 반인권적 입장과 경향을 띠는 이데올로기도 있다. 이런 이념들이 인권을 어떻게 침해하는지를 명확히 밝히기란 쉽지 않다. 요한 갈퉁의 '문화적 폭력' 이론이 이 질문에 답할 단초를 준다. 2장에서 다루었던 구조적 폭력 이론이 나온 뒤 1990년 갈퉁은 후속 연구인 문화적 폭력 이론을 발표했다(Galtung 1990). 갈퉁은 구조적 폭력보다 더 깊은 곳에 구조적 폭력의 뿌리, 즉 문화적 폭력cultural violence이 자리 잡고 있음을 논증했다.

갈퉁에 따르면 문화란 인간존재의 상징적 영역이며, 문화적 폭력이란 "**직접적 폭력 또는 구조적 폭력을 정당화하거나 합리화**하기 위해 사용될 수 있는 문화의 일부 측면들"을 지칭한다(Galtung 1990, 291, 강조 추가). 여기서 갈퉁이 어떤 문화 전체를 말하지 않고 문화의 일부 측면들을 말하고 있음을 주의해야 한다. 문화적 폭력은 직접적 폭력 또는 구조적 폭력을 옳은 것으로 보거나 긍정적인 것으로 느끼게 만들며, 적어도 그 폭력을 나쁜 것으로 보거나 느끼지 못하게끔 한다. 따라서 문화적 폭력을 이해하면 "직접적 폭력 행위나 구조적 폭력 사실이 사회에서 어떻게 정당화되고 수용되는지"를 알 수 있다(Galtung 1990, 292). 인간은 인지적 차원에서 명확하게 포착되는 불의 혹은 폭력을 접할 때 그것에 저항하거나, 그것을 수용하거나, 그것을 다른 어떤 것으로 전환시키는 경향이 있다. 문화적 폭력은 폭력을 수용하거나 전환시키는 기능을 한다.

문화적 폭력이 현실 속에서 어떤 식으로 작동하는가? 첫째, 어떤 행위의 '도덕적 색채'를 바꾼다. 똑같은 행위라도 도덕적 색채가 달라지면 폭력의 성격과 강도와 결과가 달라진다. 예를 들어, 조국을 위해 살인을 하면 옳은 일이고, 자신의 이익을 위해 살인을 하면 나쁜 일이 된다. 둘째, 현실을 불투명하게 만들어 폭력 행위나 사실을 인식하지 못하게 한다. 우리는 사람들이 일상적으로 사용하는 스마트폰을 제작하는 데 필요한 광물인 콜탄이 콩고의 내전을 지속시키는 주요 원인이라는 사실을 알고 있다. 그렇지만 매번 죄책감을 느끼면서 스마트폰을 사용하지는 않는다. 어떤 사실을 인지한다 하더라도 '부인'denial 기제를 발동시켜 우리의 의식을 불투명하게 가림으로써 폭력에 연루될 가능성 자체를 차단해 버리는 것이다. 이에 관해, 스탠리 코언 Stanley Cohen은 부인이 인권침해의 근본 핵심에 도사리고 있는 공통된 문제라고 지적하면서, 부인이 일어나는 기제를 세 가지 층위로 설명한다(코언 2009, 58-62). 첫째, '문자적 부인'은 엄연한 인권침해 사실을 일어나지 않았다거나 진실이 아니라고 주장하는 것이다("그건 전혀 사실무근이야"). 둘째, '해석적 부인'은 인권침해의 사실관계 자체를 부정하지는 않지만 그것을 전혀 다른 방식으로 해석하고, 그 의미를 왜곡한다("고문이 아니라 경미한 물리적 압박이 있었을 뿐이야"). 셋째, '함축적 부인'은 인권침해 사실을 인정하고 그 해석에 동의하면서도 그것에 부수되는 심리적·정치적·도덕적 함의를 부정하거나 축소하는 것을 말한다("그보다 더 심한 일도 많아").

갈퉁은 직접적 폭력이 '사건'이라면, 구조적 폭력은 사건을 초래하는 '과정'이며, 문화적 폭력은 그 과정을 지탱해 주는 '상수' 또는 '불변식'invariant이라고 설명한다. 문화적 폭력은 장기간 지속되고, 변하기 어렵다는 점에서 구조적 폭력보다 더욱 항구적인 조건이다. 또한 특정한 문화적 폭력은 특정한 구조적 폭력을 정당화하고 합리화한다. 즉 "문화는 착취와 억압이 정상적·자연적인 것임을 설교하고 가르치고 훈계하고 선동하고 현혹한다"(Galtung 1990, 295). 이런 문화적 폭력에 기대어 구조적 폭력은 직접적 폭력이 발생할 수 있는 여건을 조성한다. 복잡하기 하지만 문화적 폭력(불변식)으로부터 구조적 폭력(과정)을 거쳐 다시 직접적 폭력(사건)에 이르기까지 기나긴 인과관계의 흐름이 분명 작동하는 것이다. 지배 엘리트가 문화적 폭력을 행사하는 방식을 눈여겨볼 필요가 있다. 문화적 폭력이 어떤 경제·사회 체제를 정당화한다고 가정해 보자. 그렇게 정당화된 체제로 인해 구조적 폭력이 조성되어 극심한 불평등에 시달리는 피해자가 생겼다고 치자. 만일 그 **피해자가 절망감에 사로잡혀 돌을 던져 기물을 파손한다면 지배 엘리트는 그의 직접적 폭력 행위를 부각**시키면서 그를 범죄자로 몰아갈 것이다. 보통 사람들은 직접적 폭력의 즉각적·시각적 효과에 압도당하고 미디어가 전달하는 정보에 설득되어 그 사람의 폭력 행위만 비난하기 쉽다. 그런 직접적 폭력의 배후에 있는 구조적 폭력 ― 그리고 그 구조적 폭력을 합리화하는 문화적 폭력 ― 을 볼 줄 아는 사람일지라도, 직접적 폭력의 외견상 '범죄성' 때문에 그 행위를 저지른 사람을 적극적으로 옹호하기가 어려워진다. 결국 문제의 근저에 깔린 문화적 폭력과 그 표현 양태인 구조적 폭력은 변치 않고 보존될 가능성이 높다.

갈퉁은 종교, 이데올로기, 언어, 예술, 경험적 학문, 그리고 형식적 학문이 문화적 폭력으로 작동할 수 있다고 지적한다. 이데올로기가 문화적 폭력의 일부라는 지적은 인권과 이데올로기의 관계에서 중요한 통찰이다. 한국 사회의 미시적 차원에서 나타나는 권위주의적 문화·언어·행태를 고발한 저서인 『우리 안의 파시즘』이 논쟁을 야기한 적이 있었다(임지현 외 2000).[17] 이 책의 논지는 거시적 차원의 권위주의 정치체제 때문에 발생하는 인권침해와는 다른 수준에서 나타나는, 다시 말해 일반인들이 내면화한 문화적 차원의 억압 기제가 대면 관계에서 직접적 억압을 초래할 뿐만 아니라, 사회 전반의 구조적 억압과 폭력을 야기하는 원인으로 작용한다는 것이었다. 이 점에서, 미시적 파시즘 논의는 갈퉁의 문화적 폭력 이론과 대응되는 측면이 많다고 할 수 있다.

갈퉁은 문화적 폭력의 한 형태인 오늘날의 반인권 이데올로기가 실은 과거에 종교가 수행했던 문화적 폭력을 계승한 형태라고 본다. 다시 말해, 문화적 폭력을 행사하는 오늘날의 반인권적 이데올로기는 일종의 현대판 신흥 종교라는 것이다. 종교는 나self와 남Other을 구분한다. 신과 무신, 신자와 불신자 사이에는 질적으로 넘을 수 없는 간극이 있다. 이런 구분은 선민과 천민의 구분을 낳기도 했다. 이런 전통을 국가가 물려받아 중세에는 전쟁 개시 전에, 마치 신의 최후 심판처럼, 국왕이 적군에 최후통첩ultima ratio regum을 발하곤 했다. 이는 국가의 교전권과 신의 형벌권을 동일한 범주로 간주한 것이다. 또한 국가는 사형 집행권을 보유한다. 이는 인간의 생살여탈권을 가진 신의 역할을 국가가 대행한다는 구도하에 이루어진다. 린치[私刑]나 임신중절을 국가가 통제하는 것도 비슷하게 이해될 수 있다. 전쟁에서 적군을 죽이는 것은 이교도를 심판하는 행위와 본질적으로 동일하다. 따라서 그것은 일반적 살인이 아니라 상찬할 행위로 간주된다. 절대 국가가 민주주의 체제의 국민국가로 전환되어 인민주권 원칙이 확립된 뒤에도 국가와 신을 동일 선상에서 보는 유습이 남아 있다. '민의 소리는 신의 소리'vox populi, vox dei라는 표현은, 형식상 민의 동의에 의해 이루어지는 국가의 행위가 신의 권위로 포장되어 있음을 보여 준다.

종교의 논리를 현대 정치의 맥락에 대입시킨 국가주의는 국가 체제의 원리에 따라 국가 안의 사람들(국민과 민족)과 국가 바깥의 사람들(외국인과 타민족) 사이에 질적으로 넘을 수 없는 장벽을 구축한다. 더 나아가, '나'의 가치는 확대되고 찬양되는 반면, '남'의 가치는 축소되고 혐오되기 일쑤이다. 이런 경향은 자기 충족적 예언과 악순환의 회로에 갇히기 쉽다. '남'을 혐오하기 때문에 그를 착취하게 되고, 그를 착취할수록 그에 대한 혐오가 높아지고 그를 탈인간화dehumanized할 개연성이 늘어난다. '탈인간화'란 어떤 사람을, 외양은 인간이지만 실제로는 인간이 아닌 어떤 존재처럼 묘사하고 규정하는 과정을 뜻한다. 어떤 인간이 탈인간화되면 단순히 혐오나 착취뿐만 아니라 직접적 폭력까지 발생하는 경우가 많다. 다시 말해, "타자가 탈인간화될 뿐만 아니라 **인간성이 박탈된 어떤 '것'으로 전환**될 때, 어떤 식으로든 직접적 폭력의 전기가 마련되고, 그런 폭력이 발생하면 피해자에게 책임이 전가된다"(Galtung 1990, 298, 강조 추가). 이와 같은 '타자의 하향화'는 역사 속의 대표적 인권침해 사건들에서 여러 번 등장했다. 히틀러는 유대인을 '해충'으로, 스탈린losif Vissarionovich Dzhugashvili Stalin은 독립 자영농 쿨라크를 '계급의 적'으로, 일본은 연합국을 '귀축'鬼畜으로, 크메르루주는 탄압 대상을 '불순분자'로, 르완다의 후투족은 투치족을 '바퀴벌레'로 지칭했다. 어떤 대상을 인간 이하의 존재로 규정하는 순간, 해로운 '그것'을 제거하는 것은 나쁜 일이 아니라 꼭 필요한 과업이자 반드시 수행해야 할 의무가 된다.

이데올로기적으로 정당화된 '나'와 '남'의 구분은 여러 단계에서 작동한다. 인간 대 비인간의 구분만이 아니라, 남성 대 여성, 문명 대 야만, 백인 대 비백인, 유산계급 대 노동계급, 선진 대 후진 등의 구분이 끊임없이 창조된다. 물론 역사를 통해 여성운동, 민권운동, 노동운동, 비서구권의 발전 등에 힘입어 이런 구분이 약화되기도 했으나, 그와 동시에 새로운 구분들 ― 거주민 대 이주민, 이성애 대 동성애 등 ― 이 계속 나타나고 있다. 세계국가이자 헤게모니 국가인 미국은 이런 구분과 갈등이 일어나는 가장 중요하고 상징적인 투쟁의 현장이다. 갈퉁은 미국이 전 세계에 주는 파급효과 때문에 미국 안팎의 문화적 폭력을 줄이는 일은 전 세계의 평화를 구축하는 데 대단히 중요하다고 역설한다.

갈퉁은 경험과학의 일부도 문화적 폭력이 될 수 있다면서 신고전주의 경제학의 사례를 예로 든다. 문화적 폭력 이론이 나온 1990년만 해도 신자유주의라는 명칭보다 신고전주의 경제학이라는 표현이 더 자주 사용되고 있었는데, 이 점에서 갈퉁은 신자유주의를 포함한 자본주의 체제가 형성하는 구조적 폭력을 지적으로 합리화하는 신고전주의 경제학의 문화적 폭력성을 일찍이 경고했다고 할 수 있다. 갈통의 경고에서는 데이비드 리카도David Ricardo의 비교 우위론을 기반으로 한 자유무역이 주된 분석 대상이 된다. 리카도에 따르면 A라는 나라에서 특정 상품을 생산하는 비용이 B라는 나라에서 그 상품을 생산하는 것보다 저렴하다면, A라는 나라는 그 상품에 대한 비교 우위가 있는 것이므로 그 상품 생산에 치중하는 것이 좋다. 나아가 이 원칙을 기반으로 전 세계적 차원의 자유무역이 실현되면 모든 나라가 서로 비교 우위가 있는 품목에 집중해 서로의 이익을 교환할 수 있다는 논리이다. 그러나 이론상의 장점에도 불구하고, 현재와 같이 전 세계적으로 나타나는 수직 분업의 현실 속에서 비교 우위론에 기반을 둔 자유 무역은 어떤 결과를 낳을 것인가? 비교 우위 독트린은 필연적으로 현 상태에서 각국의 산업화 수준에 따라 전 세계를 구분하게 된다. 나아가 이 같은 국가들의 서열 범주가 정해지고, 국가들이 일단 그렇게 분류된 뒤에는 그런 구도에서 빠져나오기가 거의 불가능해진다. 물론, 이 같은 서열 구조로부터 벗어나는 것이 이론적으로 불가능한 일은 아니지만, 한번 구도가 굳어진 뒤에는 그 나름의 기득권 구조 — 예를 들어 원자재 판매업자들의 이해관계 — 가 형성되고, 그런 구조는 거의 영속화되는 특징이 있다. "그 결과 **비교 우위라는 '법칙'은 구조적으로 용납될 수 없는 현실을 정당화**시킨다. 요컨대 비교 우위 '법칙'은 경제학의 가장 깊은 핵심 속에 묻혀 있는 문화적 폭력인 것이다"(Galtung 1990, 301, 강조 추가). 이는 앞서 본 대로 이데올로기가 '시스템 정당화' 기능을 하는 것과 정확히 연결되는 관점이다. 이처럼 특정 이데올로기적 세계관이 과학과 학문의 이름으로 지배적 위치를 획득하면 그것으로 정당화된 구조적 폭력과 직접적 폭력은 용납되고, 합리화되며, 필요악 정도가 아니라 필요선으로까지 간주된다. 갈통의 문화적 폭력 개념을 확장해 생각하면, 어떤 문화의 대다수 측면들이 폭력적일 경우 그 문화 자체를 '폭력의 문화'culture of violence라 할 수 있을 것이다. 나아가, 만일 어떤 사회의 문화가 전반적으로 폭력적이고 가학적인 양상을 보인다면, 그런 사회는 '폭력의 문화'에 물든 사회이자, 가장 심각한 수준의 폭력을 용인하고 재생산하는 반인권 사회인 셈이다.

그러나 문화적 폭력 이론 또는 폭력의 문화 이론은, 역으로, 평화와 인권을 달성하기 위해 어떤 수준에 개입해야 하는지를 명확하게 보여 주는 긍정적 측면이 있다. 문화적 폭력 개념을 뒤집으면 '문화적 평화'가 되는데, 이는 직접적 평화 또는 구조적 평화를 정당화하거나 합리화하기 위해 사용될 수 있는 문화의 어떤 측면들이라 할 수 있을 것이다. 또한 갈퉁은 어떤 문화의 대다수 측면들이 평화적이면 그 문화 자체를 '평화의 문화'peace culture라 부를 수 있고, 이것이 우리가 궁극적으로 지향할 바가 되어야 한다고 설파한다. 이런 통찰을 인권에 적용한다면 문화적 인권 존중이 실천될 경우 구조적 인권 존중 또는 직접적 인권 존중을 구현하는 데 우호적인 환경이 조성될 수 있다는 결론이 나온다. 더 나아가, '인권 존중의 문화'human rights culture가 존재한다면 그 상태는 이미 구조적 인권침해와 직접적 인권침해를 염려할 필요가 크게 사라진 상태라 할 수 있을 것이다. 친인권 문화가 인권의 달성에 이토록 중요하다면 친인권 문화를 배양하고 지속시킬 수 있는 유무형의 제도들, 예컨대 **교육, 예술, 출판, 미디어와 커뮤니케이션 등이 인권을 위한 핵심적 문화 기제라고 봐도 무방할 것이다.**

도덕관념적 접근의 허실

이 장의 마지막 주제에서는 도덕관념(또는 도덕성)을 중심으로 인권을 이해하는 방식의 허실을 다룬다. 도덕관념은 인간의 가치론적 판단과 행동의 근거가 되며 그것에 방향성을 제공하는 기준이다. 〈세계인권선언〉은 제1조에서부터 "사람은 이성과 양심을 타고났으므로 서로를 형제애의 정신으로 대해야 한다."고 천명한다. 인권이 인간의 **이성적 추론과 자연법적 도덕관념**에 의존하고 있다는 선언인 것이다. 인권 가치의 토대를 이런 식으로 규정하는 것은 21세기의 철학관에 비추어 지나치게 형이상학적이고 고전적이라는 느낌이 든다. 그러나 1장에서 살펴보았듯이 인권의 철학적 토대를 어떻게 상정하든, 결국 인권은 인간을 존귀한 존재라고 전제하는 '높은 인간관'을 인정해야만 그다음 단계의 논의가 가능한 사상이다. 모든 인간이 평등한 가치를 지녔다는 '높은 인간관'의 원칙을 받아들이려면 '인간이 무엇인가?'라는 존재론적 성찰이 선행되어야 한다. 심사숙고를 통해 깊은 도덕관념이 도출되어야만 만인의 평등성을 지향하는 '높은 인간관'에 합의할 수 있다는 뜻이다.

그런데 최근, 전통적으로 이성의 영역에 속한다고 생각되었던 '높은 인간관'의 도덕관념에 정면으로 도전하는 이론이 나왔다. 심리학의 새로운 분과인 문화 심리학과 도덕관념 심리학에서 도덕관념이 이성적 추론의 결과가 아니라, 타고난 감정 및 심리적 기반에서 비롯된다는 견해를 펴기 시작한 것이다. 이는 단기간에 대중적 관심과 영향을 획득한 중요한 학설이지만, 인권의 도덕관념에 관해 혁명적인 재인식을 요구하는 논쟁적인 이론이기도 하므로 적절히 검토할 필요가 있다고 생각된다(인권의 사회심리적 동기에 관한 일반적 논의는 5장에서 다룰 것이다).

문화 심리학자로서 비교 윤리를 연구한 리처드 슈웨더Richard Shweder는 3세기 인도의 산스크리트 문헌을 연구해 도덕관념이 단순히 이성적 숙고의 결과가 아니며, 한 갈래의 지향성만 가진 것도 아니라는 점을 발견했다. 그는 문명의 고유한 성격에서 비롯된 문화적 경험과 기반 위에 형성된 특유의 **문화적 심리가 도덕적 판단을 결정**한다고 주장한다(Shweder and Haidt 2000).

슈웨더의 실증적 연구에 따르면 적어도 전 세계에는 세 종류의 윤리가 존재한다. 첫째, '자율성autonomy 윤리'가 지배하는 문화권에서는 핵심적 가치의 대상으로 개인을 상정한다. 이런 문화권에서는 개인의 자율, 개인의 자유, 개인의 안녕을 지극히 중시한다. 따라서 자율성 윤리의 문화권에서는 타인에게 명백하게 해를 입히지 않는 한, 그리고 타인의 자유나 권리를 침해하지 않는 한, 개인의 자율적 행동이 무한정 허용되어야 한다고 믿는다. 둘째, '공동체community 윤리'가 지배하는 문화권에서 핵심적 가치는 집단에 귀속된다. 이런 문화권에서 집단은 언제나 존재론적 우선순위를 지니며, 가족·길드·부족·공동체·회사·국가와 같은 공동체의 존립과 안녕이 개인보다 더 중요하게 취급된다. 공동체 윤리의 문화권에서 "가장 중요한 도덕적 재화는 외부 도전과 내부 타락으로부터 집단적 실체를 보호하는 것이다. 예를 들어, **충성·의무·체면·예의범절·순결·겸손·자제** 등이다"(Shweder and Haidt 2000, 409, 강조 추가).[18] 셋째, '신성함divinity의 윤리'가 지배하는 문화권에서 핵심적인 도덕적 재화는 개인의 내재적 고귀함을 보전하고 존엄하게 유지하는 것이다. 슈웨더는 어느 문화권이든 이 세 가지 윤리 의식이 일정 부분 반영되어 있지만, 각 문화에 따라 특정한 윤리(들)가 다른 윤리(들)보다 더 중요하게 취급된다고 설명한다. 즉 전 세계 모든 인류는 도덕·윤리 관념에 관해 본질적으로 같은 면도 있지만, 본질적으로 다른 면도 있는 존재라는 것이다.

문화 심리학을 더욱 발전시켜 도덕관념 심리학이라는 새로운 영역을 개척한 조너선 하이트Jonathan Haidt는 '도덕 기반 이론'을 창안했다(하이트 2014; Haidt 2012). 하이트는 기존의 도덕관념을 뒤집는 세 가지 원칙을 제시한다. 첫째, 직관이 먼저이고 전략적 추론은 직관을 따른다. 둘째, 흔히 보살핌(배려)과 공평함만을 도덕적이라고 보는 경향이 있지만, 그것들만이 도덕성이 아니다. 셋째, 도덕은 사람을 뭉치게도 하고 눈멀게도 한다. 이 원칙들은 인권에 관한 기존의 도덕적 전제와 거의 정반대의 입장이다. 기존의 도덕관에서는 도덕과 부도덕을 확실히 구분하며, 이성과 양심에 따른 객관적으로 '올바른' 선택이 도덕적이며, 그와 반대되는 선택은 부도덕적이라고 봤다. 그러나 하이트는 이런 식의 전통적 도덕관과 전혀 다른, 주관적으로 규정되는 새로운 '도덕 체계'를 제안한다. 즉 도덕 체계란 서로 연관된 가치·미덕·규범·관행·정체성·제도·기술의 집합이며, 개인의 이익을 억제하거나 규율해 함께 일하게 하고 협동적 사회를 가능하게 하는 가치론적 지향이다. 그런데 하이트는 문화 심리학에서 제시한 다원적 윤리성을 확장해 이 세상에 여러 종류의 도덕 매트릭스가 존재한다고 주장한다. 예를 들어, 진보·중도·보수의 도덕 매트릭스가 각각 따로 존재한다는 것이다. 이 말은 진보주의·중도주의·보수주의가 생각하는 도덕관념이 서로 다르다는 뜻이다. 이는 우리가 일상에서 쉽사리 경험하곤 한다.

그러나 하이트는 더욱 파격적인 주장을 편다. 최소한 여섯 차원의 심리적 체계가 여섯 가지 도덕 기반을 결정하고, 그것이 그 사람의 도덕관념으로 표현된다는 것이다. 다시 말해, 이성적 숙고의 결과로 도덕관념이 추론되는 것이 아니라, 생래적인 심리 체계에 의해 도덕 기반이 형성된다는 것이다. 여섯 가지 도덕 기반은 다음과 같다.

- 보살핌care/가해harm의 도덕 기반은 동정심·보살핌·보호·안전을 지향하는 심리에서 비롯된다.
- 자유liberty/억압oppression의 도덕 기반은 자율성, 선택, 자기 이익을 추구하는 심리에서 비롯된다.
- 공평함fairness/속임수cheating의 도덕 기반은 정의감·공정·불편부당·신뢰를 중시하는 심리에서 비롯된다.

- 의리loyalty/배신betrayal의 도덕 기반은 충성·집단·애국심·자기희생을 요구하는 심리에서 비롯된다.
- 권위authority/반항subversion의 도덕 기반은 질서·조화·복종·존경을 원하는 심리에서 비롯된다.
- 귀함sanctity/천함degradation의 도덕 기반은 절제·정결·경건·금기를 중시하는 심리에서 비롯된다.

하이트는 이런 심리적 체계로 이루어진 도덕 기반들이 이념적으로 서로 다른 정치적 성향을 가진 사람들 사이에서 각기 다른 조합으로 나타난다고 설명한다. 예를 들어, 진보주의자는 보살핌/가해의 도덕 기반을 가장 중시하고, 그다음으로 자유/억압의 도덕 기반을 중시하며, 마지막으로 공평함/속임수의 도덕 기반을 어느 정도 인정한다.[19] 하지만 진보주의자는 의리/배신의 도덕 기반, 권위/반항의 도덕 기반, 그리고 존귀함/천함의 도덕 기반을 명목적으로만 지지할 뿐 실제로는 중시하지 않는다. 즉 진보주의자에게는 **고통 받는 약자를 보살피는 것** — 폭력과 고통의 신호에 예민하게 반응하는 것 — 이 지고지선의 도덕 기반이다. 요컨대 진보주의자는 '사회적 정의라는 이상'을 최고의 도덕 기반으로 여긴다(하이트 2014, 331). 하이트는 이런 도덕 기반을 존 스튜어트 밀John Stuart Mill의 자유주의 이념에서 찾을 수 있다고 본다. 즉 상호 이익을 위한 사회계약으로 사회가 창조되었고, 개인들의 평등과 자유가 중요하며, 평화적·개방적·창의적인 사회를 만들려면 서로 간의 권리를 존중해야 한다는 **개인 중심의 도덕관념이 진보주의의 도덕관념**이라는 것이다. 이런 관점에서 보면 개인보다 집단을 앞세우는 보수주의는 억압과 기득권의 상징이 된다.

반면에 보수주의자는 앞서 소개한 여섯 가지 도덕 기반들을 **모두 조금씩**

지지하는 경향이 있다. 보수주의자는 '종합적' 도덕관념을 지지하므로 개인 한 사람, 한 사람에게 초점을 맞추는 도덕 기반, 예컨대 '보살핌/가해' 또는 '자유/억압'과 같은 기반만이 중요하다고 생각하지 않는다. 그보다 어느 집단 전체가 하나의 '도덕 공동체'를 유지할 수 있도록 하는 제도와 전통을 보존하는 것이 중요한 도덕 기반이 된다. 보수주의자에게는 "개인보다는 가정이 사회의 기본 구성단위가 되며, 질서·위계·서열·전통에 높은 가치를 부여한다"(하이트 2014, 336). 특히 보수주의는 공평함/속임수의 도덕 기반을 진보주의보다 더 지지하는 것처럼 보일 때가 있다. 진보주의자는 '공평함'을 약자에 대한 차별 반대나 모든 사람의 공존으로 해석하지만, 보수주의자는 '공평함'을, 자기가 한 만큼 받는 것, 즉 응보 원칙 혹은 인과 원칙으로 받아들이기 때문이다. 따라서 보수주의자는 열심히 일한 사람이 더 많은 보상을 차지하는 것이(즉 정당한 불평등이) 도덕적이고, 죄를 지었으면 죗값을 치르는 것이 도덕적이라는 믿음을 견지한다. 이런 논리에 근거해 보수주의자는 집단의 보존을 저해하는 일탈자('배신자')와 무임승차자('무상 복지 수혜자')를 벌주어야 한다고 믿는다. 그러나 진보주의자는 이런 식의 '공평함'이 약자에게 해를 입힐 가능성이 높고, 구조적·문화적 조건을 고려하지 않는 피상적인 응보관이라는 이유로 그것에 반대한다. 하이트는 보수주의의 도덕 기반은 에밀 뒤르켐Émile Durkheim의 사회 이론에서 유추할 수 있다고 본다. 뒤르켐은 사회의 결속과 유대 속에서 개인들이 유기적으로 공존할 수 있는 사회 공동체를 건설해야 한다고 보았다. 이런 이상적 공동체의 모범은 가족에서 찾을 수 있다. 개인 구성원보다 위계적인 질서를 우선시하는 가족 형태가 한 사회의 모든 제도와 기구의 본보기가 되어야 한다는 것이다. 요컨대, 개인이 아닌 **집단 중심의 도덕관념이 보수주의의 도덕관념**인 것이다. 이런 관점에서 보면 집단보다 개인을 중시하는 진보주의는 이기주의와 무책임을 대변하는 것처럼 된다.

이런 차이뿐만 아니라 진보주의자와 보수주의자는 동일한 도덕 기반을 현실에 서로 다르게 적용한다. 예를 들어, 자유/억압의 도덕 기반은 진보와 보수가 모두 중시하는 가치이다. 그런데 진보주의자는 보편적universal 성향을 띠기에, 사회 전체의 그물망에서 빠져나갈 가능성이 높은 약자, 피해자, 취약 계층이 억압당하지 않을 자유가 진정한 자유라고 본다. 반면에 보수주의자는 편협한parochial 성향이므로 만인의 평등 따위에는 큰 관심이 없고, 나와 내가 속한 집단이 외부로부터 간섭받지 않을 자유가 진정한 자유라고 본다. 이런 논리는 개인기업의 활동 자유 지지, 국가의 역할 축소, 자국 내정을 간섭하는 국제기구의 반대로 이어진다.

그렇다면 사람들의 심리적 체계가 서로 다른 이유는 무엇인가? 하이트는 두 가지 설명을 제공한다. 첫째, 생물학적 설명이다. 상이한 유전자들의 조합, 신경 생리적 배열의 차이에 의해 자동적이고 본능적으로 신속하게 어떤 가치를 먼저 '느끼고', 그 뒤 이에 대한 이성적인 설명을 추가한다는 것이다. 따라서 도덕적 판단은 겉으로 보이는 것과 달리 심사숙고를 요하지 않는다. 간단히 말해 사람들은 원래 그렇게 '만들어졌기' 때문에 특정한 도덕관념에 더 끌린다는 것이다. 만일 이 말이 맞다면 이성적 토론과 설득을 통한 변화가 어려울 것이다. 둘째, 이해관계 설명이다. 하이트에 따르면 인간은 자신의 이해관계가 걸려 있을 때 도덕 기반을 불러내는 경향이 있다. "사람들은 평등 그 자체를 보고 평등을 열망하지는 않는다. 즉 미국독립혁명과 프랑스혁명, 그리고 1960년대의 문화 혁명에서 볼 수 있듯이, 사람들은 자신이 부당하게 억압당하거나 지배당한다는 생각이 들면 그제야 평등을 위해 싸운다"(하이트 2014, 332). 결국 자기 이익에 맞는 가치를 수용한 뒤 그것에 이성적 의미를 부여한다는 설명이다.

하이트의 도덕관념 심리학은 인권에 대해 심각하고 근본적인 도전을 제기한다. 앞서 보았듯이 인권은 이성과 양심에 호소하는 합리주의적 의무론, 그리고 전 인류의 보편적 도덕관념에 기반을 두고 있다. 〈세계인권선언〉이래의 전통이다. 그러나 하이트는 이성과 양심에 따른 도덕관과 정반대에 있는, 심리적 성향으로 결정되는 도덕관념이 '정상'이라고 주장한다. 하이트의 심리적·직관적 도덕 기반과 그것의 논리적 귀결인 내집단 편향 이론을 받아들이면 결국 도덕관념은 사람이 선택한 것이 아니라, 사람에게 '주어진' 것이 되므로 인권적 도덕관념을 함양할 방안을 찾기 어렵게 된다. 이처럼 하이트가 제시하는 도덕관념의 독창성/문제성이 도덕관념에 대한 기존 연구와 어떻게 갈라지는지 살펴볼 필요가 있다. 도덕성 연구의 오랜 계보를 거슬러 올라가 보면 원래 도덕관념은 합리주의적 관점으로 이해되었다. 로렌스 콜버그Lawrence Kohlberg의 '도덕 발달' 이론이 대표적이다(Kohlberg and Hersh 1977). 콜버그에 따르면 도덕관념은 세 가지 수준, 그리고 여섯 단계가 있다. 우선 인습 이전의preconventional 수준으로 ① 처벌과 복종 지향 단계, ② 도구적-상대주의적 지향 단계(자기 이익 지향)가 있다. 그다음 인습의conventional 수준으로 ③ '좋은 소년 소녀'good boy-nice girl로 상징되는 개인 간 조화 단계, ④ 법과 질서 지향 단계가 있다. 마지막으로 인습 이후의postconventional 수준으로 두 가지가 있다. ⑤ 사회계약, 법 형식주의적 지향 단계이다. 올바른 행위란 개인 권리와 전 사회가 동의하는 기준에 의해 규정된다. 사람들의 가치관과 견해는 상대적이므로, 서로 합의에 도달하기 위한 절차와 규칙을 잘 마련해 준수할 의무가 있다. 따라서 법률적 관점이 중시되고, 사회적 효용성을 합리적으로 고려해 법을 바꾸는 것도 필요하다. ⑥ **보편윤리 원칙 지향 단계**는 윤리의 황금률이고 범주적 정언명령에 도달한 단계를 뜻한다. "본질적으로 이 단계는 **정의**의 보편 원칙, 인간 **권리**의 **상호성**과 **평등성**의 보편 원칙, 그리고 **개인**으로서의 인간 존엄성을 존중하는 보편 원칙을 가리킨다"(Kohlberg and

Hersh 1977, 55, 원문 강조). 요컨대 콜버그는 인간 존엄성을 존중하는 것이 도덕 발달의 최고이자 최종 단계라고 판단했다. 이렇게 보면 도덕적으로 가장 발달한 사람은 타인의 입장이 되어, 즉 역할을 바꾸어서 생각할 줄 아는 사람, 따라서 공감 능력이 있는 사람이다. 자신과 타인의 인권을 함께 생각할 줄 아는 것이 최고의 도덕관념이 된다. 콜버그의 이론은 도덕관념의 낮은 단계에서 높은 단계로 상승할 수 있는 변화의 가능성을 시사한다. 지금까지 인권은 암묵적으로 콜버그의 도덕 발달 이론에 크게 의존해 왔다고 해도 과언이 아니다.

그러나 하이트의 도덕 기반 이론은 콜버그의 도덕 발달 이론을 부정할 뿐만 아니라 인권의 도덕관념에도 의문을 던진다. 그의 책 제목인 'The Righteous Mind'는 한국어판에서 『바른 마음』으로 소개되었다. 하지만 하이트의 모든 논점이 축약된 원제목을 고려해 좀 더 맥락을 살려 번역한다면 '스스로 옳다고 생각하는 마음'이라고 옮길 수 있다. 이는 주관적인 판단이 개입된 도덕관념을 말한다. 진보주의자이든 보수주의자이든 자기가 스스로 옳다고 믿는 것을 도덕적이라고 간주한다는 뜻이다. 이런 관점에서 보면 도덕관념은 상대적인 것이 되므로 '객관적'인 도덕성을 주장하기가 어려워진다. 따라서 진보주의자가 보기에 반도덕적인 것을, 보수주의자는 진심으로 도덕적이라고 믿는다. 반대도 마찬가지이다. 이처럼 진보주의와 보수주의의 갈등은 거의 존재론적 차원에서의 상이한 도덕관념을 전제하므로 이성적 대화로 해결하기가 어렵다(Graham, Haidt and Nosek 2009). 즉 "우리 인간은 지극히 직관적인 생물체로서, 우리의 전략적 추론 능력은 사실은 직감에 따라 움직인다. 그러다 보니 나와 다른 매트릭스의 사람들을 만나면, 더구나 그런 이들의 도덕 매트릭스는 우리의 것과는 다른 식으로 배열된 도덕성 기반에 의지하고 있을 때가 많기 때문에, 그들과 연결된다는 것이 쉬운 일은 아니다"(하이트 2014, 541).

하이트의 주장은 인권의 도덕관념과 친인권적 이데올로기의 기본 전제를 뒤흔든다. 우선 진보주의는 전체 도덕 기반 중 일부에만 치중하는 반면(보살핌/가해, 자유/억압, 공평함/속임수), 보수주의는 모든 도덕 기반을 조금씩 골고루 지지한다. 이런 시각으로 보면 진보주의의 도덕관념은 미시적이고 근시안적이라는 함의가 도출된다. 지나치게 개인에 초점을 맞추고, 일부 도덕 기반만 중시하기 때문이라는 것이다. 보수주의는 절충적 도덕성을 중시하므로 도덕 기반 전체를 보존하기 위해서라면, 안 됐지만, **설령 약자를 배려하지 못해도 어쩔 수 없다고** 본다. 이를 인권에 적용해 생각하면 보수주의는 인권이 특정한 도덕 기반(보살핌/가해, 자유/억압)에만 근거하므로 전반적인 도덕적 목적을 위해서라면 인권을 유보할 수 있다고 생각할 것이다. **인권을 지지하는 사람들이 인권에 반대하는 사람들의 사고방식을 이해하기 힘든 이유가** 바로 여기에 있다. 그러나 보수주의자는 오히려 협소한 도덕 기반만 활용하는 진보주의의 '도덕적 일원주의'가 근본주의에 빠지기 쉽다고 믿는다.[20]

이데올로기, 정치적 선택, 도덕관념을 둘러싼 학계의 통설에 정면으로 도전한 하이트의 도덕 기반 이론은 인권론자에게 신선한 시각과 까다로운 도전을 동시에 선사한다. 물론 하이트의 경험적 연구 대상인 미국과 서구 사회의 정치적 맥락과 비서구권의 그것이 다르다는 점은 감안해야 한다. 그러나 더 근본적 차원에서 하이트의 전제를 비판적으로 살펴볼 필요가 있다. 그가 말하는 심리 체계의 동기(도덕 기반)가 단순히 묘사적 설명에 불과하다는 점을 우선 기억해야 한다. 정치적 성향이 다른 사람들이 기반하고 있는 도덕관념의 토대가 서로 다른 심리적 정향에 의해 프로그램이 되어 있다고 설명하는 것은 가능하다. 하지만 이를 설명하는 것과 그것의 타당성을 평가하는 것은 전혀 다른 문제이며, 후자는 과학적 분석으로 도출될 수 있는 성질의 것이 아니다. 주관적으로 도덕적인 동기에서 어떤 행위를 했다고 해서 그것이 객관적으로 도덕적 결과를 낳는다는 보장은 없다. 주관적으로 도덕적 동기에서 우러나온 행위가 도덕주의적moralistic 행위일 수는 있어도, 그것이 반드시 도덕적moral 결과로 이어지지는 않기 때문이다. 물론 보수주의가 중시하는 내집단의 단결과 존귀함의 추구가 어느 범위 내에서 일정한 도덕적 결과를 낼 수도 있다(뒤르켐류의 사회 통합). 그러나 아무리 스스로 옳다고 믿는다 하더라도 노골적인 편견과 차별을 초래할 위험성이 있는 '도덕 기반'을 객관적으로 '도덕'이라 부르기는 어렵다. 여기서 하이트는 '왜 어떤 사람은 그렇게 행동하는가?'라는 동기론적 설명만 제공할 뿐이다. 거기서 더 나아가 모든 도덕 기반이 동일한 가치를 가진다고 주장한다면 그것은 논리의 비약이 될 것이다.

대니얼 카너먼Daniel Kahneman은 인간의 생각 회로가 두 가지 시스템으로 이루어졌다고 본다(카너먼 2012). '시스템 1 사고'는 피상적이고 직관적인 사고이다. 이런 유형의 사고는 노력을 적게 들이고, 연상적 사고를 중시하며, 현상적으로 보이는 결과를 무비판적으로 받아들이는 사고이다. 시스템 1 사고에서는 자신의 신념과 일치하는 정보만 받아들이는 확증 편향이 극심하게 나타난다. 카너먼은 시스템 1 사고를 '빠르게 생각하는 직관적인 경험자아'라고 설명한다. '시스템 2 사고'는 느리고 심사숙고형으로 이루어지는 사고 체계이다. 노력이 많이 들고 논리적이며 모든 경우의 수를 꼼꼼히 따지는 사고이다. 카너먼은 이를 '느리게 생각하는 이성적인 기억 자아'라고 지칭한다. 대다수 사람들이 일상생활에서 시스템 1 사고를 따를 때가 많은 것이 사실이지만, 깊이 생각하지 않고 권위에 무조건 복종하거나(밀그램 2009), 나치 독일의 국민들처럼 내집단 지향의 선전에 동조할 때 어떤 재앙적 결과가 초래되는지를 기억할 필요가 있다(Goldhagen 1996).

카너먼은 각고의 노력이 필요한 사고 과정인 시스템 2를 통해, 쉽고 직관적 사고 과정인 시스템 1의 부정적 효과를 통제할 수 있다고 믿는다. 인권은 전형적으로 시스템 2 방식의 추론이 필요한 영역이다. '모든 인간에게 모든 인권'이라는 원칙이 나온 지 수 세기가 흘렀지만 역사 속에서 새로운 인권 문제가 제기되었을 때, 피상적·직관적·감정적·전통적으로 사고하는(시스템 1) 사람들의 반대가 나오지 않은 적은 단 한 번도 없었다. 여성 권리, 흑인 권리, 소수자 권리, 장애인 권리, 이주자 권리, 성 소수자 권리의 역사는 크게 봐서 시스템 1의 사고와 투쟁해 온 역사라 해도 과언이 아니다. 인권의 역사를 일별하면 왜 권위에의 복종, 내집단 충성, 순수성에의 집착을 강조하는 시스템 1 사고보다 보편성·평등성·존엄성을 중시하는 시스템 2 사고가 더 우월한지 드러난다(이샤이 2005). 나는 편협한 도덕관념으로부터 보편적 도덕관념으로 진화해 온 역사가 인권의 발전이자 인류의 성취라고 생각한다.

여기서 다음과 같은 가상적 질문을 던질 수 있다. 하이트는 보수주의자가 여섯 가지 도덕 기반을 모두 골고루 지지한다고 했지만, 그렇지 않은 경우도 있을까? 예를 들어, 의리·권위·존귀함과 같은 도덕 기반을 열렬히 옹호하면서 보살핌·자유·공평함과 같은 도덕 기반에는 훨씬 미온적인 보수주의자가 있다면 어떻게 될까? 바로 이 점 때문에 하이트가 말한 보수주의가 한국의 맥락에서 그대로 적용되기 어려울 수 있다. 하이트는 보수주의자가 모든 도덕 기반들을 골고루 종합적으로 고려하므로 진보주의자에 비해 상대적으로 집단을 더 강조하는 결과가 나온다고 했음을 기억해야 한다. 그렇다면 한국의 보수주의는 여섯 가지 도덕 기반을 모두 골고루 지지한 결과 상대적으로 집단을 더 강조하게 되었는가, 아니면 일부 도덕 기반만 지지한 결과 맹목적으로 집단을 더 강조하게 되었는가? 단순히 말해 한국의 보수는 합목적적 보수주의인가, 편향적 보수주의인가?

서두에서 지적했듯이 도덕 기반 이론은 인권에 심각하고 근본적인 도전을 던진 학설이다. 하이트의 이론에 결함이 없지 않지만 거기에 담긴 새로운 통찰은 인권 운동이 고려하고 활용할 가치가 있다. 우선 도덕 기반 이론은 도덕관념이 형성되는 데서 감정과 직관의 힘이 얼마나 강력한지를 잘 보여 준다. 사람들이 새로운 인권 쟁점에 반대하거나 소극적인 태도를 취하는 이유를 이성과 논리에서 찾기보다, 말로 설명하기 어려운 뿌리 깊은 정서적 저항감의 차원에서 찾는 것이 더 빠를 수도 있음을, 하이트의 이론은 우리에게 가르쳐 준다. 또한 인권의 증진·정체·후퇴를 좌우하는 정치를 결정하는 선거에서 인권이 어떤 전략을 취해야 하는지를 알려 준다. 더 나아가, 여론 정치에 큰 영향력을 발휘하는 대중의 인권 의식과 태도를 주의 깊게 관찰해 대처해야 함을 알려 준다(정진성 외 2013). 물론 아무리 보수주의자라 해도 헌법에 성문화된 기본권을 무시할 수는 없다. 그러나 인권과 같은 이성적 도덕관념에 정서적으로 거부감을 지닌 보수적 대중이 있다면 인권과 관련된 법규와 정책이 존재하더라도 이들이 시행되는 것을 실질적으로 방해하고 무력화할 수 있다. 그리고 도덕 기반이 감정과 직관에 근거한 사람일수록 도덕적 격정을 불러올 가능성이 높은 민감한 사회적 인권 쟁점 — 예를 들어 동성애·젠더·재생산 등 — 에 특히 격렬하게 반응하기 쉽다는 점도 하이트의 이론이 우리에게 상기시켜 주는 교훈이다.

　인간의 심리적 도덕 기반이 '주어진' 것이라 해서 여기에 개입할 수 있는 방안이 전혀 없다는 뜻은 아니다. 심리적 도덕 기반이 있다 하더라도 그것이 무조건 일정한 행동으로 표출된다는 말이 아니고, 어떤 사회관계론적 틀 — 구성원들의 사회적 관계를 지배하는 유형·무형의 관습과 기대 — 이 있어야 특정한 도덕적 행동이 나올 수 있다. 사회 구성원들 사이의 관계를 지배하는 거시적 틀이 어떤 형태인지에 따라 구성원들의 도덕적 선택과 행동이 달라진다는 뜻이다. 예를 들어, 대중의 심리적 도덕 기반이 어떻든 상관없이, 고통스러운 현실을 외면하지 않는 사회관계 틀에서는 약자를 돕는 행동이, 위계적 사회관계 틀에서는 개인보다 집단을 우선시하는 행동이, 개인주의적 사회관계 틀에서는 자유 지상주의적 행동이, 평등주의적 사회관계 틀에서는 공동체 윤리와 자율성 윤리에 따른 행동이 더 많이 표출되는 경향이 있다 (Bruce 2013). 그렇다면 현재 우리 사회를 지배하는 경쟁적·성취지향적·서열적·권위적 사회관계 틀을 바꾸는 정치·정책·제도화를 통해 친인권적 행동을 유도할 수도 있을 것이다. 즉 사람들의 도덕관념을 바꾸기 어렵다 하더라도, 그것이 행동으로 옮겨지는 사회관계 틀에 개입하면 인권 친화적인 사회를 만들 수 있다는 말이다.

또한 사람은 객관적이고 정확한 팩트가 있다고 해서 그것을 선뜻 받아들이지 않는다. 어떤 새로운 인권 쟁점이 자신의 기존 세계관을 위협하는 증거라고 생각되면 아무리 이성적인 정부가 있어도 그것이 오히려 원래의 잘못된 정보를 더 강화하는 경향도 나타난다(확증 편향). 이를 어떻게 해결할 것인가? 상대의 도덕적 가치관을 지지해 주면서, 객관적 증거를 그 사람의 가치관과 부합하는 방식으로 프레임을 형성해 제시하면 설득력이 높아진다고 한다. 즉 편견과 차별을 반대하는 객관적 정보의 설득력에만 의존하기보다, 개인적 가치관을 긍정하면서 정보를 제공하면 증거의 수용성이 높아진다는 것이다(Lewandowsky et al. 2012). 마지막으로, 도덕 기반 자체도 진화한다는 사실을 기억하자. 보수주의자라 해도 이미 확립된 기본권을 부정하지는 않는다. 다만 새로운 인권 쟁점이 암시하는 불확실성과 변화에 저항할 뿐이다. 그렇다면 인권 운동은 기존의 도덕 기반을 통해 하나하나의 인권 쟁점을 개별적으로 설득하기보다, 처음부터 인권 자체가 도덕 기반에 포함될 수 있는 (Haule 2006) '인권 존중의 문화'를 배양하는 편이 더 효과적일 것이다. 인권 존중의 문화는 새로운 인권 쟁점이 암시하는 불확실성에 대한 반감을 감소시키는 데 도움이 될 것이기 때문이다. 하이트는 결론적으로 인간이 가진 **이상의 다원성, 문화의 다원성, 성향의 다원성**을 진보와 보수가 서로 인정하자고 호소한다. 이런 수준의 포용적 다원성은 한국 사회의 맥락에서 친인권적 도덕관념이라 해도 과언이 아니다.

나오면서

이 장은 인권론의 잃어버린 고리에 해당하는 인권 달성과 이데올로기의 관계를 다루었다. 인권은 현실 정치 이념들로부터 한 걸음 떨어진 초연한 위치에서 인간의 존엄성을 옹호한다고 흔히 이해되어 왔다. 그러나 이데올로기적 고려와 관계없이 인권을 모든 사람에게 적용하려는 태도와, 인권의 이데올로기적 토대는 구분되어야 한다. 적어도 20세기의 인권 발전 역사를 보면 인권이 특정한 이념적 기반으로부터 진화해 온 것을 확인할 수 있다. 또한 현대 인권은 탄생과 함께 전 지구적 차원의 이념 경쟁 구도에 휩쓸려 거의 반세기 동안 초기 발전 단계에서 큰 장애를 경험하기도 했다. 이데올로기적 환경이 인권 달성의 거대한 억제 요인이 되었던 것이다. 이 경험은 역으로 친인권적 이데올로기 환경이 인권 달성의 촉진 요인이 될 수 있음을 보여준다. 이데올로기는 문화적 폭력의 한 형태로서 구조적 인권침해와 직접적 인권침해를 정당화하는 역할을 하기도 한다. 반인권적 이데올로기는 인권침해의 불기둥을 유지시켜 주는 산소와 같다. 전통적으로 인권은 이성과 양심의 도덕관념이라는 철학적 지위를 유지해 왔다. 이 장에서는 합리주의적 도덕 발달 이론에 의존해 온 인권에 도전하는 도덕 기반 이론을 검토하고 그 한계와 문제, 그리고 공헌을 분석했다.

대다수 사람들에게 '이데올로기'라는 용어는 일상적으로 쓰이는 편안한 말이 아니다. 그것은 예각화된 정치사상, 혹은 일부 극단적 사고의 소유자들이 탐닉하는 난해한 신념 체계, 혹은 갈등과 전쟁과 분열을 야기하는 두려운 경향처럼 여겨지기 쉽다. 그러나 이데올로기는 우리가 의식하든 그렇지 않든 공기처럼 우리를 둘러싸고 있다. 이 점을 케인스보다 더 실감나게 지적한 사람도 없을 것이다. 케인스는 『고용, 이자 및 화폐의 일반 이론』의 결론 장에서 자신의 경제 이론이 '사회철학'을 함축한다고 설명하면서 다음과 같은 통렬한 관찰을 남겼다.

> …… 경제학자와 정치철학자들의 사상은, 그들이 옳을 때나 틀릴 때나, 흔히 생각되는 것보다 훨씬 더 강력하다. **사실상 세상을 지배하는 것은 이것밖에 없다.** 지적인 영향과 담을 쌓고 산다고 스스로 믿는 현실적인 사람이더라도 실제로는 고루한 경제학자의 사상에 사로잡혀 있는 경우가 많다. 그리고 권위 있는 자리에 있으면서 환상 속에 사는 미친 자들도 과거의 경제 저술가들로부터 비이성적 사상을 받아들인다. 따라서 이런 **사상의 점진적인 침투**에 비교하면 기득권 집단의 영향력은 대수로운 게 아니라고 나는 확신한다(Keynes 1936, Ch.24-V, 온라인 인용, 강조 추가).

만일 우리가 살고 있는 지금의 세상을 지배하는 주류 이념이 반인권적이라면, 그리고 그 이념이 상식과 진리의 탈을 쓰고 보통 사람들의 의식에 점진적으로 침투한다면, 어떤 법규·제도·정책의 힘으로도 그 악영향을 퇴치하기가 쉽지 않을 것이다. 그만큼 이데올로기가 인권에 끼치는 영향은 결정적이고 압도적이다.

그리고 인권 달성의 토대를 제공한다는 점에서 반인권적 이데올로기보다 친인권적 이데올로기가 훨씬 우호적인 것은 부정할 수 없지만, 친인권 이데올로기, 특히 자유주의의 한계와 문제를 기억해야 한다. 특히 자유주의의 두 얼굴 — 모순적 성격 — 은 쉽게 해소되기 어렵다(Douzinas 2014). 자유주의는 그것이 처음부터 내걸었던 '보편적' 약속 때문에 마치 초국적 사상처럼 여겨졌음에도 국민국가 체제 내에서는 일국적 '시민권'처럼 발전해 왔으므로, 자기 종족 중심주의ethnocentrism라는 혐의를 받아 왔다(Kelly 2005, 112-131). 따라서 인권이 언술상 '모든 이에게 모든 권리'를 약속하지만, 국가의 보호를 받지 못하는 사람들 — 인권이 가장 필요한 사람들 — 에게 큰 도움을 주지 못하는 근본적 한계가 있다. 예를 들어, 난민, 미등록 이주자, 관타나모의 수인, 무국적자 들이 현대 세계에서 인권의 미아가 되어 있다(Mandal and Gray 2014). 역사적으로 권력은 그 정당성을 위해 각 시대별로 특유의 도덕관념과 결합해 왔다. 제2차 세계대전 후 국제 질서는 국가 주권과 보편 인권을 내세우며 나름의 정당성을 구축해 왔다. 그런데 냉전 종식 후 전 세계적으로 인권 자체가 이데올로기화되는 위험한 경향이 나타났다(4장 참조). 교조화된 인권은 전쟁을 일으킬 명분이 되기도 하고, 인도적 개입이라는 이름으로 타국 내정에 간섭하는 경향을 정당화하기도 한다. 코스타스 두지나스Costas Douzinas의 경고는 이 점을 겨냥한다.

이른바 '이데올로기들의 종언' 이후 인권이 보편적 매력을 지닌 사상으로 부상하면서 인권은 다양한 이즘들isms의 대안이 되었다. 이제 인권은 자유주의, 시장 자본주의, 개인주의와 동의어가 되었다. 과거 소련에서도 사회주의적 인권 개념을 개발했고, 탈식민 운동, 민족 독립 운동에서는 자신들의 목표와 포부를 온건하게 표현하기 위해 인권을 차용했었다. …… 인권은 원래의 법적 지위를 잃고 더 넓은 의미의 이데올로기로 통하는 지름길의 역할을 하게 되었다. 인권은 정치를 수행하는 도덕적 방식일 뿐만 아니라 사회적 유대를 조직하는 이상이 되었다. **인권은 특**

별히 1989년 이후 새로운 세계 질서의 공식 이데올로기가 되었다. …… 최근 들어 모든 전쟁과 점령이 인권·민주주의·자유의 이름으로 ― 전적으로 혹은 부분적으로 ― 이루어지고 있다(Douzinas 2007, 11-12, 강조 추가).

이런 비판으로부터 우리가 취할 교훈은 인권의 이데올로기적 토대를 이해하고, 이데올로기가 인권의 촉진 조건이 될 수 있도록 활용하되, 인권 자신이 이데올로기가 되어선 안 된다는 점이다. 이데올로기가 된 인권은 공격적이고 교조화되어 십자군 전쟁을 촉발한 신앙처럼 갈등과 분란을 조장할 가능성이 높다. 인권의 이념적인 측면을 이해하면서도 인권을 이념화하지 않도록 경계하는, 일종의 중용의 도를 실천할 필요가 있다.

제4장

국제정치와
국제 인권 제도

"첫째, 전쟁이 없어야 한다. 전쟁이 있다면 우리 같은 일이
앞으로 안 생긴다 할 수 없을 것이다."

_일본군위안부 출신 평화운동가 김복동 할머니

"미국은 모든 나라가 국제법을 준수해야 한다는 안보리의
결의마저 거부권을 행사했다."

_노암 촘스키

"듣도 보도 못한 인권이란 게 갑자기 나타나 국제 정치를
혼란스럽게 만들었다."

_헨리 키신저

"인권의 실현은 법적 권리의 문제에 그치는 것이 아니라,
사회구조와 국제 질서의 전환이 있어야 가능하다."

_김민배

인권을 다룬 책 가운데 국제법이나 국제 관계의 맥락에서 인권을 고찰한 저서가 많다.[1] 유엔을 중심으로 결성된 국제기구들이 현대 인권을 추동해 왔고, 국제 인권법 제도가 현대 인권의 토대적 정당성을 제공해 왔기 때문이다. 인권의 국제적 보편성을 강조하는 논자들은 인권과 국제 인권이 사실상 동의어라고 보는 경향이 있을 정도로 인권에서 국제적 차원의 영향력은 크다. 그런데 역설적이게도 국제적 규범으로서의 인권과 국제 관계의 현실은 매우 상반된 원리에 입각해 있다. 오늘날 공식적 국가 관계는 〈베스트팔렌 조약〉 이래 확립된 국가 주권의 원칙을 받아들여, 자율성을 가진 **주권국가들로 이루어진 국제 체제**라는 전제를 받아들인다. 그런 국제 체제는 공식적 중앙 권력이 존재하지 않은 '아나키'anarchy(통치 주체의 부재) 상태를 특징으로 한다. 국제 관계의 아나키적 특성을 특히 강조하는 현실주의 이론에서는 국가라는 행위자들이 국익을 극대화하기 위해 권력정치를 추구한다고 가정한다 (Bew 2014). 국가 간 관계에서 국익의 극대화라는 관념은 거의 상식적인 패러다임으로 간주되곤 한다.

세계 정치에서 주요한 역할을 담당하는 행위자들이 중시하는 핵심 이익이 원칙적으로 인권과 일치되지 않는 경우가 많다(Frieden, Lake, and Schultz 2010). 이 가운데 가장 중요한 행위자인 국가는 흔히 주권, 안보, 권력, 국가의 부, 이데올로기의 보존과 전파를 핵심 이익으로 간주한다. 정부 간 기구 (국제기구)는 국가들의 연합체로서 회원국들의 이익 유지와, 기구 자체의 조직적 이익을 추구한다. 비국가 행위자 가운데 다국적기업은 수익 증대와 자본축적을 주된 이익으로 삼는다. 인권 엔지오(비정부기구)만이 인권 규범을 핵심 이익으로 간주하는 편이다. 국가 하부의 행위자들, 특히 강대국 내부의 국내 행위자들도 국제 관계에 영향을 미친다. 정치인들은 권력 유지와 재선을 위해 국제정치를 활용하므로 인권을 자신의 핵심 이익으로 간주하는 경우가 드물다. 국제 문제를 다루는 국가 내 관료 조직은 예산과 자원 확대, 자기 조직의 영향력 확장이라는 이익을 추구한다. 이렇게 보면 처음부터 인권을 자신의 존재근거로 삼는 인권 엔지오를 제외한다면, 국제 관계에서 인권을 자신의 본질적 이익으로 간주하는 행위자는 매우 드물다. 인권을 놓고 봤을 때 국제 관계는 처음부터 '기울어진 운동장'인 셈이다.

국제 관계는 현실적 힘의 논리와 규범적 법의 논리가 경합하고 각축하며 충돌하고 타협하는 장이다. 현실적 힘의 논리가 규범적 법의 논리에 의해 통제되는 경우는 극히 산발적이고 예외적이며 단기적이다. 절대 다수의 경우 국제 관계는 현실적 힘의 논리에서 작동한다. 이런 이유로 규범적 논리를 통해 국제 질서를 형성하고자 노력하는 인권 운동가나 인권에 열의가 있는 선의의 사람들에게 국제 관계의 모순성과 복합성, 맥락 의존성을 설명하기란 쉽지 않다. 이어지는 내용에서는 국제 관계에서 인권을 침해하는 근본 원인이 무엇인지, 이를 극복하기 위해 왜 국제 인권 제도를 창설하는지, 그런 제도들이 과연 얼마나 효과가 있는지, 그리고 국제 인권의 달성을 위해 특별히 고려할 측면은 무엇인지를 설명한다.

국제적 인권침해 요인들

국제 관계에서 인권에 영향을 주는 근본 요인들은 다양하다. 여기에는 국제 관계의 조건 자체에서 도출되는 근본 요인부터, 일반적으로 권력에 의한 지배-종속 관계에서 발생하는 요인 등을 망라한다. 이 절에서는 전쟁과 무력 충돌, 냉전 시기의 사례를 중심으로 분석한 지정학적 요인, 강대국들(특히 미국)의 행동, 국제 관계의 일반적 작동 원리, 그리고 경제 지구화에 의한 인권침해를 다룬다.

(1) 전쟁과 무력 충돌

국제 차원에서 인간에게 일어날 수 있는 가장 참혹한 형태의 인권침해는 전쟁과 무력 충돌 상황일 것이다. 전쟁은 제노사이드, 대량 학살과 개별 사망, 부상, 장애, 파괴, 폭격 피해, 이산, 난민, 고아, 강간, 기아, 질병, 심리적 트라우마, 증오, 분단 등을 남긴다(김태우 2013; Shaw 2003). 전쟁이 일어나면 전투원은 물론이고, 민간인의 시민적 자유에 대한 제한 및 반대파에 대한 탄압 등 자국 정권에 의한 자국민의 인권침해가 늘어날 가능성도 커진다. 외부로부터의 위협(실제 혹은 가상)을 구실로, 자국 내에서 인권을 탄압한 사례로 미국의 경우를 들 수 있다. 러시아혁명이 일어난 뒤 1917~20년 사이 미국에서는 제1차 적색공포Red Scare의 물결이 일었다. 1941년 진주만 공습 이후 일본계 미국 시민들을 잠재적 적성 분자로 몰아 초법적으로 구금하기도 했으며, 냉전이 기승을 부리던 1947~57년 사이에는 제2차 적색공포(매카시즘)가 미국의 시민사회를 초토화하다시피 했다. 2001년 9·11 사태 이후에 벌어진 대테러 전쟁으로 인해 고문 관행이 부활하고 무차별로 대중들을 도·감청하는 등 인권 역사의 방향이 역전된 사례도 있다.

전쟁을 '국가 간 혹은 국가 내 무력 충돌(내전)이 원인이 되어 초래돼, 사망자 숫자가 1천 명 이상 되는 모든 형태의 갈등'으로 규정했을 때 20세기는 인류 역사상 가장 야만적인 시기라 해도 과장이 아니다(Hobsbawm 2002). 20세기 전반부에 발발한 제1차 세계대전과 제2차 세계대전에서 교전으로 인한 직접 사망자는 2천4백만 명으로 추산된다(전쟁 시기에 '부수적 피해'로 사망하거나, 국가의 탄압으로 사망한 이를 제외한 수치이다. 6장 '데모사이드' 설명 참조). 종전 후 1945~2000년 사이에 전쟁으로 인한 사망자 숫자는 좀 더 정확하게 추계되는데, 약 4,096만8천 명으로 파악된다(Leitenberg 2006, 73-79). 이 가운데 한국전쟁만 하더라도 민간인 282만8천 명, 군인 167만2천 명 등 도합 450만 명이 살해되었다고 추산된다. 이는 제2차 세계대전 이후 전 세계에서 발생한 모든 전쟁 관련 사망자의 11퍼센트에 해당할 만큼 큰 규모이다. 어쨌든 20세기를 통틀어 최대한 보수적으로 계산하더라도 전시 직접 교전으로 인해 약 6천5백만 개별 인간들의 생명이 소멸되었다. 따라서 인권침해의 근본 원인을 논하는 자리에서 전쟁을 제외한다면, 이는 모순의 극치라 할 것이다.

전쟁의 방지와 평화의 수립은 인류의 전 역사를 관통하는 염원이자 과제였다. 1945년 제정된 〈유엔헌장〉의 기본 목표 가운데 하나도 전쟁을 방지하자는 것이었다. 그런데 전쟁은 전통적으로 국가 행위자가 취할 수 있는 여러 정책 옵션 가운데 하나로 — 최후의 수단이긴 하지만 — 간주되어 왔으므로, 〈유엔헌장〉에서도 전쟁을 완전히 추방하지는 못했다. 유엔 안전보장이사회의 승인을 받은 경우에는 정당하게 전쟁을 수행할 수 있는 길을 열어 두었던 것이다. 전쟁의 수행자들은 실제적·가상적 위협으로부터 자기 집단을 구하기 위해서라면 그 어떤 행동이라도 정당화된다는 합리성에 입각해 전쟁을 이해한다. 위기 상황에서는 평화의 이름으로 전쟁을 합리화하는 주장이 언제나 등장하고는 했다.[2] 그러나 수도자였던 토마스 머튼Thomas Merton은 이른바 전쟁의 '합리성'을 통렬히 비판한다. "도대체 어쩌다 우리가 조국을 구하기 위해서라면 어떠한 분노도, 어떠한 과도함도, 어떠한 공포도, 그것이 '더 작은 악'이고 '필요악'이라는 이유로 기꺼이 허용하게끔 되어 버렸나?"(머튼 2006, 124). 게다가 전쟁은 클라우제비츠Carl von Clausewitz의 말처럼 국가가 행하는 '다른 수단에 의한 정치'만이 아니다. 최근 들어 전쟁은 전 세계 무기 거래 산업의 기업 판촉 활동 또는 천연자원 사업의 이권을 둘러싸고 벌어지는 비즈니스 경쟁처럼 되어 가는 경향마저 보인다(Dillon 2014).[3]

인권침해의 요인 가운데 전쟁이 차지하는 비중이 이토록 압도적이지만 전쟁에 대한 국제적 대응으로 마련된 국제인도법의 목적은 전쟁의 폐지와는 거리가 멀다. 우선 전쟁에 관한 법체계에는 두 가지가 있다. 전쟁을 개시할 수 있는 조건적 정의를 규정한 '정당한 전쟁론'jus ad bellum, 그리고 전쟁 시 교전국들 간의 행동을 규정한 '전시 규범'jus in bello 이 그것이다. 전자는 전쟁 자체가 국제법상으로 인정될 수 있는가를 따지는 규범이고, 후자는 전쟁 발생 시 예상되는 참화를 최대한 억제하기 위해 국가들이 상호 간 이익을 바탕으로 체결하는 조약 체계상의 규범을 뜻한다. 예를 들어, 아군이 적군의 포로를 인도적으로 처우하면, 아군이 적군의 포로가 되었을 때에도 인도적으로 처우받게 되리라는 상호 간의 기대를 제도화한 것이다. 군대에서는 전쟁법Law of War 또는 무력 충돌법Law of Armed Conflicts이라는 용어를 선호하지만, 국제기구와 학계에서는 **국제인도법**International Humanitarian Law이라는 용어를 선호하는데, 이는 "국제적 또는 비국제적 무력 충돌 시 전투 능력을 상실했거나 적대 행위에 가담하지 아니하는 사람(부상자, 병자, 포로, 민간인, 의무 또는 종교 요원, 적십자 구호 요원 등)들에 대해 국적, 인종, 종교, 계급, 정치적 견해 등에 어떠한 차별도 없이 그들의 생명을 보호하고, 전쟁의 수단과 방법을 금지하거나 제한함으로써 **무력 충돌의 영향력을 최소화하기 위한 국제법**의 한 분야"이다(강조 추가).[4] 이 섬에서, 전생법 또는 국제인도법은 전쟁의 폐지가 아닌 순치를 목표로 한다(이에 대해서는 이어지는 관련 설명 참조).

20세기 후반부의 전쟁은 국가 간 무력 충돌과 국가 내 무력 충돌의 구분, 군인과 민간인의 구분, 그리고 전쟁과 평화의 구분이 흐려져 혼재하는 양상을 보인다(Hobsbawm 2002). 내전, 인종 청소, 반군 진압, 민병대 교전 참여 등 과거의 전쟁에서 비전통적 요소로 간주되었던 활동이 뒤섞이면서 외부로부터의 암묵적 지원, 영토보다 주민 겨냥, 유사 테러 방식, 선제공격, 저강도 장기전 등 '새로운 전쟁'New War의 특징이 나타났다(Kaldor 2012). 특히 국가 간 무력 충돌과 국가 내 무력 충돌이 교차되는 현실은 인권에 치명적인 영향을 준다. 1950년에 발발한 한국전쟁이 그랬지만, 1960년대부터 국가 내 무력 충돌이 더욱 늘어나는 추세이다. 1961년 전 세계적으로 20여 건 발생했던 내전이 1980년에는 약 40건이 되었고 냉전 종식 후 더욱 증가해 1991년에는 약 50건이 되었다. 그 뒤 약간 줄었다고 하나 적어도 25건 이상의 국가 내 무력 충돌이 지금도 벌어지고 있다. 또한 2010년 현재 전체 내전 중 27퍼센트가 외부 세력이 개입된 국내-국제전의 혼합 양상을 보인다. 내전의 승패가 점점 더 불분명해지고, 동시에 장기간 지속되는 경향이 발생해 민간인의 피해가 더욱 늘고 있다. 1946~89년에 발생한 전 세계 141건의 내전 중 82건의 승패가 분명했다. 그러나 1990~2005년 사이에 발생한 147건의 내전 가운데 20건(14퍼센트)만이 승패가 분명한 갈등이었고 20퍼센트는 휴전, 50퍼센트 이상이 2015년 현재까지 지속되고 있다(Kukis 2015).

전쟁과 인권침해가 어떤 인과관계를 보이는지도 연구 과제이다. 무력 충돌과 인권침해는 원인과 결과가 양방향으로 뒤섞이는 특징을 보인다. 인권침해가 심한 곳에서 무력 충돌이 늘어나는 경향이 있는가 하면, 전쟁이 발발해 인권침해를 악화시키기도 한다. 예를 들어, 인권을 탄압하는 정부 혹은 역량이 부족한 국가(예컨대 '실패 국가')일수록, 특히 이 둘이 중첩된 경우, 무력 충돌의 개연성이 높아진다(6장 참조). 한 나라 내부에서 낮은 강도의 무장 저항이 발생하면, 이를 분쇄하기 위해 정부는 반대파에 속하는 인구 집단과 국민 일반에 대한 인권 탄압의 수위를 높이기 쉽다. 하지만 인권침해가 늘어날수록 무장 저항이 감소하는 것이 아니라 본격적인 고강도 무력 충돌로 비화할 가능성이 높아진다. 요컨대 인권침해는 내전 발발에 대한 조기 경보 신호이자, 내전의 주요 원인이며, 그와 동시에 내전의 결과이기도 한 것이다(Rost 2011). 국가 간 전쟁과 국가 내 전쟁은 모두 인권침해와 통계적으로 매우 유의미한 관계에 있으며, 그중에서도 외부 세력이 개입된 장기간의 국가 내 전쟁(내전과 무장 반군 활동)은 인권 상황을 가장 악화시키는 주범으로 꼽힌다(Poe, Tate, and Keith 1999). 냉전이 끝난 뒤 1990년대 구유고슬라비아 해체와 코소보 사태 및 나토의 공습은 이른바 **인도적 개입**과 **보호 책임**Responsibility to Protect, R2P이라는 새로운 조류를 극적으로 표출하는 계기가 되었다(조효제 2015a, 71-76). 국제사회가 타국 국민의 안전을 보호하기 위해 어느 정도나 개입할 수 있는지, 특히 인권 보호를 위한 군사개입이 정당화될 수 있는지가 초미의 관심으로 대두했다(ICISS 2001).

이처럼 전쟁이 인권침해에 끼치는 심각한 영향이 명명백백함에도 인권 의제에서는 전쟁의 파생적·부차적 문제만 다뤄질 뿐, 전쟁 문제를 정면으로 다루고 있지는 않다. 이는 인권 운동의 거대한 공백이자 허점이라 하지 않을 수 없다. "세계 사회는 국제적 폭력과 같은 인권 문제가 그 어떤 인권 문제보다 더 중요한 것임을 은연중에 인정한다. 〈자유권 규약〉이나 〈사회권 규약〉에서 **생명권은 가장 기본적 권리로 규정되어 있음에도 강대국들은 처벌받지 않고 계속 전쟁**을 벌이고 있다"(Haas 2014, 225, 강조 추가).

(2) 지정학적 상황 : 냉전의 사례

20세기 후반부는 지정학적 고려에 의해 동서 양 진영이 인권을 호도하거나 억압하던 시기라 할 수 있다. 〈세계인권선언〉을 작성 중이던 1946~48년 사이의 기간은 냉전이 그 실체를 드러내던 시기와 맞물려 있었다. 이 때문에 1948년 12월 10일 자정 가까운 시각에 유엔총회에서 〈세계인권선언〉이 채택되었을 때, 이를 두고 많은 사람들이 '작은 기적'이라고까지 말했던 것이다. 채택 시점이 몇 달만 늦어졌더라도 동서 냉전의 심화로 인해, 인권선언이 무산되었을지 모른다는 지적이 나온다(Glendon 2001). 선언이 채택되기는 했지만, 냉전의 대결 구도를 고려해 좌우 이데올로기의 통합을 명시한 〈세계인권선언〉의 정신은 당시 국제 정세 속에서 온전히 이행되기 어려웠다. 냉전 시대의 인권을 연구한 로즈마리 풋Rosemary Foot은 미국을 중심으로 한 자본주의 진영과 소련을 중심으로 한 사회주의 진영이 서로 다른 인권관을 지녔던 것이 사실이지만, 이와는 별개로 양쪽이 인권을 **지정학적 경쟁의 도구**로 악용했다고 비판한다(Foot 2010). 양 진영이 서로 상대편의 이념을 극단적으로 폄훼하고, 인권의 일면만을 강조하면서 자신의 이데올로기는 인권의 수호자이고 상대방의 이데올로기는 인권의 탄압자라고 비판했다는 것이다. 3장에서 보았듯이 자본주의 진영에서는 공산주의가 악이고, 개인주의적인 시민적·정치적 권리가 진정한 인권이며, 소련은 최악의 인권 탄압 체제라고 비난했다. 사회주의 진영은 자본주의가 인종주의와 제국주의를 추구하는 반인권 이념이고, 집단주의적인 경제적·사회적 권리가 진정한 인권이며, 미국은 위선적 인권 탄압 체제라고 비난했다.

인권이 지정학적 대결의 이념 도구로 활용되었으므로, 동서 양 진영은 이해관계에 따라 타국의 내정에 개입해 인권의 이름으로 인권 탄압을 자행·지원·방조하기를 주저하지 않았다. 미국은 반공 노선을 표방하는 전 세계 우파 독재 정권들을 민주주의 수호라는 명분으로 용납하고 후원했다. 우방 독재 정권의 인권 탄압은 공산주의를 방어하기 위해 치러야 할 작은 비용이며, 더 큰 인권 — 적화되지 않은 상태 — 을 위해 필요한 조치라고 정당화되었다. 라틴아메리카만 놓고 보더라도, 미국은 서반구에서의 헤게모니를 유지하고자 각국의 내정에 공공연하게 개입했다. 과테말라(1954년), 쿠바(1961년), 에콰도르(1961년), 도미니카공화국(1962년), 브라질(1964년), 볼리비아(1967년), 엘살바도르(1968, 1980년), 칠레(1973년), 우루과이(1973년), 니카라과(1979~88년) 등지에서 미국은 쿠데타 후원, 반군 지원, 군사자문단 파견, 보안 요원과 경찰에 대한 훈련, 정치자금 제공, 개발원조 등 모든 방법을 동원해 자국의 이익을 지키려 했다. 미국은 공산 세력을 막는다는 명분으로 이란(1953년), 남베트남(1954년), 콩고(1961년), 인도네시아(1965년) 등에도 개입했다.

소련 역시 동독(1953년), 헝가리(1956년), 체코슬로바키아(1968년) 등 동구권 국가에서 발생한 시민들의 민주화 요구를, 사회주의권의 프롤레타리아 연대를 수호한다는 명분으로 군대를 동원해 무자비하게 유혈 진압했다. 또한 이라크·기니·말리·에티오피아 등의 내정에 적극적으로 개입하고, 아프가니스탄을 침공(1979년)하기도 했다. 노암 촘스키Noam Chomsky는 이를 다음과 같이 요약한다. "소련의 경우, 그들은 냉전 시기에 끊임없이 동유럽에 간섭하고자 많은 사건들을 저질렀다. 동베를린·부다페스트·프라하에 탱크가 진주했다. …… 미국의 경우, 그들이 얻어 낸 역사상 최초의 명실상부한 세계 권력으로서의 위치를 반영하여, 간섭도 전 세계적이었다. …… 이 **두 강대국은 상대방이 저지른 범죄들(모두 사실인)을 들추어내어 공포를 야기함으로써** 그들의 가장 중요한 적, 즉 자국의 국민들을 조종했다. …… **양국은 각각 자기 세력권에서의 억압과 폭력을 정당화하고자 서로를 이용**했던 것이다"(촘스키 1996, 131-132, 강조 추가, 번역을 일부 수정함). 여기서 냉전 시대의 예만 들었지만 냉전 종식 후에도 인권을 지정학적 경쟁의 하위 수단이자 편리한 이념적 도구로 사용하는 경향은 더욱 심해지고 있다.

(3) 강대국들의 행동 : 미국의 경우

인권을 놓고 지정학적 영향을 가장 많이 발휘하는 행위 주체는 강대국들이다. 이 절에서는 세계 최강대국인 미국의 사례를 중심으로 강대국들의 행동이 국제적 차원에서 인권을 실현하는 데 얼마나 큰 부작용을 초래했는지를 설명할 것이다. 인권에 관한 한 모든 국가 행위자들의 행동에는 일정한 패턴이 있다. 특히 유엔 안보리의 상임이사국들 — 러시아·중국·영국·프랑스·미국 — 은 인권에 큰 영향을 미치면서도 〈유엔헌장〉의 수임 사항을 충실히 이행하지 않는 경우가 많았다. 국제 앰네스티의 2015년 연례 보고서는 유엔 안보리의 강대국들이 민간인 보호보다 정치적 이익 혹은 지정학적 이해관계를 앞세운 행태를 보여 왔다고 통렬히 비판한다(Amnesty International 2015). 강대국들의 일관성 없는 행동이 누적되면, 다른 유엔 회원국들은 국제 레짐과 국제 제도의 바깥에서 문제를 해결하려 할 가능성이 커진다(Forsythe 2012b). 여기서 특별히 미국을 예로 드는 것은 미국이 국제정치에 미치는 영향력과 짊어져야 할 책임이 가장 크기 때문이다. 미국 외에도 유엔 안보리 상임이사국들을 포함한 여러 강대국들 역시, 반인권적 국제 역학에 대한 책임으로부터 전혀 자유롭지 않다.

전 세계에서 국가 역량으로 봤을 때 가장 강력하고 거대한 나라, 냉전 대결의 최종 승자, 주요 국가들의 군사비 총합보다 더 많은 군사비를 지출하는 나라인 미국의 대외 정책 및 미국이 주도하는 국제 관계가 인권에 미친 영향은 실로 광범위하다(김동춘 2004). 미국은 〈유엔헌장〉 제정의 주도국이었고, 뉘른베르크 전범 재판의 주역이었으며, 〈세계인권선언〉의 열렬한 지지국이었지만, 냉전이 시작되자 태도를 돌연 바꾸었다. 국제인권규약을 포함한 인권 조약 체제에 부정적인 입장으로 돌아섰고, 특히 경제적·사회적 권리를 완강히 거부했다(Forsythe 1982). 물론, 미국이 국제 인권에 악영향만 끼친 것은 아니다. 1973년 미 하원 외교위원회는 인권과 해외 원조에 관한 일련의 청문회를 개최해 정치범을 구금하고 고문하는 국가에 안보 관련 지원을 금지하는 조치를 의결했다. 1976년에는 의회가 대규모 인권침해 국가에 대한 경제 지원을 중단하기로 결정함에 따라, 아르헨티나와 자이르에 대해 구체적인 외교 조치가 취해지기도 했다. 지미 카터 대통령(1977~81년 재임)이 인권 외교를 표방했던 사실 역시 잘 알려져 있다. 예컨대, 1980년에 시행된, 인권침해국에 대한 군사 지원 중단 조치로 말미암아 브라질·칠레·모로코·남아프리카공화국·튀니지 등에 대한 지원이 잠시나마 중단되기도 했다. 미국의 사법부는 인권침해를 자행하는 외국 정권에 대한 소송을 미국 내에서 진행할 수 있게 허용했다. 이에 따라 세계 어느 지역에서 인권침해가 발생하더라도, 다른 나라들이 그 문제를 법적으로 처리할 수 있다는 '보편적 관할'uni-versal jurisdiction이 적용된 판례가 축적되었다. 또한 동남아에서 성행하는 성매매와 섹스 관광을 금지하는 법을 제정하기도 했다. 국제사회에 미국이 미치는 압도적인 영향력을 감안할 때 미국이 홀로 전 세계의 인권을 개선하지는 못하더라도, 적어도 최악의 인권 상황을 막을 만한 역량이 있음은 엄연한 사실이다. 즉 미국은 전 세계적으로 인권의 선익을 증진할 수 있는 잠재력을 가진 국가 행위자이자 몇몇 사례들에서는 실제로 그와 같은 역할을 수행하기도 했다.

그러나 미국의 인권 대외 정책은 어디까지나 지정학적 이익이 고려되는 한에서 이루어진 제스처일 뿐이라는 비판을 받았다.[5] 실제로 미국은 이라크(1998년), 짐바브웨(2001년), 수단(2002년), 북한(2004년), 벨라루시(2004년), 이란(2006년), 콩고민주공화국(2006년), 팔레스타인(2006년) 등지의 인권 증진 관련법을 제정했지만, 이 법률들은 하나같이 미국의 국익과 밀접하게 연관되었다는 평가가 많다. 일관성이 결여된 점도 흔히 비판의 대상이 된다. 미국 국무부가 매년 펴내는 『연례인권보고서』는 미국의 우방국에 대해서는 우호적 편견을, 적성국에 대해서는 적대적 편견을 담고 있다는 의혹을 받는다. 인권침해국에 대한 지원 중단 조치에 조건부 조항(빈곤층 직접 지원, 특별한 안보 필요성, 유의미한 인권 개선 등)이 포함된 터라 사실상 인권침해국임에도 예외적으로 취급된 나라들도 많았던 것이다. 예를 들어, 인도네시아는 동남아에서의 도미노 효과를 우려해서, 이란은 원유 및 소련과 국경을 접하고 있는 전략적 가치 때문에, 라이베리아는 아프리카에서 유일하게 미국에 군사시설을 허용한다는 이유로, 필리핀은 미군 기지 주둔과 공산 반군의 존재 때문에, 남한은 북한을 격퇴할 교두보라는 명분으로, 각각 지원 중단 조처가 적용되지 않았다.

미국의 대외 인권 정책은 편의적이라는 비판도 받았다. 민간 항공기를 폭파한 테러 사건의 혐의자라도 쿠바 정부에 적대적인 인사라면 미국 내 거주 허가를 받을 수 있었다. 또한 미국은 1976년 아르헨티나에서 군부가 쿠데타로 정권을 잡은 뒤 이른바 '더러운 전쟁'Dirty War을 통해 국민과 반대파를 탄압하자 인권을 개선하라고 공개적으로 압력을 가하면서도 무기 수출을 중단하지 않았다. 민주주의와 인권을 증진한다는 명분으로 설립된 기구(예컨대 전미 민주주의기금NED)를 창설해 타국 내정에 노골적으로 개입하기도 했다.[6] 개도국에 대한 해외 원조는 단기적으로는 수원국의 자립을 지향했지만, 장기적으로는 미국이 주도하는 국제무역 체제에 수원국을 포함시키려는 목표를 띠었으며, 미국 국민들에게도 그렇게 선전되었다. 1954년부터 1977년 사이에 진행된 미국 잉여 농산물의 해외 지원 사업(PL480)이 대표적인 사례였다. 식량 원조를 받은 나라들의 경우 농업 부문이 몰락했고, 결국 미국 농산물을 주로 수입하는 나라로 전락했다. 더 나아가, 군사원조를 포함한 해외 원조를 제공함으로써 인권침해 국가를 조종하고 통제하는 경우도 흔했다. 콜롬비아·한국·필리핀·인도네시아·이집트 등이 대표적인 사례이다. 원래 미국은 민족자결권을 내세워 영국으로부터 독립한 나라이면서도 타국의 자결권을 보장한다는 명분으로 그 나라 내정에 개입하곤 했다. 특히 사회주의 세력이 득세할 것으로 우려되는 지역에서는 소련 또는 중국의 영향력을 차단하는 것이 곧 그 나라의 자결권 보호라는 식으로 선전하면서 미국의 개입을 정당화하곤 했다. 예를 들어, 트루먼은 그리스와 터키에 경제 지원을 했고, 존슨은 남베트남에 자유 정부의 명분으로 경제·군사 지원을 했다. 아울러 레이건은 서반구를 수호한다는 명분으로 중남미 우파 반군을 지원했으며, 부시는 민주 회복을 명분으로 이라크를 침공했다.

9·11 사태 이후 아프가니스탄과 이라크 침공이 진행되면서 테러리즘에 대응하는 것은 형법상의 범죄가 아니라 야만에 맞서는 '문명의 성전'이라는 식으로 패러다임이 전환되었다. 관타나모에서 전쟁 포로의 대우를 하지 않고 '적성 전투원'이라는 미명하에 자행된 광범위한 인권침해, 그리고 이라크 아부그라이브 군 형무소에서 벌어진 인권침해 사례에서 확인할 수 있듯, 미국은 대테러 전쟁 와중에 자국의 인권 보호 수준을 많이 낮추었다. 게다가 2006년에 제정된 〈군사작전법〉Military Commissions Act에 따라 불법 적성 전투원의 혐의 입증과 재판 절차에 관한 기준이 대폭 간소화되기도 했다.[7] 비록 오바마 대통령이 당선된 직후인 2009년에 〈인권시행법〉Human Rights Enforcement Act이 제정되었지만, 국가 안보에 대한 우려로 말미암아 인권 정책은 여전히 제내로 시행되지 않고 있다. 2014년 발표된 미 상원의 공식 보고서는 대테러 전쟁에서 미국중앙정보국CIA이 고문 및 가혹 행위를 자행했다고 밝혔다(U.S. Senate 2014). 또한 2015년 6월 미국의 인권 단체인 시민자유연맹 ACLU은 미국중앙정보국이 대테러 전쟁을 전후해 용의자들을 상대로 생체 실

험을 했었다는 사실을 폭로했다.[8] 이는 미국이 가입한 〈자유권 규약〉 제7조 "어느 누구도 고문 또는 가혹하고 비인도적이거나 모욕적인 처우 또는 형벌을 받지 아니한다. 특히 누구든지 자신의 자유로운 동의 없이 의학적 또는 과학적 실험의 대상이 되지 아니한다."를 정면으로 위반한 심각한 인권유린 행위이다.[9] 그러나 현재까지 미국 정부는 고문 피해자에게 단 한 번도 공식적으로 배상한 적이 없다.

대외 정책에서뿐만 아니라, 미국은 국제법상의 의무를 자국의 예외주의와 국익 우선 논리를 내세워 지키지 않는 경우가 많다. 냉전 종식 이후만 보더라도 인권에 대한 미국의 규범적 리더십을 높이 평가할 만한 사례를 찾기 어렵다. 미국은 국제 인권법의 주요 9대 인권 조약 중 〈인종차별철폐협약〉, 〈자유권 규약〉, 〈고문방지협약〉만 비준한 상태이다. 또한 전 세계에서 소말리아와 더불어 〈아동권리협약〉에 가입하지 않은 2개국 중 하나이며, 이란·소말리아·수단·남수단·팔라우·통가와 함께 〈여성차별철폐협약〉에 가입하지 않은 전 세계 7개국 중 하나로 남아 있다. 이 사실은 국제 인권 운동가들 사이에서 우스개 퀴즈처럼 회자되곤 한다. 심지어 미국은 스스로 가입한 국제기구의 활동이 불만스럽다는 이유로 아예 가맹국 지위를 반납하고 탈퇴한 경우도 있었다. 1977~80년 사이에 국제노동기구를 탈퇴했고, 1984~2003년 사이 유네스코UNESCO로부터 탈퇴하면서 분담금 납부를 거부함으로써, 전 세계적으로 2천 명의 스태프와 연간 3억 달러가 넘는 예산을 쓰는 이 조직에 큰 타격을 입히기도 했다(Congressional Research Service 2013).

미국은 국제사법재판소 규정에 예외적인 보류 조항을 넣었으며, 국제형사재판소 설립에 반대하면서 다른 국가들에도 국제형사재판소에 가입하지 말라는 압력을 전방위로 구사해 개탄을 자아냈다. 이런 이유로 미국의 법학자 에릭 포스너는 미국이 이스라엘과 함께 세계에서 국제법 규범을 제일 많이 무시하는, 또한 제일 자주 위반하는 나라라고 지목한다(Posner 2014). 정리하자면, 오늘날 세계 최강대국인 미국은 국제적 인권 보호에 막대한 책임과 능력과 잠재력을 지녔음에도, **타 국가들과 비교해 평균보다 훨씬 심한** 국익우선주의, 편집증적 국가 안보관, 미국 예외주의, 편의주의, 인권의 정치화, 국제법 규범의 훼손이라는 행보를 보여 왔다. 미국의 정치학자 마이클 하스 Michael Haas는 미국이 유엔 안보리가 승인하지 않은 전쟁을 너무 많이 일으킨 탓에 국제사회에서 정당성을 상실했다고 지적한다(Haas 2014, 368). 세계 최강대국이 국제법 규범을 가볍게 여기는 것은 그 나라 자체의 문제에 국한되지 않고, 국제법 제도에도 상상할 수 없을 만큼 큰 부정적 효과를 낳는다. 영향력이 제일 큰 나라부터 지키지 않는 국제법 제도가 국제사회에서 도덕적 권위와 실행력을 가지기는 어렵다.

(4) 국제 관계의 작동 원리

뒤에서 다시 설명하겠지만, 국제 인권법은 크게 보아 서구식 자유주의와 민주주의적 정치 규범을 반영한다. 하지만 그런 국제 인권법 규범은 국가 행위자들이 국익 추구를 위해 치열한 경쟁과 갈등을 벌이는 환경 속에서 작동해야 하는 근본적 한계와 모순을 지니고 있다. 데이비드 포사이스는 국제 인권이란 '현실주의적 세계 속의 자유주의적 정치'라는 유명한 말을 남겼다 (Forsythe 2012a). 그렇다 보니 국제 인권법 제도는 국가의 행동 변화에 미미한 영향을, 그것도 간헐적으로만, 발휘할 수 있을 뿐이다. 또한 세계 각국은 서로 법 전통이 다르고, 정치체제와 제도가 다르고, 사상과 이념이 다르기 때문에, 인권에 대해 제각기 다른 이해관계를 보유한다. 나아가 국가 행위자는 다양한 이익들 ─ 주권, 국가 안보, 통치, 질서, 국부의 증대, 현상 보전,

타국과의 경쟁 등 — 사이에서 끊임없이 줄타기를 한다. **인권이 제공하는 이익은 국가가 마땅히 추구해야 할 여러 이익들 가운데 단지 하나의 이익일 뿐이라**는 것이다. 대부분의 경우 국가 입장에서 보면 인권 가치란 그 어떤 대가를 치르고서라도 추구해야 할 만큼 핵심적 이익이 아니다. 국가가 인권을 자국의 '이익' 혹은 '손해'로 간주하는 논리 구조는 다음과 같다. 즉 국가는 자국 내에서 이미 보장하고 있는 인권은 계속 보장하려 하고, 자신에게 비용이 많이 발생하는 새로운 인권은 억제하려 하고, 국가주권은 (인권 보장을 위한 가장 중요한 가치로 간주하며) 어떤 대가를 치르더라도 지키려 하면서, 경쟁국·적대국에는 많은 비용을 유발하는 인권을 증진하려 한다. 리비아 사태에서처럼 지정학적 이해관계에 부합되고, 치러야 할 비용이 낮다고 판단될 때에는 얼마든지 인권의 이름으로 개입할 수 있지만, 시리아 사태에서처럼 국익에 직접 도움이 안 되고 현지 상황이 복잡하며 치러야 할 비용이 불분명할 때에는 아무리 국제사회의 인권 개입 압력이 있어도 선뜻 나서려는 국가가 없는 경우가 많다.

만일 어떤 국가가 인권을 위한 국제적 행동에 동참할 때가 있다면 그것은 여타 이익과 인권 이익이 합치될 경우, 또는 외부 압력이 크고 국가가 치러야 할 비용이 감당할 만한 범위 내에 있다고 판단될 때, 또는 다수의 국가들이 집합행동에 나섬에 따라 최소한의 비용으로 집단에 편승할 수 있을 때에 한정된다. 인권 엔지오들의 캠페인과 대중 여론에 굴복해 단기간, 간헐적인 행동을 취할 때가 있지만, 고비용과 장기간에 걸친 헌신이 요구되는 경우 인권 의제는 당연히 우선순위에서 멀어진다. 그러면서도 인권 가치에 대한 원론적·수사적 지지는 계속하는 것이 국가의 생리이다. 이 때문에 현재의 국제 관계에서, 인권 가치를 완전히 내면화한 상태에서 인권을 지지하는 국가 행위자는 없다고 볼 수 있다. 하지만 국익을 우선시하는 전통적·현실주의적 국제 관계의 관점에서 보면, 우리 시대에 국가 행위자들이 이 정도라도 인권에 대해 립 서비스를 하고 있는 것 자체가 놀라운 변화일 것이다. 현시점에서 **국가들은 인권 가치를 희미하게 내면화한 수준**, 그러나 더 중요한 이익 앞에서 언제든 입장을 바꿀 수 있는 상태라고 보면 정확할 것이다. 따라서 국가의 이중 기준, 비일관성, 위선적 태도 등은 아나키 상태의 국제 관계 속에서 국가 행위자의 이익 추구 활동이라는 관점에서 보면 정상적이고 정당한 행동으로 이해되곤 한다.

2015년 6월 국제 인권법 규범이 복잡한 국제정치의 역학 관계 속에서 어떻게 변질되고 왜곡되는지를 다시 한 번 환기시키는 사례가 전해졌다. 오마르 알 바시르 수단 대통령이 또다시 국제형사재판소의 체포를 면했다는 소식이었다. 바시르는 수단 국내에서의 심각한 인권유린 혐의로 국제적으로 체포 영장이 발부된 상태에서, 남아프리카공화국 요하네스버그에서 열린 아프리카연합 정상회의에 참석했었다. 국제형사재판소와 유엔 안보리, 유엔 사무총장, 그리고 남아프리카공화국 고등법원의 요청에도 불구하고, 남아프리카공화국 정부는 바시르 대통령을 체포해 네덜란드의 헤이그 법정으로 인도하지 않고 그가 수단으로 귀국할 수 있도록 묵인한 것이다.

1998년 제정된 〈로마 규정〉 Rome Statute of the International Criminal Court에 의거해, 2002년 설립된 국제형사재판소는 국제 인권 운동이 오랫동안 펼친 캠페인의 산물이었다. 국제형사재판소는 세계 인권 역사상 최고 수준의 이행 메커니즘을 구비했다고 평가받으며 인권 운동계로부터 큰 기대를 모았었다(글라시우스 2004). 국제형사재판소는 제노사이드, 반인도적 범죄, 전쟁범죄, 침략 범죄를 저지른 개인 및 집단을 국제형사법으로 단죄할 수 있게 하는 획기적인 시도였다. 이는 가장 극악한 인권침해 행위를 주권 존중과 내정 불간섭의 이름으로 불처벌 impunity해 온 국제정치의 전통적 불문율을 파기한 일대 사건이었다. 그러나 이렇게 높은 기대 속에서 출범한 국제형사재판소의 현재 모습은 전혀 낙관적이지 않다. 아프리카연합은 국제형사재판소에서 다루는 사건들이 유독 아프리카 국가들에만 집중되어 있다는 이유로 재판소에 대한 협조 거부, 조사와 기소 방해, 유엔 안보리에 대한 로비, 그리고 국제형사재판소의 운영을 관할하는 가맹국총회ASP에 대한 압력을 통해, 재판소의 활동을 유야무야하게 만들어 왔다. 케냐의 우후루 케냐타Uhuru Kenyatta 대통령에 대한 기소를 무력화한 일이 대표적인 사례이다. 아프리카연합 입장에서는 아프리카 대륙 전체의 정치적 위신을 유지해야 한다는 공감대와 독재국가들을 암묵적으로 용인해 온 패거리 의식이 일정 부분 작용했다고 볼 수 있다. 또한 '서구' 백인들이 주도하는 국제형사재판소가 식민 지배의 유습을 이어받아 아프리카 국가들만 인권침해국으로 몰아간다는 식의 반제국주의적 정서가 정치적으로 표출된 것도 국제형사재판소가 정상적으로 운용되기 어렵게 가로막은 요인이었다. 그런데 아프리카 국가들의 이런 태도에 애초 면죄부를 부여한 국가는 바로 미국이었다. 앞서 보았듯이 미국은 스스로 국제형사재판소에 가입하지도 않으면서, 재판소가 미국의 국익을 침해하지 않도록 온갖 형태의 외교적 압력을 각국에 가해 왔다. 또한 국제형사재판소가 이라크 전쟁을 일으킨 미국의 부시 대통령과 영국의 블레어 총리에 대해 어떤 제재도 가하지 못했다는 사실은, 아프리카 국가들로 하여금 인권 의무를 이행하지 않아도 좋다는 구실을 제공했다(Msimang 2015). 국제 인권법 제도의 가장 진화한 형태로 간주되었던 국제형사재판소가 이처럼 국제정치의 악순환 미로 속에 갇힌 채 심각하게 인권을 유린하는 지도자들을 처벌하지 못하는 모순적 상태에 놓인 것이다.

(5) 경제 지구화

경제 지구화, 특히 신자유주의적 경제 지구화로 말미암은 인권의 퇴보는 대단히 중요한 쟁점으로서, 인권론 이외에도 여러 사회과학 분야에서 이미 광범위하게 연구·논의된 쟁점이기도 하다. 이 책 2장의 '빈곤, 불평등, 발전'을 다룬 절에서도 이 문제를 집중적으로 다룬 바 있다. 따라서 여기서는 문제의 핵심만 간략하게 정리하고자 한다.[10]

첫째, 신자유주의적 경제 지구화는 '이중의 빗장 풀기', 즉 자본 및 금융시장의 개방과 공공 영역의 민영화를 초래함으로써 국민국가의 시민권 보호 기능을 대폭 약화시켰다. 시민권 보호 기능의 약화는 민주주의의 정치적 책무성 약화와 맞물리면서 현실적으로 인권을 보장할 수 있는 가장 강력한 주체인 국가의 역할을 후퇴시켰다. 둘째, 경제 지구화는 임금을 떨어트리고 노동 조직을 해체했으며, 비정규직 노동자를 양산해 노동의 질을 떨어트리고, 노동력을 언제든 대체 가능한 노동 소비재로 전락시켰다. 경제 지구화는 선진국의 노동자와 개도국의 노동자 모두에게 유례없는 압박을 가한다. 셋째, 이와 관련해 경제 지구화는 전 지구적 차원에서 위계적인 생산 사슬을 창조함으로써 각국 간 수평적 노동보호정책을 실질적으로 무력화시켰다. 넷째, 초국적 자본의 영향력으로 인해 일국 내 정치적 책무성이 약화된 상황은 시민들의 저항을 불러왔다. 그러나 통상적인 민주주의 방식으로 해결되기 어려운 정치경제적 이슈와 관련된 시민들의 저항은 비민주적이고 강압적인 방식의 국가 탄압과 정면으로 충돌하기 쉽다. 특히, 채무 위기, 국제금융 기구에 의한 구제금융, 구조 조정 프로그램SAP이 시행된 나라에서는 전 세계 어디에서나 시민들의 격렬한 저항을 초래했고, 시민적·정치적 권리의 질은 급격히 악화되었다. 경제 지구화만큼이나 경제적·사회적 권리와 시민적·정치적 권리가 내재적으로 연결되어 있음을 잘 보여 주는 사례도 드물다. 다섯째, 일국 내 그리고 국제적으로 불평등이 심화되어 사회적 응집성이 해체되고 연대 의식이 와해되었으며, 이로 인해 공적 연대성이 요구되는 사회제도들 — 복지, 사회보장, 공공 의료, 공교육, 공영 미디어 — 을 떠받치는 물적 토대가 증발했다. 이는 사회문화적 권리의 기반이 실종되는 결과를 초래했다. 마지막으로, 경제 지구화는 국제통화기금 같은 정부 간 기구, 그리고 다국적기업과 같은 사조직에 의해 추동되어 왔다. 특히 다국적기업은 먹거리와 같은 인간 생존의 기본재 부문에까지 상업화 논리를 관철시킴으로써(조효제 2013a), 일련의 반지구화 운동을 촉발하는 주원인이 되었다(조효제 2000a). 다국적기업의 활동이 낳은 환경문제, 노동문제, 독재 정권의 지속 문제 등을 개선하기 위해 사회 책임 경영CSR 및 인권 경영을 모색하는 논의가 국제적으로 이루어지고 있다(조효제 2008).

국제 인권 제도의 수립

국제 관계의 갈등으로 빚어지는 인권침해를 막기 위해 국제법 제도를 구축하자는 논의는 〈세계인권선언〉이 제정된 직후부터 시작되었다. 〈세계인권선언〉이 구체적 조약법이 아닌 규범적 선언으로 탄생했으므로 그것에 법적 장치를 추가해야 한다는 당위적 주장이 대세였다. 제2차 세계대전 와중에 벌어진 참혹한 인권유린에 대한 대중의 공분이 극에 달한 시기였으므로, 인권을 법적 토대 위에 확고하게 구축해야만 유사한 사태의 재발을 막을 수 있다는 인식이 지배적이었던 것이다. 계몽주의의 정치적 기획으로서 출발한 인권이 초기에는 정치적 매니페스토의 역할을 수행했지만, 20세기 후반 들어 법적 장치의 틀을 갖추고, 제도와 레짐으로서 진화하기 시작한 순간이었다. 그러나 냉전이 심화되는 상황에서 모든 나라가 동의할 수 있는 인권법 조약에 합의하기란 쉽지 않았다. 특히 〈세계인권선언〉에서 강조한 인권의 불가분성indivisibility 원칙 — 시민적·정치적·경제적·사회적·문화적·연대적 권리들이 모두 연결되어 있고 서로 의존하므로 이들을 분리해서 볼 수 없다 — 은 민주 자본주의와 사회주의를 통합하자는 논리에 가까웠으므로 냉전의 양분 구도에서는 설 땅이 없었다(3장 참조). 이런 사정을 반영한 타협책으로 〈사회권 규약〉과 〈자유권 규약〉이 1966년 각각 별도로 제정되어 1976년부터 발효되었다. 〈세계인권선언〉과 두 개 국제 규약을 합해 〈국제인권장전〉이라 부르는데, 이를 모체로 하여 그 뒤 각종 국제 인권 조약, 법체계, 준칙, 즉 국제적 인권 제도와 인권 레짐이 형성되었다.

여기서 제도, 특히 국제적 제도가 무엇인지를 원론적 차원에서 따져 볼 필요가 있다(Frieden, Lake, and Schultz 2010). '제도'institutions란 어떤 공동체의 구성원들이 공유하는 일단의 규칙을 말한다. 제도는 구성원(행위자)들의 협력을 촉진할 목적으로 만들어지며, 정치적 상호작용을 일정한 방향으로 유도하는 기능을 한다. 대다수 **제도는 법 또는 조직**의 형태로 존재하는데, 이런 제도가 있으면 어떤 일에 관련된 당사자들이 함께 맺은 약속으로부터 이탈할 동기가 줄어든다. 제도가 아닌 단순한 합의는 당사자들의 숫자가 늘어날수록 지켜지기 어렵지만, 제도가 존재한다면 당사자들의 숫자가 많더라도 합의가 지켜질 확률이 높아진다. 또한 제도는 당사자들 간에 정보가 원활하게 생성·교류되게 해 협력의 기반을 조성한다. 제도가 있으면 합의된 약속이 실제로 이행되게 할 메커니즘도 마련될 수 있으므로 구성원들의 협력 수준이 높아질 수 있다.

국제 인권법은 제도이며 국제 인권을 다루는 유엔 조직이나 정부 간 기구도 제도이다. 행위자들이 국제적 제도를 통한 의사 결정에 참여하는 이유는 통상 다음 두 가지이다(March and Olsen 1998; 2006). 이 중 하나를 선택할 때도 있고, 그 둘이 결합되기도 한다. 첫째, **결과의 논리**the logic of consequences는, 문제에 직면한 행위자들이 다양한 해결 방안 중에서 가장 합리적인 결과를 낼 수 있는 제도가 무엇인지를 판단해 결정한다고 가정한다. 이때 합리적 행위 주체 A는 다른 합리적 행위 주체 B도 비슷한 판단을 할 테니 주체들이 제도에 참여해 합의에 도달하면 공통의 이익이 있을 것이라고 기대한다. 따라서 행위 주체들의 의사 결정은 공통의 이익이라는 최종 결과를 달성하기 위한 도구로서의 가치를 지닌다. 둘째, **합당함의 논리**the logic of appropriateness는 행위자들이 사회적 규범에 근거한 규칙을 따르기 때문에 제도에 참여한다고 가정한다. 이때 행위 주체들의 행동은 이익에서 우러나온 동기가 아니라, 자신이 어떤 가치를 추구하는 존재인지를 말해 주는 자기 정체성에 대한 확인으로 촉발된다. 다시 말해, 이익이라는 결과를 위해서가 아니라, 어떤 것이 '옳고 타당하기' 때문에 공통의 제도에 참여한다는 뜻이다. 합당함의 논리에 따르면 정치적 행위자는 사회적으로 구성되고 공개적으로 알려지고 예상되며 수용되는 규칙과 관행에 부합하는 방식으로 행동한다. 예상되고 수용되는 행위 규칙을 따른다는 말은 그 공동체의 구성원들에게 기대되는 에토스와 가치를 내면화해 실천한다는 뜻이다. 합당함의 논리를 국제 제도에 적용하면, 국제법이라는 제도를 형성하는 과정에서 구성원들은 그 제도가 합당하다는 인식을 서로 공유하며, 그런 인식은 구성원들이 그 제도를 지킬 것이라는 기대치를 높이므로 결국 개별 국가들은 제도를 따르게 된다고 한다.

이런 통찰은 국제법의 정당성을 구성하는 전혀 다른 차원의 중요한 요인들을 보여 준다. 국가 행위자들은 국제 관계에서 **결과론적 이익의 동기와 도덕적 합당함의 동기**, 두 가지를 모두 고려해 행동에 나선다. 결과론적 동기에 의하면 국가들은 상호 간의 물질적 혜택을 기대하면서 국제법에 참여한다. 하지만 그것만은 아니다. 국가들은 합당함의 기대치에 상호 부응해 국제법적 의무를 준수하기도 한다. "국제사회에서 깊은 차원의 상호성은 결과론적 동기보다 더욱 강력하다. 국가는 국익을 추구하는 주체일 뿐만 아니라 [규범을 추구하는] 입법가이기도 하기 때문이다. **국가 간에 공유된 규범에 대한 인식에 부응해 국제법이 제정**되지 않는다면 …… 국가들 사이에서 법에 대한 신의 성실 ― 의무감 ― 이 형성될 수 없다"(Brunnee and Toope 2010, 40, 강조 추가).

행위자들 사이에서 합의된 사항을 강제할 수 있는 통치 주체가 없는 아나키 상태의 국제 관계에서 국제기구가 제도를 시행하는 방식에는 네 가지 종류가 있다(Frieden, Lake, and Schultz 2010). 첫째, 행동 기준을 설정해 모호성을 줄이고 분쟁 소지를 없앰으로써 협력을 촉진한다. 이 같은 기준이 마련되면 행위자들이 실제로 어떻게 행동해야 하는지가 분명해진다. 둘째, 규정을 실제로 준수하는지 여부를 확인할 근거와 방법을 마련한다. 흔히 국제법 제도에 참여하는 가입국들은 보고서 제출, 현지 조사 수용, 주재국의 대사관을 통한 정보 취득 보장 등의 의무를 진다. 셋째, 집합적 의사 결정의 비용을 줄임으로써 제도에 참여하는 행위자에게 물질적 유인을 부여한다. 미리 합의된 규정이 없을 때에는 그때마다 새롭게 흥정bargaining을 해야 하며 이는 엄청난 비용을 발생시키는데, 제도에 참여하는 행위자는 매번 흥정을 새롭게 해야 하는 비용을 줄일 수 있다. 넷째, 미래에 발생하리라고 예상되는 분쟁의 해결책을 미리 마련해 둔다. 제도의 이행과 불이행을 판단하고 유권해석을 내릴 수 있는 장치를 통해 어떤 정책의 시행에 따른 갈등의 소지를 줄이는 것이다.

그런데 이런 방법들을 동원하더라도 여전히 국제 인권법 제도는 인권 규범을 주창하고 장려하는 데는 능하지만 구체적 시행이 어렵다는 결정적 약점을 지닌다(Donnelly 2013). 이를 해결하려면 논리적으로 보아 세계국가가 출현하거나(Wendt 2003), 초국적 강제 메커니즘이 존재해야 한다. 흔히 유엔이 그 역할을 담당한다고 상상하기 쉽지만, 유엔은 가입국들의 이해관계를 반영하는 것 이상의 행동을 취할 수 없다. 유엔이 어떤 정책을 강제할 수 있는 권한은 약소국 정부가 자국 내에서 행사하는 권한보다도 허약하다. 예를 들어, 유엔은 국제법을 이행하지 않는 국가를 처벌할 수 없고, 세금을 부과할 권한이 없고, 상비군을 두지도 못한다. 따라서 국제법 제도는 구속력이 없는 단순한 규범에 가깝다는 평가가 나오는 것이다.

인권과 관련한 국제법 제도는 크게 국제인도법과 국제 인권법으로 나뉜다.[11] 둘 사이의 차이는 다음과 같다. 앞서 설명했듯이 **국제인도법**은 전쟁 시 인간을 보호하고 고통을 줄일 목적을 가진다. 이 같은 목적을 달성하는 과정에서, 국제인도법은 국가뿐만 아니라 개개인도 자신의 행동에 궁극적 책임이 있는 주체로 간주한다. 국제인도법은 그 이행에 있어 형사책임을 물을 수 있을 정도의 강제성을 지니며, 비정치적 색채를 가진다. **국제 인권법**은 전시, 평화 시, 긴급사태 시 등 모든 경우에 인간을 차별 없이 보호하려는 목적을 가진다. 그러나 국제 인권법의 궁극적 준수 책임은 개인이 아닌 국가에 있다. 또한 국제 인권법은 이행이 어렵고 선언적이며 국제인도법에 비해 정치적인 색채가 짙다. 더 나아가, "인적·시간적·물적인 측면 모두에서 국제인도법의 적용 범위는 국제 인권법처럼 넓지는 않다. …… [국제]인도법은 또한 그 본질상 덜 평등주의적이다"(유엔인권최고대표사무실 2014, 16-17).

우선 전쟁과 관련된 **국제인도법 제도**는 다시 제네바법과 헤이그법으로 나뉜다.[12] **제네바법**은 무력 충돌의 희생자를 보호할 목적으로 19세기 중반 장 앙리 뒤낭Jean-Henri Dunant의 제안에서 비롯되었다(뒤낭 1862/2009). 흔히 제네바법을 '인도법'이라고 부를 때도 있다. 최초의 〈제네바협약〉은 육지 전쟁에서의 희생자만을 대상으로 했으나 점점 확대되어 1864년부터 20세기 중반까지 일련의 협약들이 제정되었고, 1949년 네 개의 〈제네바협약〉으로 정리·종합되었다. 이는 다음과 같다. 제1협약 '육전에 있어서의 군대의 부상자 및 병자의 상태 개선에 관한 제네바협약', 제2협약 '해상에 있어서의 군대의 부상자, 병자 및 조난자의 개선에 관한 제네바협약', 제3협약 '포로의 대우에 관한 제네바협약', 제4협약 '전시에 있어서의 민간인 보호에 관한 제네바협약'. 여기에 더해 1977년 두 개의 의정서(제1의정서 '국제적 무력 충돌의 희생자 보호', 제2의정서 '비국제적 무력 충돌의 희생자 보호')가 추가되었다.

다음으로 **헤이그법**은 전투행위 시 교전자의 권리와 의무를 규정하며, 적을 해칠 수 있는 수단의 제한 및 금지를 규정한다. 헤이그법을 '전쟁법'으로 지칭하기도 한다. 주로 1899년과 1907년 헤이그에서 체결된 조약들을 토대로 하지만 그 뒤에 체결된 유독성 가스, 생화학 무기 사용의 금지를 규정한 조약들도 헤이그법 체계에 포함된다. 국제인도법 관점에서 보면 1907년 채택된 '육전의 법규 및 관례의 존중에 관한 조약'과 '육전에 있어서 중립국과 중립인의 권리·의무에 관한 조약'이 특히 중요하다. 요즘 제네바법(인도법)과 헤이그법(전쟁법)은 거의 비슷하게 취급되며, 앞서 본 대로, 학계와 국제기구에서는 이 두 가지를 '국제인도법'으로 통칭하는 추세이다. 국제인도법 제도는 — 전쟁의 폐지가 아니라 — 전쟁의 개시, 절차, 진행 과정, 방법에 있어 최소한의 규칙을 부여하고 인도적 견지에서 전쟁의 참화를 통제하자는 일종의 대증요법이라 할 수 있다.

본격적으로 인권을 다루는 **국제 인권법 제도**는 크게 두 갈래로 나뉜다. 첫째, 〈유엔헌장〉에 의해 구성된 기구들로, 유엔총회·안전보장이사회·인권최고대표사무실·인권이사회 등이 대표적이다. 둘째, 국가들의 조약을 통해 구성된 국제 인권법 체계이다. 〈세계인권선언〉은 유엔총회의 결의로 채택된 문서이므로 조약법이 아니지만 그 뒤 국제관습법의 지위를 획득했다고 일반

표 4-1_ 주요 국제 인권 조약 및 대한민국 비준 현황

명칭	제정 연도	발효 연도	전 세계 가입국	대한민국 비준 현황
자유권 규약(CCPR)	1966년	1976년	167개국	1990년
제1선택의정서(개인 진정)			114개국	1990년
제2선택의정서(사형제 폐지)			75개국	미가입
사회권 규약(CESCR)	1966년	1976년	160개국	1990년
선택의정서			10개국	미가입
인종차별철폐협약(CERD)	1965년	1969년	175개국	1978년
여성차별철폐협약(CEDAW)	1979년	1981년	187개국	1984년
선택의정서			104개국	2006년
고문방지협약(CAT)	1984년	1987년	153개국	1995년
선택의정서			67개국	미가입
아동권리협약(CRC)	1989년	1990년	193개국	1991년
제1선택의정서(아동의 무력 분쟁 참여)			151개국	2004년
제2선택의정서(아동 매매, 성매매, 음란물)			163개국	2004년
제3선택의정서(개인 진정)			2개국	미가입
장애인권리협약(CRPD)	2006년	2008년	127개국	2008년
선택의정서			76개국	미가입
이주노동자권리협약(CMW)	1990년		46개국	미가입
강제실종협약(CPPED)	2006년	2010년	37개국	미가입

자료 : 전 세계 가입국 현황은 2013년 2월 현재 유엔 인권최고대표실의 집계에 따랐다.
〈http://www.ohchr.org/EN/HRBodies/Pages/TreatyBodies.aspx〉.
대한민국 비준 현황은 2015년 6월 현재 지위이다. 외교통상부의 홈페이지를 보라.
〈http://www.mofa.go.kr/trade/humanrights/foreignrights/index.jsp?mofat=001&menu=m_30_70_10〉.

적으로 해석된다. 그 뒤 인권과 관련된 아홉 개의 핵심 국제조약이 체결되었
다(정인섭 2000; 2012 참조). 〈표 4-1〉에 주요 인권 조약의 명칭, 제정 연도, 발
효 연도, 전 세계 가입 국가 숫자, 대한민국 비준 여부가 나와 있다. 유엔 기
구들과 국제 인권법을 통틀어 국제 인권 제도들은 복잡하고 다층적인 이행
메커니즘을 갖추고 있다(유엔인권최고대표사무실 2014, 35-76). 대표적으로는 각
조약에 따라 구성된 각각의 이행 감시 위원회들, 국가에 대한 보고서 제출
의무, 개인 청원 허용, 국가별 정례 인권 검토, 특별보고관 현지 조사, 총회의

감독 및 보고서 채택, 안보리의 제재 등이 있다.

국제 인권 조약 체계는 참여 국가들에 대해 합법적으로 **조약의 이행을 제한할 수 있는 권한**을 부여했다(Smith 2013). 첫째, '유보'reservation 권한에 근거해 국가는 어떤 조약을 비준할 때 특정 조항을 승인하지 않을 수 있다. 둘째, 해석적 선언을 통해 비준 시 혹은 비준 후 언제라도 특정 조약 내용을 불이행하겠다고 가맹국들에게 통보할 수 있다. 셋째, 국가 비상사태 상황에서는 조약의 일부 의무에서 이탈derogation할 수 있는 권한이 있다.[13] 로나 스미스 Rhona Smith에 따르면 국가들은 조약에 가입할 때 유보 권한을 행사할 뿐만 아니라 이탈을 금지한 규정조차 자의적으로 위반하곤 한다. 국가가 인권 조약에 서명하고 이를 비준하더라도 조약의 핵심 조항을 무효라고 선언하거나 유보한다면, 조약에 가입한 국가의 행동이 얼마나 실효적일 수 있을지에 큰 의문이 제기될 수밖에 없다. 국제 인권법 제도는 본질적으로 국가 간 합의에 기반을 둔 **자발적 시스템**이므로 이런 '반칙'은 국제 인권법이 해결해야 할 영원한 숙제이다(Smith 2013, 64). 상식적으로 다음과 같은 질문을 할 수 있을 것이다. 왜 애초부터 국제 인권법 제도에서 유보 제도를 허용해 놓았는가? 그 이유는 주권국가들을 느슨한 형태로라도 국제적 감시와 이행의 틀 내에 포함해 놓는 것이, 그렇지 않은 것보다 더 낫다고 보았기 때문이다. 미흡하지만 차선책을 택한 것이다. 또한 유보할 수 있는 여지를 남겨 두지 않으면 합의에 기반을 둔 국제 시스템을 구축하기가 처음부터 불가능하다는 점을 현실적으로 고려한 것이기도 하다(Smith 2013).

관점을 달리해 다음과 같은 질문을 할 수 있다. **국가는 왜 국제조약에 참여하는가?** 국제적 제도에 참여할 때 얻을 수 있는 이익을 앞서 열거했지만 그것만으로는 국가 행위자들이 국제 인권법 제도에 참여하는 이유를 설명하기에 부족하다. 국제 인권 조약은 그 특성상 국가에게 큰 부담을 부여하는 제도이기 때문이다. 이 문제는 **국제 관계의 원리라는 측면에서 중요한 연구 주제**가 되어 있다. 국가는 주권 수호와 내정불간섭 원칙을 특히 중요한 이익으로 간주한다. 그럼에도 왜 국가는 잠재적인 내정간섭 위협과 주권의 일부 포기라고 하는 비용을 감수하면서까지 자기 행동에 스스로 제약을 가하는 국제 인권법 제도에 참여하는가? 민주국가이든 비민주국가이든 통상적인 국제 관계의 상식으로 판단한다면, 보고의 의무를 지고, 국내의 법 집행 기관 및 사법부의 판결에 대한 외부의 감시를 허용하며, 개인이 자국이 아닌 국제기구에 직접 청원할 수 있도록 하는 등 고비용을 발생시키는 국제 인권법 제도에 참여할 이유가 없어 보인다. 그럼에도 굳이 국제 인권법을 받아들이는 이유가 무엇인가?

이 질문에 대한 가장 표준적 설명은 규범적 행동주의이다.[14] 이미 민주주의를 확고하게 실천하는 나라, 그리고 이타적 동기를 중시하는 나라들이 보편적 규범인 인권을 확산시키려는 동기에서 국제 인권법 체계에 가입하고, 덜 민주적인 국가들에게 '합당함의 논리'로써 보편적 규범을 설득한다는 설명이다. 이런 국가 행위자들은 국제 시민사회, 인권 엔지오, 초국적 주창 네트워크Transnational Advocacy Network, TAN 등과 함께 일종의 거대한 '인식론적 공동체'를 형성하고, 초국적 사회화 과정을 통해 전 세계 국가들을 더욱 인권 친화적이며 인권 규범에 합의하는 연결망으로 끌어들인다(공석기 2013). 이런 류의 설명은 민주주의 국가들의 도덕적 이니셔티브와 지도력, 그리고 초국적 시민사회의 강력한 역할을 강조하는 관점을 취한다.

현실주의의 관점에서 국가들의 인권법 제도 참여를 설명할 수도 있다. 강대국들은 약소국에 비해 국가 간 협상력이 월등하게 높다. 이런 우월적 지위를 이용해 강대국은 자신의 이데올로기(예컨대 민주주의와 인권 담론)를 외부화하곤 하는데, 이때 헤게모니를 통해 타 국가들을 '합리적'으로 유인하거나,

또는 강압력을 통해 타 국가들을 관리한다. 이런 식으로 패권의 영향 아래 놓여 있거나 통제의 압력을 받는 약소국들은 자국의 주권 이익과 무관하게 강대국의 협상력에 굴복하기 쉽다. 19세기에 영국이 '백인의 부담'The White Man's Burden이라는 명목으로, 또한 프랑스가 '문명화 사명'mission civilisatrice이라는 이름으로 자신들의 정치·경제·문화적 규범과 기준을 식민지에 전파한 것이 좋은 예이다. 오늘날 이른바 '글로벌 스탠더드'라 불리는 것의 선구 현상인 셈이다. 제2차 세계대전 이후 미국을 정점으로 한 서방 전승국들이 자기 진영의 이데올로기인 자유주의와 민주 자본주의를 전 세계에 부과하는 과정에서 인권이 이데올로기적 정당화의 한 축을 담당했다는 분석도 있다. 맬컴 워터스Malcolm Waters는 전후에 인권 담론이 등장하게 된 배경이, 전승국들이 패전국을 처벌하고, 냉전 경쟁에서 상대를 제압하며, 강대국들이 타 국가의 내정에 개입하고, 소외·약자 집단이 국가에 맞서 자신의 권리를 주장하기 위해서였다고 주상한다. 마지막 이유만 제외하고 나머지 세 가지는 국제적 권력관계를 반영한 설명이다(Waters 1996, 597).

국가 이익의 관점에서 국제 제도 가입을 설명할 수도 있다. 우선, 외부에서 주어진 유인에 반응해 국제적 규범을 받아들이는 경우가 있다. 예를 들어, 나토 군사동맹의 일원이 되어 자국의 안보를 보장받기를 원하는 나라는 나토가 제시하는 민주주의와 법의 지배라는 규범을 받아들인다. 유럽연합에 가입해 재정적·경제적 지원을 받고자 하는 국가들은 가입에 필요한 선행 조건(인권 규범의 준수와 국내 법 제도 정비)을 수용해야 한다. 이런 국가들은, 가입 시 발생할 수 있는 내정 간섭이 그보다 더 큰 국익을 통해 상쇄될 수 있다고 판단하기 때문에 이 같은 조건을 수용하는 것이다. 또한 민주국가일 경우, 자국의 인권 상황에 자신이 있을 때에는, 국제 인권 조약에 가입하더라도 외부로부터 심각한 주권 제약 및 간섭에 시달릴 가능성이 크지 않다고 판단해 인권 조약이 부여하는 부담을 걱정하지 않는다. 오히려 조약에 따른 유인을 적극적으로 활용하기도 한다. 국제 인권 조약 체계에 가입하면 자국보다 덜 민주적인 국가들을 감시하고 통제할 수 있는데, 이를 통해 타국의 내정에 간섭할 수 있는 외교상 이익을 얻을 수 있기에 국익에 도움이 된다는 논리인 것이다.

마지막으로, **자기 속박 이론**에 의한 설명이 있다. 앤드루 모라브치크Andrew Moravcsik는 1949~53년 사이에 전개된 유럽 인권재판소ECHR 설립을 위한 협상 과정을 역사적으로 분석했다(Moravcsik 2000). 당시 민주주의의 기준으로 보아 유럽에는 세 범주의 국가들이 있었다. 이미 민주주의를 시행하던 나라들(벨기에·덴마크·스웨덴·네덜란드·노르웨이·영국·룩셈부르크), 내정이 불안정하고 민주화가 지체된 나라들(그리스·터키·포르투갈·스페인), 그리고 1920~50년 사이의 어느 시점부터 민주주의를 시행하기 시작한 나라들(오스트리아·이탈리아·아이슬란드·아일랜드·서독)이다. 유럽 인권재판소의 협상에서 가장 첨예한 이슈는 개인 청원의 허용 여부, 그리고 유럽 인권재판소가 각국 내부에서 법적 관할권을 행사할 수 있도록 허용할지 여부였다. 이른바 민주국가들 중 벨기에만 두 조건을 받아들였고 나머지 민주국가들은 두 조건 모두를 반대했다. 그런데 이 조건들을 가장 열성적으로 지지했던 나라들은 이탈리아와 서독을 필두로 한 신생 민주국가였다. 그 이유는, 이들 신생 국가들이 자국의 미숙하고 허약한 민주제도를 국제 제도에 스스로 '속박'lock in시킴으로써, 자국의 민주주의가 후퇴하지 못하도록 하는 안전장치를 마련하고, 이를 통해 대외 신인도를 높이려 했기 때문이다. 민주주의를 공고화할 수 있는 혜택을 감안하면 내정간섭이라는 비용과 국제적으로 져야 할 부담을 충분히 감내할 수 있다고 판단한 것이다. 국제조약의 권위에 기대어 국내 정치 개혁을 추진하려는 시도였다고 할 수도 있다. "중앙화된 제도를 열성적으로 지지했던 이탈리아 대표단은 …… 민주주의가 아직 뿌리를 내리지 못한 나라들의 큰 문제인 전체주의적 운동의 영향을 차단할 필요를 역설했다. …… 독일 대표는, 한 걸음 더 나아가, 만일 어느 한 나라의 자유가 위협받을 경우 다른 가입국들이 집단적으로, 필요하다면 무력을 동원해서라도, 그 나라를 도울 의무를 부과할 수 있는 조약을 제안하기도 했다"(Moravcsik 2000, 238). 신생국들의 자기 속박 현상은 유럽 바깥에서도 관찰된다. 실제로 1953~66년 사이 국제 인권규약을 협상하는 과정에서 미국·영국·소련·중국(타이완)·남아프리카공화국·이란 등은 규약에 반대하거나 소극적이었지만, 유럽·라틴아메리카·아시아 각국의 탈식민 신생 독립국들은 규약 제정을 적극적으로 찬성했던 것이다.

국제 인권법의 효과 논쟁

'국가가 왜 국제적 제도에 참여하는가?'라는 질문이 국제관계학에서 주로 제기되는 연구 과제라면, 국제 인권법의 지지자들과 인권 운동가들은 '어떻게 하면 국가들을 국제법 시스템에 더 많이, 더 깊게 포함시킬 것인가?'라는 방법상의 질문을 주로 제기해 왔다. 이런 질문의 바탕에는 **국제 인권법 제도가 확대될수록 전 세계 인권이 당연히 개선되리라는 가정**이 깔려 있었다. 인권 지지자들 가운데 절대 다수는 이런 가정을 자명한 진리로 받아들이는 경향이 있다. 한때 국제 인권 운동은 전 세계 각국이 국제 인권법 조약을 비준하도록 촉구하고 압력을 가하는 캠페인에 전력을 기울이기도 했다. 과거 국제 앰네스티가 발간하는 연례 보고서의 부록에 각국의 인권 조약 비준 현황이 매년 실렸던 시기도 있었다. 〈표 4-1〉에서 보았듯이 두 개 조약을 제외한 대다수 핵심 인권 조약들의 전 세계 가입률은 68~100퍼센트에 달한다. 이런 수치로만 보면 국제 인권 규범에 국가 행위자들을 포함시키려는 노력이 가시적 성공을 거두었다고 판단할 수 있다. 더 나아가, 국제법 지지자들의 가정이 옳다면, 국제 인권법의 성공적 비준이 전 세계 인권을 명백하게 개선시켰어야 마땅하다.

이와 관련해, 국제법 제도의 효과를 둘러싼 논쟁에는 자발성의 문제도 수반된다. 그것은 다음과 같은 질문으로 이어진다. **국제 인권법 체계를 자발적으로 받아들인 국가들이 인권법을 얼마나 준수하는가?** 이 질문이 중요한 이유는, 모든 국제조약이, 적어도 공식적으로는, 개별 국가의 자체적 판단, 의향, 의지, 정치적 결단의 결과이기 때문이다. 외부에서 조약을 비준하라고 아무리 설득하고, 압력을 가하며, 유인을 부과하더라도, 조약 비준은 궁극적으로 국가 행위자가 스스로 결정하는 문제이다. 앞서의 질문을 뒤집어 보면 각국이 국제 인권법 체계에 자발적으로 가입한 만큼 국제 인권법을 제대로 지키는 것이 당연하다는 상식적 전제가 깔려 있는 것이다.

그런데 바로 이 점에서 논란이 벌어지고 있다. 다음과 같은 원론적인 질문 때문이다. **국제 인권법 제도의 확산으로 전 세계 인권이 개선되었는가?** 다시 말해, 국제 인권법 체계가 소기의 목적을 달성했는가? 전통적 가정에 따르면 이 질문에 대한 답은 당연히 '그렇다'가 되어야 할 것이다. 그러나 안타깝게도 우리가 체감하는 전 세계 인권 상황은 정반대이다. 21세기 들어 2001년부터 현재까지 발생한 무력 충돌로 사망한 사람들의 숫자를 극히 보수적으로 계산해도 전 세계적으로 적어도 91만4,700명이 희생된 것으로 추산된다.[15] 이에 더해 고문이나 생체 실험, 불법 구금, 강제 실종과 같은 고전적 인권침해 문제가 근절되기는커녕 다시 고개를 들고 있고, 경제 지구화 시대에 경제적·사회적 권리는 갈수록 실종되고 있으며, 테러를 방지한다는 명분으로 인권침해를 학문적으로 정당화하는 개탄스러운 현상까지 관찰된다.[16] 물론 이런 예들은 인상기적·일회적 평가에 불과하다고 항변하는 이가 있을 수 있다. 그렇지만 국제 인권법의 효과를 실증적으로 조사한 연구들이 지난 20년 사이에 대거 발표되어 왔고, 뒤에 소개하겠지만, 이 연구들 가운데 상당수는 인권법의 효과를 부정적으로 평가하고 있다. 이는 **국제법을 통한 인권의 증진**이라는 1948년 이래의 기본 전제를 뒤흔드는 실망스러운 결과이다. 물론 이런 연구 결과를 신중하게 해석할 필요가 있다. '인권침해, 즉 인간의 사회적 고통을 정량화해 분석하는 것이 과연 가능한가?'라는 근본적 비판이 있을 수 있다. 또한 조사 대상이 된 국가의 숫자와 조사 기간을 둘러싼 방법론적 문제가 있다. 각국의 특유한 배경과 맥락을 고려하지 않은 일반화의 오류를 지적할 수도 있다. 국제 인권 규범이 확산된 덕분에 과거에 비해 인권침해를 평가하는 기준이 더욱 엄격해져 '인권을 강조할수록 인권 문제가 더 많이 발견되는' 역설을 감안할 필요도 있다. 더 나아가, 지금까지의 인권 운동이 국제법 제도의 확산에 초점을 두었다면 앞으로는 국제법의 실제 이행에 집중해야 하는 과제가 남아 있다고 보는 단계별 접근론도 일리가 있다.

좀 더 구체적으로 국제 인권법의 효과성을 조사하는 방법을 살펴보자. 이런 연구들에서 주로 많이 사용하는 방법은 국제 비교 연구이다. 인권의 어떤 이슈(예컨대 고문)에 초점을 두어 국제 인권법의 채택이(독립변수) 실제로 인권 상황을 개선하는 데 기여했는지를(종속변수) 조사한다. 예를 들어, 국제 인권 조약에 가입한 여러 나라들이 자국 시민들의 신체적 안전physical integrity을 보장한 기록을 장기간에 걸쳐 횡단시계열적으로 비교·측정하는 것이다(유은혜 2013; Landman 2006 참조). 각 연구가 활용하는 데이터베이스는 각각 다르지만 보통 1백 개국 이상, 기간은 10년에서 수십 년에 걸친 대규모 장기간 연구가 주를 이룬다. 이런 비교 연구를 통해 **국제법 제도의 실질적 효과에 관해 일반화**를 시도할 수 있다(참고로 시민적·정치적 권리에 비해 경제적·사회적·문화권

권리와 관련된 연구는 적은 편이다).

나는 2006~07년에 미국의 대학에서 국제 인권법의 실효성에 관한 연구의 흐름을 처음으로 접했다. 그 이전에는 국제 인권 규범의 효과를 당연시해 왔던 터라 그런 연구가 낯설고 놀라웠다. 이 방면에서 괄목할 성과를 내던 주도적 연구자들과 토론할 기회도 있었다. 이를 통해 규범적 인권론과 실증적 인권 연구 사이의 긴장과 협력 가능성을 숙고해 보기도 했다. 이어지는 내용에서는 그 논쟁의 물줄기를 이끈 대표적 연구들을 소개할 것이다. 물론 여전히 국제 인권 조약의 효과를 긍정적으로 보는 연구들도 많다.[17] 그러나 여기에서는 그런 주류적 견해에 의문을 던진 비판적 연구들을 중심으로 연구의 핵심 내용, 함의, 그리고 그런 결과를 초래했다고 생각되는 이유를 설명하려 한다.

우나 해서웨이Oona Hathaway는 예일 대학교 법학 교수로, 법학·국제관계학·정치학·사회학적 접근을 종합해 이른바 **법 준수 이론**compliance theory이라는 연구 영역을 본격적으로 개척한 연구자이다. 국제법이 어떻게, 어느 정도나 실제로 이행되는지를 연구한 것이다. 그의 핵심 문제의식은 1백 페이지가 넘는 논문의 제목 — "인권 조약이 현실을 변화시킬 수 있는가?" — 에 잘 나타나 있다. 이 질문에 답하기 위해 해서웨이는 강제 실종, 제노사이드, 고문, 시민적 자유, 공정한 재판, 여성의 정치 대표성 등 다섯 개 영역에서 국제 인권법의 비준이, 국가의 법적 의무의 준수율을 높이고 구체적인 인권 증진 효과를 낳았는지 조사했다. 인권 조약을 비준한 나라들이 과연 약속대로 인권을 존중하는지, 즉 인권유린이 정말 줄었는지를 통계적으로 비교 조사한 것이다. 결론적으로 말해, 유의미한 인과관계 혹은 상관관계가 나타나지 않았다. 원래 인권을 잘 보호하던 나라에서는 인권 조약 비준 전후의 차이가 없었고, 인권을 유린하던 나라에서도 비준 전후의 변화가 크지 않았다. 심지어 인권 조약 비준 후 인권 상황이 더 악화된 경우도 있었다.

이 같은 해서웨이의 연구는 인권 조약의 목적과 기능에 관한 기존의 견해에 의문을 던진다. 흔히 사람들은 국제 인권법 제도는 국가가 인권 원칙을 준수하고, 이를 통해 국가의 행동 변화를 끌어낼 목적으로 제정되었다고 가정하곤 한다. 이것이 표면적으로 드러나는 국제 인권법 제도의 '도구적'instrumental 기능이다. 그렇지만, 앞서 지적했듯이, 인권 조약의 비준과 인권 존중 사이에는 유의미한 관계가 나타나지 않았다. 이를 어떻게 해석해야 할까? 이와 관련해, 해서웨이는 국제 인권법에는 또 다른 중요한 기능, 즉 '표출적'expressive 기능이 있다고 지적한다. 예를 들어, 국제사회는 국가 행위자에게 국제사회가 존중하는 다양한 실질적 가치에 대해 어떤 식으로든 적절한 태도를 드러내 보이도록 요구한다. 국가 행위자의 이익 또는 진의와 상관없이, 보편적으로 통용되는 어떤 가치에 대해 국가가 규범적인 '입장 표명'을 하도록 요구한다는 뜻이다. 이런 압력에 대해, 국가는 국제사회의 떳떳한 구성원으로서 자기 존재를 선언하고, 정당한 권력이라면 당연히 가지고 있을 것으로 기대되는 규범적 정체성을 과시·표현하고자 하는데, 이것이 바로 **국제 인권법의 표출적 기능**이다.

대다수 국가는 국제 인권 조약의 도구적 기능과 표출적 기능을 함께 고려해 조약에 참여한다. 특히 외부로부터 국제 인권 규범을 받아들이라는 압력이 강하고, 조약에 참여하더라도 그 감시 기능이 약할 때에 국가는 **표출적 기능에 근거한 조약 참여의 동기**가 높아진다. 문제는 이 도구적 기능과 표출적 기능이 언제나 함께하지는 않는다는 점이다. 예컨대 "조약의 감시·이행 메커니즘이 미약할 때 인권법의 도구적 역할과 표출적 역할 사이의 합일점이 깨지면서 두 측면의 분리가 발생한다. 이런 상황에서 국가는 조약에 가입함으로써 그 조약의 목표에 대한 의지를 표명하면서도, 정작 조약에서 규정한 필요조건을 지키지 않는 경향이 있다"(Hathaway 2002, 2,006). 물론, 모든 국제조약이 도구적 측면과 표출적 측면을 지니고 있지만, 인권과 같이 규범적 지향이 강한 조약에서는 두 측면의 분리 현상이 특히 두드러진다. 더 나아가 표출적 측면만이 중시될 경우, 국가는 인권 조약 가입을 인권 증진을 위한 도구로 생각하기보다 인권 증진의 '저비용' 대체물로 간주하게 된다. 즉 실제로는 인권을 증진할 의향이 없으면서도, 조약에 가입함으로써 자신의 의무를 다했다고 자족한다. 게다가 이런 상황에서는 조약에 대한 실질적인 준수가 부족하더라도, 인권 조약에 가입한 국가는 국가들로 이루어진 국제사회에서 일종의 정회원 자격을 누릴 수 있게 되고, 외부의 자국 인권 비판으로부터 어느 정도 자유로워질 수 있을 뿐만 아니라, 해외투자를 유치하는 데 유리한 환경을 누리는 이점을 얻는다. 해서웨이의 연구는 국제 인권법을 통한 전 세계 인권 증진이라는, 인권학계의 주류적 가정에 정면으로 반기를 든 것이어서 큰 논란을 불러왔으며 그 즉시 비판이 나오기 시작했다.

라이언 굿맨Ryan Goodman과 데릭 징스Derek Jinks는 실증적 분석 방법, 이론적 모델, 정책적 제안 등의 측면에서 해서웨이의 연구를 비판한다(Goodman and Jinks 2003). 이들은 특히 국제 인권 조약을 표출적 기능으로만 악용하는 국가들을 통제하기 위해 국제 인권 조약의 가입 요건을 엄격하게 통제해 인권침해국들이 함부로 인권 조약의 당사국이 되지 못하게 하자는 해서웨이의 제안을 거부한다. 그런 제안은 인권 규범을 국제적으로 확산하고 국내에서 내면화하는 데 아무런 도움이 되지 않는다는 것이다. 단기적으로 국제 인권법이 큰 효과가 없어 보여도 국가들을 공동의 국제 규범 체계 속에 끌어들여다 함께 사회화할 때 장기적으로 인권 증진 효과가 분명 나올 수 있다는 주장이다. 이들에 따르면, 국제 인권법은 인권이라는 '강한 규범', 그러나 이를 관철할 수 있는 이행 메커니즘이라는 면에서는 '약한 강제력'이 결합된 독특한 제도이다. 이렇게 독특한 이중적 성격 때문에 국제 인권법이 국가의 행동을 변화시키는 과정을 통상적인 경로로 이해하기는 어렵다. 통상적인 설명에 따르면 어떤 행위자의 행동을 규범에 부합되는 쪽으로 변화시키려면 '강압' 또는 '설득'의 방법을 활용해야 한다고 가정하곤 한다. 그러나 굿맨과 징스는 강압이나 설득이 아닌 제3의 메커니즘인 **문화 접변**acculturation 방식이 국제 인권법에 적용될 수 있다고 주장한다(Goodman and Jinks 2004; 조효제 2008, 147-151 참조). 이 주장에 따르면 행위 주체의 행동은 개별 행위자와 준거집단 간의 관계 속에서 결정된다. 즉 어떤 행위 주체는 강압도 아니고 설득도 아닌 '다른 형태의 압력'을 통해 제도에 참여하고, 제도가 부과하는 규범적 요구를 실천한다는 것이다. 이런 압력에는 두 종류가 있다. 첫째, 주관적 인지 압력이다. 즉 행위 주체는 사회구조에 순응할 때 느끼게 되는 안녕감과 순응하지 않을 때 느끼게 되는 불안감으로 말미암아 어떤 제도를 따르게 된다. 둘째, 외부에서 주어지는 사회적 압력이다. 사회구조에 순응할 때 외부에서 부여하는 사회적 인정과, 순응하지 않을 때 따라오는 사회적 비난이 결합되어, 행위 주체가 제도를 따르도록 유인한다. 문화 접변 이론의 특징은, 강압이 없더라도 행위자의 행동을 바꿀 만한 내적·외적 압력이 존재하며, 어떤 가치 규범에 설득되지 않더라도 행위자가 행동을 바꿀 수 있다고 가정하는 데 있다. 요컨대 외부 압력이나 내면화가 없더라도 사회적 대세에 맞춰 자신의 행동을 바꾸는 메커니즘이 존재한다는 말이다. 급격한 변화가 아니더라도 지난 반세기 동안 전 세계 국가들이 국제사회 내에서 인권 규범에 동의를 표하고 그에 발맞춰 행동을 변화시켜 온 과정이 이를 입증한다고 한다.

굿맨과 징스의 반론에도 불구하고 국제 인권법의 실효성에 의문을 던지는 조사들이 계속 발표되었다. 예를 들어, 국제 인권법이 극심한 인권 탄압 나라들에 어떤 긍정적 효과를 끼쳤는지를 추적한 연구가 있다(Hafner-Burton and Tsutsui 2007). 이 연구는 국제 인권 레짐의 원래 목적이 최악의 인권침해를 방지하는 것이었으므로 국제 인권법의 효과가 진정으로 입증되려면 국제 인권법이 인권을 제일 심하게 탄압하는 나라에서 제일 큰 효과를 거두어야 할 것이라고 가정한다. 만일 민주주의가 잘되는 나라에서만 국제 인권법이 효과를 거둔다면 굳이 국제법 제도를 도입할 필요가 없다는 문제의식이 깔려 있다. 이 연구에 따르면 1976~2003년 사이에 주요 인권 조약 시스템에 가입한 나라들이 전 세계적으로 지속적으로 증가했다. 이 기간에 인권을 보호하는 민주국가와 인권을 조직적이고 대규모로 침해하는 독재국가의 인권 조약 가입 비율이 모두 증가했다. 그러나 실증적 조사를 보면, 인권 조약의 가입률이 늘어난 만큼 독재국가들 사이에서 인권유린의 정도가 낮아지지는 않았다. 그 이유가 무엇일까? 첫째, 국가는 전략적 행위자이므로 국제 인권법의 규범적 측면에 대한 동의가 없더라도 자국의 정치적 이익에 부합하면 일단 인권 조약에 가입한 뒤 국내에서는 이전처럼 인권유린을 계속 자행한다. 둘째, 원래 가입 동기가 어떠했든 간에 국제 인권법 체계에 편입되면 시간이 지나면서 점진적으로 인권 규범을 내면화할 것이라는 기대도 현실에서 통하지 않는다. 독재자들은 권력과 부를 축적할 수 있는 기회를 포기하는 비용을 부담하고서라도 인권 규범을 따를 아무런 유인이 없다. 셋째, 인권을 탄압하는 독재 세력은 나름대로 '합리적' 계산과 선택에 의해 인권을 침해하기 때문에, 단순히 준거집단의 사회적 압력이 있다고 해서(문화 접변) 인권을 개선하거나 개혁 노선을 추구하지는 않는다(6장 참조). 넷째, 설령 집권층의 인권 개선 의지가 있다고 해도 인권 보장 시스템을 갖추려면 자원과 전문성이 필요하다. 오랜 정치적 탄압의 유산을 지닌 나라에서는 그런 자원과 전문성이 존재할 가능성이 적다. 게다가 탄압 체제하에서 이득을 취해 온 기득권 집단과 탄압 체제에 적응해 생존해 온 하급 관료들은 민주개혁이 자신들의 이익에 직접적 위협이 되므로 이를 거부할 강력한 유인을 갖는다. 결론 삼아 저자들은 다음과 같이 묻는다. "만일 인권 조약이 가장 필요한 나라에서 인권 조약이 전혀 효과가 없다면 전 세계 많은 나라들 그리고 인권 운동가들이 왜 그렇게 열심히 인권 조약을 주창해 왔는가? 인권 조약이 인권 보호 외에 다른 어떤 목적과 이익을 지니고 있는가? 만일 인권 조약이 별 효과가 없다면 최악의 탄압국들을 변화시킬 방도는 과연 무엇이 있을까?"(Hafner-Burton and Tustsui 2007, 423).

고문을 자행하는 나라들이, 고문을 거의 하지 않는 민주국가보다 〈고문 방지협약〉에 가입하는 비율이 결과적으로 더 높다는 연구도 있다(Vreeland 2008). 이는 고문을 시행하는 이유와 직접 연관이 있다. 일당제 독재 정권 혹은 무정당 독재 정권일 경우 반대파의 존재 자체를 제도적으로 인정하지 않으므로 국민들이 정치적 반대를 조직할 수 있는 최소한의 기반이 존재하지 않는다. 이런 상황에서는 국민의 저항도가 낮으므로 정권의 입장에서는 굳이 고문에 의존할 필요가 없다. 이와 달리, 명목상 정당 설립과 야당 활동을 인정하는 다당제 독재 정권하에서는 반대파가 조금이나마 권력을 분점하고 있으므로 미약하나마 저항의 여지가 존재한다. 그리고 저항의 여지가 있으면 이를 발판으로 삼아 반대파의 목소리가 더욱 커지는 경향이 생긴다. 따라서 명목상 정당 활동을 허용하는 독재 정권 입장에서는, 저항의 목소리를 봉쇄하기 위해 반대파들을 고문하는 정책이 효과적이라고 판단할 것이다. 그러나 고문 관행에 대해 국내외의 비판이 심해지면 독재 정권은 전략적인 선택으로서 〈고문방지협약〉에 가입해 국제적 비판의 예봉을 피하려고 한다. 이런 방법을 통해 국제적인 정당성을 확보한 독재 정권은 국내의 반대파에 대해 상징적 정당성을 과시하면서 국내 저항의 목소리를 오히려 고문으로 침묵시키곤 한다.

더 나아가, 국제 인권 조약이 최악의 독재자들이 집권하는 기간을 연장시 킨다는 연구까지 발표되었다(Hollyer and Rosendorff 2012). 이는 국제 인권법 의 신봉자와 인권 운동가에게 특히 당혹스러운 연구 결과이다. 국제 인권 조 약이 큰 효과가 없다고 하는 것과, 국제 인권 조약이 인권을 더 악화시킨다 고 하는 것은 전혀 다른 차원의 문제이기 때문이다. 후자는 국제 인권법을 포기해야 마땅하다는 적극적 함의를 내포하는 심각한 주장이다. 이 연구의 집필자들은 '강성의 전제국가', 특히 인권을 침해한 역사가 긴 독재국가일수 록 국제 인권법에 가입하는 비율이 높다는 사실을 밝혔다. 또한 인권 조약을 비준하더라도 실질적 인권 개선에는 큰 변화가 없으며, **인권 조약에 참여한 독재국일수록 권력 유지 기간이 길어지는 현상**이 관찰되었다. 이 점을 어떻게 설명할 수 있을까?

홀리어James R. Hollyer와 로젠도르프B. Peter Rosendorff는 인권 조약 참여와 독 재 정권의 수명 연장 사이의 관계를 인과관계 혹은 단순 상관관계로 볼 수 있다고 지적하면서 다음과 같은 설명을 제시한다. 첫째, **의지 효과**commitment effect는 독재자의 주관적 의지를 강조한다. 의지 효과가 설명 변수로 등장하 게 된 배경에는 국제사회에서 나타난 변화의 흐름이 있었다. 즉 국제 인권법 의 이행력이 약하다는 비판에 대응해, 국제사회는 국제 인권 조약의 강제성 을 강화하는 일련의 조치들을 마련해 왔다. 예를 들어, 국제형사재판소, 보 편적 관할권, 반인도적 범죄에 대한 공소시효 폐지 등과 같은 장치들이 만들 어졌는데, 이에 따라 독재자들은 오늘날 설령 권좌에서 자발적으로 물러난 다 해도 예전처럼 스위스은행 비밀 계좌에 의존해 고급 휴양지에서 편안한 여생을 보내기가 어려워졌다. 독재자의 입장에서 보면 퇴로가 막힌 셈이다. 따라서 국제 인권법에 가입하는 것은, 역설적으로, 어떤 경우에도 자발적으 로 권력을 내놓지 않고 끝까지 버티겠다는 강력한 의지를 나타내는 상징일 뿐이라는 것이다. 둘째, **정보 효과**information effect는 정치적 반대 세력의 합리적 선택을 강조한다. 독재자가 국제 인권 조약에 가입하는 등 배수진을 치고 결사적 권력의지를 드러낼 경우에 반대 세력의 기세가 꺾이기 쉽다. 만일 반대 세력이 저항 의지를 상실하고 저항의 고삐를 늦춘다면 이는 독재 정권의 수명 연장에 기여하는 셈이 된다. 이처럼 '의지 효과'와 '정보 효과'는 상호 작용을 하기도 하는데, 시리아의 아사드 정권은 이를 확인할 수 있는 대표적인 사례로 꼽힌다. 실제로 시리아는 〈사회권 규약〉, 〈고문방지협약〉, 〈여성권리협약〉, 〈어린이·청소년권리협약〉 등과 〈제네바협약〉, 〈헤이그협약〉 등을 비준하는 등, 국제 인권 조약 체계에 '모범적'으로 참여해 왔으면서도 실질적인 인권 보장의 수준의 대단히 열악한, 모순적인 상태로 남아 있다.

국제 인권 상황에 대한 통계학적 연구에 전념해 온 토드 랜드먼은 이와 같은 연구 결과들을 종합했다. 그는 원래 국제 인권법 체계가 약하거나마 인권 개선에 효과가 있다고 평가해 온 편이었지만, 기존의 견해를 수정해 좀 더 함축적인 결론을 내린다(Landman 2006). 랜드먼은 조사 연구 방법과 각도에 따라 연구 결과가 서로 다르게 해석될 여지가 있다고 본다. 예를 들어, 국제 인권법과 국내 인권 보호, 두 변수만을 직접 비교하는 이변량 단순 분석에 따르면 국제 인권 조약의 긍정적 효과가 관찰된다. 가령 국제 인권법 가입률과 전 세계 인권 상황의 개선에는 어느 정도 상관 효과가 나타난다. 그러나 여러 변수들을 함께 고려하는 다변량 분산 분석을 통해 민주주의, 경제 발전 수준, 다양한 갈등 요인, 인구 규모 등 여타의 설명 변수들을 통제한 뒤 국제 인권법의 영향만을 추출하면 그것의 통계적 유의성이 크게 감소한다. 이런 경우, 상반되거나 불확실한 연구 결과가 도출되고는 하는데, 이에 대해 랜드먼은 다음과 같은 결론을 내린다. "**국제 인권법이 인권 보호에 미치는 영향력은 중요하지만 제한적**이다. 민주주의의 연륜에 따라 인권 조약 비준과 인권 보호 간의 관계가 달라진다. 예를 들어, 후발 민주국일수록 유보 조항 없이 조약에 가입하는 경향이 있지만 그런 나라들이 인권을 더 잘 보호한다고 단언하기는 어렵다"(Landman 2006, 102, 강조 추가). 이는 국제 인권법 제도를 수립하고 적용하는 데 오랫동안 매진해 온 인권 운동에 고무적인 결과는 분명 아니다. 이런 사실을 어떻게 해석할 수 있을까? 이와 관련해 여러 종류의 설명이 있다.

국제 인권법 체계를 처음부터 회의적으로 바라보던 현실주의의 관점에서 평가하면, 이런 연구 결과는 전혀 놀라운 것이 아니다. 구속력 없이 출발한 국제법 조약이 국가에 상당한 제약을 가하거나 국가의 행동을 변화시키리라고 기대한 것 자체가 비현실적인 이상주의였다고 생각할 수도 있다. 중앙 권력이 존재하지 않는 아나키적 국제 관계에서 타 국가 내부의 인권 개선을 위해 자국 국익에 심대한 피해를 감수하면서까지 열성적으로 나설 국가는 거의 없을 것이기 때문이다.

국제 인권 조약을 준수할 의사가 없으면서 순수하게 정치적 이유로 조약에 가입하는 나라들의 문제는 오래전부터 국제 인권법 제도의 취약점으로 지적되어 왔다(Bayefsky 2001). 특히 독재국들이 국제 인권법 체계를 순수하게 전략적 관점의 카드로만 악용하는 행태가 이어지면서 국제 인권 조약의 실효성에 큰 오점이 찍혔다. 이처럼 독재국가들, 그중에서도 악성 전제국가의 경우 국제 인권법에 의한 행동 변화를 거의 기대하기 어려운 것이 사실이다. 물론, 지난 수십 년 사이 전 세계적으로 자리 잡은 국제 인권법 체계로 인해 '명색이 국가라면 당연히 인권을 보장해야 한다.'라는 규범에 대한 기대치가 팽배해졌다. 하지만 외부에서 전가되는 규범적 압력은, 각국에 일률적으로 영향을 미치는 것이 아니라, 각국이 그 압력을 어떤 식으로 인식하는지, 그리고 규범을 준수하지 않았을 경우 그 정부의 국내 정치적 책무성에 어떤 결과가 초래되는지에 따라 각기 다른 정도로 영향을 미친다. 국가들은 당대에 국제적으로 통용되는 인권 규범이라는 '전 세계적 대본'global scripts에 맞춰 국제사회 내에서 자신의 정당성을 확인받고 이를 과시하고 싶어 한다. 대다수 국가들이 이런 경향을 어느 정도 가지고 있지만, 특히 악성 전제국들의 경우, 이런 인권 규범을 비준한다고 해도 자국민들에게 아무런 정치적 책임을 질 필요가 없다. 이 독재자들의 권력은 국민으로부터 나온 것이 아니기 때문이다. 이런 식으로 국민과 유리된 독재 정권 — '자율적인 정부' — 은 자국의 현실과 무관하게, 그리고 국민들의 인권을 보호해야 한다는 의무와는 상관없이, 당대에 유행하는 전 세계적 대본을 따르기 마련이다. 국내적 책무성과 국제적 정당성이 분리되는 '절연 현상'decoupling 때문에 인권 보호와 거리가 먼 악성 독재 정권일수록 국민들과 아무 상관없이 국제 인권법 체계에 열성적으로 참여할 가능성이 높아지는 역설이 생기는 것이다(Hafner-Burton, Tsutsui, and Meyer 2008).

물론, 모든 연구가 이처럼 비관적인 것만은 아니다. 앞서 지적했듯이, 국제 인권법 규범에 근거한 인권 압력은 사례별로 다르게 나타나기 때문이다(Cardenas 2013). 예를 들어, 국제 비교 연구에 따르면 〈헬싱키 협정〉 이후의 동유럽, 아파르트헤이트 시기의 남아프리카공화국, 그리고 1970~80년대의 라틴아메리카 군부독재 정권의 경우 국제법 규범에 의한 외부 압력이 국가의 행동에 유의미한 변화를 초래한 것으로 드러났다. 마찬가지로, 독재 국가들 사이에서도 국제적 압력에 반응하는 양상은 국내외적 맥락에 따라 다르게 나타난다. 이처럼, 외부의 압력에 대한 반응은 일률적이지 않고 국내 조건에 따라 달라지는 모습을 보인다는 것이다. 정권이 인권을 침해할 유인이 크지 않고 국내의 시민사회와 미디어가 인권을 요구하는 압력이 강할 때 국제 인권 규범에 의한 압력의 효과는 극대화된다.

정리하자면, 국제 인권법이 국제적 인권 개선에 미친 영향은 약하거나, 불확실하거나, 경우에 따라 부정적으로 나타난다. 특히 최악의 독재국에 국제 인권법이 도입되어도 기대했던 효과를 내기 어렵다. 또한 국제 인권법의 효과는 여러 요인들에 의해 매개된다. 즉 **인권 개선에 우호적인 선행조건들이 존재할 때 국제 인권법이 효과를 발휘할 가능성**이 높으며, 그런 조건들이 존재하지 않을 때 국제 인권법만으로 독자적 효과를 내기는 쉽지 않다.

국제적 차원의 인권을 새롭게 상상하기

이어지는 내용에서는 지금까지 살펴본 바를 비판적으로 종합해 인권 문제를 국제적 차원에서 고찰할 때 반드시 고려해야 하는 요인들을 짚어 본다.

(1) 국제적 차원의 인권과 관련해 가장 현저한 특징은 **문제와 해결책의 불일치**에 있다. 전쟁과 인권 간의 불확실한 관계 설정이 대표적 사례이다. 전쟁과 무력 충돌로 인한 인권침해의 심각성을 인정한다면, 전쟁을 폐지하고 세계 평화를 이룩하는 문제가 인권의 최우선 과제가 되어야 마땅하다. 전쟁이 인권침해의 가장 주요 원인 가운데 하나라는 주장은 너무나 원론적이어서 유치한 주장처럼 들릴지도 모른다. 이 사실을 모르는 사람이 누가 있겠는가? 그럼에도 인권에서 전쟁의 금지와 적극적 평화권을 핵심 의제로 다루지 않았다는 사실은 ― 그 이유가 현실적인 실행 가능성이 적었기 때문이든, **인권이 주로 국가 내부에서 벌어지는 권리침해 문제를 해결하는 방향으로 발전해 온 역사** 때문이든 간에 ― 인권 담론의 결정적 한계라고 생각된다.

인권 운동에서 전쟁 폐지와 세계 평화를 모색하는 국제적 움직임이 없긴 않았다. 대표적 사례들을 보자. 이준 열사와 관련해 우리에게 잘 알려져 있는 1907년 제2차 헤이그 만국평화회의에서 국제여성협의회International Coun-cil of Women는 20개국 2백만 명의 서명이 담긴 세계 평화 청원서를 제출했다. 흔히 〈켈록-브리앙조약〉Kellogg-Briand Pact이라고 알려진 1928년 〈전쟁포기에 관한 조약〉General Treaty for the Renunciation of War(부전不戰 조약)은 "그 어떤 성격의 혹은 어떤 발단을 지닌 분쟁이나 갈등"이라도 이를 해결하기 위해 전쟁에 의존하지 않겠다고 선언했다. 실효를 거두지는 못했지만 전쟁의 완화가 아닌 폐지를 위한 방향을 제시한 국제적 시도였다고 평가할 수 있다. 이 정신은 제2차 세계대전이 끝난 뒤 뉘른베르크 전범 재판과 도쿄 전범 재판에서 전쟁범죄 외에 '평화에 반한 범죄'와 '반인도적 범죄'를 기소 항목에 포함시킴으로써 후대에 계승되었다. 〈세계인권선언〉 작성의 밑바탕이 되었던, 존 험프리 교수의 초안에는 **"전쟁 또는 전쟁 위협을 폐지하지 않는 한 인간의 자유나 인간의 존엄성은 존재할 수 없다."**는 조항이 들어 있었고, 르네 카생René Cassin의 초안에도 같은 표현이 나온다(조효제 2011, 50). 하지만 그 뒤 각국 대표들의 심의 과정에서 이 조항이 삭제된 채 선언이 채택되었다. 그 결과 〈세계인권선언〉에서 전쟁이 인권유린의 주범이라는 사실이 포함되지 않았고, 그 뒤 〈국제인권장전〉에서도 전쟁 관련 언급은 빠져 버렸다. 이것은 인권의 발전에서 중차대한 역사적 오점이 아닐 수 없다.

　그럼에도 전쟁과 평화, 인권 보장의 연결 고리를 제도화하려는 시도가 전혀 없었던 것은 아니다. 유엔총회는 1984년 〈제인민의 평화권리선언〉을 발표했고,[18] 국제사법재판소는 1993~94년 핵무기의 사용이 국제법상 불법이라는 판결을 내리기도 했다. 이런 일련의 움직임은 '평화권'이라는 새로운 분야로 등장하고 있다(이경주 2014). 그럼에도 인권론에서 전쟁과 평화는 여전히 간접적으로 다뤄지는 경향이 있다. 〈유엔헌장〉 제55조에서 인권을 보편적으로 존중하면 국제 평화에 이로운 환경이 조성된다고 하고, 〈세계인권선언)에서도 인권을 존중하면 평화와 집합적 인간 존엄이 보장될 수 있다는 취지의 주장이 전개된다. 이런 논리는 **민주적 평화 이론**Democratic Peace Theory과 연결되는데, 민주적 평화 이론은 민주 체제의 국가들 사이에는 전쟁이 일어나지 않는다는 주장이다. 민주국가 시민들의 문화적·사상적 성향, 시민들의 동의 없이 전쟁을 일으킨 지도자의 축출 가능성, 민주적 의사 결정 훈련과 국제 관계 의사 결정과의 연관성, 민주 자본주의 체제가 추진하는 국제무역에 의한 전쟁 예방 효과 등이 그 이유로 꼽힌다(조효제 2015a, 46-51; Forsythe 2009). 하지만 민주적 평화 이론만으로 전쟁을 폐지할 전제 조건이 완전히 충족된다고 보기는 어렵다.

백보를 양보해 전쟁의 즉각적이고 완전한 폐지가 어렵다 하더라도, 전쟁과 관련된 현재의 인권 담론을 대폭 보완할 필요가 있다. 예를 들어, 1968년 유엔이 주관하고 테헤란에서 개최된 국제 인권회의에서 채택한 〈무력 충돌 시의 인권〉이라는 결의안은 인권법과 인도법이 결합할 가능성을 보여 주었다.[19] 전쟁법 체계에 반인도적 범죄가 포함되었다는 점에서, 이를 인권의 기준으로 보아 상당한 진전으로 평가하는 시각도 있다(Haas 2014, 518). 이처럼 서로 별개의 체계로 발전해 온 **국제 인권법과 국제인도법의 중첩 영역**을 적극적으로 확장하고, 이들 간의 분리 불가능성을 확립하기 위한 정책을 모색해야 할 것이다. 이 외에도 양대 법체계가 실정법상 실질적으로 중첩되어 비슷한 효과를 발휘하는 경우가 있으며, 그런 식의 논리를 적극적으로 발굴하려는 움직임도 있다(박기갑 1995, 132-133). 첫째, 인도법의 내용에 '무력 충돌 시 인간의 보호'에 관한 내용을 더 많이 포함시키는 추세가 등장했다. 둘째, 전시 혹은 비상사태로 말미암아 인권법 체계가 마비된 경우 인도법이 인간 보호의 보완 역할을 할 수 있다는 해석이 대두되었다. 셋째, 전시라 하더라도 무력 충돌과 관계없이 일반 법규 위반으로 구금된 사람인 경우 인권법으로 보호해야 한다는 목소리도 점점 커지고 있다.

또한 **인권과 인간 안보론**human security를 적극적으로 융합하려는 다음과 같은 논리도 개발되었다(Ramcharan 2002). 첫째, 인권은 개인이 안전하다고se-cure 느낄 수 있는 각종 조건들이 무엇인지를 알려 준다. 이 점에서, 인간 안보는 인권(개인의 안전)이라는 주춧돌 위에 세워진 집이다. 둘째, 〈세계인권선언〉의 제28조는 "모든 사람은 이 선언에 나와 있는 권리와 자유가 온전히 실현될 수 있는 사회체제 및 국제 체제 내에서 살아갈 자격이 있다."고 선포하고 있는데, 이 조항은 인간의 권리와 이를 보장할 수 있는 사회체제 및 국제 체제를 연결시켰다는 점에서 중요하다. 따라서 **인권(개인의 안전), 사회체제(국가의 안전), 국제 체제(국제적 안전)**, 이 셋이 합해져 인간 안보라고 하는 포괄적 개념을 형성하며, 역으로 인간 안보는 인권 보장의 중요한 배경이 된다. 인권과 인간 안보 사이에는 미세한 차이와 공통분모가 동시에 존재한다. 인간 안보에서는 시민적·정치적·경제적·사회적·뮤화적 인권 사이에 어떤 구분도 하지 않으며 인권의 다차원성과 종합성을 수용한다. 그러나 인간 안보가 위협받는 상황에서 어떤 특정 권리가 긴요하다고 생각될 때에는 그 권리를 보호하기 위해 필요한 틀을 융통성 있게 마련할 수 있으며, 그런 권리를 유지하는 데 필요한 특정 제도적 조처를 선택적으로 고려할 수 있다(United Nations 2009, 9).

거듭 강조하건대, 분쟁이 발생한 뒤 그 결과를 처리하는 기존의 인권-인도적 보호 방식은 사후 대응에 불과하다. 오히려 갈등의 조짐을 미리 알리는 조기 경보 체제를 마련하고 선제적인 갈등 예방 조처를 취하는 것이 더 효과적이라 할 수 있다(Dunne and Hanson 2013, 53-54). 이 점에서, 조기 경보와 갈등 예방은 적극적 평화론 및 인간 안보와 상당 부분 겹친다. 시민들의 민간 외교, 지역공동체 형성, 시민 불복종과 같은 시민운동 역시 평화에 큰 역할을 할 수 있다(웨어 외 2013). 전쟁과 무력 충돌은 왜 **인권과 평화 담론이 수렴**되어야 하는지를 극적으로 증명하는 경우이다(고병헌 2006 참조). 나는 1995년의 노벨 평화상 수상자인 핵물리학자 조세프 로트블라트Joseph Rotblat 교수를 만난 적이 있다. 그는 "평화를 원하면 전쟁을 준비하라."라는 로마 격언을 뒤집어 다음과 같이 당부했다. **"평화를 원하면 평화를 준비하라"**Si vis pacem, para pacem(Rotblat 1996).

(2) 강대국들에 의한 인권의 정치화 및 오용 문제가 국제적 차원의 인권 달성을 가로막는 큰 장애 요인이며, 이런 경향은 날로 심해지고 있다. 이른바 '보호 책임'을 예로 들어 보자. 앞서 살펴보았듯이, '보호 책임' 이론은 인도적 군사개입을 단행할 수 있는 이론적 근거가 된 개념이다. 그렇지만 이 이론은 강대국들이 인권 규범을 오용한 사례로 자주 인용되는 경우가 비일비재했다. 1999년 나토는 유엔 안보리의 승인 없이 인권 보호를 명목으로 세르비아를 공습했다. 데이비드 챈들러David Chandler에 따르면, 이 사건을 계기로 불안정하게나마 유지되고 있던 국제법 프레임이 크게 교란되었다고 한다(Chandler 2013). 실제로, 기존의 국제법 프레임은 국가 주권의 형식적 평등성과 자율성에 기초한 '법적 논리'에 기대어 있었는데, 새로운 인도주의 프레임은 피해자를 보호한다는 '윤리적 논리'로 국제법 프레임을 재구성하는 결과를 초래했으며, 인도적 개입 논리가 전통적 주권 논리를 압도하게 되었다. 그 결과는 매우 역설적인 모습으로 나타났다. 즉 인도적 개입이 이루어졌음에도 사태의 피해자들은 자력화되지 못했고, 오히려 인도적 개입을 주도한 나토와 미국의 권력만 강화되었다. 인권의 이름으로 주권을 침해한 것은 역설적으로 〈유엔헌장〉의 권위와 형식적 주권 평등성의 토대를 약화시켰다. 또한 약소국의 자결권이 실질적으로 무력화되면서 서구 강대국들, 특

히 미국의 의사 결정 권한이 크게 늘어났다. 이런 이유로 과거에 비해 더욱 위계적이고 개입주의적인 국제 질서가 도래할 가능성이 커졌다. 더 심각한 문제는 국제 관계에서 인권의 지위가 유동적이고 모순적이 되어 버린 것이다. 국가 주권 원칙의 틀 내에서 국제법적 질서를 유지해 왔던 전통적 입장에서는, 어쨌든 형식적으로나마 인권침해를 판별하는 기준이 명확했고, 그에 대처하는 방법도 엄격히 규정되어 있었다. 그러나 오늘날에는 "국제적 차원에서 제기되는 인권 보호 주장이 과연 정당한지 혹은 그렇지 않은지를 판별할 수 있는 법적·정치적 틀이 공식적으로 존재하지 않게 되었다"(Chandler 2013, 120). 인권 보호 명분의 개입이 인권의 지위를 불확정적으로 만든 것은 이율배반적이다.

오늘날 국제정치에서 인권은 '할 수도 없고 안 할 수도 없는' 모순적인 담론으로 변질되고 있다. 이는 심각한 결론이 아닐 수 없다. 국제정치에서 인권의 이름으로 벌어지는 여러 종류의 행동이 인권의 선용인지 혹은 오용인지를 구분하기 어려워졌다는 뜻이기 때문이다. 아프가니스탄·이라크·리비아·시리아 등을 상대로 국제사회가 취해 온 인권 행동을 보면, 인권이 마치 서구식 민주주의의 전파와 독재 정권의 교체를 위한 수단이 되어 버린 듯한 인상을 지울 수 없다. 그럼에도 인권은 보편성 담론에 기대고 있으므로 **인권의 이름으로 정치적 목적을 추구하는 행동**을 비판하기는 원칙적으로 쉽지 않다. 이와 같은 모순적 상황이 계속 반복되고 있는 것이다. 예를 들어, 미국의 부시 대통령은 2003년 이라크를 침공하기 위해 인권과 민주주의의 보호를 명분으로 내세웠다. 그것의 진정한 의도를 논외로 하더라도, 침공의 결과는 인권 보호와 거리가 멀었다. 전쟁 개시 이후 2013년까지 사망한 이라크 민간인은 13만4천 명에서 25만 명 선으로 추산된다(Crawford 2013). 현재 이라크는 전쟁 이전보다 더 불안정하고 취약한 상태에 놓여 있다. 전쟁의 여파는 인명 살상과 같은 가시적 폭력뿐만 아니라 눈에 잘 띄지 않는 사회적 차원에까지 미친다. 예를 들어, 이라크 전쟁 개시 후부터 2010년 사이에 15~19세 연령대의 저학력 여자 청소년들의 임신율이 전쟁 이전보다 30퍼센트나 증가했다. 전쟁으로 사회가 불안정해지면서 어린 여성들, 특히 교육을 적게 받은 여성들을 보호할 방편으로 10대 청소년을 조혼시키는 풍조가 늘었기 때문이다. 어린 여성이 반강제로 결혼할 경우 교육 기회와 사회 진출이 차단되고, 가정 폭력에 일찍부터 노출되어 인권침해에 시달릴 가능성이 대폭 늘어난다(Cetorelli 2014). 전쟁이 낳은 이런 결과를 두고 누구라도 인권과 민주주의가 신장되었다고 할 수는 없을 것이다. 이런 식으로 오용된 인권은 "스스로는 인권이라고 주장하지만 우리가 그 논리 구조를 따라가 보면 이상하게 일관성도 없고 이중 기준적이며 선택적인 ― 그러면서도 여전히 인권의 외양을 띠고 있는 ― '가짜 인권'의 목적지에 도달해 있기 십상이다"(조효제 2007, 41). 폴 그리디Paul Gready는 인권을 정치적으로 오용하는 행태를 부분적 인권 정치라 부르면서 그 대안으로 역동적·포괄적 인권 정치를 제안한다. 그것은 국제적으로 공인된 인권 기준의 일관된 적용, 인권적 방식에 의한 인권 행동, 인권의 진정한 목표와 동기를 아우르는 총체적 원칙을 뜻한다(Gready 2003). 요컨대 인권 의제가 강대국 및 여타 국가 행위자들에 의해 포섭되고 오용되는 문제는 향후 지속적으로 국제 인권의 현실을 좌우할 중요 변수가 될 것으로 예상된다.

(3) 전쟁 그리고 강대국들을 중심으로 한 국가 행위자들의 인권 의제 오용에 대한 대안으로 유엔을 통한 갈등 해결과 인권 보장에 기대를 거는 경향이 많다. 이를 뭉뚱그려 '유엔 프로세스'UN process에 의한 인권 보장이라 부를 수 있다. 하지만 유엔을 통한 인권 보장이라는 주장 역시 객관적으로, 좀 더

함축적으로 이해할 필요가 있다. 유엔 프로세스를 빼면 20세기 후반의 세계 인권 발전 역사를 기술할 수 없을 정도로 유엔의 역할은 컸다. 유엔은 평화(안보), 인도주의, 발전이라는 세 가지 목표를 내걸고 창설되었는데, 인권은 이 모두와 연관된다. 이 목적을 위해 유엔은 국제적 문제들을 논의하고, 국가 간 합의를 구하고, 공동의 해결책을 모색하며, 기준을 설정하는 등 세계적 문제들의 해법을 도출하는 플랫폼 역할을 확대해 왔다(Lauren 2011 참조). 그 결과 전 세계 국가 체제는 〈베스트팔렌조약〉의 '국가 주권 모델'로부터 〈유엔헌장〉에 의한 '협력 모델'로 점진적으로 변화해 왔다. 이와 동시에 유엔이 주도한 국제 인권법 체계는 전 세계적 헌법 체계와 비슷하게 진화했다. 이 장의 서두에서 말했듯이 바로 이런 이유로 오늘날 '인권'은 '국제 인권' 또는 '국제 인권법'과 거의 동의어가 되었다. 이처럼 20세기 후반의 인권 발전, 특히 국제 인권이 제도화되는 과정에서 유엔이 수행한 공헌은 아무리 강조해도 지나치지 않다

그러나 앞서 검토했던 것처럼 국제 인권법 제도는 이행력을 확보하지 못했다는 결정적 한계를 지니고 있다. 유엔은 인권과 관련해 흔히 규범에 의한 설득과 압력, '거명과 비판'naming and shaming, 그리고 인권 대화와 같은 이행 방식을 활용한다. 이 방식으로 해결되지 않을 경우 더 강제적인 수단을 사용할 수도 있다. 국제 평화유지군 파견, 비행 금지 구역 설정, 무력 사용 위협, 실제 무력 사용, 분쟁의 한쪽 당사자에게 방어용 무기 제공, 전쟁을 막을 수 있는 국가들에 대한 군사원조 등이 대표적인 수단들이다(Haas 2014, 360). 그러나 유엔이 가맹국들의 의사에 반하는 행동을 하는 데에는 한계가 있었고, 인권의 정치화와 편향성을 막기 위해 인권위원회를 인권이사회Human Rights Council로 대체했지만, 그 또한 인권을 정치적 도구로 오용한다는 비판으로부터 자유롭지 않다(Silva 2013). 유엔이 처음부터 정치적 기구로 출발했기 때문

에 유엔에서 인권을 완전히 탈정치화하기란 원초적으로 불가능하다고 혹평하는 시각도 있다.

더 나아가, 유엔 프로세스 내에서 확장되어 온 국제법 제도는 선의의 설립 동기에도 불구하고 엘리트주의를 비롯한 여러 결함을 드러낸다. 네덜란드의 국제법학자 바스 데 가이 포르트만Bas De Gaay Fortman은 유엔 인권법 체계가 자체 완결적인 구조를 갖추게 됨에 따라, 전 세계의 보통 사람들과 유리된 채 독자적 사고방식, 독자적 언어 체계, 독자적 이해관계, 독자적 현실 인식을 지닌 일종의 관료 체계의 섬으로 전락했으며, 국제 인권 보호 기준과 메커니즘이 법적 외양을 띠고 있지만 그 이행은 언제나 국제 관계의 역학 관계에 의해 압도되어 왔다고 비판한다. 즉 "유엔이 창설되고 오랜 세월이 지났지만, 인권은 유엔 내에서 자기만의 '갇힌 세계'insular world를 구축한 것처럼 보인다. 인권은 자체적인 기준·제도·메커니즘을 갖춘 시스템, **전 세계 모든 인간의 일상적 삶과 내재적으로 연결되지 못한 자기만의 시스템**이 되어 버렸다. 그 결과 매스컴이 전 세계 인권 문제에 관심을 기울인다 하더라도, 매스컴 보도는 [인권 그 자체가 아니라] 주로 국제 관계와 대외 정책에만 초점을 맞추게 되었다. 인권 보호를 목적으로 한 상태에서 보도의 초점이 그렇게 맞춰진다면 염려할 필요가 없을 것이다. 그러나 자국의 신뢰성을 높이고 타국의 신뢰성을 깎아 내리기 위해 인권을 수단으로 악용하는 경향이 국제 관계에 팽배해 있다"(Fortman 2011, 온라인 인용, 강조 추가). 이런 까닭에 유엔을 비롯한 국제기구의 역할에 원론적인 지지를 보내더라도, 풀뿌리 차원에서 나타나는 그 실효성에 대해서는 객관적이고 유보적인 태도를 견지할 필요가 있다.

(4) 국제 인권법 제도를 근원적 차원에서 비판하는 입장 가운데 국제 인권법이 **순진한 규정 숭배**rule naiveté에 빠졌다고 보는 견해도 있다(Posner 2008;

2014 참조). 이 점 역시 현실과 이상 사이의 불일치를 보여 주는 사례라 할 수 있다. '순진한 규정 숭배'란 모순적 세계 현실을 바로잡기 위해 일단의 권리 규정들을 제정한 뒤, 이를 지키기만 하면 세계의 모든 문제가 해결될 것으로 믿는 비현실적인 믿음과 태도를 뜻한다. 이때 몇 가지 문제가 발생한다. 우선, 개별 권리들을 합친 것이 곧 인간 존엄성이 된다고 믿는 동일시의 오류에 빠진다. 이는 일부와 관련된 사실을 통해 전체를 판단하는 '구성의 오류'와 흡사하다. 국제 인권법의 제정자들은 이 점을 잘 알고 있었다. 국제 인권법에 규정된 권리 목록은 역사적 경험을 통해 형성된 권리들을 정리하고, 각 시대에 시급하게 대두된 차별 문제들을 성문화한 것이다. 따라서 국제 인권법에 나오는 권리들은 전체 인간 존엄성에 관한 역사적 경험의 '조각'들을 법적 조항의 형식으로 예시한 데 불과하다. 또한 국제 인권법은 이런 권리 조각들을 보장할 수 있는 **최소한의 안전장치**로 고안되었고, 어떤 수준 이하로 떨어져서는 안 된다고 하는 인간 존엄성의 최저 기준으로 제시되었다. 국제 인권법의 제정자들은 최대치가 아닌 최저 기준을 제시했으므로 인권의 달성이 현실적으로 가능하리라고 믿었다. 국제법 원칙을 열심히 지키다 보면 언젠가는 인권이 보장되는 시대가 도래할 것이라는 기대를 품었던 것이다. 그러나 이런 낙관론은 실현되지 않았다. 국제 인권법을 아무리 많은 나라들이 비준해도, 인권의 최저 기준은 여전히 지켜지지 않고 있다. 비교적 쉬울 것이라 예상했던 문제가 아주 어려운 문제로 판명 난 셈이다. 그뿐만 아니라 인권법에 규정된 최저 기준으로만 인간 존엄성을 이해하고 상상하는 '터널 비전' 현상이 발생했다. 즉 인권을 인권 규정의 준수로만, 마치 최저 기준이 인권 그 자체인 것처럼 이해하기 시작한 것이다.

이를 건강에 비유하면 다음과 같다(서문 참조; 조효제 2015a, 377-397). 즉 인간의 건강은 사회환경적 요인, 생물학적 요인, 개인의 생활 방식, 질병의 치료 등 다층적 차원들로부터 영향을 받는다. 그런데 일단 질병의 치료라도 잘해 보자는 취지에서 의료 시술을 건강의 최저 기준으로 설정했다. 그러나 시간이 흐르면서 마치 의료 시술만이 건강의 전부인 것처럼, 의사와 의료 제도를 중심으로 건강을 이해하는 터널 비전이 발생했다. 이렇게 되면 의료 이외의 여타 건강 구성 요인들은 — 사실은 건강을 위해 더 중요한 요인들임에도 — 경시되기 마련이다. 이처럼 애초 인권의 최저 기준으로 출발한 국제 인권법 제도가 언젠가부터 인권의 전부처럼 이해되기 시작하면서, 인권에 대한 이해, 인권 운동의 방법론, 인권에 관한 상상력, 인권 정책의 자원 배분 등 인권 담론 전체가 법 규정 담론legalist discourse에 의해 지배되었다. 이것이 '순진한 규정 숭배'의 결정적 문제이다. 오해하지 않길 바란다. 나는 인권법 제도 자체를 반대하는 것이 아니다. 인권법 제도는 인권 달성에 있어 하나의 중요한 수단이다. 그러나 **법·제도·규정을 중심으로 인권 전체를 파악하는 어떤 경향성**, 즉 인식상의 편향성 문제는 심각한 오류라고 생각한다.

또한 국제 인권법은 **엄격한 규범성과 느슨한 이행성의 모순적 결합**이라는 특징이 있다(Posner 2008). 어떤 권리가 절대적 천부인권이라고 하면서도 막상 그것을 실천할 수 있는 방도는 불명확하고 애매모호한 것이다. 이 점 역시 원칙과 현실의 불일치성을 보여 주는 사례이다. 더 나아가, 설령 국제 인권법 제도가 잘 작동한다 하더라도 인권적 정의를 세우는 차원과 인간의 안녕 및 복리human welfare의 차원이 항상 동일한 것은 아니다. 이와 관련해, 포스너는 정의를 따지는 인권보다 **'인간의 복리'가 좀 더 광범위한 국제적·철학적 기반**을 지녔다고 지적한다. 그러면서, 전 세계적으로도 빈곤국에서 인권침해가 많이 발생할 가능성이 크다고 지적하면서, 그런 나라에 대해서는 인권침해를 비판하는 것보다 빈곤 문제를 해결하는 것이 그 나라의 인권 문제를 해결하는 데 더 효과적이라고 주장한다. 포스너는 빈곤국이 의도적으로 인권을 침해한다기보다 그 나라의 총체적 무능력incapacity의 결과로서 인권이 침해된다고 보는 것이다(6장 참조). 다시 말해, 국제 인권 레짐에서는 인권침해국을 비난하고 정의를 수립하는 활동에만 치중하는 경향이 있다는 것이다. 포스터는 장기적으로 국제 개발 협력 활동을 활발히 전개하는 편이 빈곤국의 물질적 개선과 인권 증진을 동시에 이루는 방안이라고 지적한다. 이 같은 견해에도 문제가 없지는 않다. 포스터는 인권에서 오랫동안 발전되어 온, 이른바 '권리에 기반을 둔 국제 개발'rights-based approach 방안이 실은 인권과 복리의 문제를 융합하려는 의도에서 나왔다는 점을 기억하지 못했다는 비판을 받을 수 있다. 그럼에도 국제 인권법을 중심으로 인권을 이해해 온 전통적 관념에 의문을 제기했다는 점에서 우리에게 시사하는 바가 적지 않다.

정리하자면, 다음과 같은 딜레마가 있다. 한편으로, 국제 인권법을 중심으로 인권을 이해하는 방식은 많은 문제점을 안고 있다. 다른 한편으로, 제2차 세계대전 이후 국제 인권 레짐을 중심으로 발전해 온 인권의 전체 역사를 감안할 때 국제 인권법에 설령 문제가 있다 하더라도 이를 총체적으로 거부하는 것은 바람직하지도 가능하지도 않다. 따라서 이 두 가지를 감안하면서도 그 둘 모두를 넘어, **국제 인권법 제도를 새로운 방식으로 상상**하는 일이 긴요해졌다. 이는 국제 인권법의 표출적 기능에 한층 더 적극적인 정치적 의미를 부여하는 것이다. 앞서 살펴본 해서웨이의 주장처럼 국제 인권법은 도구적 기능과 표출적 기능을 가진다. 국가 행위자는 자신의 정당성을 높이기 위해 인권법을 표출적으로 활용한다. 즉 인권 규범을 지지한다는 '입장 표명'을 통해 자기 정체성을 인권 친화적 정권이라고 내세우는 것이다. 해서웨이는 국가 행위자의 관점에서 국제 인권법을 활용하는 한 가지 방식으로 표출적 기능을 설명했지만, 역으로 인권법의 표출적 기능은 인권 운동, 인권 엔지오, 인권 옹호가들에게 대단히 중요한 **정치적 수단**이 될 수 있다(서문 참조).

그림 4-2_ 인권의 부메랑 모델

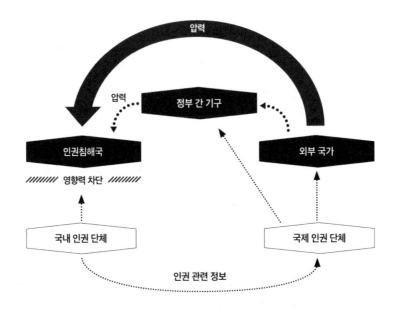

자료 : Keck and Sikkink(1998, 13).

국제 인권법은, 그것이 얼마나 실효적인지 여부와 상관없이, 인권 운동이 정부를 포함한 국내의 행위자들에게 보편 가치를 요구할 수 있는 강력한 근거를 제공한다. 도덕적 확신과 격려, 규범적 비판과 평가의 수단을 제공하는 것이다. 국제적 평판에 민감한 정부일수록 인권법의 표출적 측면에 근거한 국내 엔지오 및 국제 엔지오와 국제사회의 압력에 영향을 받을 가능성이 크다. 설령 국제적 평판에 민감하지 않은 정부를 상대하더라도 인간 존엄성을 요구하면서 막연히 도덕적 규범을 거론하기보다, 자국 정부가 이미 가입·비준한 국제 인권법을 근거로 이를 요구하는 것이 훨씬 더 구체적인 압박으로 작용할 수 있다. 이를 '부메랑 효과'로 설명하기도 하는데, 부메랑 효과가 반복되면 '규범의 폭포'가 인권침해국 정부에 물벼락을 안기게 된다(Keck and Sikkink 1998). 인권법의 표출적 기능을 통해 장기적으로 인권 규범의 사회화라는 간접적 성과도 기대할 수 있다. 국가 행위자의 행동을 당장, 직접적으로 변화시키지 못하더라도 국가 간 상호작용이 일어나는 정치적 맥락을 바꾸고 대중의 여론에 상당한 영향을 구사할 발판이 마련될 수 있다는 뜻이다.

앞서 언급했듯이 국제 인권법 체계를 국내법처럼 구속력을 지닌 법체계로 운용하려면 현재의 국제 질서하에서 논리적으로 따져 두 가지 경우가 가능하다. 전 세계 모든 지역을 관할하는 단일한 세계국가가 설립되거나, 또는 전 세계적으로 구속력을 발휘하는 단일한 이행 메커니즘 혹은 완전한 보편적 관할권이 실현되는 것이다. 그러나 둘 모두 현실적으로 불가능하다. 이런 악조건 속에서도 국제 인권법의 사법적 실현을 위한 장정이 계속되고 있다. 국제 인권법 전문가들과 국내 법률가들이 국제 인권법의 구속력을 높이고 이행력을 제고하며 국내법 체계에서의 수용과 적용을 위한 연구를 거듭하고 있다.[20] 국내에서 아직 생경하게 취급되는 국제 인권 기준을 실질적으로 구현하려는 시도는 대단히 가치 있는 움직임이다. 한국의 사법부에도 국제인권법연구회라는 조직이 있으며, 보편적 규범을 지향하는 일부 법관들이 국제 인권법의 국내적 실질화 — 예를 들어 국제 인권법의 국내 재판 적용 — 를 위해 노력하고 있다.

그런데 국제 인권 조약 체계가 명시적으로는 정교한 이행 장치들을 갖추고 이의 사법적 시행을 목적으로 삼았을지 몰라도, 잠재적으로는 국내 정치적 기능을 처음부터 내장하고 있었음을 잊어서는 안 된다. 따지고 보면, 국가 인권 기구 역시 국제 인권 조약에서 제시하는 규범을 실천하기 위해 어떤 특정 사안뿐만 아니라 구조적 문제를 개선하고자 노력하고 있다. 법령 개선을 정부에 권고하거나 인권 교육, 인권 친화적 문화의 창달, 의식 변화를 통해 인권 감수성을 제고할 목적의 공공 캠페인 등 국제 인권 규범을 '정치적으로' 활용하고 있는 것이다. 인권 운동과 각종 인권 관련 제도들과 기구들이 국제 인권법 제도의 표출적 기능을 정치적으로 이미 활용하고 있는 사례들을 일부만 소개하면 다음과 같다.

- 인권 운동 주창 활동의 이론적 골격
- 인권 논쟁에서의 강력한 논거
- 정부의 인권 정책 비판 및 대안 제시
- 정부의 외교정책 압박
- 새로운 인권 의제 제안
- 법적 소송에서의 변호 논리
- 입법 캠페인에서 국제 기준을 예시
- 기업 활동에서의 인권 경영 촉구
- 언론·미디어를 통한 홍보 및 계몽
- 인권 교육과 훈련
- 인권 도시 운동 및 지방자치단체 인권 조례 제정
- 국내 제도 설계의 준거
- 예산 및 자원 배분의 우선순위 결정 시 참고
- 인권 영향 평가 제도

이처럼 국제 인권법은 동전의 양면이 있다. 앞쪽은 법적 측면이다. 뒷쪽은 정치적 측면이다. 표출적 기능이라는 관점에서 국제 인권법을 본다면 그것은 **법의 형식을 띤 정치적 매니페스토**라 할 수 있다. 국제 인권법 제도를, 마치 이를 준수하기만 하면 모든 인권 문제가 해결될 수 있는 마법의 지팡이처럼 여겨서는 안 된다. 일반적으로 국제법 체계 및 국제 인권법 체계는, 중요하긴 하나, 많은 사람이 상상하듯 국제 관계를 규율하는 핵심적인 질서 체계가 아니다(Goldsmith and Posner 2005). 국제법은 국가 행위자들이 국제 관계를 수행하는 여러 방법 중 하나의 수단일 뿐이다. 국가는 국내 정책을 추진하는 연장선상에서 국제법을 활용하는 경향이 크다. 이런 견해에 따르면 국제법은 국제정치의 변화와 연동해 변화와 부침을 거듭하는 부수적인 도구에 가깝다. 따라서 국제법으로 국제정치를 대체하려는 노력은 소기의 성과를 거두기 어렵다. 왜냐하면 "효과적 국제법은 [국가의] 합리적 자기 이익의 기반 위에 구축되어 있기 때문이다. …… 국제법은 …… 선례, 전통, 해석, 기타 관행과 개념에 크게 의존하는 국제 관계에서의 **정치, 그러나 특별한 종류의 정치**라고 봐야 한다. 이렇게 봤을 때 국제법도 구속력과 명확성을 가질 수 있지만, 이는 국가가 국제법을 준수하는 것이 합리적이라고 판단할 때에만 그러하다"(Goldsmith and Posner 2005, 202, 강조 추가).

〈국제인권장전〉의 양대 규약이 1976년 발효된 이래 40여 년 동안 국제 인권법은 정교한 이행 메커니즘을 촘촘하게 늘려 가는 방향으로 확대되었다. 그러나 나는 **국제 인권법의 제도화 수준이 높아질수록 그 이행력이 높아지기보다 규범력이 더 높아진다**고 생각한다. 국제 인권법의 명시적 기대 효과는 법적 구속력을 높여 국가 행위자들을 규율하는 것이지만, 형식적 구속력을 높이면 높일수록 의도했던 법적 효과보다 국제 인권법의 도덕적·정치적 규범 효과가 높아진다는 뜻이다. 국제 인권법의 이행 메커니즘이 정교하게 발전하더라도 그 결과로 인권이 직접 개선된다는 보장은 없다. 앞서 언급한 실증적 연구들이 그 점을 입증한다. 오히려 이행 메커니즘이 발전할수록 국제 인권법의 규범적 권위가 높아졌는데, 이는 의도하지 않은 효과였다. 이제 인권 운동은 외견상 법적 요건을 완벽하게 갖춘 국제 인권법의 규범적 권위를 인권 향상을 도모하는 정치적 캠페인에 유용하게 활용할 수 있다. 따라서 법률 전문가가 아닌 대다수 인권 옹호가들과 일반 대중은 국제 인권법 체계를 계몽주의적 인간 해방의 전통을 잇는 **정치적 기획의 규범적 북극성**으로 이해하고 활용해야 마땅하다.

나오면서

국제 관계의 아나키적 측면을 강조하고 국가의 주권적 자유를 국제 관계의 핵심으로 이해하는 **현실주의**는 냉전 시대에 지배적인 영향력을 발휘했다. 이런 환경에서 개인의 권리를 강조하는 인권은 사치에 가까웠고, 국제법 제도는 국가 지도자들이 수사적으로 칭송은 하지만 실제로는 전혀 존중하지 않는 허수아비와 같았다. 그러나 1970년대 중반부터 국제 인권법 규범이 확산되고, 국제 인권 엔지오의 활동이 늘어나고, 미국을 중심으로 한 서구에서 인권을 중요한 대외 정책 요소로 활용하기 시작하자 자유주의적 국제 관계 이론의 입장에서 인권을 보는 경향이 늘어났다. 국가는 인권을 보장할 의무가 있는 행위자로 간주되기 시작했고, 국제 인권 레짐과 국제 인권법 제도가 반드시 필요하다는 주장이 힘을 얻었다. 또한 전 세계 국가들의 민주화를 위해 인권 가치의 확산을 대외 정책의 중요한 일부로 보는 관점이 등장했다.

냉전이 종식된 뒤에는 **구성주의적** 국제 관계 이론이 인권과 대외 정책 간의 문제를 분석하는 유력한 프레임으로 등장했다(Dunne and Hanson 2013). 구성주의에 따르면, 인권은 국가 행위자와 국제 제도 사이에 존재하는 중첩된 합의 영역에서 작동한다. 또한 구성주의는 국제 관계에서 제도가 중요하지만, 그에 앞서 국가 행위자가 다른 국가 행위자와 상호작용을 하는 과정 속에서 배우고 익히는 '규범에 의한 사회화'가 더 중요하다는 입장을 취한다. 그리고 일단 규범에 의한 사회화가 일어나면 국가들의 상호작용 사이클 속에서 인권 가치가 계속 증폭되는 '인권 규범의 폭포 효과'가 발생해 인권이 전 세계적으로 확산된다고 가정한다. **초국적 주창 네트워크**는 인권 규범을 활용해 각국을 설득·압박·비판하면서 그들이 스스로 인정한 인권 규범을 준수하게끔 유도한다. 구성주의에 따르면 국익은 고정된 실체가 아니다. 국가의 고유한 정체성에 따라 국익의 정의는 달라질 수 있다. 또한 국내 정치적 행동과 국제적 행동 기준 사이에는 직접적 관계가 있다고 본다. 각국이 협력해 규범을 창조하기도 하고, 그 규범에 의해 다시 영향을 받기도 하며, 심지어 그렇게 만들어 놓은 규범을 위반하기도 한다.

'국제 관계 현실 속에서 인권이 얼마나 보장되고 있는가?'라는 질문은 **절반이 차있는 와인 병**을 바라보는 시각과 유사하다. 관찰자의 관점·이론·기대치에 따라 전반이나 닦기 상태일 수도 있고, 절반밖에 담기지 않은 상태일 수도 있다. 국가 행위자들의 행동은 특정 사건의 성격과 사례별 배경 조건에 따라 현실주의·자유주의·구성주의적 분석의 프레임을 넘나드는 것처럼 보인다. 어느 쪽으로 보든 국제 관계가 국내 정치체의 작동 원리와는 많이 다르다는 점을 인정해야 한다. 중앙 권력이 존재하지 않는 국제 관계에서 궁극적인 규범 정당성을 확보하려는 노력은 언제나 국제 체제와 일국 체제의 근본적 차이를 기억하는 바탕 위에서 이루어져야 할 것이다. 예를 들어, 민주국가 내에서 법의 지배는 침해할 수 없는 원리이지만, 국제 관계에서 국제 인권법적 규범은 희망 사항에 가깝다. 사법의 작동 방식도 다르다. 국내에서 '유전 무죄, 무전 유죄'라는 말은 비정상과 일탈을 의미한다. 그런 현실이 설령 존재한다 하더라도 이를 상식으로 수용하는 사람은 적다. 그러나 국제 관계에서 '유권 무죄, 무권 유죄'는 규범적으로는 비정상이지만, 대다수 국가 행위자들이 이 같은 현실을 상식으로 취급하고는 한다. 권력이 큰 나라는 전쟁을 포함한 어떤 행동을 해도 편의적인 정당성을 확보할 수 있지만, 권력이 작은 나라는 그렇지 못한 것이 국제 관계의 상식이자 서글픈 현실인 듯하다. 이런 환경 속에서 국제법 제도에 의한 인권 보장은 한계가 있을 수밖에 없다. 역사학자 에릭 홉스봄Eric Hobsbawm의 말을 들어 보자.

> 국가들만이 진정한 권력을 행사할 수 있으므로, 국제기구가 '전쟁 범죄'와 같은 인권침해를 다룰 때 별 효과가 없거나, 보편적 정당성을 인정받지 못하는 경우가 많다. 국제적 합의에 의해 국제형사재판소와 같은 세계 법정이 창설되었지만, 강대국들이 재판소의 결정을 무시하는 한, 그런 결정에 정당한 구속력이 있다고 인정받을 수는 없을 것이다. 몇몇 강대국들이 결집해 약한 나라에서 일어나는 인권침해를 국제 법정에 회부하거나, 일부 지역에서 무력 충돌로 빚어지는 비극을 줄일 수는 있을 것이다. 하지만 이런 사례는 **국가 체제 내에서 전통적인 의미로 권력과 영향력을 행사**하는 것이지, 국제법 규범이 영향을 발휘하는 것이라고 볼 수는 없다 (Hobsbawm 2002, 온라인 인용, 강조 추가).

이 같은 국제 관계 실상에서 우리가 얻을 수 있는 교훈이 무엇인가? 국제 차원의 인권 보장 활동은 국제 인권법을 넘어 국제 질서의 조건을 변화시키는 데 초점을 맞춰야 한다. "국제적 인권 활동의 성공 여부는 **국제적·지역적 조건이 인권 달성에 유리하게 형성되어 있는지 여부**에 달려 있다"(Dunne and Hanson 2013, 55, 강조 추가). 여기서 말하는 국제적·지역적 조건이란 〈세계인권선언〉 제28조에서 말한 "권리와 자유가 온전히 실현될 수 있는 사회체제 및 국제 체제"와 일맥상통한다. 그리고 이런 조건에는 전쟁의 종식을 비롯해, 거시적인 인권침해를 유발하는 요인들의 해결이 반드시 포함되어야 한다. 국제 관계는 격랑이 끊이지 않는 영원한 바다와도 같다. 인권이 개선되는 희망적 조짐이 약간 보이는 듯해도, 금세 거대한 실망이 뒤따르곤 한다. 9·11 사태 이후 전 세계적으로 인권 기준이 약화되었던 사실은, 인권 규범에 대한 준수가 항구적이거나 직선적인 형태를 띠지 않음을 보여 준다. 인권 규범은 얼마든지 역진될 수 있다. 인권 규범의 사회화가 있다면 반인권 규범human wrongs norms의 폭포수 효과도 있을 수 있는 것이 국제 관계의 현실이다. 그렇다면 "권리와 자유가 온전히 실현될 수 있는 사회체제 및 국제 체제"는 실현 가능성이 없는 신기루에 불과한가? 이 핵심적 질문은 '전 지구적 정의'의 기반을 모색하려는 학문적 움직임으로 나타나고 있다(Brock 2015; Nagel 2005 참조).

결론적으로 나는 인권의 눈으로 국제 관계와 국제 인권 제도를 볼 때 **희망을 잃지 않되 건전하게 회의하는 태도**를 견지해야 한다고 생각한다. 유엔과 같은 국제기구나 국제 인권법 제도가 마치 백마 탄 기사처럼 찾아와 우리에게 고차원의 인권 해결책을 제공해 줄 것이라고 천진하게 기대해서는 안 된다. 결국 인권은 한 사람, 한 사람의 현실 속에서 구현될 수밖에 없다. 여기에서 인권의 이중적 성격이 나온다. 스티븐 홉굿Stephen Hopgood은 이를 '소문자 인권'human rights과 '대문자 인권'Human Rights으로 비유한다. **소문자 인권**은 지역사회, 풀뿌리 차원의 작은 목소리들로 이루어져 있으며, 인권침해를 폭로하고 정치적 책임을 요구하며 치유와 연대를 강조하는 관점이다. 반면, **대문자 인권**은 전 세계적으로 영향력이 큰 국제 인권법, 국제 인권 법정, 규범, 국제기구들로서, 인류 전체의 이름으로 인도주의의 향방을 좌우하는 관점이다(Hopgood 2013). 전 세계 엘리트들이 창조한 대문자 인권 규범은 미국의 영향력 아래서 지정학적 권력을 통해 인권을 식민화·정치화하기 쉽다. 21세기 인권의 가장 큰 과제는 대문자 인권이 지배하는 세계 현실 속에서 어떻게 하면 소문자 인권을 증진할 수 있느냐는 문제이다(Hopgood 2013, 178). 초대 유엔 인권위원장을 지낸 엘리너 루스벨트Eleanor Roosevelt는 〈세계인권선언〉을 만들던 과정에서 늘 이렇게 강조하곤 했다. "보편적 인권은 작은 곳에서, 자기 집 가까운 곳에서부터 지켜져야 한다. 이런 작은 곳에서부터 인권이 의미를 지니지 못한다면, 그 어떤 곳에서도 의미를 갖지 못한다." 국제 규범의 북극성을 바라보고 그로부터 영감을 얻되, 우리가 지금 살아가는 이 땅에 발을 딛고 인권 달성의 힘든 길을 한 걸음씩 걸어가야만 하는 것이다.

제5장

인권의
사회심리적 차원

"전쟁은 인간의 마음속에서 생기는 것이므로 평화의
방벽을 세워야 할 곳도 인간의 마음속이다. 이제 막 끝난
무서운 대전쟁은 무지와 편견을 통하여 인간과 인종에
대한 불평등이라는 교의를 퍼뜨림으로써 일어난
전쟁이었다."
　_〈유네스코헌장〉

"원자를 쪼개는 것보다 편견을 쪼개기가 더 어렵다."
　_알버트 아인슈타인

"선행과 악행은 원칙과 규정의 영향만 받는 것이 아니라
감정의 영향도 받는다."
　_어빈 스타우브

인권침해의 근본 원인과 인권 달성의 근본 조건을 논할 때 사회심리적 차원은 논란의 여지가 크면서도 반드시 포함되어야 하는 부분이다. 인권 연구에서 사회심리적 분석을 적극적으로 수용하는 학설에서는 인간의 권리가 보장되려면 권리를 인식하고 수용할 수 있는 심리적 능력이 먼저 존재해야 한다고 본다(Kar 2013). 이에 따르면 모든 사람에게는 인권을 발견하고 이에 반응할 줄 아는 내재적 능력이 있는데, 그 능력이 발현되기 위해서는 자신이 속한 내집단을 넘어 타인의 관점에서 세상을 볼 수 있는 의식의 원형질이 선재先在해야만 한다. 나의 권리와 타인의 권리를 상호 인정하는 보편적 권리 의식은 사회계약에 따르는 문제 — 예를 들어, 사회 전체가 제공하는 유·무형의 이득을 누리면서도 자신의 비용을 부담하지 않으려 할 때 발생하는 '공유지의 비극' 문제 — 를 유연하게 해결할 수 있도록 도와준다.

그런데 사람들은 인권의 사회심리적 차원에 대해 간혹 유보적인 태도를 취하곤 한다. 그런 태도 자체가 복합적인 심리적 이유 때문으로 보인다. 우리는 사악한 인간의 의지 혹은 반민주적 권력자의 의도 탓에 인권침해가 일어난다고 믿는 경향이 있으므로, 당사자 본인도 통제하기 어려운 어떤 심리적 정향과 정서적 반응으로 말미암아 나쁜 행동이 나올 수 있다는 가능성을 인정하기가 어렵다. 또한 인권 규범을 원론적으로 지지하면서도, 어떤 특정한 인권 이슈에는 편견을 지닌 사람이 있다면, 그는 자기 스스로도 모순된 심리를 이해하거나 인정하기 어려울 것이다. 이런 태도의 바탕에는 데카르트적 심신 이원론의 가정과, 이성이 감성보다 우월하다는 합리주의의 신화가 깔려 있을 수도 있다. 사실, 인권과 같이 규범적으로 흑백이 분명한 문제를 심리적으로 접근하면, 옳고 그름이 불확실한 회색 지대를 인정할 수밖에 없게 된다. 이는 인권에 대해 선명한 견해를 가진 사람일수록 받아들이기 어려운 상황이다. 그럼에도 인권에서 사회심리는 필요 불가결한 요소이다. 인권은 가장 기초적인 차원에서 특정한 존재론을 전제하고 있기 때문이다. 1장에서 말한 '높은 인간관'에 대한 믿음이 그것이다. 인간을 어떤 높은 존재로 상정하기 위해서는 인간의 발달 초기부터 개인의 존엄을 가르치고 그런 방향으로 이끌어 사회화해야 한다. 또한 성인들에게도 여러 방식으로 개입해 인권 가치를 '설득'하고 행동 변화를 유도해야 한다. 요컨대, 인권에 대한 사회심리학적 접근은 인권에 대한 교육과정을 일관되게 떠받치는 핵심 기둥이라 해도 과언이 아니다.

이런 점을 감안하면서 나는 이 장에서 지금까지 주로 규범적·법적으로 정의되고 이해되어 온 인권에서 왜 사회심리가 중요한지를 입증하려 한다. 그리고 인간의 '마음'이 인권침해의 근본 원인이 되기도 하지만, 인권 달성의 근본 조건이 될 수도 있음을 설명하려 한다. 우선 편견과 차별에 관한 다양한 학설을 소개한 뒤 공격성과 폭력의 문제를 분석할 것이다. 독재자의 심리적 특성이 인권침해에 어떤 영향을 미치는지도 간략하게 다룬다. 인권과 같이 인도주의적이고 가치론적인 개념을, 인권의 지지자들이 보기에 실망스럽게도, 왜 대중이 흔쾌하게 받아들이지 않는 경우가 있는지, 심지어 어째서 보통 사람들이 인권을 적대시하는 일까지 발생하는지를 시스템 정당화 이론을 통해 살펴볼 것이다. 마지막으로 에드먼드 칸의 불의감 이론이 우리의 인권 의식에 어떤 자극과 영감을 줄 수 있는지를 알아본다.

편견과 차별의 사회심리

차별은 '모든 인간의 평등한 존엄'이라는 대전제에 어긋나는 기초적 인권 침해이다. 〈세계인권선언〉 제2조는 차별을 다음과 같이 금지한다. "모든 사람은 인종, 피부색, 성, 언어, 종교, 정치적 견해 또는 그 밖의 견해, 출신 민족 또는 사회적 신분, 재산의 많고 적음, 출생 또는 그 밖의 지위에 따른 그어떤 종류의 구분도 없이, 이 선언에 나와 있는 모든 권리와 자유를 누릴 자격이 있다." 〈사회권 규약〉의 제2조 2항과, 〈자유권 규약〉의 제2조 1항에서도 위의 조항이 동일하게 반복된다. 한국의 〈국가인권위원회법〉 제2조 3항은 "평등권 침해의 차별 행위"를 "합리적인 이유 없이 성별, 종교, 장애, 나이, 사회적 신분, 출신 지역(출생지, 등록 기준지, 성년이 되기 전의 주된 거주지 등을 말한다), 출신 국가, 출신 민족, 용모 등 신체 조건, 기혼·미혼·별거·이혼·사별·재혼·사실혼 등 혼인 여부, 임신 또는 출산, 가족 형태 또는 가족 상황, 인종, 피부색, 사상 또는 정치적 의견, 형의 효력이 실효된 전과前科, 성적性的 지향, 학력, 병력病歷 등"의 이유에 근거해, 고용에 있어 불리한 대우, 재화·용역·교통수단·상업시설·토지·주거시설과 관련된 불리한 대우, 교육 시설이나 직업훈련 기관에서의 교육·훈련에 있어 불리한 대우, 성희롱과 성적 굴욕감 또는 혐오감을 가하는 행위라고 규정한다. 여기서 볼 수 있듯 차별 금지는 하나의 개별 권리가 아니라 전체 인권의 토대적 가치이므로, 인권선언과 실정법에서 차별을 중요한 인권침해로 간주하고 이를 금지하는 것이다. 그런데 차별 행위를 금지하는 데서 한 걸음 더 나아가 차별의 근본 원인을 살펴보면 그 근저에는 편견·선입견·고정관념 등과 같은 심리적 근거가 존재한다. 편견이 생성되는 바탕에는 개인이 사회화되면서 형성된 심리적 기저가 있다. 따라서 편견과 차별의 사회심리는 인권침해의 근본 원인을 찾을 때 반드시 고려해야 할 뿌리에 해당하는 현상이다.

　편견이란 어떤 사람이나 집단이 타인이나 타 집단에 대해 완고하고 비이성적인 태도와 견해를 보유한 것이다.[1] **차별**은 편견에 근거한 부정적 행동을 의미한다. 그렇다면, 차별과 편견이 왜 발생하는가? 주류적 학설에서는 다음과 같은 몇 가지 설명을 제시한다. 우선 사회화 과정(양육과 교육)을 통해 편견·선입견·고정관념이 어린 시절에 형성된다. 특히, 아동 발달 초기의 부모의 생각·행동·감정이 그 아이의 심리적 윤곽을 거의 결정하다시피 한다는 것이다(Goodnow 1988). 그에 더해, 미디어가 특정한 고정관념을 확대·재생산하면 이미 사회화된 성인들의 편견과 차별 경향이 더욱 굳어진다. 사회적으로 통용되는 규범이 전체 사회의 구성원들에게 순응 압력을 가하고, 이를 내면화한 구성원들이 그 사회 특유의 편견을 생성해 차별을 실행하기도 한다. 그런 편견을 받아들이지 않는 구성원은 '정당한' 편견과 차별의 대상으로 전락한다("늘 삐딱한 성격이니 왕따를 당하는 거야"). 갈등 이론에 따르면 경제적·물질적 이해관계가 차별 행위를 정당화하기도 한다. 권위주의적 성격은 권위에 대한 맹종과 완고한 현상 집착을 통해 자신의 편견을 강화할 뿐만 아니라, 그것을 주변에 강요한다. **자기 종족 중심적 사고**ethnocentrism는 자기 집단의 가치와 통념을 중심으로 한 세계관을 구성원들에게 주입시킨다. 집단을 명확히 구분하는 경향 ― 내집단과 외집단, 아군과 적군, 자아와 타자 ― 도 편견을 강화시킨다. 전통적 범주화와 명명 효과labeling effect로 인해 편견과 차별이 세대 간 전승되는 경우가 많다. 예를 들어, 카스트제도하에서 '불가촉천민'으로 명명된 집단은 수천 년이 지나도 그 사회적·정치적·문화적·경제적 굴레로부터 벗어나지 못한다. 또한 복잡한 문제를 해결해야 하거나 위기 상황에 처해 불확실하고 불안한 심리를 겪는 사람들은 문제의 원인과 해법을 단일한 요인으로 환원시켜 쉽게 해결하려는 유혹을 받는다. 그렇게 해서 만

들어진 집단이 '희생양'scapegoat이다(슈바거 2009). 불공정한 일반화도 편견과 차별의 원인이 된다. 예를 들어, 어떤 집단 내 일부 구성원의 특성을 확대해 모든 구성원들의 특성으로 일반화할 때 편견이 고착된다("그 지역 출신은 고집이 세지").

편견과 차별에 관한 지금까지의 설명을 한 번 더 단계별로 정리하면 다음과 같다. 첫째, 편견은 흔히 집단 정당화의 결과라고 설명되곤 한다(Jost, Banaji, and Nosek 2004). 우리는 외집단의 구성원보다 자신이 속한 내집단의 구성원을 선호하는 경향이 있다. 동시에 외집단 구성원에 대해서는 막연한 선입견·적대·편견을 품는 경우가 많다. 이런 식의 세계관은 집단들 사이의 관계가 본질적으로 경쟁과 갈등에 기반을 둔다는 믿음 위에 구축되어 있다. 둘째, 앞서 본 대로 집단 간 관계는 일차적으로 자기 종족 중심적 사고와 내집단 편애에 의해 그 성격이 결정된다. 따라서 한 집단이 다른 집단을 대하는 기본적 행동 양식이 편견과 차별에 근거해 있고, 그에 더해 양자 간 권력 격차가 클 경우 제도화된 억압이 쉽게 나타날 수 있다. 셋째, 따라서 지배 집단의 구성원은 종속 집단의 구성원에 대해 패권적 의지를 부과하기 일쑤이다. 이렇게 피해를 입은 종속 집단의 구성원은 개별적으로 자기 집단에서 벗어나거나, 신분 이동을 통해 자기 집단으로부터 정당하게 탈출하려고 노력하곤 한다. 그러나 개인 차원에서의 이탈이나 신분 이동이 가능하지 않을 때 종속 집단의 구성원은 저항과 경쟁을 통해 지배 집단에 맞서는 정체성을 강화하는 전략을 채택하기도 한다. 이때 자신의 사회적 정체성이 만성적으로 위협당하는 종속 집단의 구성원은 지배 집단의 구성원보다 더욱 강고한 내집단 편애 경향을 나타낼 것으로 가정할 수 있다. 넷째, 정치 이데올로기는 개별적·집단적 차원에서 자기중심적 이익을 반영하고 이를 합리화하는 기제로 작동한다. 이런 과정을 통해 강고하게 형성된 **집단 정당화가 편견을 심화**

하고 고착시키는 사이클을 되풀이한다.

요컨대 지난 반세기 동안 발전해 온 사회심리학적 인권 분석에서는 집단 정체성을 유지하기 위한 심리, 그리고 집단 간 경쟁과 갈등이 **편견적 적대**를 낳고 이런 적대가 특히 심각한 형태의 차별(폭력이나 증오 범죄)로 이어지기 쉽다고 가정해 왔다. 이 같은 집단 간 적대와 폭력이 가장 극적으로 표출되는 영역이 인종 갈등이다. 2장에서 보았듯 미국의 흑인들이, 오늘날 흑인 대통령이 집권하고 있음에도, 경찰 폭력에 희생이 되고 그에 맞서 갈등을 빚는 현실이 이를 극명하게 입증한다. 그런데 인권 의식이 발전하고 각종 법 제도가 도입된 데 힘입어 과거에 비해 명백한 인종주의적 혐오 표현과 차별은 많이 줄었다. 예를 들어, 공개적으로 'nigger'라는 말을 사용하거나, 백인이 아니면 아예 지원도 못 하게 차단하는 구인 정책은 이제 사라졌다. 더 나아가, 노골적인 편견이나 불공평한 차별을 반대한다고 응답하는 사람들이 과거에 비해 대거 늘어났다. 전통적인 학설에 따라 차별을 집단 간의 부정적 태도와 적대감으로 규정한다면 이런 사회 변화는 차별의 대폭적 감소로 이어져야 마땅하다. 하지만 고용·승진·처우 등에서 차별 행위는 여전히 존재한다. 과거와 다른 점이 있다면 그 형태가 더욱 미묘하고 교묘하게 변했을 뿐이다. 하지만 구체적으로 어떤 메커니즘을 통해 미묘하고 암묵적인 차별이 실질적인 차별을 낳는가? **내집단 편애**in-group favoritism라는 개념으로 이를 설명하는 연구가 나와 있다(Greenwald and Pettigrew 2014).

내집단 편애 개념은 원래 차별이 주로 외집단 배척 때문에 일어난다고 생각했다. 하지만, 최근에 제시되고 있는 내집단 편애 개념은, 외집단을 적극적으로 배척하기보다 자신이 동질감을 유지하는 내집단의 구성원을 '미묘하게' 더 잘 대우함으로써 결과적으로 차별이 발생한다고 설명한다. 여기서 '편애'는 '균형-합일'balance-congruity 이론으로 설명할 수 있다. 즉 나(A)와 어떤 타자(B)가 있다고 가정해 보자. 나는 어느 날 그 타자가 나와 같은 학교(C) 출신임을 알게 되었다. 지금까지 A와 B는 단순히 개인 대 개인으로서 분리된 채 균형을 맞추고 있었다. 그런데 A와 B가 C라는 공통 개념에 연관되어 있음을 발견한 순간, A와 B는 분리된 관계가 아니라 동문 관계로 발전하게 된다. 다시 말해, A-C의 합일 관계와 B-C의 합일 관계가 A-B의 합일 관계로 급전해 새로운 균형이 형성되는 것이다. 합일 관계를 맺은 A와 B는 심리적 호감과 인지적 평안함을 느낀다. 이를 내집단 편애 개념에 의한 차별에 적용시키면 다음과 같다. 나는 승진 대상인 두 부하 직원에 대해 '김'에게는 '평균' 점수를 주고, '박'에게는 평균보다 약간 더 높은 점수를 주었다(그런데 나는 '박'과 동문으로서 합일 관계에 있다). '김'에게 준 점수는 객관적으로 공평하게 보이는 점수였다. '박'에게 준 점수 역시 객관적으로 공평하게 보이는 점수였다. 나는 '김'을 특별히 차별한다는 의식이 없으며, 차별하려는 의도도 없었다고 <u>스스로 믿는다</u>. 그리고 '박'이 나와 동문 관계인 것은 우연의 일치에 불과하다고 생각한다. 그러므로 내가 '박'에게 약간 더 높은 점수를 준 것은 사실이지만, **나는 그것이 공정한 평가였다고 확신한다**. 과연 그런가? 어쨌든 결과는 '박'의 승진, '김'의 탈락으로 나타났다. '김'은 자신이 학연에 의해 차별받았다고 느낄 수 있지만, 이를 정식으로 문제 제기하기도 어렵다. 거의 입증할 수 없는 문제이기 때문이다.

이처럼 **꼭 짚어 비판하기 어려운 암묵적 편견과 암묵적 차별은 엄연히 존재하며 여전히 큰 영향력을 발휘한다.** 다시 말해, 집단 간 갈등이나 외집단 적대가 아닌, 따라서 형식논리상 거의 완벽하게 공평한 상태에서, 미묘한 내집단 편애를 통해 차별이 지속되는 것이다. 이처럼 외향적인 차별을 하지 않은 상태에서의 차별, 편견적 적대가 표출되지 않는 상태에서의 편견, 집단 간 증오가 나타나지 않는 상태에서의 배척 등의 문제는 오늘날 편견과 차별을 해결하는 데 있어 새로운 도전을 야기한다. "적대적 차별이 오늘날에도 여러 형태로 존재하는 것은 사실이다. …… 하지만 이와 동시에 적대적 차별에 대한 법적·윤리적·규범적 억제 장치가 광범위하게 마련되어 있다. 그러나 **실질적으로 차별을 발생시키는 다양한 형태의 편애에 대한 억제 장치**는 아직 마련되지 않았다"(Greenwald and Pettigrew 2014, 680, 강조 추가). 학연·지연·혈연 등 연고주의가 과거에는 공공연하게 횡행했고 현재에도 암묵적으로 큰 영향을 발휘하는 한국 사회의 경우, 내집단 편애와 균형-합일 이론을 통해 법·정책·제도 이전에, 그리고 이를 초월해, 사회 구성원들의 심리적 기저를 형성하는 차별의 근본 원인을 설명할 수 있다.

편견과 차별을 해결하기 위한 개입 방안을 놓고 수많은 연구가 이루어졌다. 통상적으로 자존감과 교육 수준이 높을수록 편견이 낮을 것으로 가정한다. 또한 타 집단의 구성원과 많이 접촉해 서로 간에 공통점을 발견할수록 편견이 줄어들 것으로 가정한다. 또한 서로 간에 공통의 목표를 추구하면서 협력하면 편견이 줄어들 것으로 가정한다. 법 제도화를 통해 차별 행위를 금지하는 방법도 흔히 시도된다. 이 모든 방법에도 불구하고 개인 차원에서의 행동 변화는 어렵다. 게다가 평소 편견이 적었던 사람이라도 경제 상황이 악화되거나 개인 형편이 어려워지면 편견과 차별 행동을 보일 때가 있다. 최근에는 전일적인 접근 방식을 강조하는 경향이 나타났다. 이런 움직임에 따르면, 편견을 해소하기 위해서는, 편견 자체에만 초점을 맞추기보다, 일정한 조건을 먼저 충족시키는 것이 중요하다고 한다. 예를 들어, 협력할 의향을 강조한다거나 경제적·사회적으로 공평한 지위를 부여하는 것이다. 암묵적 인종 편견을 줄이기 위해서는, 편견을 단절할 개입책을 적용하기에 앞서, 먼저 암묵적 편견이 존재한다는 점을 본인이 인식하게 함으로써 편견에 따른 결과를 걱정하게 하는 전략이 선행될 때에 편견을 줄일 가능성이 높아진다고 한다(Devine et al. 2012).

최근 암묵적 인종 편견을 감소시킬 수 있는 다양한 개입 기법들의 효과를 비교한 연구가 발표되었다(Lai et al. 2014). 백인을 대상으로 한 이 연구에서는, 총 17개 접근 방식들이 실제로 어느 정도나 효과가 있는지를 측정했는데, 의외의 결과가 도출되었다. **효과가 높은 기법들은 주로 고정관념에 반하는 현실적 사례에 노출시키는 방안**에 몰려 있었다. 효과 1위 방안은 '생생한 반고정관념 시나리오'였다. 이 기법은 자신이 위기에 처했을 때 흑인이 착한 구조자이고 백인이 사악한 약탈자라는 가상의 시나리오를 상상하게 하는 방안이다. 이 기법을 통해, 적어도 단기적으로는, 많은 사람들의 인종 편견이 낮아졌다. 효과 2위 방안은 '경쟁을 통한 집단의 경계 이동'이었다. 자기 팀원은 모두 흑인이고, 상대 팀원은 모두 백인인 상태에서 피구 경기를 벌이고 난 뒤 측정한 결과 인종 편견이 상당히 낮아졌다. 효과 3위 방안은 '반고정관념 사례를 통한 임묵적 연합 검사 실시'였다. 암묵적 연합 검사Implicit Association Test는 긍정적 이미지와 부정적 이미지에 대한 노출을 통해 심리적 결합도에 변화가 생기는 정도를 측정하는 검사이다. 예를 들어, 인기 있는 흑인 연예인의 사진과, 악명 높은 백인 살인마 찰스 맨슨Charles Manson의 사진을 보여 준 뒤에 인종 편견이 낮아진 것을 발견할 수 있었다.[2] 개입 효과가 가장 낮은 방법들은 타인의 관점에서 바라보기, 공감 어린 반응 훈련, 같은 인간이라는 동류의식의 주입, 평등주의적 마음가짐 환기 등이었다. 이런 조사 결과는, **사회화가 완료된 성인을 대상으로 즉각적이고 단기적으로 편견적 행동을 변화시키려면 규범적인 훈화보다, 실증적인 상황을 추체험하게 하는 편이 훨씬 효과적**이라는 교훈을 준다.

폭력과 공격성의 뿌리, 그리고 독재자의 마음

인간의 **공격성**aggression은 인권침해, 특히 구체적인 대상자에게 가해지는 직접적 인권침해의 원인을 설명하는 중요한 개념이다(1장 참조). 공격성은 곧 이어 설명할 유형화에서 볼 수 있듯, 대단히 다양한 측면에서 설명될 수 있다. 모든 공격성이 인권침해를 초래하는 것은 아니다. 인권침해와 관련된 공격성은 다음 조건을 갖춘 경우를 뜻한다(Anderson and Bushman 2002). 우선 타인에게 해를 끼칠 의도로 행해진 공격 행위여야 한다. 다시 말해, 가해자가 자기 행동이 목표 대상에게 구체적인 피해를 초래하리라는 것을 알고 있고, 또한 그럴 것이라는 점을 믿고 있어야 한다. 또한 피해 대상자가 그 공격을 회피하려는 의지가 있거나, 적어도 그런 상황을 스스로 수용하지 않아야 한다. 예를 들어, 피학성 성향 때문에 '자발적으로' 가해를 당하는 경우를 인권침해성 공격이라 할 수 없다. 공격성과 폭력(성) 사이에는 공통점과 차이점이 있다. 폭력성이란 극단적인 피해를 주기 위한 목적으로 취한 공격적 행동을 가리키는 것으로, 모든 폭력은 공격적이지만, 모든 공격성이 폭력적인 것은 아니다.

공격성은 한 가지 차원으로만 이루어진 것이 아니다. 그 다의성 때문에 공격성을 여러 차원에서 유형화하려는 시도가 이루어졌다.[3] 우선 긍정적/건설적 공격성과 부정적/파괴적 공격성이 있다. 전자는 자신의 욕구를 달성하고 자아를 실현하기 위해 지속적으로 발현시키는 강렬한 의지와 욕구의 표출이다. 적극적 공격성이라고도 한다. 후자는 자아를 방어하고 자아의 손상을 상쇄하기 위해 발현시키는 의지이다. 소극적 공격성이라고도 한다. 이 이에도, 공격성을 타자에게 발산하는 외향적 공격성이 있고, 자신에게 발산하는 내향적 공격성이 있다. 외향적 공격성이 극단화되면 살인이라는 폭력으로 나타나고, 내향적 공격성이 극단화하면 자살이라는 폭력으로 나타난다 (길리건 2015 참조).

공격성은 그 표현 수단에 따라 유형화되기도 한다. 물리적/신체적 공격성, 언어적 공격성, 그리고 동작과 자세를 통한 공격성이 있다. 또한 공격성은 직접적 공격성과 간접적 공격성으로 나눌 수 있다. 직접적 공격성은 대면 관계의 사회적 상호작용을 통해 물리적으로 혹은 언어로 공격하는 것이다. 간접적 공격성은 제3자를 통해 공격 대상자의 평판 및 사회적 지위와 관계망에 피해를 끼치는 것이다. 사회적 공격성 또는 관계적 공격성이라고도 한다. 지금까지 나온 여러 범주들을 조합해 외견상-직접적 공격성, 관계적-간접적 공격성, 대응적-방어적 공격성 등의 복합 유형을 제시할 수도 있다.

인권과 관련한 사회심리학에서 제일 적합한 공격성 모델은 도구적 공격성과 적대적 공격성이다. **도구적 공격성**은 원하는 목표를 달성하기 위해 공격성을 도구로 사용하는 것이다. 보상, 이익, 편의, 권력, 자원, 통제, 지배, 성적 만족 등 다양한 목표를 성취하려는 수단으로 공격성을 동원하는 것을 말한다. 이때 공격자가 대상에 대해 개인적인 원한이나 분노 혹은 적대감을 품지 않더라도 공격이 이루어질 수 있다. **적대적 공격성**은 공격자가 대상에게 개인적 적의를 품은 상태에서 피해를 입히기 위해 공격을 행하는 것이다. 이때 공격성은 도구가 아니라 목표가 된다. 적대적 공격성은 흔히 충동적 공격성, 표출적 공격성, 정서적 공격성과 함께 진행되곤 한다.

어빈 스타우브Ervin Staub는 공격성과 인권침해의 문제를 선함good과 악함evil의 개념으로 설명한다.[4] 이는 철학이나 신학에서의 선악 개념이 아니다. 사회심리적으로 '선함'이란 타인의 안녕을 증진하려는 행동을 표출하는 동기와 태도를 말한다. '악함'이란 타인에게 해를 끼치려는 행동을 표출하는 동기와 태도를 말한다. 인간의 파괴성이 극단화되면 제노사이드와 같은 대규모

인권유린으로 나타나지만 소규모의 악행들(예컨대 왕따, 따돌림, 지속적 괴롭힘 등)이 축적되어 심각한 결과를 초래할 수도 있다. 타인에게 해를 끼치는 사람은 자신의 파괴성을 정당화하는 인지적 방어기제를 작동시킨다. 따라서 자신이 저지르는 악행이 진정한 악행이 아니라 사실은 '정당방위'라는 논리를 제시한다. 외부로부터의 공격(실제적 혹은 잠재적)에 대한 정당한 방어라는 식으로 자신의 폭력성을 정당화하기도 하고, 심지어 외부로부터 예상되는 공격의 예봉을 꺾기 위한 자기방어 수단으로서 선제적 정당방위 논리를 구사하기도 한다. 이렇게 되면 설령 먼저 공격했다 하더라도 내용상 정당한 '방어'가 되는 셈이다. 또한 어떤 '도덕적' 이유 혹은 '더 높은 가치'를 달성하기 위한 수단으로서 불가피하게 폭력을 행사한다는 도구적 정당방위 논리도 있다. 폴 포트가 이끈 크메르루주는 캄보디아에 '평등주의 이상향'을 원점에서부터 새롭게 건설하겠다는 도덕적 목표를 달성하기 위해 국가의 원년을 선포하고 '타락한' 도시 주민들을 시골로 추방하는 등 극단적으로 '순수한' 사회개조 가치를 추구했다. '킬링 필드'로 알려진 폭력적 과정을 통해 1975년부터 1979년 사이 2백만 명 이상의 캄보디아 국민이 죽임을 당했던 것이다(쇼트 2008). 1장에서 설명했지만 인간의 공격성과 인권침해에 대해 전통적 인권 담론에서는 그 실상을 밝히고 처벌하는 데에만 주의를 기울이는 경향이 있다. 폭력과 공격성의 '이유'를 따지는 것은 인권 담론의 일차적 관심이 아니었으며, 악행은 이해해야 할 대상이 아니라 퇴치할 대상으로만 보았던 것이다. "그러나 파괴적 행위는 일정한 기본적·통상적·심리적·사회적 과정의 결과물이며, 그것이 극단적 형태로 진화한 것이다. 파괴적 행위의 근본 원인을 이해하는 것이 이런 행위를 일으킬 가능성이 있는 특성들을 발전시키지 못하도록 차단하는 데 도움이 된다"(Staub 2003, 6). 이어지는 내용에서는 개인적 차원의 공격성과 집단들 사이의 공격성을 이해하기 위한 각각의 분석틀을 제시할 것이다.

(1) 공격성에 관한 기존 이론들을 종합한 **일반 공격성 모델**General Aggression Model이 제안된 바 있다.[5] 일반 공격성 모델은 개인들 간의 직접적 인권침해를 초래하는 공격성을 설명하기에 적합한 모델이다. 〈그림 5-1〉을 중심으로 설명해 보자. '일회성 과정'이란 공격 현상이 1회 발현할 때 나타나는 사이클이라는 뜻이다. 동일한 가해자가 동일한 피해자에게 인권침해를 가해도 각각의 공격 사례가 약간씩 다른 사이클을 통해 발현될 수도 있다.

〈그림 5-1〉의 일반 공격성 모델은 투입-경로-산출의 세 단계를 상정한다. 각 단계는 다음과 같은 메커니즘으로 이루어져 있다.

- **투입 단계**. 심리적 요인과 상황적 요인으로 이루어진다. 먼저 개인의 공격성을 높이는 **인간의 심리적 요인**을 살펴보자. 개인 성격의 특성상 적대적 인식에 대한 민감성이 유난히 높은 경우가 있는데, 이런 사람들이 높은 공격 성향을 보인다. 그리고 통념과는 달리 자존감이 높은 사람이 높은 공격 성향을 보인다고 한다. 자신이 특정한 공격적 행동을 수행할 수 있다는 믿음을 지닌 사람, 그리고 그런 행동이 소기의 목적을 낼 수 있다고 확신하는 사람의 공격 성향이 높다. 특정 집단에 대한 폭력을 긍정적으로 보는 외집단 배척 경향을 가진 사람의 공격 성향이 높다. 그러나 특정 집단에 대한 공격성이 높다고 해서 모든 집단에 대한 공격성이 높다는 뜻은 아니다. 예를 들어, 여성에게 폭력을 가하는 남성은 유독 여성에게만 공격적일 가능성이 있다. 폭력이 개인들 간의 갈등을 해결하는 좋은 방법이라는 가치관을 가진 사람의 공격 성향이 높다. 강력한 장기적 목표를 품은 사람 중에 도구적 공격성을 활용하는 경우가 많다. 예를 들어, 반드시

그림 5-1_ 일반 공격성 모델의 일회성 과정

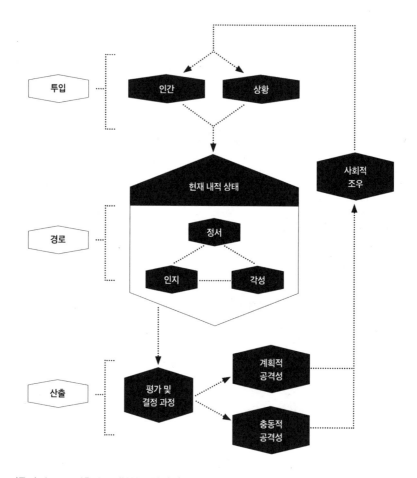

자료 : Anderson and Bushman(2002, 34)을 수정.

부자가 되겠다거나 반드시 권력을 잡겠다는 목표를 가진 사람은 이를 위해 필요하다면 폭력을 도구로 활용하기도 한다. 인생의 대본life script도 경우에 따라 공격성을 높이는 데 중요한 역할을 한다. 사회심리학에서 말하는 '대본'이란 어떤 사회 상황에서 개인이 활용하는 해석적·행동적 지침과 각본을 말한다. 사람은 자기의 인생 경험을 통해 터득한 상황들을 유형별로 분류한 대본을 가지고 있다가 어떤 상황에 처했을 때 그에 가장 적합한 대본에 따라 행동하곤 한다. 이런 대본이 폭력적 요소로 짜여 있으면 공격성이 높아진다. 예를 들어, "부부 싸움에서는 패는 게 최고"라는 각본을 가진 사람은 배우자 사이에 약간의 도발과 갈등만 발생해도 곧바로 폭력적 '대본'에 따라 행동하곤 한다.

상황적 요인이란 개인의 심리적 특성 바깥에 있는 사회관계에서의 정황과 특정한 시점·장소·맥락을 의미한다. 공격을 자극하는 계기cue가 있으면 공격성이 높아질 수 있다. 예를 들어, 어떤 장소에서 갈등이 벌어졌을 때 그 자리에 우연히 무기 그림이 걸려 있었다면 폭력을 구사할 상황적 계기가 높아진다고 할 수 있다. 모욕·모멸·불공정 등 **개인 간 도발**pro-vocation**은 특히 중요한 상황적 요인**이 된다. 물론 사람마다 도발을 받아들이는 민감성과 해석 방식이 다르다. 자신이 추구하는 목표를 달성하지 못하게끔 차단당한 상황을 **좌절**frustration이라고 하는데, 이 역시 공격성을 높이는 원인이 된다. 고통과 불유쾌함 등 갑작스러운 부정적 조건이 공격성을 높이는 상황적 요인으로 작용하며, 자신이 추구하는 목표의 가치가 상승하면 그것이 두구적 공격성을 높이는 유인으로 작용할 수도 있다. 예를 들어, 내가 인수하고 싶은 회사의 주가가 상승했다면, 더욱더 수단과 방법을 가리지 않고 회사를 인수하려는 유인이 늘어난다. 경제 상황, 문화의 특성, 소수집단 박해를 목격했거나 이에 참여해 본 경험, 권위에 대한 맹목적 추종, 어린 나이에 잔인하고 폭력적인 환경에서 성장한 경험 등이 모두 공격성의 사회적 요인에 영향을 줄 수 있다.

- **경로 단계.** **정서**affect란 기분mood과 감정emotion을 합친 것이다. 투입 단계의 요인들이 정서에 큰 영향을 미친다. 예를 들어, 예상치 않게 갑작스러운 외부 자극을 받으면 급격한 분노 반응을 보일 가능성이 높아진다. **인지** cognition는 적대적 기억과 사고를 뜻한다. 예를 들어, 투입 요소의 자극으로 말미암아 과거의 공격적 기억이 되살아난 경우이다. 또한 특정 상황에서 적대와 관련된 폭력적 '대본'을 기억할 경우 공격성 표출이 높아진다. **각성**arousal이란 상황적 변수에 의해 심리적·생리적으로 감정의 흥분 수위가 높아진 것이다. 정서·인지·각성은 서로 연결되어 있고 상호 상승 작용을 하므로 인간의 심리적 요인과 상황적 요인이 입력되었을 때 이를 독특한 방식으로 처리해 — 즉각적 혹은 숙의적으로 — 산출물을 내게 된다.

- **산출 단계.** 이 같은 경로를 거쳐 최종적으로 공격성을 표출하기로 '결정'했다 하더라도 이는 다시 계획적 공격성과 충동적 공격성으로 각각 구분되어 상황에 따라 달리 나타난다. **계획적 공격성**은 더 큰 목표를 위해 도구적으로 공격을 활용하는 것이다. **충동적 공격성**은 상대에게 해를 끼칠 목표로 적대감을 표출하는 것이다.

지금까지 보았듯 일반 공격성 모델은 개인들 사이에서 인권침해가 발생하는 기제를 설명하는 데 적합하다. 예를 들어, 군대 내에서 발생하는 인권침해 행위를 이 모델에 대입해 분석하면 그 설명력의 효과를 가늠할 수 있을 것이다. 가해 군인의 개인적 성격과 같은 심리적 요인, 그리고 사회로부터의 격리와 명확한 상하 관계라는 특수한 여건 속에서 여러 사람이 온종일 함께 지내야 하는 상황적 요인이 '투입 단계'를 형성한다. 그런 상황에서 적대적이고 공격적인 기억이 어떤 계기로 촉발되는 '경로 단계'를 거치면 공격성이 증폭된다. 이런 식으로 누적된 공격성은 최종 '산출 단계'에서 상황에 따라 계획적 공격성 혹은 충동적 공격성의 형태로 나타난다. 자신의 권위를 과시하고 내무반에서의 지배력을 강화할 목적으로 어떤 하급자 — 누구라도 상관없다 — 에게 공격성을 표출한다면, 이는 어떤 상위의 목적을 위해 한 폭력을 도구로 사용하는 계획적 공격성에 해당된다. 그러나 특정 하급자에게 평소에 불만이 쌓인 탓에 그를 괴롭힐 목적으로 분노가 표출된다면 이는 충동적 공격성으로 해석할 수 있다.

공격성에 대해서는 추가의 설명이 필요하다. 공격성은 폭력적 행동을 금지하는 심리적 억제inhibition를 풀어 준다(해금). 또한 공격성은 분노와 상호 인과관계 혹은 상호 상승 관계를 이루기도 한다. 분노는 공격성에 대한 억제를 해방시켜 주고, 공격의 의도를 장기간 지속시키는 역할을 한다. 여기서 공격성을 '타고난' 어떤 것으로 간주하지 않도록 주의해야 한다. 현대 사회심리학에서는 인간의 본성을 주어진 것으로 보지 않는다. 인간은 선함과 악함을 행할 수 있는 특성을 모두 발전시킬 수 있는 존재라고 본다. 대다수 인간이 보살핌 또는 적대감, 타인의 지원 또는 적대에 대한 잠재력을 동시에 보유한다. 이 같은 잠재력의 방향은, 타인과 연결되는 방식의 차이에 따라 결정된다. 예를 들어, 인간의 내집단 지향성은 주로 부정적인 의미로 사용되지만, 내집단 편향성이 반드시 편견이나 외부인 배척으로 나타나는 것만은 아니다. 타인과 연결되는 경험은 일차적으로 내집단 내에서 일어나므로, 내집단 경험은 사회화의 원초적 출발점이 되기 때문이다. 내집단 안에서 개인의 긍정적 정체성을 인정받는 경험을 하고 타인과 건설적으로 연결되는 세계관을 습득할 수 있다면, 외집단과의 만남에서도 그런 특성이 발휘될 수 있다. "타인과의 연결 또는 분리, 자애-보살핌-공감 또는 분노-적대 …… 이런 감정들이 타인을 돕거나 또는 해칠 동기를 제공한다. **어떤 성격이 경험과 섞이면서 축적되고 발전함에 따라 공감을 더욱 느끼는 사람이 생기기도 하고, 분노와 적의를 더욱 느끼는 사람이 생기기도 한다.** 따라서 [인권침해라는 점에서] 선함과 악함은 결과에 있어 정반대이고, 옳고 그름을 개념화하는 방식에서도 정반대이며, 감정과 가치와 심리적 과정에 있어서도 정반대이다"(Staub 2003, 16, 강조 추가).

인간의 공격적 성향을 설명함에 있어 성별의 차이에 관한 연구가 많이 이루어졌다.[6] 학교 입학 전 시기에는 남아가 여아보다 신체적 공격성이 높고, 간접적·언어적 공격성에서는 서로 비슷하거나, 여아가 남아보다 약간 더 높은 경향이 있다. 초등학교부터 사춘기 사이에는 여자의 간접적 공격성이, 그리고 남자의 신체적 공격성이 훨씬 더 높아진다. 이 시기에 남자와 여자는 모두 언어적 공격성이 높아진다. 청년기에 접어들면 남자가 여자보다 신체적 공격성이 훨씬 높아지지만 여자에게도 신체적 공격성은 존재한다. 공격성을 유발하는 요인 중 성별의 차이가 얼마나 중요한지에 관해 여러 이론이 있다. 앞서 봤듯이 모욕·모멸·불공정 등 개인 간 도발은 공격성을 유발할 수 있는 중요한 상황적 요인이 되는데, 성별 차이는 도발보다는 덜 중요하지만 공격성을 야기하는 중요한 변수라고 한다. 발달 심리학에 따르면 성별에 따라 공격성이 달라지는 주된 이유가 남녀가 서로 다른 사회화 경험을 했기 때문이라고 한다. 신체적·신경학적 차이 및 호르몬 차이가 성별 간 공격성의 차이를 유발한다는 설명도 있다.

인권과 연관해 생각한다면, 다시 말해 개인 간에 직접적 인권침해를 야기할 수 있는 공격성의 발현을 제대로 이해하고 통제하려면, 심리적 억제를 해금시키는 계기를 통제하고, 분노를 조절·해소할 수 있는 메커니즘을 모색하는 것이 특히 중요함을 알 수 있다. 공격성을 줄이려는 시도와 관련해, 연령 효과 또한 무시할 수 없다. 즉 "생의 경험이 늘어나면서 잘 훈련되고 접근성이 높은 '지식 구조'에 근거해 개인이 사회적 세계를 전형적으로 구성하는 방식이 결정된다. 이런 식으로 구성된 세계관은 내재적으로 변하기 어렵다"(Anderson and Bushman 2002, 45). 따라서 **인권을 위한 교육적 개입은 잠재적으로 부정적인 인권침해 요소들을 학습하지 않도록 비교적 초기에 이루어져야 효과**가 높아진다. 타자의 가치를 평가절하하고 비인간화하는 가치관을 어린 시절부터 습득했다면 인권침해의 가능성이 늘어나고, 타자의 가치를 인정하고 높게 평가하는 가치관을 어린 시절부터 보유한다면 인권 존중 가능성이 늘어난다.

더 나아가 타자의 가치를 높게 평가하는 태도가 확장된 것을 친사회적 가치prosocial value 정향이라고 한다. 친사회적 가치 정향을 가진 사람은 타인에 대한 공감을 넘어 타인의 감정을 자신의 감정으로 직접 느끼는 정도가 되기도 한다. 이와 상반되는 '반사회적 가치 정향'은 극단적으로 권위주의적인 성격 혹은 독재자의 심리에서 발견되곤 한다(이어지는 내용 참조).

〈그림 5-1〉의 투입 단계에서 개인의 심리적 특징과 상황적 요인이 결합된 것을 **정황**circumstance이라고 한다. 정황이 같더라도 행동이 반드시 동일하게 나타나는 것은 아니다. 만일 극소수일지라도 용기 있는 사람의 행동이 나타난다면 상황적 요인과 관계없이 집단 전체의 행동에 큰 변화가 올 수 있다. 스탠리 밀그램Stanley Milgram의 권위 복종 실험에서 볼 수 있듯, 피실험자들 중 3분의 2 이상이 권위에 맹종한 반면, 도덕적 책임감을 느껴 권위에 맹종하지 않은 소수가 있었음을 기억할 필요가 있다(밀그램 2009; Corti and Gillespie 2015). 공격성의 일회성 과정은 한 차례의 공격성 '에피소드'를 설명하는 것

이지만, 그것이 한 번으로 끝나는 것은 아니다. 그 과정은 피드백이 계속 이루어지면서 지속·재생산되는 순환적 모델로 이해해야 한다.

인권침해가 발생하는 과정에서 가해자와 피해자 외에도 목격자bystander의 역할이 대단히 크다는 사실이 최근 밝혀지고 있다(Staub 2003). 목격자는 인권침해 사건의 객관적이고 초연한 관찰자가 아니라, 본인의 희망 여부와 관계없이 사건의 핵심적 행위자로 간주되어야 한다. 특히 수동적 목격자(방관자)의 경우 인권침해 행위를 묵과함으로써 가해자를 고무시켜 인권침해를 증가시킬 개연성을 높인다. 자칫 방관자가 인권침해의 방조자로 '진화'할 위험도 배제할 수 없는 것이다. 예를 들어, 1930년대 베를린에서 활동하던 독일 정신분석가들은 동료로 지내던 유대인 분석가들이 박해당하는 것을 알면서도 침묵을 택했다. 또한 이들은 나치 정권의 2인자였던 헤르만 괴링Hermann Wilhelm Göring 원수의 조카를 정신분석연구소의 소장으로 영입하는 데 동조했으며, 나치 이데올로기에 맞춰 정신분석 이론을 재정립하는 등 비과학적 태도를 견지했다. 그 뒤 이들은 정신장애인과 노령자의 안락사 프로그램(T-4)에도 참여했고, 결국 유대인 멸절 과정에 직접 개입한 사람들도 생겼다. 적극적으로 이런 과정에 저항한 목격자는 극소수였다. 정리하자면 소극적 목격자(방관자)는 방조자가 되기 쉽고, 더 나아가 가해자로 변신할 가능성마저 있다. 능동적 목격자(개입자)는 자기 집단 내에서 평판의 저하, 의심과 희롱, 소외, 물리적 고립, 심지어 추방이나 박해를 당할 위험도 있다. 개입자 중에서 목숨을 걸고 피해자를 도운 '구조자'도 있었다. 능동적 목격자의 변형된 형태가 내부 고발자이다(박흥식·이지문·이재일 2014). 능동적 목격자, 개입자, 구조자, 그리고 내부 고발자는 도덕적 용기와 친사회적 가치 정향을 가졌다는 공통점이 있다.

(2) 지금까지 살펴본 일반 공격성 모델이 대인관계의 직접적 인권침해를 설명하기에 적합한 모델이라면, 집단들 사이의 폭력과 인권침해를 설명하기 위해서는 좀 더 특정한 모델이 필요하다. 어빈 스타우브는 집단 간 폭력의 극단적 형태인 제노사이드를 연구한 뒤, 이를 **집단 간 폭력 모델**로 정리했다.[7] 이 모델은 제노사이드뿐만 아니라 집단들 사이의 갈등과 폭력 상황에 적용될 수 있는 일반적 모델이라 할 수 있다. 〈그림 5-2〉에 집단 간 폭력의 기원과 예방에 대한 스타우브의 분석이 나와 있다.

모든 집단 간 갈등의 시발은 삶의 조건이 악화된 데서 비롯한다. 생계, 자원 경쟁, 전쟁, 기본욕구의 좌절 등을 경험한 집단(들)이 내집단 정체성을 강화하고("팔이 안으로 굽는다"), 책임을 전가할 수 있는 희생양을 찾고, 파괴적 이데올로기에 근거해 적을 섬멸한 뒤 도래할 미래상을 염원한다. 힘들고 어려운 상황에 처해 있을 때, 사람들은 자신의 안전과 삶의 통제, 그리고 정체성 유지를 위해 피멸적인 심리에 쉽게 사로잡힌다. 이럴 때일수록 상황을 악용해 권력을 강화하려는 지도자가 나타나기 쉽고, 사람들의 민도(문화적 수준)가 낮을 경우 상황은 걷잡을 수 없이 악화된다. 이런 경우 집단 구성원들의 심리 상태는 대단히 복합적이고 유동적이지만 결코 병적 심리 상태에 빠져 있는 것은 아니다(Staub 2012). 다시 말해, 제노사이드와 같은 극단적 폭력은 '광인'들이 일으킨 사건이 아니라 통상적 심리 과정의 연쇄 고리가 증폭되어 나타난 것이다. 물론, 가해 당사자 스스로 자신의 심리 상태를 객관적으로 인지하지 못할 수 있지만, 설사 인지하더라도, 그 사실을 정당화·합리화하려 들 것이다. 바로 이 때문에 집단 간 폭력을 방지하기기 어렵고, 사후에 이를 해결하기도 어려운 것이다.

역사와 문화와 현재의 사회 실상이 집단 간 폭력을 정당화하고 매개하는 데 큰 역할을 한다. 극단적 형태의 갈등과 폭력을 자행하는 집단은 타 집단

그림 5-2_ 집단 간 폭력의 기원과 예방

❶ 시발점
- ◆ 어려운 삶의 조건(경제적·사회적 상황, 급격한 사회 변화, 전쟁)
- ◆ 집단 간 갈등의 결과
  - ▶ 심리적 기본욕구의 좌절
  - ▶ 자기 정체성을 유지하고 지지를 받기 위해 내집단에 의존
  - ▶ 희생양 찾기
  - ▶ 파괴적 이데올로기의 생성과 추종

❷ 역사, 문화, 현재 실상

타자의 비인간화	·······	타자의 인간화
파괴적·배타적 이데올로기	·······	건설적·포용적 이데올로기
치유되지 않은 상처	·······	과거 상처의 치유
무비판적 권위 존중	·······	적정한 권위 존중
획일적 사회	·······	다원주의(구조와 과정)
불공정한 사회 현실	·······	공정한 사회 현실
수동적 목격자(방관자)	·······	능동적 목격자(개입자)

❸ 지속적 과정
- ◆ 가해행위의 진화
- ◆ 지도자의 역할
- ◆ 추종자의 역할

자료 : Staub(2006, 879)를 수정.

을 비인간화시켜 본 경험이 있는 경우가 많다. 과거에 스스로 피해자가 되는 '심리적 손상 경험'을 겪어 본 경우에도 폭력에 대한 취약성이 높아져 자신의 안전에 극단적으로 예민하게 반응한다. 이런 집단은 외부로부터의 실제적·가상적 도발이 조금만 있어도, 불필요하고 과다한 '방어적 공격성'을 표출할 가능성이 높다. 타 집단을 공격하는 집단일수록 지도자의 권위에 맹종하고, 지도자의 교시를 구하며, 이에 절대적으로 복종하는 구성원들이 많다. 단조롭고 획일적인 내집단 문화가 존재하고, 폭력으로 갈등을 해소하는 경향의 문화가 존재하는 집단일수록, 갈등을 폭력으로 해결하는 것을 정상으로 여기기 쉽다. 이런 집단에서는 보편적 도덕 가치가 무시되기 쉽고, 더 큰 어떤 가치(예컨대 충효·의리·권위·민족 등)로 보편적 도덕 가치를 압도하려는 경향을 보인다.

대규모의 집단 간 갈등과 폭력이 발생할 경우 그 과정이 오랫동안 지속된다는 점을 기억해야 한다. 이 사실은 특히 중요하다. 우리는 흔히 어떤 폭력적 사건이 물리적으로 일단 종료된 뒤에는 그 사후적 조처로서 그 사건의 역사적 해석과 해결을 모색하는 경향이 있다. 일종의 단절론적 사고이다. 그러나 집단 간 갈등과 폭력을 다룬 연구들에 따르면 대규모 폭력은 지속적 과정의 연속선상에서 파악해야 할 문제이다. 즉 대규모 폭력 사건이 그저 우발적으로 발생하는 것이 아니라, 그 이전에 이미 그와 같은 폭력의 근본 원인들이 존재하고 있으며, 그와 같은 상태에서 물리적 공격이 발생한다. 그런 공격이 끝난 뒤에도 그 행위가 사람들(가해자와 피해자)에게 계속 영향을 끼치면서 그들을 더욱 폭력적·갈등적으로 변화시키고 상황을 더욱 악화시키는 것이다. 따라서 대규모 집단 간 폭력은 폭력행위가 끝났다고 해서 그 사건이 끝난 것이 아니다. 이를 **가해 집단, 살아남은 집단, 목격자**의 '진화'라고 표현한다.[8] 이런 '진화 과정'은 집단 간 폭력의 발생 이전, 발생 도중, 발생 이후를 관통하는 긴 시간적 과정이다.

피해자는 살아남았다 하더라도 탈인간화와 탈가치화의 고통을 겪고, 그 사회 주류 이데올로기로부터 적이라는 낙인이 찍힌다(3장 참조). 피해자는 가족·친지·지인 등에게서 버림받기 쉽고, 기본적 욕구(안전, 자기 삶의 통제, 정체성, 타인과의 연결, 현실의 이해, 세상 속에서 자기 위치 찾기)가 모두 좌절당하는 경험을 겪곤 한다. 외상 후 스트레스 장애와 복합 트라우마를 겪는 경우가 많고, 약간의 위협에도 강하게 반발하는 신뢰 부족 현상과 삶의 문제들을 자연스레 해소하지 못하는 무기력 현상이 나타난다. 최근의 연구에 따르면 **극심한 인권유린 피해자의 외상 후 장애 스트레스가 자손들에게까지 유전**된다고 한다(Yehuda et al. 2015). 이미 실험을 통해 동물들이 받은 스트레스가 세대 간에 유전된다는 점은 알려진 바 있지만, 인간에게도 동일한 효과가 나타난다는 사실이 처음으로 밝혀진 것이다. 홀로코스트 생존자 32명의 성인 자손들 22명 ― 부모가 홀로코스트를 겪은 뒤에 태어난 ― 을 조사한 결과, 자손들도 부모의 외상 후 장애와 유사한 증상을 앓고 있었다. 홀로코스트 생존자들은 엄청난 트라우마 사건을 겪고 오랜 시간이 지난 뒤 자식을 낳았음에도, 부모의 스트레스가 자손에게 물려졌던 것이다. 이런 결과에 대해 연구자들은 자손들이 태어나기 이전에 부모가 겪은 외상 후 장애와 관련된 FKBP5라는 유전자가 후성적 계승epigenetic inheritance 메커니즘을 통해 자식들, 심지어 손자들에게까지 상속된 것으로밖에 해석할 수 없다고 결론을 내렸다. 나는 이 연구가, 한국 현대사에서 벌어진 수많은 비극적 인권유린 사건들 ― 민간인 학살, 고문, 간첩단 사건 등 ― 의 직접 피해 당사자뿐만 아니라, 그들의 후손들에게까지 고통과 장애가 지속되었음을 유추하게 하는 중요한 단서가 된다고 본다.

가해자 자신도 피해자에게 피해를 입히면서 변해 간다. 처음부터 완벽하고 정교하게 악행을 계획하는 완전 범죄자는 없다. 약자를 탈인간화시키기 시작하면 자신도 의식하지 못하는 사이에 조금씩 그러나 확실하게 변화한다. 그리하여 약자를 인간의 도덕적 범주로부터 배제시키는 것을 자연스럽게 느끼게 된다. 이것이 극단화되면 그 약자를 죽이는 것이 옳다고 확신하는 도덕성 전치轉置 현상까지 나타난다. 이런 생각을 가진 사람들이 모여 차별과 폭력을 정당화하는 새로운 도덕을 창안하고, 모든 갈등의 책임을 '적'에게 돌리는 집단적 신념이 강화된다. 가해자 내집단의 집합적 열광과 결속, 이데올로기를 통한 정당화, 가해자 집단의 '진화'가 결합할 경우, 가해자 집단은 단단한 '보호막'에 둘러싸인다. 이 같은 보호막 뒤에 숨을수록, 가해 집단은 피해 집단에 대한 공감 능력을 상실하며, 폭력이 종료된 뒤에도 자신의 정당성을 믿어 의심치 않는다. 한국의 민간인 학살 사건이나 보스니아의 인종 청소 사건에서 가해자 집단은 이런 식으로 '진화'를 거듭했다. 바로 이런 이유로 과거사 청산이 그토록 어려운 것이다. 일단 가해자 집단이 심리적 보호 기제로부터 보호를 받고, 자신에 대한 합리화·정당화를 완료한 뒤에는, 그 어떤 객관적 사실이나 진상 규명으로도 이들을 내적으로 '참회'시키거나, 잘못을 인정하도록 만들기가 대단히 어렵다. 인정이나 반성이나 참회가 불가능할 만큼 저 멀리 '진화'해 버린, '종이 다른 부류'들이 되었기 때문이다.

그렇다면 집단 간 폭력과 적대의 진화 고리를 끊고 **화해**를 모색할 수 있는 방법이 있는가? 화해의 과정은 심리적·정치적·제도적·구조적·문화적 차원에서 다중적으로 진행되어야 하고, 이 차원들이 상호 의존적이고 보완적이어야 한다. 이 과정에서, 공유되는 집단적 기억의 내용을 조금이라도 넓히고, 이를 위해 '협상'하려는 자세가 필요하다. 무엇보다도 **사회구조적 정의와 공평함의 토대가 확장되어야, 그다음 단계의 화해가 가능**하다. 단순히 가해자와 피해자의 관계를 개선하는 차원이 아니라, 사회적 조건의 변화가 선행되어야 하는 것이다. "전 사회적 화해 과정은 사회구조의 변화, 사회 전체의 제도·정책·관행의 변화가 있어야 하고, 그 변화가 사람들의 태도 변화를 증진할 수 있어야 한다. 예를 들어, 북아일랜드의 피해자 집단인 가톨릭 주민들을 위해 교육과 고용에서 기회균등을 제공해 불평등을 감소시킨 것이 평화 정착 과정의 토대를 마련해 주었다"(Staub 2006, 889).

이 절을 마치기 전에 갈등과 폭력을 교사·선동·지시하는 지도자의 심리를 살펴볼 필요가 있다. 지도자의 심리는 지도자의 공적 의사 결정에 어떤 식으로든 영향을 끼친다는 점에서 중요하다. 권력을 가진 자의 심리 상태가 의사 결정을 내리는 데 얼마나 직접적으로 영향을 미치는지를 놓고 여러 가지 설명이 있다. 하지만 심리적으로 왜곡된 성격의 권력자가 세계를 이해하는 방식, 타인을 신뢰하거나 불신하는 정도, 도덕적 목표와 정치적 책임에 대한 태도, 자기 권력의 성격과 한계에 대한 인식, 외국과의 관계를 설정하는 관점 등이 인권침해, 갈등, 국가 내 분쟁, 국가 간 전쟁에 큰 영향을 끼친다는 점은 확실하다. 제2차 세계대전 중 미국의 정신분석가 월터 랑거Walter Langer는 "아돌프 히틀러의 심리학적 분석"이라는 보고서를 미국의 전략정보국OSS에서 펴냈는데, 이 연구가 권력자의 심리를 분석하는 연구의 기원이 되었다고 한다.[9] 랑거는 히틀러의 친인척과 측근들의 증언에 근거한 간접 조사를 통해 히틀러가 신경증적 정신병질의 소유자이자 조현병調絃病에 가까운 경향을 보인다고 주장했고, 그가 결국 자살로 생을 마감하리라는 점을 정확히 예견했다.

소련의 스탈린, 리비아의 카다피Muammar Gaddafi, 시리아의 아사드Bashar al-Assad, 예멘의 살레Ali Abdullah Saleh, 이라크의 후세인Saddam Hussein 등은 오늘날 권력자의 심리가 인권유린을 자행하는 요인의 하나로 작용한 사례를 논할 때 손꼽히는 인물들이다. 독재자에게는 흔히 네 종류의 심각한 성격장애가 있다(Coolidge and Segal 2007). 네 가지 중 일부 혹은 전부가 결합해 나타날 때가 있으며, 그 정도는 사람마다 다르다. 첫째, **가학적 성격**일 가능성이 높다. 이라크의 사담 후세인과 그의 장남 우다이는 가학적 행동으로 악명이 높았다. 특히 우다이는 직접 강간·고문·살인을 '즐긴' 것으로 알려져 있다. 둘째, **반사회적 성향**일 가능성이 높다. 리비아의 카다피는 아랍연맹 정상회의에 참석할 때 다른 나라 국가원수들의 얼굴에 담배 연기를 내뿜고, 자신을 "아프리카의 왕중왕"이라고 소개하면서 그렇게 불러 달라고 강요하곤 했다. 그는 2009년 유엔총회에서 할당된 시간을 한 시간 이상 넘기면서 장광설을 늘어놓으며 〈유엔헌장〉을 찢고는 연단에 뿌리기도 했다. 셋째, **편집증적 성격**일 가능성이 높다. 1928년부터 1953년 사이 소련을 다스렸던 스탈린은 대숙청·처형·투옥·유배로 점철된 공포시대를 이끌었다. 최근의 연구는 그의 정신 병리적 편집증이 인권유린 체제를 구축한 하나의 동기가 되었을 가능성을 제시한다(Stal 2013). 넷째, **자기도취형 인물**일 가능성이 높다. 이런 인간은 스스로를 무소불위의 특별한 존재로 여긴다. 1970년대에 우간다를 통치했던 이디 아민Idi Amin Dada의 공식 명칭은 "땅 위 모든 금수와 바닷속 모든 물고기의 지배자, 좁게는 우간다에서, 넓게는 아프리카에서 대영제국을 몰아낸 정복자, 종신 대통령이시면서 군 통수권자이시고 원수이신 이디 아민 박사 겸 각하"였다. 한 가지 덧붙이자면 전체주의적 자아를 가진 인물일수록 자신의 개인사를 왜곡하고 '개정'하려는 경향이 심하다. 이런 사람은 자기중심적 사관, 자기 미화적 사관, 자기 정당화 사관에 근거해 자신의 삶의 궤적과 개인 역사를 자신의 이상에 맞춰 조작·과장·왜곡한다(Greenwald 1980).

심각한 정신 병리적 장애가 아니더라도 독재자의 심리 상태는 일반인과 다른 점이 많다. 예를 들어, 보통 사람이라도 큰 권력을 보유하게 되면 삶의 보상이 커지고 기회가 대폭 늘어나면서 심리적인 변화가 일어난다고 한다. 이런 사람에게는 최종적 목표나 어떤 가치 자체보다, 이를 달성할 수 있는 접근 방법에 대한 관심이 늘어나는 경향이 있다. 어떤 '큰일'을 해야 할 때 그것이 옳고 가치 있는 일인지를 제대로 따지지 않고, 이를 실현할 수단과 방법에만 몰두한다는 뜻이다. 이를 접근 방식 관련 경향approach-related tendencies, ART이라고 하며, 이런 경향을 가지게 된 사람은 자신이 어떤 일이든 원하는 대로 행할 수 있다고 믿는 무제약적인 인식을 지닌다(Keltner, Gruenfeld, and Anderson 2003). 특히 이런 권력자는 음식을 먹는 행위, 공격성, 그리고 성적 행동에서 무제약적 자유로움을 만끽하곤 한다. 그 결과 권력자에게는 **과식**, **폭행**, **성적 탐닉**의 경향이 강하게 나타난다. "특히 심리적 억압이 적고 부적절한 성적 행동의 성향이 높은 사람일수록 권력이 주어질 경우, 단지 권력이 있다는 사실만으로, 고조된 성적 관념이나 성적 감정을 표출할 가능성이 높다"(Keltner, Gruenfeld, and Anderson 2003, 275). 이는 한국 사회에서 끊이지 않고 발생하는 정치인, 군대 상관, 교육자, 공직자에 의한 성추행·성희롱·성폭력 사건에 중요한 시사점을 제공한다. 권력자가 내집단 구성원들에게 절대적 충성을 강요하고, 의사 결정을 위한 논의에서 이른바 '자유' 토론의 범위를 미리 설정해 놓고 '자유롭게' 토론할 것을 주문하는 권위주의적 성격일 경우, 그 집단의 의사 결정이 편향되게 내려지기 쉽고, 그 집단 바깥의 사회와 동떨어진 ― 그러나 내집단의 논리에 따르면 완벽하게 '정상적'인 ― 인식과 판단을 공유하게 되기 쉽다. 권력자가 방어적·폐쇄적이며 내집단 지향 심리를 지녔을 때, 이는 특히 민주 체제에서 의사 결정을 왜곡하는 주된 요인이 될 수 있다.

권력이 인간의 성격을 변화시키는 과정을 생리학적으로 접근한 연구도 나와 있다(Carney et al. 연도 미상). 권력자일수록 왜 공개적으로 거짓말을 잘

하고, 거짓말이 드러나도 그 결과를 태연하게 무시하곤 하는가? 우선 권력을 갖게 되면 보통 사람들이 일상적으로 겪는 수많은 스트레스로부터 해방된다. 그와 동시에 스트레스와 연관된 호르몬인 코르티솔의 분비가 줄어든다. 보통 사람들에게 거짓말과 같은 행위는 스트레스 유발 요인이 된다. 진실과 거짓말 사이의 인지 부조화, 양심의 가책, 사회규범의 일탈, 결과의 두려움, 거짓말이 또 다른 거짓말을 낳을 때 이를 관리해야 하는 부담 등 여러 차원의 스트레스가 발생하고, 이런 스트레스는 부정적 정서, 정신 기능 장애, 생리적 불편을 야기한다. 그러나 스트레스와 관련된 호르몬 분비가 낮아져 있는 권력자는 거짓말을 해도 앞서 살핀 각종 스트레스를 덜 느끼므로 거짓말에 따른 각종 문제들을 정서적·인지적 차원에서 아무 부담 없이 처리할 수 있다. 이 때문에 권력자는 명백한 거짓말을 하고도 별다른 정서적·인지적 부담을 느끼지 않고 '평온'할 수 있다는 것이다. 한 개인에게 권력이 집중되면 — 자의적인 의사 결정의 결과만이 아니라 — 그 사람의 인지구조 자체가 타인을 마음대로 다루고 싶은 '가학적 호기심'과 그렇게 해도 무방하다는 '유혹'을 느끼게끔 변화되기 쉽다. 이는 대통령부터 군대 상관, 경찰, 직장 상사, 교육자, 부모에 이르기까지, 어떤 대상 집단에 큰 영향을 발휘할 수 있는 '권력'을 가진 사람들에게 공통적으로 나타날 수 있는 현상이다.

독재자와 권력자의 심리적 특성으로부터 얻을 수 있는 교훈은 무엇인가? 첫째, 일반인과 다른 정신 상태를 지닌 사람이 권력을 잡을 수 없도록 감시하고, 걸러 낼 수 있도록 권력 선출 과정의 투명성이 확보되어야 한다. 둘째, 민주적 과정을 통해, 인간이 절대 권력에 접근하거나 절대 권력을 행사할 수 없도록 안전장치를 마련해야 한다. **인간의 두뇌는 절대 권력을 아무런 문제 없이 행사할 수 있도록 만들어지지 않았다**(Cloud 2011). 그러므로 사람이 절대 권력을 잡아 무소불위의 악행을 저지르지 않도록 민주주의를 통해 권력을 감시·견제하고, 권력의 획득과 교체를 공정하고 주기적으로 시행해야만 하는 것이다. 처음부터 사이코패스 성향을 가진 사람이 대중을 기만해 권력을 잡은 뒤 비정상적인 통치를 행할 가능성도 있다. 하지만 그보다는 민주정치의 허점으로 인해 보통 사람이 절대 권력을 차지한 뒤 가학적·반사회적·편집증적·무소불위적 성향을 가진 (유사) 사이코패스와 같은 독재자로 변모할 가능성이 더욱 크다. "절대 권력은 절대적으로 부패한다."라는 액튼John Emerich Edward Dalberg Acton 남작의 금언이 권력자의 심리에서만큼 잘 맞아떨어지는 경우도 드물다. 이것이 극단화되면 루돌프 러멜Rudolph J. Rummel, 1932~2014이 말한 대로 "절대 권력은 절대적으로 죽이게 된다."

대중의 인권 정향과 인권 의식

이 절에서는 일반 대중이 인권에 대해 어떤 의식(정향과 태도)을 지니고 있는지를 살펴본다. 대중의 인권 의식을 학문적으로 연구하기 시작한 것은 비교적 최근의 일이다. 크게 보아 인권에 대한 연구는 인권의 규범적 정당성과 토대를 따지는 영역, 그리고 인권의 실행을 강구하는 영역으로 대별된다. 전자는 주로 철학이, 후자는 주로 법학과 정치학이 담당해 왔다. 이런 구도에서 일반 대중은 인권 규범이 적용되는 목표이자, 인권의 실천을 통해 보호받아야 할 대상으로 간주되었고, 인권은 규범적으로 좋은 것이라는 전제가 깔려 있었다. 또한 인권이 실천되지 않는다면 이는 인권 가해자(국가 또는 제삼자)의 잘못과 미비한 법 제도 때문이라고 받아들여졌다. 일반 대중은 잠재적으로 인권 피해자 집단이고, 인권 규범과 인권 실행의 '혜택'을 받는 집단이므로, 인권을 '당연히' 지지하리라고 기대되었다. 그러나 사회학과 사회심리학의 연구에 따르면 이런 가정은 단순하고 피상적인 견해에 불과하다. 일반

대중이 인권과 인권 운동에 대해 지니는 의식은 일관되지도 일원적이지도 않다. 복합적인 요인들의 영향을 받고, 그때그때의 정치·사회적 조류와 상황, 사건들에 의해 크게 좌우된다. 예를 들어, 사형제도 폐지 캠페인의 영향을 받아 사형을 없애자는 쪽으로 여론이 호전되었다 해도, 연쇄 살인과 같은 흉악 범죄가 발생하면 그런 여론은 금세 반전되기 쉽다. 민주사회에서 대중의 여론과 의식은 의사 결정 과정에 실질적인 영향을 미치기에, 인권과 같은 '절대적' 규범 역시 이런 전제로부터 완전히 초연한 상태에서 실천할 수 있다고 보기는 어렵다. 이런 통찰은 인권 가해자와 법 제도를 중심으로 전개되어 온 인권 연구와 운동에 시각의 전환을 요구한다. 이제 인권 운동은 인권침해에 맞서 싸우는 것뿐만 아니라, 대중의 태도 변화를 설득해야 할 과제를 부여받은 것이다. 이 절에서는 사회규범의 심리학, 인권에 대한 대중의 의식과 태도, 그리고 대중이 인권을 침해하는 시스템을 스스로 정당화하기도 하는 역설의 메커니즘을 다룬다.

(1) 사회규범과 인권

사회규범이란 어떤 상황에서 특정한 행동을 장려하거나 또는 억제하는, 사회적으로 공유되고 강요된 태도를 말한다. 인권의 달성과 침해에서 사회규범이 대단히 중요한 역할을 한다는 사실은 비교적 최근에 알려졌다. 과거에는 사회규범이 문화 특정적이고 맥락 의존적이어서 확정적인 법규범의 형식을 띤 인권과는 크게 상관이 없다고 생각하는 경향까지 있었다. 그러나 사회규범은 인간의 행동을 변화시킬 수 있는 여타 요인들 ― 예를 들어 법, 시장, 물리적 구조 ― 과 비슷한 정도의 영향력을 발휘한다.[10]

예를 들어, 사회규범은 법에 비해 공식화 수준만 다소 낮을 뿐 그 심리적 구속력은 대단히 높다. 또한 시장의 유인이 물질적 이익이라면 사회규범의 유인은 사회적 인정이어서 이 또한 강력한 유인 기제로 작용한다. 물리적 구조가 그 물리적 폐쇄성으로 사람의 행동에 제약을 가한다면, 사회규범은 사회적 경로를 통해 행동을 유도한다. 물리적 폐쇄성과 사회적 경로는 물질적 유·무형에서 차이가 날 뿐, 인간 행동을 제약한다는 점에서는 유사하다.

사회규범은 인위적으로 형성할 필요가 없기에 여타 요인들에 비해 만들어지는 비용이 적게 든다. 입법 과정이 필요하지 않고, 규범을 이해하는 데 쓸 수 있는 문화적·사회적·심리적 자원도 무한정하기 때문이다. 따라서 인권과 관련된 행동에서는 **사회규범의 파급력이 법이나 시장보다 적지 않다**고 봐야 한다. "전통적으로 인권의 주창자들은 인권의 기획을 협소한 법적 프레임 내에서 엄밀하게 이해해 왔다. 그러나 인권의 기획이 사회 내 여러 집단들의 시민적·경제적·사회적 권리를 포괄하는 것으로 확장됨에 따라 사회규범의 중요성이 더욱 주목을 끌게 되었다"(Prentice 2012, 24). 이와 관련해 사회규범이 인권을 침해하는 대표적 사례로 21세기에도 근절되지 않고 있는 여성 생식기 절제FGM 관행을 들 수 있다. 서구에 거주하는 이민자 집단 내에서도 이런 관행이 일부 유지되는데, 이처럼 문화적 습속에 포함되어 있는 정언적 규범의 힘은 크다. 이런 관행의 대상이 되는 피해 당사자는 물론이고, 그런 사회규범의 억압적 위세 때문에 내심 이를 반대하면서도 공개적으로 저항하지 못하는 수많은 사람들이 있을 수 있다. 그리고 어떤 인권침해 상황을 목격하더라도 적극적으로 어떤 조치를 취하지 않는 '무행동'이 사회규범인 곳에서는 방관자 효과bystander effect — "남의 일에 쓸데없이 나서지 마라." — 가 발생하기 쉽다(코언 2009). 이런 효과는 인권침해를 당한 사람의 고통을 가중하고, 방관자 자신에게도 심리적 가책을 남길 수 있으며, 가해자의 인권침해 행위를 더욱 부추길 가능성이 있다.

여성 생식기 절제와 같은 극적인 사례가 아니더라도, 자신이 살고 있는 사회가 부과하는 요구와 자신의 내면적 기준이 일치하지 않는 상태에서 사회의 요구를 따라야 하는 경우가 있다면 이 역시 인권이 보장되지 못하는 상태라 할 수 있다. "현대 다원적 민주사회에서 여러 대안적 생활 방식이 있음에도, 근본적 차원에서 불만족스러운 삶을 사는 사람들이 많다. 이들은 외견상 강압이 없다 해도 매일 자신이 처한 생활환경이 요구하는 강압에 순응하며 살 수밖에 없다. 한편으로 다양한 개인적 자유를 보장하는 사회 시스템 속에서도 …… 다른 한편으로는 전혀 충족되지 않은 삶을 살아야 하는 경우가 있다. 개인적 차원에서 보면 자발적 순응 없이 사회적 압력에 맞춰 살아야 하는 상황은 행복하지 않은 인생일 것이고, 그것은 인권침해 상황이라고 말할 수 있다"(Pollis 1981, 97). 또한 사회규범은 사람들에게 사회가 요구하는 규범적 행동만을 겉으로 표출하도록 강제한다. 이런 경우, 개인은 규범에 반하는 행동을 하지 못할 뿐만 아니라, 자신이 실제로 믿는 규범을 솔직히 표현하기도 어렵다. 이 때문에 흔히 사회규범적 요소가 포함된 여론조사에서는, 사회규범에 합치하는 의견이 과다하게 표출되곤 한다. 이런 여론조사가 응답자들의 진의를 얼마나 실질적으로 반영하는지는 객관적으로 따져 볼 필요가 있다.

그렇다면 억압적이고 반인권적인 사회규범이 존재할 때 어떻게 해결할 수 있을까? 흔히 법적 강제력을 동원해서 금지하는 조처를 시행하곤 한다. 그러나 법 제도의 구속력이 사회규범의 구속력보다 더 크다는 보장이 없음을 기억할 필요가 있다. 데버러 프렌티스Deborah Prentice는 미국 남부에서 오랫동안 사회적 악습으로 행해졌던, 남자들 사이의 결투 전통에 대해 설명한다(Prentice 2012). 이 지역에서는 진정한 신사라면 개인 간의 갈등을 결투로 해결해야 한다는 폭력적 사회규범이 오랫동안 받아들여졌다. 개인적으로 이 관습에 찬성하지 않더라도 남자라면 반드시 결투에 응해야 한다는 사회적 압력 때문에 사람들은 생사를 걸고 결투에 참여해야 했다. 결투의 비합리성을 대중에게 아무리 설파해도, 그리고 이를 금지시키는 법을 아무리 제정해도 별 소용이 없었다. 결투 규범은 합리성 여부와 관계없이 영향력을 발휘했고, 사람들은 법을 위반해 처벌받는 한이 있어도 자신의 사회적 평판을 지키려 했기 때문이다. 결국 남부 주 당국은 결투에 가담한 사람은 공직에 취임할 수 없다는 법을 신설했다. 남부의 남자들 사이에서는 공직을 맡는 것이 결투만큼이나 중요한 사회규범이었는데, 그 길을 차단해 버린 것이다. 새로운 규정이 생긴 뒤 결투 관행은 점차 사라졌다. 여기서 우리는 결투라는 사회규범이 바뀐 이유가 사람들 사이에서 신념이 변화되어서가 아니라, (이 경우에는 법의 도입이 매개되어) 다른 사회규범에 의해 유인이 변화했기 때문이었음을 유념해야 한다. 즉 인권을 침해하는 사회규범을 변화시키기 위해서는, 설득하거나 법 제도를 부과하는 것 외에도, 대중이 따르는 다른 규범적 틀을 활용하는 방안을 강구할 필요도 있다는 교훈을 얻을 수 있다.

(2) 인권 의식과 태도

인권을 법규범의 이행/불이행 또는 준수/위반의 관점으로만 접근할 경우, 대중이 인권에 대해 취하는 주관적 인식과 태도는 부차적 요인으로 간주될 수밖에 없다. 이런 인식은 1장에서 보았듯이 인권을 법적 요구 자격의 성문화 및 이를 실천하는 것으로만 보는 관점이다. 그러나 법적 요구 자격이 주어지더라도 인권을 자동적으로 향유할 수 있는 것은 아니다. 인권의 실현은 법 제도적 경로보다 훨씬 거대하고 복잡한 메커니즘 속에서 이루어지기 때문이다. 그렇게 본다면 대중의 인권 의식과 인권에 대한 태도는 인권침해의 근본 원인이자 인권 달성의 근본 조건을 형성하는 요인 가운데 하나이다. 민주사회일수록 여론의 향배가 정책 입안, 의제 설정, 우선순위 결정, 자원 배분 결정에 중요한 영향을 미친다. 이는 인권에서도 마찬가지이다. 법적으로 확립된 절대적 기본권조차 대중 여론의 영향력에서 완전히 자유롭지는 않다. 예를 들어, 9·11 사태 이후 국가 안보를 위해서라면 테러 용의자의 조건부 고문을 허용할 수 있다는 미국인들의 여론이 부시 행정부의 고문 정책에 힘을 실어 준 측면이 있었다. 하물며 법으로 보장된 기본권에 속하지 않은, 단순히 규범적 차원에서 요구되는 인권은 그것이 아무리 절대적 인간 존엄성에 속할지라도 대중의 지지와 호응 없이 실현되기가 어렵다. 나는 대중의 인권에 대한 인식과 태도가 1장에서 설명했던 인권 달성의 4대 요소인 '4-E'(권리의 요구 자격, 인권의 향유, 인간의 자력화, 인간의 포용)의 전 차원에 영향을 미친다고 생각한다. 이 점은 인권을 증진하기 위한 전략의 선택에 있어 중요한 시사점을 준다. 즉 법 제도화 추진, 대중 설득과 교육, 인권 친화적 — 그러나 인권을 반드시 호명하지 않더라도 인권의 실현이 가능한 — 사회 환경의 조성[11] 중 어떤 방법에 우선순위를 두고 자원을 배분해야 하는지에 관해 숙고할 거리를 제공하는 것이다.

대중의 인권 의식과 태도를 나타내는 여러 차원의 요소가 제안되어 있다.[12] 이 중에서 몇 가지를 선별해 실증적 연구를 디자인하는 경우가 많다. **지지**endorsement는 인권 가치와 규범에 대한 긍정과 승인을 뜻한다. 예를 들어, "당신은 인권이 얼마나 중요하다고 생각하십니까?"라는 질문에 대한 응답을 통해 확인할 수 있다. **의지**commitment는 인권을 구현하기 위해 필요한 비용과 부담을 감당할 헌신의 정도를 뜻한다. 예를 들어, "당신은 복지권의 확대를 위해 세금을 더 낼 의향이 있습니까?"라는 질문에 대한 응답이다. **제한**restriction은 인권보다 더 중요하다고 생각되는 어떤 상황이 있다면 인권에 제약을 가할 수 있다고 판단하는 정도를 뜻한다. 예를 들어, "당신은 국가 안보를 위해서라면 시민의 의사 표현의 자유를 제한하는 법을 제정할 수 있다고 생각하십니까?"라는 질문에 대한 응답이다. **인식**awareness은 인권 상황을 파악하는 정도와 인권에 관련된 지식을 뜻한다. 예를 들어, "우리 사회에서 제일 시급하게 해결해야 할 인권 문제가 무엇이라고 생각하십니까?"라는 질문에 대한 응답이다. **참여**engagement는 인권 의지와 관련이 있으며, 인권을 위해 구체적인 행동에 나선 경험과 그렇게 할 의지를 뜻한다. 예를 들어, "인권 문제가 발생했을 때 서명에 참여한 적이 있습니까?"라는 질문에 대한 응답이다. 인권에 대한 대중의 태도는 다차원적 요인으로 결정된다. 인권을 일반론으로 지지하는 것과 인권을 실현하려는 의지 사이에는 상관관계가 있지만 이 둘이 완전히 동일하지는 않다. 인권 의지와 인권 제한 사이에는 반비례 관계가 성립하기 쉽고, 인권 지지와 인권 제한 사이에는 뚜렷한 연관성이 발견되지 않는다.

대중의 개인적 차이와 특성이 이 같은 요인들에 대해 각각 별개의 영향을 미친다. 인권을 인식하는 개인적 차이를 **인권 정향**human rights orientation의 결정 요인이라고 한다. 이런 식의 개인적 차이는 인권에 대한 태도를 예측할 수 있는 지표가 될 수 있고, 추후 연구를 위한 가설로 사용될 수도 있다. 경험적 연구에 따르면 특정 정향들이 인권에 긍정적 혹은 부정적 태도를 창출하는 요인으로 작용하는데, 이는 다음과 같다.[13]

- **타인을 평등하게 혹은 불평등하게 대하는 정향**. 평등주의적 심리는 사람들 사이의 서열과 위계를 약화시키는 효과를 내며, 모든 인간의 동등한 가치를 주창하는 인권과 잘 부합된다. 반대로 **사회적 지배 정향**social domination orientation이 강할수록 인권에 대한 지지는 떨어진다. 사회적 지배 이론에 따

르면 지배 성향을 가진 사람일수록 이 세상이 지배 집단과 종속 집단의 서열 구조로 이루어져 있다고 믿는다. 이들은 이런 위계질서 속에서 지배 집단이 권력, 부, 사회적 지위를 더 많이 차지하는 것을 당연시한다. 또한 이런 위계 구조를 합리화하는 다양한 이데올로기 — 예를 들어, 인종주의·성차별주의 등 — 는 차별을 정당한 것으로 보는 시각을 강화한다. 차별이 정당화되면 애초 그 차별을 만들어 냈던 사회의 위계 구조가 더욱 강화되는 악순환으로 이어진다.

- **사회규범과 권위에 대한 정향**. 일반적인 사회규범과 어긋나는 소수자 정체성, 통념에 어긋나는 견해, 비주류적 생활양식과 행동 방식 등을 개방적으로 받아들이는 태도는 인권의 관용 정신과 부합된다. 그러나 현실에서는 이와 반대되는 정향이 더욱 우세할 때가 많다. 사회적 안정과 통합을 중시하는 입장에서는 관용을 무원칙으로, 인권을 방종으로 해석하는 경향이 강하다. 이런 태도를 가진 사람은 개인의 권리를 주창하는 인권이 사회를 해체하려는 위험한 발상이라고 생각하기 쉽다. 특히 정치·사회적 권위에 복종하는 경향을 지닌 **우익 권위주의는 사회적 통제를 지지**한다. 이들은 사회의 전통 규범과 사회의 보존 및 사회의 안전을 지고지선의 가치로 간주한다. 또한 다양한 여론을 인정하고 개인적 가치가 추구될수록 사회가 불안정해질 것이라는 두려움 때문에, 구성원들의 이질성을 높일 수 있는 모든 경향에 반대한다. 따라서 사회 안정을 이루기 위해서라면 설령 소수자를 탄압하고 사회적 통제를 강화하는 조처이더라도 얼마든지 정당화될 수 있다고 확신한다. 권위주의자는 현실 속에 나타나는 미약한 징후, 예컨대 국가 안보에 대한 막연한 위협 혹은 사회적 무질서의 기미만으로도 충분히 인권을 제약할 근거가 될 수 있다고 생각한다.

- **개인의 가치 정향**. 개인의 가치를 중시하는 심리는 삶의 궁극적 목표가 개인의 자기실현이라고 믿는다. 그리고 개인의 가치가 모든 행동의 지침이 되어야 하고, 특정한 상황을 초월해 일관성 있는 규범이 되어야 한다고 생각한다. 개인의 가치 정향은 두 축으로 이루어져 있는데, 이들의 조합 양상에 따라 인권에 적극적이거나 소극적인 태도로 나타날 수 있다. 첫째 축은 **자기 강화 가치 대 자기 초월 가치**이다. 자기 강화 가치는 권력 추구와 자아 성취를, 자기 초월 가치는 보편주의 신념과 선의를 각각 지향한다. 인권에 호의적인 사회심리가 형성되려면 대중이 자기 초월 가치를 보유했는지 여부가 특히 중요하다. 둘째 축은 **보존 가치 대 변화수용 가치**이다. 보존 가치는 전통, 순응, 안전, 사회 조화를, 변화 수용 가치는 쾌락, 자극, 자기 방향성을 각각 지향한다. 이 중에서 보편주의 신념은 인권의 평등성으로 나타나고, 자기 방향성은 자유와 자율에 대한 선호로 나타난다. 반면에 순응과 안전은 사회적 통제와 인권의 제약에 대한 선호로 나타난다.

- **정치 이데올로기 정향**. 미국의 경우 민주당 지지자들이 인권을 일반적으로 더 지지하는 경향이 관찰된다. 그리고 자신의 정치적 성향을 리버럴(자유주의 혹은 진보주의)이라고 밝힌 사람들이 인권에 더 호의적이다. 나는 독일 현지의 인권 담론을 조사한 적이 있는데 그곳에서도 사회민주당·녹색당·좌파당Die Linke이 인권 가치에 더욱 적극적임을 알 수 있었다. 한국에서도 정도의 차이는 있지만 마찬가지 경향이 있을 것으로 본다. 또한 인도주의와 인간의 안녕 및 복리에 관심이 많은 사람일수록 인권 가치를 지지한다. 보수적 종교인은 인권에 미온적인 경향이 있다. 정치 이념뿐만 아니라 특정한 사회적 논쟁이 어떤 이념적 프레임으로 제시되는지, 그리고 논쟁에서 적절한 정보가 제공되었는지 여부가 인권에 대한 태도를 결

정하는 데 큰 영향을 미친다.

- **자기 종족 중심주의 정향**. 자기 종족 중심적 사고가 강할수록 내집단을 편애하고 외집단을 배척·불신하기 쉽다. 이는 보편적 인권 가치를 받아들이기 어려운 정향이다.

- **공감 성향**. 타인에 대한 동정심과 이해심을 지닌 사람, 그리고 타인의 관점에서 상황을 바라볼 줄 아는 사람이 인권을 더 잘 받아들인다.

- **인식론적 정향과 지적 수준**. 추상적 차원에서 윤리적 추론을 할 줄 아는 능력을 가진 사람일수록 정의·공정·인도주의에 호의적 태도를 보인다. 그리고 세계를 유동적이고 융통성 있게 보는 사람이 세계를 고정된 실체로 파악하는 사람보다 인권 가치에 더욱 적극적인 것으로 나타난다. 교육 수준이 높을수록, 그리고 세계정세와 국제 상황에 대한 지식이 많을수록 인권 가치에 동조하는 경향이 있다.

한국에서 인권에 대한 대중의 태도를 조사한 연구물 가운데 2011년에 발표된 『국민인권 의식 실태조사』는 특히 주목을 끈다(정진성 외 2011). 대중의 인권 의식에만 집중한 전문적 조사였고, 조사 대상이 광범위해 대표성이 있었으며, 국내외의 기존 조사들에 포함되었던 항목들을 체계적으로 반영했을 뿐더러 설문 문항이 응답자의 인권 정향을 종합적으로 파악힐 수 있도록 설계되었기 때문이다(Koo, Cheong, and Ramirez 2015, 64-65). 15세 이상 일반인 1천5백 명, 인권 전문가(법조계, 언론계, 종교계, 학계, 시민 단체, 교사 등) 225명, 인권 관련 종사자 48명, 초등학생 589명, 중등학생 623명을 대상으로 철저한 조사가 진행되었다. 이 조사를 통해 얻어진 주요 발견은 다음과 같다(정진성 외 2011, 9-13). 한국 국민의 인권 의식은 대체로 높아지고 있었다. 자신의 인권침해 및 차별 경험에 대한 민감성도 높아졌다. 한국 사회의 인권 수준을 여전히 부정적으로 평가하고 있었다. 시민적·정치적 권리에 관해 우려를 표함과 동시에, 경제·사회·문화적 권리에 관한 인식 수준이 높아져 이에 대한 요구가 강하게 표출되었다. 인권침해와 차별을 유발하는 주요 요인으로 경제적 지위와 학력·학벌을 꼽았다. 사형제와 〈국가보안법〉에 대해 현재 상태를 유지하자는 의견이 많았지만, 비정규직의 정규직 전환과 저소득층 복지 혜택 확대에 대해서는 지지 의견이 컸다. 일반인과 전문가 집단 사이의 인권 의식 및 인권 민감성의 차이가 심했다. 일반인들은 인권 가치가 국가 및 자신의 이해관계와 충돌할 때에 후자의 방향으로 기울어지는 경향이 나타났다. 불법체류(미등록) 노동자에게 건강보험을 제공하는 것이나 여성 채용 목표제에 대해 반대하는 비율이 늘어났다. 정보화 관련 인권과 청소년 인권에 대한 관심이 매우 높다는 특징이 드러났다. 성매매를 경찰이 단속하고 성매매자를 처벌해야 한다는 의견이 다수였다. 인권에 대해 공동체적 의식을 가진 사람들이 많았다. 즉 타인의 권리를 경시하고 자기 권리만 찾는 것을 비판적으로 보는 관점이 많았다. 국가인권위원회에 대한 인지도는 올랐으나, 인권 신장에 도움이 되는지 여부에 대해서는 부정적 평가가 늘어났다.

이 조사의 데이터를 국제적 인권 의식의 표준적 연구 기법인 가설 검증 방식으로 심층 분석한 후속 연구가 나왔다(Koo, Cheong, and Ramirez 2015). 조사 대상자의 58.28퍼센트가 인권에 관한 지식과 한국의 인권 상황에 대한 인식이 있는 것으로 나타났다. 반면에 인권을 지지한다고 응답한 사람은 43.58퍼센트였고, 기부, 항의 행동, 서명 등 인권 관련 활동에 참여한 경험이 있는 사람은 11.84퍼센트에 그쳤다. 조사 대상자들의 개인적 정향을 보면 도시지역 거주자가 인권 인식, 지지, 참여가 모두 높았다. 연령이 낮을수록 인권을 지지하는 비율이 높았지만, 인권 관련 인식이나 참여와는 별 연관성이 없었다. 소득 수준과 인권 정향과는 큰 관련이 없었고 부유할수록 인권 활동에 참여하는 비율이 낮았다. 불교 신도들이 인식·지지·참여의 세 차원에서 모두 높은 비율을 보였고, 개신교와 가톨릭 신도들은 인권 활동의 참여가 높았다. 자유주의적 진보 성향과 인권 정향 사이의 유의미한 상관관계가 확인되었다. 사회 신뢰도와 인권 인식 및 지지 사이의 관련성도 입증되었다. 교육 수준 및 세계시민 정체성은 인권과 복합적인 관계를 나타냈다. 세계시민이라는 정체성을 가진 사람은 인권에 대한 인식 수준은 높았지만 그것이 곧바로 인권의 지지 혹은 활동 참여로 이어지지는 않았다. 연구자들은 이런 결과를 소개하며 다음과 같은 소회를 밝혔다. "[연구 결과에 대해] 예상한 대로 인권에 관한 지식을 높이는 요인들이 반드시 인권을 증진하는 활동으로 이어지지는 않았다. 인간의 인식cognition과 행위action 사이에 간극이 존재하는 것은 그리 놀랍지 않다. 따라서 우리는 더욱 자유주의적이고 타인을 더욱 신뢰하며 세계시민 의식을 더 가진 한국인들이 인권에 대해 더 많이 알고 있긴 있지만, 인권을 위한 활동에 더 많이 참여하지는 않는다는 사실을 확인했다. …… [하지만 예상치 못했던 점으로] 교육을 더 많이 받았다고 해서 인권을 더 많이 지지하지는 않는다는 사실은 놀라운 발견이었다. 더 놀라운 것은, 나이가 어릴수록 인권을 더욱 지지하면서도 인권에 관한 지식이나 인권 활동에 참여하는 비율이 낮다는 사실이었다"(Koo, Cheong, and Ramirez 2015, 80).

우리가 3장에서 콜버그이 도덕 발달 이론과 카너먼의 시스템 2 사고 과정을 통해 보았듯이, 인권은 비즉흥적·비직관적·비선입견적 심사숙고와 성찰을 통해 접근할 필요가 있는 개념이다. 그러므로 전 세계적으로 교육 수준과 인권 정향은 정비례 관계를 이룬다는 것이 학계의 통설로 인정된다. 그러나 한국에서 교육 수준과 인권 지지 사이에 상관관계가 설정되지 않는다는 사실은 무엇을 의미하는가? 한국처럼 교육열이 높고 공식적 교육 수준이 높은 나라에서 시행하는 교육의 내용이 시민들 개인의 자유·자율·존엄성·권리에 대한 옹호로 이어지지 않는다는 사실은 무엇을 의미하는가? 우리 사회의 교육이 어떤 인격을 지향하는 인간형을 양산하고 있는가? 다시 말해 우리 사회의 모든 비인간적 문제들의 근본 원인이 어디에서 기인하는가? 이 같은 질문들에 대한 답을 찾으려면 앞으로 더 깊은 연구가 필요할 것이다. 지금까지의 연구로는 현상적인 결과만 나와 있을 뿐이고, 연구 결과 또한 여러 갈래로 해석될 여지가 있다. 어쨌든 국민의 인권 의식과 태도를 조사하는 사회학적 연구는 다른 학문으로 포착하기 어려운, 인권의 중요 차원들을 알 수 있게 해주는 동시에 우리 사회가 반드시 해결해야 할 인권의 근본 문제가 무엇인지를 알려준다.

(3) 시스템 정당화와 강자와의 동일시

이처럼 일반 대중이 인권을 대하는 의식과 태도는 복합적이고 다층적이다. 인권의 보편성과 절대적 규범성을 확신하는 사람이라면 이런 현상에 놀라움을 금치 못할 것이다. 그런데 인권 가치에 대해 미온적이거나 유보적인 정도를 넘어 인권을 적극적으로 경원시하는 사람들도 있다. 내 개인적인 경험 속에서도, 인권에 모순적인 태도를 보이는 사람들이 생각보다 많았고, 인권과 인권 운동에 막연한 반감을 보이는 사람들도 드물지 않게 만날 수 있었다. 양심에 따른 병역거부, 사형제도, 성적 지향, 〈국가보안법〉 등을 둘러싼 논란을 상기하면 될 것이다. 그러나 더욱 놀라운 것은 인권이 누구보다도 더 필요한 사람들 — 소외 계층, 서민들, 잠재적 약자 집단 등 — 이 인권을 부정적으로 보거나, 인권 옹호자들을 배척하는 태도를 보일 때가 적지 않다는 사실이다. 사실 인권 영역에서만 이런 현상이 관찰되는 것은 아니다. 노동계급이 반노동적인 보수정당에 투표하거나, 서민들이 현상 유지적인 보수 정책을 지지하는 현상은 여러 연구들을 통해 관찰되어 왔다. 어떤 사회복지사는 내게 수급 대상자들의 뿌리 깊은 정치적 보수성을 참으로 이해하기 어렵다고 토로한 적이 있었다. 이런 현상을 이데올로기적 허위의식이나 계급 사회화 과정의 왜곡된 결과로 분석하는 연구들이 있지만, 사회심리학에 따르면 이를 시스템 정당화 이론으로 설명할 수 있다(3장 참조).

시스템 정당화는 사회 속에서 인간이 보유한 세 종류의 정당화 기제 중 하나이다.[14] **자아 정당화**는 개인이 자신을 타당하고 정당한 존재라고 인식할 필요성에서 창출되며, 긍정적 자기 이미지를 계발하고 유지하도록 도와주는 기제이다. **집단 정당화**는 사회적 정체성social identity 이론에서 도출된 것으로, 자신을 내집단의 여타 구성원들과 동일시하고, 그들의 행동을 옹호하며, 자신이 속한 내집단의 긍정적 이미지를 유지하도록 노력하는 기제이다. 앞서 보았듯이 집단 정당화는 외집단에 대한 편견과 적대를 합리화하며, 집단 간 갈등과 충돌의 원인이 되기도 한다. 또한 사회적 지배 이론에 따르면 강자 집단은 약자 집단을 억압하고 통제하려는 경향을 보유한다. 이와 마찬가지로, **시스템 정당화** 역시 자신이 속한 기존 질서와 현재 상태를 정당하다고 평가하고, 그런 체제가 공정하고 자연스러우며 바람직하고 필연적이라고 인식하도록 해주는 기제이다. 시스템 정당화는 그 시스템 내에서 우세한 지위에 있는 집단에게 유리한 체제 옹호 논리라 할 수 있다. 이는 기존 사회질서를 온존시키고 유지하는 데 결정적으로 유리한 환경을 조성한다. 시스템 정당화는 세 가지 정당화 기제 중 내구력이 가장 강력한 기제라고 설명된다. 예를 들어, 농민반란은 일반적으로 집단 정당화 기제의 사회적 지배를 역전시키려는 현상으로 설명할 수 있다. 낮은 지위 집단(농민들)이 합세해 높은 지위 집단(지주 계층)의 지배에 저항하는 것이기 때문이다. 하지만 역사를 통틀어 지주의 부당한 지배는 장기간 지속되었던 반면, 농민들이 반란을 일으킨 경우는 소수에 불과했고, 오히려 농민들이 기존 질서에 순응하고 심지어 이를 옹호한 경우가 훨씬 많았다. 따라서 농민반란의 예처럼 사회변혁을 위한 움직임이 적극적으로 표출되는 것은 약자 집단이 자아 정당화 및 집단 정당화를 하려는 욕구가, 시스템 정당화를 하려는 욕구를 압도할 경우로 국한된다고 할 수 있다. 시스템 정당화가 발생하는 기제를 분석하면 다음과 같다.

- 시스템 내의 구성원들은 일반적으로 **현재 상태를 합리화**한다. 또한 현재 상태의 정당성 여부와 관계없이, 현실적으로 판단해 유지될 가능성이 높다고 생각되는 상태를 지지하고 합리화한다. 이는 이른바 개인주의적 합리성에 근거해 예상할 수 있는 것과 정반대에 가깝다. 개체 차원의 자기 보전 욕구와 전체 집단 차원의 자기 보전 욕구를 동일시하는 심리 때문이 아닐까 추측할 수 있다. 다만 심리적 현상은 그 개념 정의상 이성적으로 설명할 수 없는 부분이 존재할 수 있음을 인정해야 할 것이다.

- 시스템 외부 요인이 시스템을 위협한다고 느낄 때 현재 상태를 합리화하는 경향이 심해진다. 이는 사회적 정체성 이론과 정반대의 결과이다. 낮은 지위 집단의 구성원은 외견상 의식적 차원에서는 자신이 속한 내집단을 선호하는 것처럼 보이지만, 무의식의 차원에서는 **암묵적인 외집단 선호**를 보인다. 예를 들어, 미국의 흑인 학생들이 암묵적 차원에서 백인 학생들을 선호하는 태도가 연구를 통해 입증되었다. 하지만 높은 지위 집단의 구성원은 암묵적 차원에서 자신의 내집단을 선호한다.

- **정치 이데올로기**가 시스템 정당화를 매개하는 역할을 수행한다. 정치적 보수주의는 체제의 정당성을 강조하면서 낮은 지위 집단의 구성원이 높은 지위 집단 구성원의 이익과 가치를 내면화하고 그것을 동일시할 수 있도록 하는 논리를 전파한다. 이런 식의 선전을 내면화한 낮은 지위 집단 구성원은 기성 체제의 질서를 해체하거나 불안정하게 만들 수 있는 평등 지향적 조처에 반대하기 쉽다.

- 낮은 지위 집단의 구성원은 **권리 의식이 낮게 설정**되어 있을 가능성이 크다. 오랜 불평등 상황이 만들어 낸 불평등한 사회질서를 철저히 내면화했기 때문이다. 따라서 이들은 불평등한 현실을 부당하다고 보지 않고, 오히려 자신의 기대치를 현실에 맞춘다. 예를 들어, 고임의 남성 노동자와 동등한 업무를 수행하는 저임의 여성 노동자가 자신의 업무가 남성의 업무와 동일한 가치가 있음에도 그것을 주관적으로 낮게 평가하는 경우가 있다.

- 시스템 정당화의 강도가 자아 정당화 및 집단 정당화의 강도보다 클수록 낮은 지위 집단 구성원이 사회 변화를 위한 행동(예컨대 인권 보장 요구)에 나설 가능성이 낮아진다. 이런 경향 때문에 상당수 **약자들이 인권 운동을 지지하지 않는 모순**이 발생한다. 또한 낮은 지위 집단 구성원은 자존감이 낮고, 내집단의 동료 구성원들에 대해 양가적인 태도를 보이기 쉬우며, 우울증이나 신경증을 앓을 가능성이 높다.

- 낮은 지위 집단 구성원일수록 기존 체제에 심리적으로 더 긴밀하게 연결되어 있는 경우가 많다. 예를 들어, 빈곤층이 평등주의적 정책을 추구하

는 정당에 투표하지 않거나, 여성이 페미니즘을 반대하는 경우가 있다. 요컨대 자기 이익을 오히려 거부하는 불합리한 행동이 나타나는데, 이를 인지 부조화cognitive dissonance 이론으로 설명할 수 있다. 한편으로 기존 질서 아래 고통 받고 있지만, 다른 한편으로 그런 현실을 절대 바꿀 수 없다는 믿음이 동시에 존재할 때, 이 같은 **인지 부조화를 줄이기 위해 자신의 고통을 정당화**해야 할 강력한 동기가 발생한다. 만일 자아 정당화 및 집단 정당화가 명확하게 설정되어 있지 않은 낮은 지위 집단 구성원(예컨대 계급의식이 결여된 노동자)일 경우에는, 인지 부조화를 극복하기 위해 오히려 기성 체제를 열렬하게 지지하고 합리화하는 모순이 발생한다. 즉 "저소득 계층과 흑인은 정부가 시민·언론의 비판 권리를 제한하려 할 때 고소득 계층과 백인보다 그런 조처를 더 열성적으로 지지할 가능성이 크다"(Jost, Banaji, and Nosek 2004, 909). 이런 태도는 인권에 심대한 악영향을 끼친다.

- 이와 비슷한 맥락에서, 낮은 지위 집단의 구성원들이 우익 권위주의, 정치적 보수주의, 권력자 숭배, 적자생존, 약육강식의 관념을 더욱 지지하는 경향이 있다.

- **상보적 지위 관념**이 시스템 정당화 효과를 내기도 한다. 상보적 지위comple-mentary status 관념이란 저마다 처한 지위를 상쇄하는 보상이나 응보가 주어지므로 세상은 공평하다고 믿는 태도이다. 예를 들어, 낮은 지위 집단 구성원이 물질적으로는 결핍되어 있지만 정신적으로는 행복하고 단란하며 정직하게 살 수 있으므로 보상이 이루어졌다고 간주하는 것이다. 또는 높은 지위 집단의 구성원도 겉으로 행복해 보이지만 그들 역시 권력투쟁, 가정불화, 상속 문제, 배신, 치정, 질병, 죄악 등의 고통을 감수해야 하므

로 높은 지위에 따른 응보가 따른다고 생각할 수 있다. 빈곤이 정직에 의해, 부유가 번뇌에 의해 상쇄된다는 믿음인 것이다. 이런 류의 상보적 지위 관념은, 설령 빈부 격차가 있더라도 세상은 결국 공평하다는 환상을 심어 주고, 결과적으로 시스템을 정당화하는 효과를 발생시킨다. 예를 들어, 권력을 가졌지만 개인적 어려움 때문에 고통을 겪는 지도자의 인간적 면모를 보도하는 언론, 재벌가의 상속·승계·혼인이나 출생의 비밀을 둘러싼 갈등을 묘사하는 드라마 등은 수많은 보통 사람들에게 상보적 지위 관념에 따른 대리 만족을 제공하면서 현 체제를 유지시키는 데 일조한다 ("돈이 저렇게 많아도, 아무리 높은 자리에 있어도 골치 아픈 일이 생기는구나. 우린 돈도 권력도 없지만 화목하게 오순도순 살고 있으니 세상은 결국 공평한 거야").

정리하자면, 시스템 정당화에 영향을 주는 요인은 정치적 보수주의, 외부의 위협, 우익 권위주의, 세상이 공평하다는 상보적 지위 관념, 프로테스탄트적 노동 윤리('일하지 않는 자는 먹지 마라'), 평등 조처 반대 정향, 인지 부조화의 역정당화, 상보적 지위 관념 등이다. 그런데 낮은 지위 집단 구성원이 이런 요인들의 영향을 받는 것은 선천적(유전적) 이유라기보다 사회적으로 구성된 원인으로 봐야 한다. 이 점이 특히 중요하다. "인간은 사회적으로 구성된 환경의 특성들, 특히 **자신의 힘으로 바꿀 수 없다고 생각되는 특성들을 수용하고 내면화하고 심지어 적극적으로 합리화**하는 적응 능력을 발전시켰다. ……이 단순한 가정에 담긴 사회적·정치적 함의는 실로 크다. 이를 통해 우리는 사회의 현재 상태가 ― 그것이 우리 이익에 부합하는지 여부와 상관없이, 그리고 우리가 그것을 인지하는지 여부와 상관없이 ― 인간에게 어째서 그토록 거대한 영향을 발휘하는지를 이해할 수 있다"(Jost, Banaji, and Nosek 2004, 912, 강조 추가).

낮은 지위 집단의 구성원이 외집단 선호를 보이는 시스템 정당화가 극단적으로 진행되면 약자가 현 체제를 옹호하는 정도를 넘어 약자가 적극적으로 인권침해에 가담하는 일도 생긴다. 모든 약자가 이렇게 되는 것은 아니지만, 약자가 자기보다 더 약한 대상을 억압하는 현상은 이론적으로나 현실적으로나 복잡한 문제를 야기한다. 강수돌(2008; 2009)은 이를 **강자와의 동일시** 그리고 **경쟁의 내면화**라는 개념으로 설명한다. 모든 사람이 모든 사람과 싸워야 하는 적나라한 사다리 질서(위계 구조) 속에서 인간은 잔인한 경쟁 체제에 직접 맞서기 어렵다. 오히려 경쟁에서 낙오하면 사회적 죽음밖에 없다는 절박함에 사로잡힌 나머지, 자신보다 강한 존재와 경쟁해야 하는 상황에서 승산이 없다고 느끼는 순간, 죽음을 모면하기 위해 차선의 선택을 하게 된다. 그것이 바로 강자와의 동일시이다. 강자 앞에 철저히 굴복해 강자의 명령에 따르고, 강자의 가치와 규범을 나의 가치와 규범으로 수용한다. 이것이 경쟁의 내면화이다. 그런데 강자와 동일시하더라도 모든 문제가 해결되지는 않는다. 자기 소외 또는 자기 배신감이 발생할 수 있다. 자신의 진정한 내면에 부합하지 않은 규범을 채택한 데 따른 부작용이다. 이때 자기 자신에게 그리고 자신을 이렇게 만든 상황에 대해 묵시적 증오감이 쌓이기 쉽다. 묵시적 증오감으로 가득 찬 사람은 자기보다 약한 사람을 만나면 그에게 그 증오감을 투사하게 되고, 강자에게서 받았던 굴욕과 고통을 그에게 고스란히 되돌려 주려고 한다. 그러므로 강자와의 동일시 기제는 '강자 → 약자 → 약약자'로 이어지는 연쇄적 인권침해를 낳게 된다.

　인권을 옹호하는 관점에서 시스템 정당화 이론이 주는 함의를 어떻게 해석할 수 있을까? 인권을 지지하고, 사회를 좀 더 합리적이고 공평하며 인도적으로 바꾸기를 원하는 사람들에게 이 같은 이론은 지나치게 비관적으로 느껴질 수도 있다. 사회 변혁의 가능성을 원초적으로 회의하게 만드는 음울

한 지식과 같이 생각될 여지도 있다. 하지만 시스템 정당화 이론은 왜 사람들이 외견상 자신의 이익과 반대되는 체제를 계속 옹호하는지에 관해 심층적인 차원에서의 이유를 분석함으로써 사회 변화를 가로막는 근본 원인을 드러내 보이고, 우리가 사회 변화를 위해 어느 수준에서 어떻게 개입해야 하는지를 고민하게 해준다. 그리고 인권 친화적 사회를 형성하는 과제가 인권 친화적 집단과 반인권 집단 사이의 경합과 경쟁을 통해서만 이루어지기도 어렵다는 사실을 일깨운다. 또한 정치적 차원에서, 단순히 미시적이고 단기적인 제도 변화만을 변화의 유일한 통로로 간주해서는 곤란하다는 점을 깨우치게 한다. 사회화 과정에서 인권적 가치가 주입될 수 있는 방안을 모색하고, 성장 초기에 지속적이고 효과적인 교육 개입을 통해 사회의 에토스를 인권 친화적으로 유도하는 것, 그리고 인권이 필요한 약자들이 자신의 존재론적 안전과 기존 체제의 보존을 동일시할 필요가 없도록 보장하는 정치·경제·사회 정책상의 근본적 변화가 궁극적인 해결책이 아닌까 싶다.

에드먼드 칸의 불의감과 인권

우리는 천부인권 혹은 자연권과 같은 형이상학적 토대로 인권을 상상하기 쉽다. 그러나 인권의 철학적 토대를 체계적으로 분석한 제롬 셰스탁에 따르면 현재까지 다음과 같이 열두 가지 종류의 토대가 제안되어 있다고 한다. 종교, 자연법(자율적 개인), 법실증주의(국가의 권위), 마르크스주의(유적 존재로서의 인간), 사회학적 접근(과정과 이익), 공리적 가치에 근거한 권리, 핵심 지연권에 근거한 권리, 정의에 근거한 권리, 불의에 대한 반응에 근거한 권리, 존엄성에 근거한 권리, 평등한 존중과 관심에 근거한 권리, 문화상대주의와 보편주의 이론 등이 그것이다. 나는 이 목록 중에서 **불의에 대한 반응에 근거한**

권리라는 개념에 특히 깊은 인상을 받았다(Shestack 1998, 224-225). 이 개념은 에드먼드 칸Edmond Nathaniel Cahn, 1906~64이 창안했는데, 특히 인권 운동가들에게 큰 호소력을 지닌다. 칸은 정의에 관한 어떤 선험적인 진리를 가정한 상태에서(예컨대 자연법) 인권 규범을 연역하기보다, 오히려 일상의 경험과 관찰로부터 부정의, 즉 불의injustice를 확인하는 편이 훨씬 빠르고 쉽다고 주장한다. 이상적인 양식이나 정태적인 조건으로서 정의를 먼저 구상해 놓으면(예컨대 롤스의 정의 개념) 그런 정의 관념에 대한 인간의 반응은 행동이 아니라 정관靜觀과 숙고로 나타나기 쉽다. 반면에 현실 속에서 경험하는 불의는 구체적이고 역동적이기에 분노를 일으키고 실제적 행동을 격발시킬 수 있다. 칸은 이를 **불의감**이라고 부른다. 공평하지 않고, 부당하고, 억울하고, 부조리하고, 하소연할 데가 없다고 느낄 때 터져 나오는 정서적 반응과 심리적 격동을 합친 느낌이 불의감인 것이다. 차병직(2010, 98-100)은 청소년들에게 법 정의에 대해 설명하면서 "정의가 보이지 않으면 부정의를 찾아라."라고 조언한다. 부정의를 심리적으로 경험하는 것이 바로 불의감이다.

칸의 불의감 이론은 인간이 현실에서 겪는 부정의에 대한 격노와 의분을 인권의 토대로 설정했다는 점에서 인권 운동가와 인권 옹호가들의 행동 양식을 잘 설명하며, 인간의 삶에서 대면하는 실제적 경험을 이론의 근거로 삼았기 때문에 크게 주목받았다. 보통 사람들은 인권 원칙에 따른 고상한 모범답안을 미리 정해 둔 상태에서 이에 어긋나는 상태를 인권침해라고 규정하지 않는다. 기본권이나 실정법이나 인권 원칙을 잘 모른다 해도 뭔가 '이건 아니다.'라고 생각되는 일을 당했을 때 본능적으로 느끼는 반발심의 발로에서 인권침해를 바로잡을 행동에 나설 가능성이 높아진다. 앞서 봤듯이 인권을 지향하지 못하도록 차단하는 여러 심리적 제약 조건들(예컨대 사회적 지배 정향 혹은 시스템 정당화 경향)이 있으므로, 칸의 불의감 이론은 사람들에게 인권 친화적 정향성을 갖게 하는 데 특별한 통찰을 제공한다.

에드먼드 칸은 미국 루이지애나 주 뉴올리언스에서 태어나 툴레인 대학교 로스쿨을 수석으로 졸업하고 뉴욕에서 세법 전문 변호사로 일했다. 그는 변호사 생활 중 『세법논총』Tax Law Review이라는 학술지의 편집자를 겸하면서 1946년부터 뉴욕 대학교 로스쿨에 출강하다 1950년에 아예 이 학교의 법철학 전임 교수로 이직했다. 칸은 길지 않은 교수 생활 동안 민주주의와 법의 관계, 즉 민주 법학의 철학적·이론적 토대를 세우고자 노력했다. 법이 사회 도덕성의 최저 기준을 정한다는 통상적 법 이론을 넘어 법이 사회의 도덕성을 이끌 만큼 공의로워야righteous 민주주의가 성공할 수 있다는 적극적 민주 법학을 주창했다.

칸에 따르면, 시민적 자율성을 지닌 민주 시민들은 한편으로 인민주권의 원칙에 따라 정부의 대표를 직접 선출하며, 다른 한편으로는 개인적 불의감을 공적 양심으로 승화시켜 시민 배심원 제도를 통해 이를 실천한다. 따라서 법에 구현된 정신이 제대로 실현되려면, 배심원들이 동료 시민들의 염원과 판단에 근거한 시민적 자율성을 가지고 있어야만 한다. 다시 말해, 정의롭고 독립적인 사법부는 법관들만 노력해서는 만들어질 수 없고 **민주 시민들의 불의감과 정의 관념으로써 민주적 법을 지켜야** 하는 것이다. 또한 민주사회가 진실을 추구하기 위해서는 민주 체제가 지닌 가치 체계 그 자체를 늘 의문시하는 태도가 필요하며, 이를 위해 사회적 '사실'을 고정불변의 객관적 실체가 아니라 특정한 가치 체계의 산물로 보는 회의적인 법적 태도를 지녀야 한다고 보았다.

칸은 법에서 정의가 어떻게 실질적으로 반영되고 실현되느냐 하는 문제에도 관심을 기울였다. 그는 법에서의 정의가 인간 중심적 민주 법학으로 실현되어야 한다고 믿었다. 칸은 법의 존립 근거가 정의와 공의의 추구에 있다고 생각했지만, 정의와 공의의 바탕을 자연법 철학에서 찾을 수는 없다고 보았다. 인간 사회를 관할하는 보편적이고 항구 불변의 공식(형이상학적 원칙) 같은 것은 존재하지 않는다고 믿었기 때문이다. 칸이 보기에 자연법은 구체적 사례에 적용하기에는 너무 일반적이고, 보편적·절대적 권위를 주장하기에는 너무 서구 중심적이며, 특정한 역사 맥락에 매여 있었다. 또한 칸은 홉스식 사회계약 전통으로 국가를 이해할 경우 법의 원천은 정의가 아니라 실정법이 되어 버리는 결함이 있다고 생각했다. 따라서 법 이론이 실정법의 형식적 특성에만 관심을 기울이게 되었으므로 이 또한 자연법 전통을 폐기하게 된 결정적 계기가 되었다고 본 것이다. 칸은 자연법 대신 **자연적 정의**natural justice를 대안으로 제시한다. 여기서 '자연적'이라는 표현은 인간이 불의를 싫어하고 불의에 저항하려는 자연스러운 성향을 지니고 있음을 뜻한다. 칸의 자연적 정의 이론은 1949년에 출간된 명저 『불의감』에 잘 나와 있다.[15]

칸이 정의한 불의감이란 가장 원초적이고 생물학적인 의미에서의 불의감이다. 자기 신체의 안전, 즉 생명권이 위협받는 상황에서 나타나는 생존 본능적 반응이 불의감의 일차적 토대를 이룬다. 인간은 생명권이 침해될 수 있는 절체절명의 상태에서 "뼛속에서 우러나오는 격노·경악·충격·적개·의분"을 경험하는데 이것이 일차적 불의감이다(Cahn 1964, 24). 그런데 칸은 자아가 경험하는 분노만을 불의감이라고 보지 않는다. 오히려 무고한 타자가 당하는 고통 앞에서 내가 느끼는 감정이 더 중요한 불의감이다. 예를 들어, 길거리에서 연약한 여성이 이유 없이 폭력배들에게 잔인하게 구타당하는 광경을 목격했다고 치자. 대다수 사람들은 그런 상황에서 의문·안타까움·연민을 느낄 것이고 폭력의 정도가 심할수록 "뼛속에서 우러나오는 격노·경악·충격·적개·의분"을 느낄 가능성이 크다. 칸은 **인간이 타인의 고통을 자신의 분노로 느낄 줄 아는 것이 바로 공감**empathy이라고 해석한다. 공감은 타인의 처지에 자신의 의식과 심리를 투사할 줄 아는 능력인데, 이는 곧 역지사지 능력이라 할 수 있다. 인권을 사회학적으로 설명하는 브라이언 터너Bryan Turner는 "인간은 타인의 고통 속에서 자신의 잠재적 고통을 발견하므로 자기 권리가 보장되기를 원할 수밖에 없다."고 지적한다(Turner 1993, 503). 인간의 약함과 인간 몸의 취약성이라는 역지사지 감각 덕분에 우리 인간이 자신과 타자의 인권을 보편적으로 지지하게 된다는 뜻이다. 칸의 공감 능력과 터너의 공통적 고통 인식은 서로 연결되는 개념이다. 그런데 칸은 법률가가 역지사지 능력을 발휘해 윤리적 결론을 내리기 위해 다음 여섯 가지 원칙을 지켜야 한다고 주장한다(Cahn 1964, 14-22).

- '동일 행위, 동일 처벌'의 원칙
- 저지른 행위에 상응하는 처벌
- 인간의 존엄성 고려. 아무리 흉부의 대가를 치르게 하더라도 비인간적 처벌을 내릴 수는 없다(칸은 반역적 발언을 했다는 이유로 성대 수술을 통해 개처럼 짓도록 하는 처벌을 내릴 수 없다는 가상적 예를 제시한다).
- 공직자로서 양심적 행동
- 정부의 과도한 권력 행사 제한
- 일반 대중의 공통된 염원과 부합

그러나 칸은 이 여섯 가지 원칙만으로 불의감이 구성된다고 보지 않는다. 그렇게 되면 일종의 자연법적 접근이 될 것이기 때문이다. 칸이 생각하는 불의감은 상황과 맥락에 달린 것이다. 그리고 이는 "완전히 보편적인 것도, 무조건 옳은 것도 아니다"(Cahn 1964, 23). 칸이 생각하는 불의감은 맥락 의존적이고 상황 유동적인, 따라서 본질적으로 포퓰리즘적인 어떤 것이다. 그는 극단적 상대주의와 극단적 주관론을 둘 다 배격하며, 불의감의 항구 불변한 원천은 없다고 본다. 시간과 공간을 초월한 보편적 불의감의 기준은 존재하지 않지만, 특정 시점 및 장소에서 대다수 사람들이 부당하다고 공감하는 불의감이 존재할 수 있다. 대다수 사람들이 역지사지로 공감하는 불의감에 근거해 어떤 행동에 나서게 된다면 그것을 곧 정의라고 할 수 있다는 말이다. 그런데 불의감은 자연적으로 생성되기도 하지만 의식적인 노력을 통해 기를 수 있기도 하다. 칸은 이를 "함양된 불의감" 또는 "개선되고 무르익은 불의감"이라고 표현한다(Cahn 1964, 103, 104). 예를 들어, 일반적으로 극단적인 방관자의 경우 약자의 고통 앞에서 이를 외면하거나 침묵하며, 심지어 가해행위에 동조할 수 있겠지만, 민주사회에서는 시민들이 불의감을 느낄 수 있는 방식으로 사법 체계를 운용함으로써 시민들의 불의감을 전 사회적으로 함양할 수 있다는 것이다.

칸은 타인의 고통 앞에서 불의감을 느끼는 심리가 인간이 다른 인간과 종적으로 연결된 존재임을 보여 주는 증거로 본다. 칸은 이를 "인간 상상력의 경이로운 호환성"이라고 묘사한다(Cahn 1964, 24). 인간이 다른 인간과 놀라울 정도로 심리적으로 연결되어 있다는 사실이야말로, 인간을 가르는 카스트·계급·신분 등의 칸막이가 인위적인 구분에 불과할 뿐이며, 모든 인간은 본질적 차원에서 평등하다는 점을 보여 준다. 이 점에서 인권 운동가들과 인권을 지지하는 모든 민주 시민은 전체 인류와 역지사지할 수 있는 심리적·지적 능력을 의식적으로 높여야 하는데, "불의감을 생성하는 신비로운 교류만이 자신의 위험을 무릅쓰고 타인의 자유를 위해 스스로를 투신할 수 있게 해주기" 때문이다(Cahn 1964, 103).

역지사지(공감) 능력이 인간의 평등성을 상상하기 위해 도구로도 중요하지만, 앞서 말한 자연적 정의를 수립하기 위해 내재적으로도 중요하다. 공감 능력이 있다는 말은 타인의 고통을 공감하며 불의감을 느낄 수 있다는 뜻이고, **타인의 고통에 대해 불의감을 느낀다면 타인과 관계를 맺을 수 있다는 뜻**이 된다. 따라서 타인과 관계를 맺을 수 있는 능력이야말로 자연적 정의를 수립하는 토대인 것이다. 즉 타인과의 관계 맺기 능력이 인권의 기초라는 의미도 된다. 또한 공감각empathy은 무감각apathy보다 윤리적으로 훨씬 우월하다. 왜냐하면 자신의 존재를 인정하는 경험의 바탕 위에서 타인에 대한 공감 능력이 도출되는 것처럼, 불의감 역시 타인의 고통에 대한 "내면의 확신"에서 비롯되기 때문이다(Cahn 1964, 26).

불의감이 단순히 정서적 반응에만 그치지 않는다는 점을 기억해야 한다. 칸이 개념화하는 불의감은 이성과 감성, 그리고 직관과 숙의가 절충적으로 혼합된 것이다. 정의감이란 "이성과 공감의 분리할 수 없는 혼합체"이며, "이성이 없는 불의감은 사회적 효용성을 상실하고, 공감이 없다면 뜨거운 감성을 상실"하게 된다. 그러므로 "이성과 감성을 통해 인간은 자신의 이익과 전체 공동체의 이익이 합치됨을 자각할 수 있다"(Cahn 1964, 26). 다시 말해 역지사지의 공감 능력이 불의감을 생성하는 데 일차적으로 중요한 역할을 하지만, 이렇게 생성된 불의감은 이성의 인도를 받아야 한다는 뜻이다(비측흥적·비직관적·비선입견적 심사숙고와 성찰). 이를 인권에 대입해 해석하면, **인권 정향을 일차적으로 추동하는 심리적 반응은 불의감에서 비롯될 수 있지만, 인권 시정과 인권 달성을 위한 장기적·심층적 행동은 이성의 영역에서 행해져야 한다**는 의미가 된다. 한편 이성적 추론을 통해 불의감에 대한 민감성을 높이면, 이성과 불의감(감성)이 반대가 아니라 상호 보완적 관계를 이룰 수도 있다. "**의사표현의 자유를 단지 선언만 해도 창의적으로 불의감을 불러일으킬 수 있다**"(Cahn 1964, 103, 강조 추가). 이 점은 내가 서문에서 말한 인권의 표출적 역할과 정확히 조응하는 관점이다.

여기서 우리는 불의감의 주관적 성격과 객관적 실체에 관해 질문할 필요가 있다. 누구든 불의감을 느끼기만 하면, 그것이 바로 인권 문제가 될 수 있는가? 앞서 보았듯이 칸이 옹호한 민주 법학에 따르면 불의감 역시 민주적으로 결정되고 평가될 수 있어야 한다. 칸은 이를 다음과 같이 표현한다. "불의감의 경험은 사회적 성격을 띠고 있으며, 개인적 체험의 셈calculus을 한층 키운다"(Cahn 1964, 25). 결국 불의감의 정당성은 크게 보아 다수 대중들의 승인 여부에 달려 있을 수밖에 없다는 뜻이다. 즉 "불의감의 논리적 정당화는 불의감의 효과로부터 도출된다. 불의감의 타당성은 사람들이 이해하고 느끼고 인정하는 한에서만 성공할 수 있기 때문이다"(Cahn 1964, 26-27). 이렇게 다수 대중의 민주적 지지를 받아 정당성을 획득한 불의감은 민주주의 체제하에서 **공적 불의감**public sense of injustice의 지위를 획득할 수 있으며(Cahn 1964, 192), 이는 개인 차원의 불의감이 역사적인 지평으로 확장될 수 있는 가능성을 시사한다. 이런 식으로 형성된 공분(공적 불의감)이야말로 시민들의 인권 정향을 생성하는 중요한 요소라 할 수 있다. 만일 한 나라의 교육 시스템이 공적 불의감을 느끼지 못하는 시민들을 양성한다면 — 예를 들어, 한국에서처럼 교육 수준이 높아도 인권에 대한 지지가 그에 비례해 높아지지 않는다면 — 그 사회의 장기적 인권의 전망은 어두울 수밖에 없고, 그 어떤 인권 제도와 투쟁을 통해서도 이미 사회화를 완료한 대다수 대중의 의식을 바꾸기는 어려울 것이다.

에드먼드 칸의 심리적 불의감 이론이 인권에 주는 함의를 정리해 보자. 첫째, 개인마다 가치관이나 관점, 그리고 불의에 대한 민감성이 다르므로 각자가 불의감을 느끼는 방향과 강도가 다를 수 있다. 극단적인 경우, 동일한 현상에 대해 정반대의 불의감이 나타날 가능성도 있다. 예를 들어, 흉악 범죄 용의자에 대한 처우를 놓고 한쪽에서는 인권침해라고, 다른 쪽에서는 온정주의라고 정반대로 해석한 뒤 각각의 불의감을 표출할 수가 있다. 그러나 칸은 불의감에 따르는 부정확함과 위험은 있지만, 사회 전체로 보면 불의감이 높은 상태가 낮은 상태보다 건전하며, 그래야만 권리 침해에 대한 인식도 높아질 수 있다고 본다.[16] 둘째, 현대 법 이론의 한계로 지적되는 규범적 비일관성 ― 헌법 정신, 사회정의, 사회규범, 자본주의적 재산권 등이 서로 경합하는 ― 을 교정하고, 현행 법체계를 평가할 수 있는 상위 기준으로서 불의감을 제시할 수 있다. 그리고 불의감은 직관적 차원에서 시민의 도덕적 감성과 일치하므로 민주적 법 정신을 추구할 때 크게 참고가 된다.

셋째, 불의감 이론은 정의보다 불의에 초점을 맞춤으로써 역설적으로 정의를 실현하기 위해 더 나은 조건을 창출할 수 있다. 개념적·추상적·사변적으로 구성된 정의는 실천적 개념이라기보다 이론적 개념에 가깝다. 모든 사람들의 정의관이 다르므로 합의된 정의 관념에 도달하기도 어렵고, 이를 구체적으로 실천하기도 어렵다. 이에 비하면 합의된 불의감에 도달하기는 덜 어려운 편이다. 따라서 정의를 그 자체로 개념화하기보다, 불의의 반대로 개념화하는 것이 더욱 용이하고 그것을 실천할 때에도 더욱 직관적으로 설득력이 있다. 칸의 이론에 따르면 정의는 "불의감을 불러일으키는 것을 시정하거나 방지하는 적극적 과정"이라고 간단명료하게 규정할 수 있다(Cahn 1964, 13-14). 요컨대, 정의에 관한 합의가 희박해진 시대에는 불의에 더욱 주의를 기울이면 공통분모가 커질 수 있는 장점이 있다는 뜻이다.[17] 넷째, 이와 관련해 불의감 이론은 행동을 촉구하는 메시지를 던질 수 있다. 불의를 시정하기 위해 무엇이든 가능한 행동을 개시해야 한다는 긴박한 도덕적 경고를 사회에 전달할 수 있다는 말이다. 칸은 사변적인 자연법과 같이 지나치게 이상적이고 정태적인 방식으로는 정의를 구현할 수 없다고 믿는다. "심사숙고만으로 빵을 구울 수는 없다"(Cahn 1964, 13).

다섯째, 불의감은 정서적 경향이 강하므로 인권을 숙의의 대상으로 삼지 않고 피상적인 직관의 대상으로 삼는다는 비판을 받았다. 이에 따르면 불의 감은 '거꾸로 뒤집은 편견'에 지나지 않는다. 그러나 앞서 봤듯이 칸은 일차 적 불의감의 후속 대응으로 이성의 중요성을 강조했다. 그리고 윤리적·도덕 적 쟁점을 정서적·심리적 열의와 분노 없이 순수하게 논리와 사변으로만 다 루기는 어렵다고 말할 수 있다. 이는 우리의 경험 속에서 자주 관찰할 수 있 는 점이다. 법률가들을 교육할 때도 마찬가지이다. 차가운 머리 없이 뜨거운 가슴만 강조할 수는 없겠지만, 뜨거운 가슴 없이 차가운 머리만 강조했을 때 기존 체제의 보존을 초월한 판결 혹은 적극적 사회 변화를 이끌 수 있는 결 정이 나오기는 어렵다. 심리법학적 측면을 고려하지 않은 채 법이 사회 변화 의 촉매가 되기를 기대하는 것은 아주 어렵다.

여섯째, 불의감 이론에서는 개인적 경험과 관찰이 중요하므로 인간 중심 적 법을 통한 인간 존엄성의 옹호가 가능해진다. 법이 인간 행동의 결과만 평가하지 않고, 인간 삶의 행동·활력·경험·동기까지 깊게 이해할수록 인권 을 옹호하는 데 도움이 될 인식이 풍부해질 수 있다. 모든 인간에게 적용하 기 위해 추상적 법 원칙을 제정했다 하더라도 이는 한 개인에게 일어난 경험 을 중시하는 접근으로 보완될 때에만 개개인의 가치를 평등하게 보장하는 인권이 실현될 수 있다. 또한 개인에 초점을 두는 법적 관점은 사회의 전체 주의적 경향 혹은 파시즘적 경향을 더욱 예민하게 감지하고, 그런 조류를 인 권 보장과 연관해 이해할 수 있게 해준다(맥락을 고려한 인권 상황 판단).

마지막으로, 원초적인 불의감은 이 책의 1장에서 말한 직접적 인권침해 에 대한 반응과 잘 부합된다. 그러나 직접적 인권침해만 인권 문제로 삼는 경우, 구조적 인권침해를 포착하지 못하는 중대한 문제가 발생한다. 따라서 직접적 인권침해에 대한 원초적 불의감 못지않게, 구조적 인권침해에 대한 시스템적 불의감을 함께 기를 필요가 있다. 시스템적 불의감을 표출하기 위해서는 구조적 인권침해를 읽을 수 있는 비판적 문해 능력이 요구된다. 이런 상황에서는 가시적인 인권침해에 대한 대중의 불의감을 고양하는 과제를 최우선으로 추구하되, 그 활동이 구조적 인권침해에 대한 불의감으로 연결되도록 계속 노력할 필요가 있다.

정리하자면, 에드먼드 칸의 불의감 이론은 다음과 같은 논리 구조로 이루어져 있다. 우선 자신의 존재를 인정하는 내면의 확신, 즉 자존감이 있는 인격이 필요하다. 그것이 타인의 처지를 헤아리는 역지사지의 공감 능력으로 발전해야 한다. 공감 능력이 있으면 타인의 고통에 불의감을 느낄 수 있다. 타인의 고통에 불의감을 경험한다는 것은 공감 능력을 통해 타인과 관계를 맺을 수 있다는 뜻이다. 이렇게 되면 자연적 정의의 기초가 마련된다. 그런데 일차적·격정적 불의감만으로는 부족하다. 일차적 불의감은 장기적으로 이성의 인도를 받아야 하며, 이성적 인권 정향이 있으며 불의감에 대한 민감성이 더 높아질 수 있다. 이성으로 인도된 불의감은 이제 사적 불의감에 머무르지 않고 공적 불의감으로 승화된다. 다수의 사람들이 공적 불의감을 갖출 때 인류 보편적인 인권 의식과 인권 행동이 창출될 수 있을 것이다. 구체적으로 어떤 것이 공적 불의감을 불러일으킬 수 있을까? 스테판 에셀Stéphane Hessel은 『분노하라』에서 "오로지 대량 소비, 약자에 대한 멸시, 문화에 대한 경시, 일반화된 망각증, 만인의 만인에 대한 지나친 경쟁만을 앞날의 지평으로 제시하는 대중 언론매체"를 이 시대에 우리의 공적 불의감을 불러일으키는 대표적인 반인권적 실체라고 지적한다(에셀 2011, 38-39; 조효제 2013b, 69, 111). 여기서 볼 수 있듯 칸의 불의감 이론은 시간과 공간을 초월해 사회심리적 차원에서 인권 달성을 촉진할 수 있는 근본 조건에 대해 풍부한 영감을 우리에게 제공한다.

나오면서

모든 인권침해의 본바탕이 되는 인간의 마음, 그리고 모든 인권 달성의 출발점이 되는 인간의 마음은 깊은 바다처럼 헤아리기가 어렵다. 그러나 인간의 의식과 심리를 이해하지 못하고서는 인권침해의 이유를 이해할 수 없고, 인권 달성의 조건은 사상누각이 되기 쉽다. 이렇게 본다면 인권 운동의 전장戰場은 가해자와 피해자 사이에만 존재하는 것이 아니다. 인권 운동은 독재자, 권위주의 정권, 반인권적 권력에 저항하는 투쟁 속에서만, 그리고 집회장, 투표소, 국제 컨퍼런스 홀, 권력의 회랑에서만 일어나지 않는다. 인권 운동은 **일반 대중의 가슴과 마음을 이해하고 사로잡기 위한 경쟁**의 현장에서도 일어나야 한다. 이미 사람들의 가장 깊은 정서의 심연에까지 인권에 관한 권력의 그림자가 드리워져 있기 때문이다. 이 점을 서경식(2015)은 다음과 같이 간파한다. "국가권력은 (가부장제나 상업주의 권력까지도) 사람들의 감성 밑바닥까지 침투해 통제하려고 하는 법이다. 바로 그 때문에 개개인의 존엄이나 권리를 지키기 위해서는 감성의 차원에서 권력으로부터 독립할 필요가 있다." 인권이 보편적 규범임에도 모두가 인권을 보편적으로 지지하고 실천하지는 않는 이유가 바로 여기에 있다. 또한 겉으로 드러나는 인권침해 행위를 저지하기 위해 인권 관련 정책과 제도를 마련하는 것만으로는 미흡하다. 심연과도 같은 인간 심리의 복합성을 외면한 인권 담론을 통해서는 인권이 애초에 침해되는 이유를 끝내 알 수 없다. 그렇게 됐을 때 인권 이행을 위한 조건은 결코 충족되지 못한다. 따라서 인권의 사회심리적 차원을 파악한다는 것은 사회적 동물이자 심리적 존재인 인간을 중심에 놓고 인권을 원점부터 다시 생각한다는 뜻이다. 나는 대다수 시민들이 인권에 대한 정향을 지닌다면, 전체적으로 봤을 때, 굳이 인권을 호명할 필요가 없는 인권 친화적 사회가 이룩될 수 있다고 믿는다('인권 보유의 역설').

지금까지 편견·차별·폭력·공격성을 줄이기 위한 여러 개입 방도를 살펴보았다. 어느 것도 완벽한 방법이 아니다. 인권 달성에는 쉬운 길이 없기 때문이다. 해묵은 편견에 의한 차별은 쉽게 사라지지 않는다. 적극적 차별 시정 조치affirmative action가 나왔던 것도 그래서다. 하지만 결국 공감·포용·관용·이해·공존·상생·협력·평화의 가치관을 지닌 인간을 기르는 것이 궁극적인 인권 달성의 해법이다. 유소년기에 형성된 강력한 인권 지지 성향과 도덕적 추론 양식이 향후 인권에 대해 갖는 태도에 결정적 영향을 미치게끔 되어 있다. 역으로, 권위주의, 사회적 지배 정향, 정서적인 방식으로 도덕적 추론을 하는 사람들이 많을수록 대중의 인권 의지는 약화되고, 인기 없는 소수자 집단의 권리에 제한을 가하려는 태도가 횡행할 가능성이 높다(McFarland and Mathews 2005, 383). 결국 인권 문제의 본질적 해법은 인권적 인격을 배양하는 데 있다는 뜻이다. 앞서 반고정관념적 사례에 노출되는 구체적 개입 방법이 효과적이라는 연구 결과를 소개한 바 있다. 이는 사회화가 종료된 성인을 대상으로 한 연구임을 잊어선 안 된다. 성격·행동 교정을 위해 청소년기에 개입하는 것이 그 뒤의 개입보다 효과적임을 고려한다면, 장기적으로 봤을 때 초기의 인권 교육이 그 어떤 편견 방지 대책보다 낫다고 할 수 있다. 초기 단계에서 시행하는 인권 교육은 개별 권리에 대한 지식보다 친인권적 인격을 배양하는 데 주안점을 두어야 한다. 이런 맥락에서 "인권 교육은 더욱 일반적 차원에서 반권위주의적·평등주의적 가치와 태도를 고려해야 할 것이다. 이런 규범과 가치가 사회 속에서 확대될수록 인권에 더욱 긍정적인 정향성을 기대할 수 있을 것이다"(Cohrs et al. 2007, 464).

인권 친화적인 문화 풍토를 조성하는 일도 사활이 걸린 과제이다. 도덕성은 반드시 비판적 의식을 요구한다는 사실을 기억해야 한다. 이때 자기 문화가 가르치는 '도덕성'을 건강하게 회의하고 비판적으로 평가하는 자세가 필요하다. 자신의 문화를 함축적·객관적으로 이해하는 동시에 타인에 대한 부정적 감정을 줄이는 문화 풍토를 조성하는 일이 극히 중요하다. 1978년 유네스코가 제정한 〈인종과 인종편견에 관한 선언〉의 제5조는 다음과 같이 천명한다. "모든 인간의 산물이자 인류의 공통 유산인 문화, 그리고 넓은 뜻에서의 교육은 점점 더 효과적인 적응 수단을 인간에게 제공한다. 문화와 교육을 통해, 인간은 스스로 존엄과 권리에 있어 평등하게 태어났다는 사실을 확인할 수 있을 뿐만 아니라, 모든 집단이 문화적 정체성 및 고유한 문화적 발전에 대한 권리를 지녔다는 사실을 존중해야 함을 인정할 수 있다."[18] 이런 원칙은 1981년 유엔의 〈산호세 선언〉에서도 되풀이된다.

인권 친화적 문화 풍토와 사회적 에토스를 형성하는 데서 도덕적 판단은 큰 역할을 한다. 만일 한 사회의 주류적 도덕 판단이 인권 친화적이지 않다면, '도덕'의 이름으로 인권 규범을 반대하고 단죄하는 일이 벌어질 수 있다. 도덕적 판단은 이성과 감성이 혼합된 이원적 과정으로 이루어진다(3장 참조). 정서적 반응인 직관과 이성적 반응인 심사숙고가 합쳐진 것이다. 어떤 사건에 대한 정서적 반응이 일차적인 도덕적 직관을 생성하지만, 도덕적 직관이 심사숙고형 판단보다 우위에 있는 것은 아니다. 예를 들어, 나는 성 소수자에 대한 일부 종교인들의 반응이 논리 이전의, 이성 이전의, 감정적이고 정서적인 도덕적 판단 — 표면상 그 어떤 종교적·신학적 근거를 제시하든 상관없이 — 이 아닌가 하고 자주 회의하곤 한다. 인권침해의 심리적 뿌리를 극복하려 한다면 모든 사람이 신경 생리적 반응에서 벗어나 되도록 이성적 판단 쪽으로 옮겨가도록 노력해야 마땅하다. 이때 자신이 왜 그렇게 정서적인 방식으로 도덕적 판단을 내리는지에 대해 자가 평가를 할 수 있으면 직관의 영향력을 줄일 수 있다. 이런 **정서 재평가**emotion reappraisal를 통해 더 길게,

더 깊게, 더 자주 어떤 문제를 숙고할수록 인간의 도덕적 판단이 이성적으로 승화될 수 있다. 인간은 이성의 힘으로 감정의 힘을 어느 정도 조절할 수 있는 존재이기 때문이다. "정서적 반응이 도덕적 직관을 불러일으키지만 이런 정서는 통제할 수 있다. 이렇게 본다면 **인간은 종이기도 하고 주인이기도** 하다. 정서적인 판단 과정 속에서 정서의 지배를 받지만 역으로 이를 형성할 수 있는 힘도 있기 때문이다"(Feinberg et al. 2012, 793).

사회심리적 통찰을 인권 달성을 위해 활용할 때 주의해야 할 점이 있다.[19] 우선 분석의 수준 문제가 있다. 통상적 심리학에서는 개인의 습관과 특성에만 초점을 맞춤으로써 인간들의 상호 연결성과 공동체성이라는 심리 의식을 망각하기 쉽고, 개인의 심리를 창출하는 시스템의 영향을 경시하는 경향이 있다. 예를 들어, 직장 내 업무 스트레스를 개인의 의학적 문제로 접근하면, 개인 차원의 스트레스 해소법에 치중하게 되고, 현대사회의 직장 노동자들에게 정신적 긴장을 유발하는 시스템 자체에 대한 문제 제기가 사라지게 된다(2장 참조). 여기에 더해 개인주의적 가치와 경쟁 가치를 강조하는 이데올로기가 시스템의 문제를 보지 못하게끔 하는 합리화 논리 ─ 나쁜 시스템이 문제가 아니라 '썩은 사과'가 문제라고 하는 ─ 를 계속 제공한다. 또한 심리적 문제의 저변에 놓인 가치관과 권력의 차원을 무시하고 객관적 데이터만을 과학적 분석의 대상으로 삼는 이른바 가치중립적 전문가 담론의 함정에 빠질 우려도 있다.

"수많은 사람들이 겪는 문제를 개인의 문제로만 치부하고, 개인적 해결책, 예컨대 심리 치료, 교육, 마음 다스리기 훈련 등에만 치중하면 사람들은 사회적 차원의 변화를 시도하지 않게 된다. 심리학이 사회적 문제를 개인의 정신적 문제로 재규정해 개인의 변화로써 문제를 해결할 수 있다고 가르치면 결국 시스템을 바꿀 필요가 없다고 여기는 보수적 견해가 득세하게 된다"

(Fox, Prilleltensky, and Austin 2009, 7-8). 비판심리학에서는 주류 심리학이 추구하는 가치중립성·비정치성·개량성을 넘어 심리학이 사회변혁을 위한 학문이 되어야 한다고 믿는다. 예를 들어, 제임스 길리건James Gilligan은 사회의 불평등이 개인으로 하여금 자신에 대한 공격(자살)과 타인에 대한 공격(살인)을 모두 증가시키는 경향이 있음을 과학적으로 보여 준다. 이 같은 비판심리학적 연구를 통해 우리는 사회 불평등을 방관하고 조장하는 정치 세력이 개인의 심리적 정향에 얼마나 심각한 구조적 위해를 가하는지를 파악할 수 있다(길리건 2015). 이와 관련해 한국 사회에서 최근 다시 강조되고 있는 인성교육에 대해 조성호는 다음과 같이 언급하고 있다.

> 보통의 사람들은 인성의 발현을 제약하고, 충동의 분출을 촉발하는 조건들에 취약한 경향이 있다. 실패와 좌절은 인성을 뒷전으로 물러나게 하는 강력한 조건들이다. 실패하고 좌절한 개인들에게 본능과 충동은 무서운 복원력을 발휘한다. 더욱 심각한 것은 개인의 실패와 좌절이 사회 병리와 맞닿아 있을 때다. **빈곤, 불평등, 빈부 격차, 학벌 지상주의, 파벌주의 등은 사회의 건전성을 해치는 구조적 문제들로서 구성원들을 좌절과 실패의 길로 내몬다. 성공의 희망을 찾기 어렵고, 좌절과 실패가 확대 재생산되는 사회구조하에서 인성을 논한다는 것은 너무 가혹**하지 않은가? 우리 사회 현실에서 더 중요하고 시급한 것은 인성의 발현을 차단하는 구조적 문제를 해결해가는 것이다(조성호 2015, 강조 추가).

마지막으로, 인권의 현장에서 인권 문제를 매일 다루는 법의 영역에서도 심리학적 통찰과 접근을 적극적으로 활용할 필요가 있음을 지적하고 싶다. 이른바 심리법학psychological jurisprudence에서는 일반인의 일상적 경험에 대한 관점이 결여된 법 원칙에 따라 법을 집행하면, 법이 인간 존엄성과 인권 보호에 크게 도움이 되지 않는다는 점을 강조한다.[20] 심리법학의 기본 전제는 개인의 주관적 경험을 기본적 분석 단위로 삼는다는 것이다. 연구에 따르면, 법 절차에서 인간 개인의 존엄성을 존중하고 주관적 경험에 근거한 의견의 발언권을 보장할 때, 당사자는 사법절차를 가치 있게 여기고 법을 존중하며 법관과 법률가의 정당성을 더욱 높게 평가한다고 한다. 시민들의 주관적 심리 해석을 무시하지 않는 법 제도가 장기적으로 더욱 큰 안정성과 영향력을 발휘할 수 있다는 것이다. 이 점을 멜턴은 다음과 같이 언급한다. "만일 법률이 개인 한 사람, 한 사람의 중요성을 긍정하려면 법사상의 의미가 보통 사람의 이해 방식과 부합되어야 하고, 법의 기본 전제가 일반인의 경험을 부정하거나 알 수 없는 것으로 무시해서는 안 된다. 법은 인간의 주관적인 존엄을 유지하는 데 반드시 필요한 이익을 보호해야 한다"(Melton 1992, 385).

경제협력개발기구가 2015년 발표한 조사에서 한국 국민의 27퍼센트만 사법제도를 신뢰하는 것으로 나타났다. 이는 조사 대상 42개국 중 39위 수준에 지나지 않는다.[21] 여러 이유가 있겠지만 일반인의 관점과 인식이 철저하게 무시되는 엘리트 중심의 사법 운용이 '무전 유죄, 유전 무죄'라는 통념을 강화하고, 그 결과 사법부를 불신하게 되는 악순환의 고리가 존재한다고 볼 수 있다. 심리법학의 통찰은 인간 존엄성이 보장되는 사회 현실과 합치되는 법 원칙을 제정할 수 있게 도와주고, 공동체의 규범과 가치를 높일 수 있게 하며, 법적 사회화에 영향을 주는 요소를 명확히 확정함으로써 민주적 가치를 함양하는 데 일조하고, 인간의 복리를 증진하는 법 규정과 구조를 발전시킬 수 있도록 촉진한다. 이런 조건이 이루어진다면 인권을 불러낼 필요가 없는 사회가 이미 가까이 와있을 것이다.

제6장

국가, 민주주의, 발전

"국가가 씨알을 위해 있는 것이지 어찌 씨알이 국가를 위해
있다 하겠나?"

_함석헌

"권력은 사람을 죽인다. 절대 권력은 절대적으로 죽인다."

_R. J. 러멜

"국가는 이제 정권이 아무리 나쁜 짓을 해도 면피될 수
있고, 오히려 피해자를 공격할 수 있는 장치가 되었다."

_곽병찬

인권 달성의 근본적 조건을 다루는 마지막 장에서 우리는 국가를 중심으로 인권의 장애 요인과 인권의 달성 방안을 살펴본다. 인권은 보편적 개념이지만 이는 국가라는 틀 내에서 궁극적으로 실행된다. 그렇다면 국가가 어떤 식으로 사람들을 다루는가? 국가 권력을 통제할 수 있는 최선의 방안은 무엇인가? 권력의 민주적 순치와 인권 사이에는 어떤 관계가 성립하는가? 이런 질문들은 인권 달성을 위해 현실적으로 가장 중요한 문제라 해도 과언이 아니다. 2014년 세월호 참사가 벌어진 뒤 한국인들은 '국가가 무엇인가?'라는 분노 어린 자문을 한없이 되풀이했다. 여기서 우리는 가장 원론적인 것처럼 보이는 국가의 문제가 사실은 가장 구체적인 현실의 문제임을 뼈아프게 확인할 수 있다. 인권의 목적이 결국 사람을 잘 살게 하자는 것이기 때문이다. 지금부터 국가와 폭력의 문제를 비판적으로 분석한 뒤 인권이 침해되거나 혹은 보장될 수 있는 조건에 관한 기존의 연구를 종합해 소개한다. 그리고 인권침해와 국가 탄압이 어떤 메커니즘을 통해 일어나는지를 상세하게 검토할 것이다. 마지막으로, 경제적·사회적 권리 개념에 암묵적으로 내재되어 있는 경제 발전의 필요성을, 기후변화와 자원 고갈의 시대에 어떤 식으로 봐야 할지를 논한다.

국가의 이중성과 인권

국가는 두 얼굴을 가진 야누스이다. 인권을 가장 철저하게 파괴할 수 있는 괴수이면서, 인권을 제일 확실하게 보장할 수 있는 능력을 가진 주체이기 때문이다. 현재 전 세계에서 절반가량의 국가들이 통상적 인권침해를 넘어 심각한 인권유린 행위를 저지르고 있는 것으로 추정된다(Hafner-Burton and Tsutsui 2007). 국가는 이처럼 인권침해의 주범이면서도 자신에 대한 도전을 내란죄로 규정해 가장 엄하게 다스린다. 모순의 극치가 아닐 수 없다. 〈세계 인권선언〉이 나온 지 70년이 되어 가는 현시점에서 아직도 이 같은 현실이 존재한다는 사실은 인권과 관련해 국가가 얼마나 문제적 존재인지를 웅변한 다. 우선 국가에 의한 인권침해, 그중에서도 특히 핵심적 인권유린인 대량 살해 문제부터 알아보자.

국가가 죄 없는 사람들을 대규모로 죽이는 문제를 맨 먼저 인권 문제로 개념화하고, 그런 '이름 없는 범죄'를 국제법에 등재하는 데 큰 공로를 세운 사람은 폴란드 출신의 유대계 법학자 라파엘 렘킨Raphael Lemkin, 1900~59이었 다(Eshet 2007). 렘킨은 "어떤 국적·인종·종교 집단에 속한 구성원 전체를 생 물학적·문화적으로 파괴하는 행위"를 **제노사이드**genocide라는 신조어로 지칭 했다(Lemkin 1946, 227). 제노–사이드geno-cide를 문자 그대로 번역하면 '종살' 種殺이 된다. 하지만 렘킨은 제노사이드 범주에 문화적 차원 — 예를 들어, 강 제 개종, 언어 금지 등 — 까지 포함시켰으므로 이 용어를 단순히 '집단 학살' 로 번역할 수는 없음을 기억해야 한다. 1948년 파리의 유엔총회에서 〈세계 인권선언〉이 선포되기 하루 전인 12월 9일 채택된 〈제노사이드 범죄의 방 지 및 처벌에 관한 협약〉에서는 제노사이드를 다음과 같이 법률적으로 규정 한다. 어떤 국적·민족·인종·종교 집단에 속한 구성원 전부 혹은 일부를 파 괴할 목적으로 다음 행위를 가하는 것. ① 살해, 또는 ② 심각한 심신 장애 초래, 또는 ③ 신체적 파괴를 목적으로 가혹한 생존 조건을 고의적으로 부 과, 또는 ④ 어떤 집단 내에서 출생을 금지시키는 조처, 또는 ⑤ 한 집단의 아동을 다른 집단으로 귀속시키는 행위. 제2차 세계대전 당시 나치가 유대인을 상대로 자행한 홀로코스트, 1915년 4월 24일부터 시발되었던 아르메니아 민족 학살,[1] 1994년의 르완다 학살, 1995년의 보스니아 학살이 전형적인 제노사이드 범죄에 속한다고 할 수 있다.

렘킨에 뒤이어 미국의 정치학자 루돌프 러멜은 국가가 인간의 생명을 얼마나 파멸시킬 수 있는지, 이 한 가지 문제만을 평생 파고들었다.[2] 러멜은 렘킨의 제노사이드 개념에서 영감을 받았지만 다음과 같은 문제의식을 품었다. 첫째, 제노사이드는 범죄 주체를 명확히 하지 않고, 피해 집단을 중심으로 형성된 개념이다. 국가The State가 범죄 주체가 되어 사람들을 대량으로 죽인 것을 지칭할 수 있는 개념이 필요하다. 둘째, 제노사이드는 국적·인종·민족·종교 등 정체성을 이유로 탄압하는 것이지만, 그 외에도 정치적 동기의 폴리티사이드politicide, 政殺 또는 여타 동기에 의한 살해를 표현할 수 있는 개념이 필요하다. 셋째, 문화적 파괴를 제외한 순수한 의미에서의 신체적 말살(살해)만을 다룰 수 있는 개념이 필요하다. 넷째, 전쟁과 무력 충돌 상황에서 일어난 여러 다른 종류의 살해를 세밀하게 구분할 필요가 있다. 예를 들어, 전시에 전투행위에 의해 직접 살해된 경우는 전쟁으로 인한 사망으로 분류하되, 전투에서 일차 목표가 아닌 민간인의 부수적 사망, 또는 전시를 배경으로 국가가 특정 집단을 박해하고 파괴한 행위 등은 직접적 전쟁 관련 사망이 아니라 국가에 의한 살해 범죄로 별도 분류할 필요가 있다. 다섯째, 국가의 무책임, 방임, 고의적 정책으로 인해 대규모 사망이 초래된 행위를 지칭할 수 있는 개념이 필요하다. 예를 들어, 교조적이고 우매한 농업정책으로 말미암은 대규모 기아 사망,[3] 혹은 강제노동이나 수용소 구금에 의해 많은 사람들을 죽음에 이르게 한 행위 등이 여기에 포함된다. 마지막으로, 사법부에 의한 사형선고로 사망한 경우는 국가 범죄로부터 제외한다. 요약하자면 러멜은 제노사이드와 기타 집단 학살을 합친 종합적·정치적 개념이 필요하

그림 6-1_ 데모사이드와 제노사이드의 구분

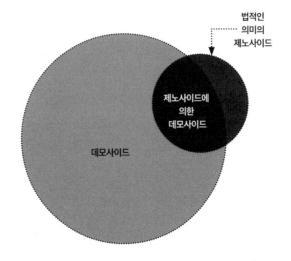

자료 : 다음 사이트에 실렸다. 〈https://www.hawaii.edu/powerkills/GENOCIDE.FIG1A.GIF〉.

다고 생각했던 것이다.

　러멜은 이와 같은 조건들을 충족하기 위해 **데모사이드**democide, 즉 민살民殺이라는 개념을 창안했다.[4] 나는 해방 후 한국에서의 민간인 학살을 데모사이드 혹은 폴리티사이드로 지칭하는 것이 적절하다고 본다. 러멜의 초기 연구에 따르면 20세기에 데모사이드로 살해된 인간은 총 1억7천4백만 명이었다. 그러나 말년에 러멜은 마오쩌둥毛澤東의 대약진운동 당시 인재人災에 의한 기근으로 죽음에 이른 농민 3천8백만 명과, 제국주의 지배 탓에 살해당했던 아프리카·아시아 식민지 주민들 5천만 명을 추가해, 총 2억6천2백만 명이 20세기의 데모사이드로 멸절되었다고 추산했다.[5] 2억6천만 명의 시신을 일렬로 늘어놓으면 지구를 10바퀴 돌 수 있는 규모라 한다. 나는 4장에서 20세기에 전 세계에서 전시 교전에 따른 직접 사망자 숫자를 약 6천5백만 명으로 소개한 바 있다. 따라서 20세기만 놓고 봤을 때 전쟁 때문에 죽은 사람 숫자보다 데모사이드로 살해된 인간의 숫자가 약 네 배나 더 많은 것이다. 이른바 '러멜의 법칙'Rummel's Law에 따르면 국가가 권력을 더 많이 가질수록 더 많은 사람을 죽일 개연성이 커진다(Rummel 1997). 이 때문에 러멜은 국가, 특히 **집중된 국가권력이 지구상에서 가장 위험한 인권침해 주범**이라고 강조한다. 집중된 권력을 누리는 지배 세력은 자신들의 행동을 통제하거나 감시할 수 있는 세력이나 제도를 인정하지 않으므로 서슴지 않고 국민을 탄압한다. 이재승(2010)은 한국 현대사에서 발생했던, 국가권력에 의한 극심한 인권유린을 '국가 범죄'라는 새로운 법률 개념으로 설명한다. 집중된 권력 형태를 가진 권위주의 체제 국가, 독재 체제 국가, 전제 체제 국가는 그 원리상 사람을 죽일 가능성이 대단히 크다. 이를 뒤집어 생각하면 정치권력을 분산하고 감시의 균형으로 권력을 통제하는 민주주의 체제는, 설령 부분적 민주 체제라 하더라도, 정치 폭력과 데모사이드를 크게 줄일 수 있는 시스템이다. 자유민주주의자였던 러멜은 데모사이드의 궁극적 해결책은 국민의 자유 신장이며, 그 때문에 자유가 가장 중요한 인권이라고 믿었다.

지금까지 본 대로 국가는 인간에게 가장 잔혹한 인권침해를 가할 수 있는 권력과 능력을 가진 문제적 존재이다. 그렇다면 국가는 무조건 '악'인가? 국가가 존재하지 않거나 제대로 작동하지 않는 경우에는 어떻게 될까? 이는 국가의 존재를 둘러싼 딜레마 — 국가 탄압과 질서유지 — 를 상징하는 질문이다. 이 질문에 단서를 제공하는 하나의 조사 결과가 있다. 리비아 벵가지 대학교의 연구팀과 덴마크 고문철폐연구소DESTINY는 카다피가 축출된 뒤 무정부 상태에 빠진 리비아의 현실을 조사한 보고서를 2014년에 출간했다(Ali et al. 2014). 이들은 리비아 국내의 2,692가구를 직접 방문해 심층 면접을 수행했다. 조사 대상 가구 가운데 20퍼센트 이상이 가족 중 적어도 1명 이상이 실종, 11퍼센트 이상이 가족 중 적어도 1명 이상이 체포, 5퍼센트 이상이 가족 중 적어도 1명 이상이 고문을 당한 적이 있다고 대답했다. 응답자 가운데 3분의 1 이상이 피난이나 가족해체의 고통을 겪었던 것이다. 또한 전체 응답자 가운데 29퍼센트가 불안 강박증, 30퍼센트가 우울증을 겪고 있지만 적절한 치료를 받지 못하고 있었다(정신질환자를 경원시하는 사회 분위기도 이를 부추겼다). 응답자들은 정치 불안(63.6퍼센트 응답), 국가 붕괴(61.2퍼센트), 당장의 생명 보전(53.6퍼센트), 불안한 미래(46.4퍼센트) 등이 특히 염려스럽다고 답했다. 실제로 고문과 가혹 행위를 경험한 사람들은 모욕과 협박, 구타, 결박과 매달아 놓기 고문, 질식, 전기 충격, 뜨거운 열 가하기, 성적 수치 등을 당했다고 증언했다. 심지어 평화적 집회 시 구타, 사격, 폭격, 성추행을 당한 경우도 비일비재했다. 사회에 무질서와 폭력이 만연하다 보니 도착적인 현상이 범람했다. 실제 고문과 강간 장면을 촬영한 비디오들이 오락물처럼 시중에 대량 유통되고, 사람들은 '스트레스를 풀기 위해' 그런 것들을 일상적으로 접했다. 그런 와중에 국민의 감성과 윤리 관념이 근본으로부터 무너지는 징후가 뚜렷이 나타났다. 국민 다수가 심각한 심리적 트라우마 상태에 놓여 있었던 것이다.

이 모든 트라우마는 2011년에 혁명이 시작된 뒤에 벌어진 국내 갈등과 카다피 통치 42년간 누적되었던 모순이 합쳐진 결과이다. 대다수의 응답자들은 혁명으로 카다피가 제거된 직후 희망에 들떠 있었으며, 기꺼이 사회의 공적 봉사 활동에 참여하기도 했다. 그렇지만 이런 희망은 오래가지 못했다. 즉 "카다피 정권의 붕괴 직후 사람들이 품었던 희망, 그리고 정치적 담론을 지배했던 평화롭고 통일된 민주국가의 꿈은 폭력·분절화·공포·적개심 등의 어휘와 관행으로 대체되었다. 오늘날 리비아의 미래는 불확실하다. …… 폭력 갈등의 효과와 결과가 어찌나 심각한지, 앞으로 그 어떤 정치체제와 지배 구조가 들어서더라도 리비아 사회는 부정적 유산의 후유증을 장기간 않을 수밖에 없을 것이다"(Ali et al. 2014, 33). 요컨대, 독재자가 사라진 뒤 국가 제도마저 붕괴해 버린 곳에서 사람들은 전전긍긍하며 비참한 삶을 살아갈 운명에 처하게 된 것이다. 여기서 우리는 다음과 같은 고전적 딜레마를 상기한다. **국가는 사람을 죽인다. 그러나 국가가 없어도 사람이 죽는다.**

21세기 들어 더욱 증가한 듯한 이런 역설적 현실 때문에, 최근 국가와 인권에 관한 해묵은 질문을 둘러싼 논쟁이 자주 제기되고 있다. 2014년 독일의 시사지 『슈피겔』 지상에서 벌어진 **국가-인권 논쟁**이 대표적인 예다. 크리스티아네 호프만Christiane Hoffmann은 자신이 2003년 이라크전에 반대하기는 했지만, 사담 후세인 정권이 무너진 것에 대해서는 기뻐했다고 고백하면서, 그렇지만 결국 이라크 침공에 회의적인 시각을 가졌던 이들이 옳았던 것으로 증명되었다고 주장한다. 왜 그런가? 호프만의 주장을 요약하면 다음과 같다.[6] 즉 '전쟁 후 10년이 지난 현시점에서 볼 때, 이라크는 혼란과 무질서가 지배하는 나라, 급진화된 이슬람국가IS의 출현으로 공포에 사로잡힌 사회로 전락하고 말았다. 당시에는 독재가 타도되면 민주주의가 도래하리라고 기대했지만, 독재가 사라진 자리를 차지한 것은 무질서였다. 독재의 반대에는 민주주의만 있는 것이 아니라는 사실을 사람들은 뒤늦게 깨닫고 있다. 후세인을 제거하는 데 찬성했던 지식인 가운데 많은 이들이 오늘날 후회하고 있다. 독재 체제를 타도하기는 쉽다. 하지만 민주국가를 수립하기는 훨씬 더 어렵다. 향후 전 세계 정치는 민주국가 대 독재국가의 구도가 아니라, 작동하는 국가 대 작동하지 않는 국가(실패 국가)의 구도가 될 것이다. 그렇다면 독재국가와 실패 국가 중 어느 쪽이 더 나쁜가? 16세기에 마르틴 루터Martin Luther는 사회 혼란을 일으키는 농민 반군을 "미친 개 잡듯" 제압해야 한다고 했고, 17

세기에 토마스 홉스는 인민의 생명을 보전할 수만 있다면 바다 괴물(리바이어던)과 같은 국가라 하더라도 정당화될 수 있다고 보았다. 냉전 종식 후 동구권에서는 사회주의 독재국가가 민주국가로 대체되었지만, 러시아의 경우에는 그렇지 않았다. 러시아인들은 역사적 경험 때문에 개인의 자유가 제약을 받더라도 안정된 사회질서를 선호한다. 우리는 흔히 '안정'을 강조하는 사람을 마치 인권에 반대하는 것처럼 의심쩍게 보는 경향이 있다. 그러나 무질서보다는 그나마 안정된 독재가 낫지 않은가? 불안정과 무질서는 어떤 대가를 치르더라도 사회질서를 유지하기를 원하는 대중의 태도를 낳곤 한다. 바이마르공화국 이후의 나치, 차르 시대 이후의 러시아혁명, 러시아혁명과 내전 이후의 스탈린, 소련군 퇴각 후의 아프가니스탄, 이라크와 시리아 내전 이후의 이슬람국가가 대표적인 사례이다. 국제 취약 국가 지수Fragile State Index에 따르면 2006년 이후 최고위험 국가 혹은 고위험 국가의 숫자가 9개에서 16개로 늘어났다. 국제 인권 단체인 프리덤하우스Freedom House는 1998년 이후 전 세계 자유국가의 증가세가 정체되었다고 지적한다. 민주주의를 하려면 일단 질서와 안정이 있어야 한다. 그러므로 해외 독재국가에 대한 군사개입이나 제재 혹은 반정부 세력 지원을 고려할 때, 독재 체제를 타도한 뒤 어떤 상황이 전개될지를 면밀하게 검토한 연후에 행동해야 할 것이다.'

그러나 마티유 폰 로르Mathieu von Rohr는 이 같은 견해를 다음과 같이 반박한다.[7] 그는 시리아 내전 이후 차라리 독재가 불안정에 비해 덜 나쁜 '차악'lesser evil이라는 주장이 제기되자, 이는 착시 현상일 뿐이라고 지적한다. 다시 말해, '독재 체제는 내부적으로 안정되어 있지 않았다는 것이다. 실제로 이집트의 무바라크Hosni Mubarak 정권, 리비아의 카다피 정권, 튀니지의 벤 알리Ben Ali 정권이 안정되어 있었다면 무너지지 않았을 것이다. 수많은 독재국가들이 외부의 전략적 이해관계 덕분에 지탱되는 것처럼 보이지만 그것이 없어지면 바로 붕괴하곤 한다. 독재국은 만연한 부정부패, 역량 부족, 열악한 경제 상황과 높은 실업률을 다반사로 겪는다. 사회의 내부 불안 요인이 상존하는 것이다. 또한 권위주의 체제하에서 정권과 군부와 경제계는 권력 마피아의 사슬로 연결되어 총체적인 정실주의와 부패에 빠지기 십상이다. 장기적으로 봤을 때 잘 작동하면서 안정된 독재 체제를 찾기는 어렵다. 독재국가는 내적 모순과 시민들의 기본욕구조차 충족시키지 못하는 무능함 때문에 붕괴의 조건이 쌓여 가다가, 작은 계기만 있어도 바로 붕괴하기 쉽다. 이런 나라는 본질적으로 취약하고 구조적으로 경직되어 있으므로 경제적·사회적 갈등을 정상적인 방법으로 조절하지 못한다. 대신에 모든 갈등을 탄압하는 데만 급급하다. 이들은 사회적 정당성이 결여되어 있기에 집권 기간이 늘어날수록 붕괴의 근거를 더욱 축적할 뿐이다. 내부적 요인에 의존하는 독재국가일수록 종국에는 내부의 저항에 직면해 무너지곤 한다. 독재국가는 압력 밥솥에 비유할 수 있다. 독재 체제는 안정된 상태가 아니라 속에서 끓고 있는 밥솥과 같기 때문에 시간이 지날수록 폭발 가능성이 커진다. 언제, 어떻게 폭발할지는 아무도 모르지만 그 폭발은 밥솥 내부의 밥알들(국민)에 의해 결정될 수밖에 없다. 폭발의 메커니즘에 있어 외부 개입은 부차적인 요인이며 궁극적으로 내부적 요인이 폭발의 강도와 방향을 좌우한다. 인민이 독재 체제에 저항해 봉기할 때 미래의 무질서를 미리 감안하면서 행동하지는 않는다. 국가 탄압에 분노하며 저항하는 인민들에게 미리 무정부 상태를 경고하면서 독재에 의한 질서유지가 차라리 낫다고 설교하는 것은 아무 의미가 없다. 요컨대, 독재냐 무질서냐 하는 구분은 허위의 이분법에 불과하다. **잠복된 혼란이냐 분출된 혼란이냐**의 차이만 있을 뿐이다. 이 문제의 궁극적인 해결책은 권력의 억압을 통제할 수 있는 민주적 시스템을 갖추는 것이다.'

이런 국가-인권 논쟁에서 우리가 얻을 수 있는 교훈은 무엇인가? 첫째, 독재 체제의 단기적 효과와 장기적 결과를 구분해서 봐야 한다. 독재가 오래 지속될수록 독재 종식 후의 사회 복원력이 낮아지고 무질서와 혼란이 이어질 가능성이 크다. 둘째, 인권을 생명 유지라고 하는 최저선으로 볼 것인지(안전보장), 인간 개화의 최대치로 볼 것인지(자유 확대)를 따져 봐야 한다. 사실, 이 질문에는 가치관이 개입되는데(조효제 2007, 53-56), 이는 홉스 이래 인권론에서 풀리지 않은 숙제이며, 인권을 놓고 보수와 진보의 관점이 갈라지는 분기점이다. 인권을 최소한의 안전보장으로 보는 보수적 관점을 취하면, 국가가 사회 갈등을 억제하는 심판관의 위치를 차지하므로 국가를 존중해야 인권이 보장된다는 논리가 성립된다. 인권을 인간 자유의 지속적 확장으로 보는 진보적 관점을 취하면, 국가는 인간 자유를 보장할 의무를 지닌 책임 주체가 되므로 시민이 국가를 심판할 수 있는 위치에 서야 한다. 셋째, 독재 국가의 인권을 개선할 방법론을 둘러싼 논쟁의 핵심에는 저항 행동의 주체, 외부 개입에 대한 요구와 그 타당성 및 실효성, 그리고 정권 교체가 반드시 민주 정권으로 이어진다는 보장이 있는지 여부 등의 논란이 자리 잡고 있다. 여기서 중요한 것은, 결국 의미 있는 변화는 내부로부터 나와야 한다는 것이다. 민주화로 나아가는 과정에서 외부 개입은 장기적 관점에서 인적 개발, 교육 지원, 시민사회 인프라 구축 등에 집중하는 편이 현명하다. 갈등의 표출이나 봉기에 이를 정도의 상황에서 외부 개입이 유의미한 효과를 낸다는 보장이 없다.

국가와 인권의 관계를 논할 때 시티즌십도 빼놓을 수 없는 주제이다. 시티즌십은 시민이 국가와의 관계 속에서 보유하는 권리와 의무의 총합체이다(포크 2009). 인권은 국가를 넘어선 '보편적' 개념이지만, 개별 국가들로 이루어진 국제 체제의 특성상 인권의 보장 주체는 궁극적으로 국가이므로 국가 내에서의 인권은 사실상 시티즌십과 유사하다. 시티즌십은 형식적 평등(권리의 요구 자격)과 실질적 평등(권리의 향유)의 차원을 놓고 갈등을 드러내기도 한다. 그리고 역설적으로 시티즌십의 강화가 국가의 권리 강화(시민의 의무 증가)로 이어지는 경우도 있다. 즉 "시티즌십은 두 측면을 가진 과정이다. 원칙적으로 보면 시티즌십의 확대는 국가에 대한 시민의 권한 강화로 이어져야 마땅하다. 그러나 시티즌십 확대는 국가 통치의 권위와 시민 의무의 확대를 동반하기도 한다. 국가는 자신의 권위를 강화하면서 이를 시민들의 집단적 의지의 표현이라는 식으로 정당화하곤 한다"(Pierson 2004, 23).

여기서 인권을 염두에 두고 국가의 역할을 정교하게 분석할 필요가 있다. 인권론에서 국가를 파악하는 표준적 해석에 따르면, 국가는 시민들에게 세 가지 의무를 지고 있다(United Nations 2010, 5). 다시 말해, 국가는 인민의 인권을 보장할 가장 큰 의무가 있는 핵심 주체로 상정되며, 이에 근거해 시민들에 의해 정기적으로 정치적 책임을 추궁당하게 되어 있다. 이 같은 근거가 되는 의무는 다음과 같다.

- 첫째, 시민들의 권리를 **존중할**respect **의무.** 국가는 시민의 자유를 침해하지 않아야 한다. 다시 말해, 시민의 권리를 유린하지 않고 이를 존중할 의무를 다해야 한다. 이런 식으로 보장될 수 있는 권리를 소극적 권리 혹은 소극적 자유라고 한다. 그러나 국가가 직접 시민의 인권을 침해하는 경우가 간혹 있다. 이때, 흔히 법적인 해결 방식이 활용되지만, 독재국가일 경우 사법부에 의한 해결은 대단히 미흡하고 불충분하거나 불가능할 때가 많다. 이런 경우, 이론적으로, 국제사회는 원조와 무역 제한 등 국제적 압력을 가할 수 있다. 여기서 더 나아가, 국제사회가 처음부터 원조를 받는 나라(수원국)를 잘 선정해야 한다는 주장도 있다. 해외 원조를 민주국가 혹은 민주화 국가 혹은 민주주의에 의지가 있는 국가에 국한하는 것이 장기

적으로 지속 가능한 경제 발전과 민주제도의 착근에도 도움이 된다는 견해이다.

- 둘째, 시민들의 권리를 **보호할**protect **의무.** 국가는 사람들 사이에서 일어나는 인권침해, 그리고 기업이나 민간 조직이 저지른 인권침해로부터 시민을 보호할 의무가 있다. 국가가 직접 인권을 침해하지 않더라도, 시민을 보호하지 못할 경우, 정치적 책무성을 이행하지 못한 것이므로 이 역시 국가의 직접적 인권침해와 동일한 결과를 낳는다. 민병대 혹은 '어르신'이나 '구국' 운운하는 유사 파시스트 집단의 횡포와 활개로부터 국가가 시민들을 보호하지 못할 때에도 마찬가지이다. 세월호 참사와 메르스 사태 역시 국가가 시민에 대한 보호 의무를 소홀히 해서 시민들의 인권이 유린되었던 대표적인 사례라 할 수 있다. 국가는 법적 절차, 제도적 구제, 특별 행정 조치, 비상시 위기 대응 등을 통해 시민들을 보호해야 한다. 법적 판례를 비롯한 모든 조처들이 경험적으로 쌓이면 축적된 인권 보호 효과를 낼 수 있다고 기대된다.

- 셋째, 시민들의 권리를 **충족할**fulfill **의무.** 국가는 의식주를 포함해 인간이 사회 공동체 내에서 살아가기 위해 절대적으로 필요한 욕구needs를 충족시켜 줄 의무가 있다. 이 점은 사회 공동체와 국가의 개입을 통한 자유의 확대라고 하는 루소식 자유 개념과 일맥상통하며(조효제 2007, 64-68), 이런 식으로 개념화된 자유는 인권론에서 적극적positive 권리라고 표현된다. 여기서 주의할 점이 있다. 앞서 말한 '존중할 의무'가 주로 시민적·정치적 권리에 해당되고, '충족할 의무'는 주로 경제적·사회적 권리에 해당된다고 보는 오해이다. 소극적 권리와 적극적 권리를 쉽게 설명하기 위해 그

런 식으로 거칠게 구분할 때가 있지만, 국가의 모든 의무는 모든 권리 영역을 가로질러 적용된다. 예를 들어, 범죄 용의자를 수사할 경우라도, 그 사람의 법적 권리를 보장하는 것은 국가의 존중 의무에 해당되지만, 그런 법적 권리의 보장을 위해 법률제도를 갖추고 법 집행 공직자를 훈련시키는 것은 국가의 충족 의무에 해당된다. 다시 말해, 충족 의무는 시민들에게 절대적으로 필요한 욕구를 충족시킬 의무뿐만 아니라 시민들의 제반 권리를 **촉진할**facilitate **의무**이기도 한 것이다.

국가 내 인권침해의 원인

(1) 국가가 인권을 침해하는 맥락

국가는 어떤 경우에 시민들의 인권을 침해하는가? 이는 일견 우둔해 보이는 질문이다. 권위주의 체제를 경험했고 그 유산을 지금까지 겪고 있는 한국인에게 국가라는 실체는 '의도적으로' 시민들의 권리를 침해할 수 있는 부정적인 존재로 각인되어 있기 쉽다. 하지만 좀 더 일반적으로 봤을 때, 국가는 다음에 소개할 네 가지 맥락에서 인권을 침해한다. 이런 맥락 속에서 국가는 의도적(자발적)으로 인권을 침해하기도 하고, 비의도적(비자발적)으로 시민들의 인권을 보호하지 못하는 경우도 있다. 또한 이들 맥락은 모두 내재적으로 연결되어 있으면서도 각각 고유한 특징을 보유한다.

- **국가 안보상의 고려.** 국가 안보는 객관적이기도 하고 극히 주관적이기도 한 개념이다. 정치는 이익의 문제이기도 하지만, 인식의 문제이기도 하므로 국가의 안전보장을 상상하고 개념화하는 방식은 주체의 세계관, 인식의

방향, 경험의 폭, 편견, 비교 준거, 상황의 긴박성과 특수성 등에 의해 크게 영향을 받을 수밖에 없다. 특히 주어진 영토 내에서 '정당하게' 폭력을 독점할 수 있는 유일한 주체로 간주되는 국가는 자기 외의 세력이 약간만 도전하는 기미를 보여도 극히 예민하게 반응한다. 특히 그 도전이 폭력과 연관될 때, 아무리 사소한 폭력적 저항일지라도 그것이 '폭력'으로 규정되는 한, 국가는 더 큰 폭력으로 대응하거나, 심지어 선제적 공격으로 제압할 때가 많다. 2001년 이후 국가 안보가 위협받는다는 인식이 높아지면서, 기존 민주국가에서도 고문과 같은 인권침해가 많이 증가했다(Kearns 2015).

혼하지는 않지만 객관적으로 국가 비상사태에 해당한다고 볼 수 있는 상황이 존재하기도 한다. 더 나아가, 그런 경우에 대처하기 위해 특별한 조처가 필요한 경우도 있을 수 있다. 예를 들어, 2015년 6월 북아프리카 튀니지의 휴양지 수스에서 이슬람국가에 의한 테러 공격으로 관광객 38명이 사망한 사건이 발생한 직후 튀니지 정부는 30일간의 국가 비상사태를 선포했다. 이에 따라, 튀니지 정부는 보안군의 권한을 강화하고, 공공장소에서의 집회 권리를 일시 제한했으며, 정부의 관할권이 미치지 않는 이슬람 모스크 80여 개를 잠정적으로 폐쇄했다. 또한 의회는 대테러법을 제정할 예정이라고 보도되었다. 국제 앰네스티를 비롯한 인권 단체들은 국가 안보용으로 제정되는 특별법을 그 자체로 반대하지는 않지만, 비상사태하의 조처와 특별법이 인권을 침해하는지 여부를 철저히 가려야 한다는 입장을 유지했다. 튀니지 정부의 공식 성명에도 비상사태 선포로 인해 일반 시민의 인권이 유린되지 않도록 특히 유념하겠다는 공약이 들어 있었다.[8]

튀니지 정부의 비상사태 선포에 대해 처음에는 국내외적으로 큰 비판이 없었다. 상황의 엄중함을 감안할 때 정부로서 취할 수 있는 조처라고 이해하는 시각이 많았다. 그러나 얼마 뒤 테러범들을 사형에 처할 수 있게 한 특별법이 의회에서 제정되자, 인권 단체들은 이를 우려하고 비판하는 목소리를 내기 시작했다. 사형 자체가 극단적 형벌인데다 테러를 저질렀다는 단순 혐의만으로 사형을 실시할 가능성이 있기 때문이었다. 이처럼 원론적으로는 '정당한' 비상사태라 하더라도 그것이 '부당한' 권력 남용으로 변질될 가능성이 항상 존재한다.

국가 안보와 인권의 관계를 살펴볼 수 있는 전형적인 사례로 한국의 〈국가보안법〉을 들 수 있다. 1948년 5월 10일 총선이 실시되어 제헌국회가 구성되었고, 8월에 정부가 수립된 직후인 10월에 여순 사건이 발생했다. 서희경(2004)에 따르면 당시 정치인들과 입법가들은, 여순 사건으로 형성된 정치적 긴장과 혼란이 신생국가의 존립을 좌우할 정도로 엄중하다는 상황 인식을 가졌다고 한다. 이런 인식을 한 제헌 의원들은 그해 12월 1일 엄청난 논란 끝에 〈국가보안법〉을 제정했다. 〈국가보안법〉은 신생 대한민국의 형법보다 더 먼저 만들어진, 그리고 그 영향력 면에서는 사실상의 헌법에 비견될 정도로 광범위한 권한을 가진 법이다. 제헌 의원들은 〈국가보안법〉의 반민주성과 반인권성을 모르지 않았다고 한다. 그러나 '한계 상황'이라는 현실 인식 때문에 국민의 기본권을 우선 유보하자는 식의 파우스트적 거래를 했다는 것이다. 그러나 반인권적 조처는 아무리 한시적이라 해도 일단 시행하고 나면 자체적인 정당화 논리가 작동하고, 그 조처를 지속해야 한다는 상황 판단의 압력으로 인해 항구화되기 쉽다. 그런 제도가 존속되는 것이 자신의 이해관계와 밀접하게 연관되는 개인과 집단도 출현한다. 그런 탓에 〈국가보안법〉은 억압·감시·통제로 상징되는 국가 폭력 그 자체라 해도 과언이 아닐 정도로 무소불위의 권력을 행사해 왔다는 비판을 받는다(김동춘 2000). 백보를 양보해 〈국가보안법〉이 제정되었을 당시의 '한계 상황'적 국면을 인정한다 하더라도, 70년이 지난 오늘에도 대한민국이 여전히 그런 상황에 처해 있는 나라인지를 물을 필요가 있다(조효제 2015c). 상황이 인식을 규정하고, 인식이 다시 상황을 정당화하는 악순환 속에서 인권이 설 땅은 대단히 좁아진다.

중국 역시 좋은 사례가 된다. 중국의 전국인민대표대회는 2015년 7월 새로운 〈국가안전법〉 中华人民共和国 国家安全法을 제정했다.[9] 보도에 따르면 인민대표회의의 상무위원회에서 표결한 결과 찬성 144, 기권 1의 압도적 표차로 〈국가안전법〉이 통과되었다고 한다. 이는 1993년에 제정되었던 〈국가안전법〉을 대체하는 신법이다. 구 〈국가안전법〉은 안보 위협의 범위와 법 적용의 범위를 국가 전복과 분열 선동, 매국 행위, 국가기밀 누설 등 비교적 엄밀하게 규정한 바 있다. 그러나 새 〈국가안전법〉은 이 범위를 금융·경제·식량·에너지·인터넷·종교·우주·해저 영역에까지 대폭 확대했다. 인민대표회의는 새 〈국가안전법〉이 인민의 근본 이익을 보호하기 위한 법이라고 선전한다. 그러나 이 법은 국가 안보의 개념을 지나치게 확대한 탓에 언론과 사상의 자유를 속박할지 모른다는 우려가 제기된다. 특히 시진핑习近平 등장 이후 경직되고 있는 사회 전반의 분위기를 더욱 위축시킬 가능성이 높다고 한다. 이미 이 법이 국가 안보를 보호하는 것이 아니라 공산당 정권의 안전을 지키기 위한 것이고, 사회에 전방위적 통제를 가할 위험이 있는 입법이라는 비판이 나오고 있는 실정이다.

- **외부 침략에 대한 공포.** 국가는 외부의 적이 전쟁, 군사 도발, 내부 세력과의 연계를 통한 체제 전복을 꾀할지도 모른다는 실제적·가상적 두려움을 늘 지니고 있다. 권위주의적이고 불투명하며 정치적 책무성이 결여된 정권

일수록 외부 적의 침략에 대한 편집증적 두려움이 커진다. 이때 가장 일반적이고 용이한 대응책은 국내의 잠재적 저항 세력을 탄압하고 분쇄함으로써 국내 일반 대중에게 경고하며 위협하는 것이다. 다시 말해, 외부 침략의 두려움이 높아지면 인권침해가 늘어날 가능성도 높아진다. 이 점은 4장에서 설명했다.

- **독재 통치의 유지 및 특정 이념의 고수.** 국가는 독재 권력을 유지하기 위해, 또는 반공주의와 같은 특정 이념을 고수하기 위해 국내에서 인권침해를 감행한다. 한국의 유신 독재(한홍구 2014), 칠레(라고스 2012; 조효제 2000b) 또는 아르헨티나 군부 독재 정권하에서 벌어진 이른바 '추악한 전쟁'이 대표적인 사례이다.

- **국가의 무능력.** 국가의 인권침해가 독재 권력의 사악한 의도 때문에 비롯된다고 믿는 사람이 많다. 그러나 현실은 그리 단순하지 않다. 국가가 국민을 계획적으로 괴롭힐 때가 있지만 국가 역량의 부족, 즉 **국가의 무능력** incapacity 때문에 인권침해가 발생하는 경우도 많다. 전쟁이나 데모사이드 같은 특별한 형태의 초대형 인권유린을 제외하고, 평시의 인권침해 가운데 가장 큰 원인으로 국가의 무능력을 꼽는 연구자들도 있다. 인권과 관련해 국가의 무능-유능을 좌우하는 요소에는 교육을 비롯한 인간 개발 수준, 경제적·사회적 발전 정도, 민주주의의 제도화 수준, 국가 행정 및 거버넌스 인프라, 공정하고 독립된 사법부의 존재, 법 집행 공직자의 훈련과 전문화 등이 포함된다. 국가의 역량이 부족한 상태일 때에는 설령 정치 지도자가 인권을 보장할 의향이 있다 하더라도, 인권을 실질적으로 보장하기 어렵다. 경제·사회 발전이 낙후된 나라에서 경제적·사회적 권

그림 6-2_ 국가 역량과 인권의 유형

국내 역량		국제 역량 (대외 연결성)	
		약함	강함
	강함	❶ 고립 국가	❷ 서유럽 모델 국가
	약함	❸ 실패 국가	❹ 공동 국가

자료 : Delfeld(2014, 14)를 수정.

리를 보장하기가 쉽지 않을 것임은 직관적으로 알 수 있다. 자원도 없고, 무기력하며, 인프라도 없는 사회를 상상해 보면 될 것이다. 만약, 지도자가 인권을 보장하려는 의지조차 없다면, 상황은 더욱 심각해질 것이다. 더 나아가, 무능력한 국가는 시민적·정치적 권리조차 제대로 보장하지 못한다. 군대와 경찰이 정부의 공식 통제권 외곽에서 일종의 사조직 비슷하게 운용될 때, 시민들의 인권의 보장 여부는 불투명해진다. 이때 인권 친화적 법 집행도 불가능하다. 예를 들어, 고문 근절과 같은 기초적 법 집행을 위해서도 법률의 제정 혹은 개정, 인권 탄압 요원들의 청산과 재훈련, 신규 채용, 매뉴얼 작성, 감시 절차와 시스템 구축, 법적 책무성 강화와 같은 일련의 정책이 필요하다. 이 모든 노력은 국가의 자원 및 역량과 직결되는 문제이다. 국가가 무능력할 때에는 외부의 비판이나 압력만으로 상황이 개선되기 어렵다. 엄격한 평가 기준에 의한 제재와 보상은 그런 평가를 시행할 수 있는 기반이 마련된 뒤에나 가능한 것이다. 오히려 무능한 국가에 대해서는 인권 대화, 기술 지원, 교육 기회 제공, 개발원조와 인권 개선 연계 등의 노력이 더 효과적이다.

극단적으로 무능력한 국가를 흔히 실패 국가failed state라고 한다. 이런 범주는 국가들을 그 역량에 따라 일직선상에 배치해 한쪽 끝에는 허약한 실패 국가, 다른 쪽 끝에는 수월성이 극대화된 '성공 국가'를 상상하는 방식에서 비롯되었다. 그런데 이런 단순한 구분을 넘어 국내적 역량과 대외적 역량에 따라 좀 더 정밀하게 국가들을 분류하는 방식이 제안되어 있다. 헬렌 델펠드Helen Delfeld의 유형도는 국가를 그 역량에 따라 네 종류로 구분한다(〈그림 6-2〉 참조).

이어지는 설명은 델펠드의 유형화를 기본으로 하여 내 분석을 추가한 것이다. ❶ 고립 국가는 국내 통제력과 장악력은 높은 수준이면서 국제무역, 국제 제도 노출도, 국제적 상호 의존도 등에서 낮은 수준의 국제화가 되어 있는 나라이다. 이란·북한·코소보와 같은 국가가 대표적이다. 이런 나라에서 인권을 증진하려면 국제사회의 인권 레짐에 더 긴밀하게 포함되도록 유도하고, 국내의 통제력 역량을 인권 친화적 방향으로 재배치하는 조처가 필수적이다. ❷ 서유럽 모델 국가는 국내 역량과 대외 연결성이 모두 높은 나라이다. 현대 국가 중 국제 체제 내에서 비교적 높은 영향력을 보유한 국민국가들이 모두 여기에 속한다. 이런 나라에서도 인권침해가 발생하지만, 국가의 역량 부족이 주요 원인이라고 보기는 어렵다. 그 대신 인권의 정치적 측면, 인권 우선순위 논쟁, 새로운 인권 의제를 둘러싼 갈등이 핵심 이슈가 되곤 한다. ❸ 실패 국가는 국내 역량과 국제 역량이 모두 수준 이하에 속한 나라이다. 소말리아나 수단과 같은 나라를 예로 들 수 있다. 국제 취약 국가 지수상 고위험 국가에 속하는 나라들과, 유엔 개발계획UNDP에서 최빈국으로 분류한 48개국은 실패 국가까지는 아니지만 국가 역량이 부족해 인권 달성에 지장을 겪고 있는 나라들이라고 볼 수 있다.[10] 실패 국가는 '무능력한 국가' 패러다임으로 다룰 수 있는 전형적인 경우이므로, 국가 역량과 시민사회를 강화하는 정책 및 외부 지원이 절실하게 요구된다. 마지막으로 **❹ 공동 국가**空洞國家, hollow state는, 말 그 대로 속 빈 강정과 같은 나라이다. 국내 역량과 사회적 응집력이 낮지만, 대외관계에 있어서는 국제 제도의 틀 내에서 중요한 행위자로 인정받는 국가를 지칭한다. 이런 나라는 국제 금융, 교역, 자원 거래, 국제사회의 발언권 등이 높은 수준에 있지만, 국제적 자원이 국내 시민들을 위한 복지나 사회 인프라 확충과는 관련 없이 독자적 회로 내에서만 순환되는 특징이 있다. 필리핀이 좋은 예이다. 공동 국가의 경우 경제성장이 국내 산업의 발전으로 이어지지 않고, 지배 엘리트들은 대외적으로만 국민국가 담론을 대표할 뿐, 국내 통합에는 비교적 무관심하다. 따라서 '국가' 정체성은 강하지만 '국민'적 결속력은 낮다는 특징이 있다. 이런 나라에 대해서는 외부에서 해당 국가에 공식적 지원을 제공하기보다, 국내의 여타 행위자들(예컨대 인권 단체, 지역사회 조직, 여성 단체, 교회 기관, 풀뿌리 조직, 노동 조직)을 지원하는 것이 장기적으로 인권 향상에 도움이 될 수 있다.

(2) 국가의 인권침해와 관련된 조건들

지금부터 국가의 인권침해와 관련된 정치적·경제적·사회적 조건들을 찾아보자. 이 점이 중요한 이유는 무엇인가? 첫째, 어떤 조건 아래서 인권침해가 발생할 가능성이 높아지는지를 알 수 있다. 1장에서 살펴보았듯, 인권을 촉진하거나 침해하는 근본 원인과 근본 조건은 흔히 인권 운동가들이 생각하는 것 이상으로 연원이 깊다. 겉으로 인권침해의 원인처럼 보이는 현상만을 바로잡는다면, 그와 같은 인권침해는 형태만 달리한 채 계속 나타날 가능성이 높다. 인권에 영향을 주는 근본 조건들을 찾아 이를 개선·해결·수정·회피·타파·발전시킬 때에 진정한 차원에서의 인권 달성이 이루어질 수 있다. 둘째, 인권에 영향을 끼치는 조건을 찾는다는 말은 '우리가 어떤 정치체제를 지향해야 하는가?'라는 질문과 직결된다. 민주주의 체제하에서도 이 질문은 유효하다. 인권이 침해될 가능성이 높은 민주주의가 있는가 하면, 인권이 달성될 가능성이 높은 민주주의도 있다. 이는 '좋은' 민주주의와 '나쁜' 민주주의를 나누는 본질적 질문이기도 하다(Morlino 2004; Diamond and Morlino 2005). 셋째, 인권에 영향을 주는 조건을 찾는 질문은 국가의 존재 의의를 성찰하게 한다. 인민의 생명·자유·번영·평화를 보호하기 위해 수립된 국가가 실제로는 인민의 죽음·속박·빈곤·갈등을 초래하는 일이 빈번하기 때문이다. 국가가 원래의 수립 목적을 지키며 적절한 선에서 통제될 수 있게 하는 것은 인권침해의 조건을 찾아 이를 변화시키는 과정의 연장선상에서 이해될 수 있다.

인권침해 또는 인권 촉진을 유발하는 정치적·경제적·사회적 조건들을 찾으려는 노력은 1980년대 중반부터 시작되었다.[11] 국제 앰네스티, 프리덤하우스, 미 국무부 등에서 발간해 온, 전 세계 각국의 인권 상황 보고서들이 누적되면서 이를 원자료로 삼아 국가 간 비교 연구를 할 수 있게 된 것이다. 전세계 2백 개 가까운 나라들의 인권 기록을 수십 년간 시계열적으로 비교·분석하고 그 함의를 조사하는 비교정치학적 조사가 하나의 중요한 연구 분야로 등장했다. 정치제도, 사회 인프라, 경제 상황, 외부 조건 등과 같은 각종 변수들이 인권침해 혹은 인권 달성과 어떤 인과관계(또는 상관관계)를 이루는지를 조사한 방대한 문헌이 지난 30여 년간 축적되었다. 이어지는 내용에서는 그런 연구를 통해 지금까지 밝혀진 인권 관련 중요 변수들을 소개하고, 그것이 민주주의와 어떤 관계를 형성하는지를 다룬다. 이와 관련해, 몇 가지 지적할 사항이 있다. 이런 연구는 주로 신체적 안전 권리physical integrity rights를 중심으로 이루어지는 경향이 있다. 예를 들어, 고문, 사형, 실종, 비사법

처형과 같은 심각한 기본권 유린 사례, 그리고 비교적 쉽게 지수화할 수 있는 사례들이 연구의 주종을 이루어 왔다. 또한 연구자들이 활용하는 데이터 세트가 서로 다르므로 조사 결과가 특정 원자료의 특징을 나타내는지, 아니면 전 세계 국가들에 일반화해 적용할 수 있는 결과인지를 둘러싼 논란이 계속되고 있다. 그리고 통계적으로 확인된 변수들을 이용해 일정한 모델을 구성하더라도, 그 모델이 사후적인 묘사에 불과한지, 아니면 향후 유사한 맥락에서 일정한 예측력을 지닐 수 있는지 여부도 불분명하다. 이런 한계를 염두에 두고, 지금까지 가장 많이 확인된 인권 침해-달성 조건들을 간략히 열거하면 다음과 같다(이 같은 연구 결과는 변수들 간의 관계를 중심으로 확인된 사항이므로, 왜 이런 결과가 초래되었는지에 관한 설명은 불확실한 경우가 많다. 민주주의와 관련된 설명은 뒤에서 다시 소개할 것이다).

- **민주주의**. 민주화 및 민주주의 이행과 인권침해, 민주주의와 인권침해 간의 기능적 관계, 민주주의의 어떤 측면이 인권침해와 관련이 있는지 등이 조사되어 왔다. 민주주의 수준이 높을수록 인권침해가 줄어든다는 설명이 거의 보편적으로 인정되고 있다.
- **교육 수준**. 교육 수준이 높은 사회일수록 인권침해가 줄어든다. 그러나 교육 수준이 높고 인권에 대한 기대치가 높아지면, 각종 사회문제를 인권이라는 렌즈로 개념화하고, 인권침해 사안이 더 자주 보고되면서, 오히려 가시적인 인권 문제가 늘어나는 듯한 현상이 나타나기도 한다.
- **인구**. 국가의 인구 규모가 클수록 인권침해가 높아진다는 연구가 많다. 인구 규모보다 인종, 민족, 언어, 문화, 종교, 사회적 정체성 등을 기준으로 동질적 인구 집단인지 이질적 인구 집단인지 여부가 인권침해에 더 큰 영향을 끼친다는 연구도 있다. 비교적 동질적인 인구 집단인 경우 인권침해

가 줄어드는 경향이 있다. 연령별 인구 분포에서 청년층이 차지하는 비율이 높을수록 인권침해가 늘어나는 경향이 생긴다.

- **도시화 비율**. 도시화 비율이 높은 사회일수록 인권 담론이 발전하는 경향이 있다. 그러나 슬럼화, 불량 주거, 위생 시설, 노숙인, 범죄 등 도시형 사회문제가 인권의 문제로 확장되는 추세도 함께 일어난다.

- **거시 경제적 요인**. 전반적 경제 규모, 경제성장, 인플레이션, 실업률 등은 인권침해와 밀접한 유의성을 가진다. 특히 경제 발전 수준이 높은 나라의 인권침해가 덜한 경향이 있다는 연구가 주종을 이룬다. 급격한 경제 변화 — 예를 들어 국가 부도 사태 — 는 거의 항상 인권침해를 수반한다.

- **전반적 불평등**. 상대적 소득 평등이 이루어지고 전반적 불평등이 감소하면 인권 달성에 큰 도움이 된다. 특히 경제 발전 수준이 높은 사회라 해도 불평등이 심하면 사회적 응집도가 떨어지면서 각종 인권 문제가 발생할 소지가 높다.

- **복지 예산**. 복지 예산 비중이 낮을수록 인권침해 확률이 높아진다.

- **군사비**. 군사비 비중이 높을수록 인권 탄압의 개연성이 높아진다.

- **해외투자 및 국제무역**. 이는 논쟁적이고 민감한 가치판단을 요구하는 문제이지만, 현재까지의 연구 결과에 따르면 해외투자 및 국제무역이 증가할수록 개도국의 인권이 다소 개선되는 것으로 나타난다.

- **구조 조정 프로그램**. 국제통화기금이나 세계은행에서 구제금융 제공의 전제 조건으로 요구하는 구조 조정 프로그램을 그대로 이행하는 경우, 거의 예외 없이 인권이 악화되는 것으로 조사된다.

- **국가의 재정원**. 국가 재정을 정상적 세수에 의존하는지, 원유·석탄·귀금속 등 천연자원의 판매 수입에 의존하는지 여부도 인권과 관련이 있다고 나온다. 후자의 경우 인권침해를 하는 국가들이 많다.

- **국내 사법제도**. 특히 정부의 권력을 제한하고 시민의 자유를 보장하는 헌법이 존재하는지 여부가 인권침해에 큰 영향을 미친다. 그리고 공정하고 독립된 사법부의 존재 역시 인권에 결정적인 영향을 미친다.
- **국제 인권법 제도**. 국제 인권 조약과 국제 인권 레짐에 참여하는지 여부 자체만 따져서는 국내 인권 상황에 미치는 긍정적 효과가 미약하거나 거의 없다(4장 참조).
- **강제노동**. 강제노동 혹은 유사 강제노동이 금지되거나 빈번하지 않은 나라일수록 인권 보장이 잘되어 있을 확률이 높다.
- **여성 정치 참여**. 국회의원 중 여성 비율이 높을수록 전반적인 인권 지수가 향상된다.
- **언론·미디어의 발전**. 대개 인권과 정비례 관계를 이루며 발전하는 경향이 있지만, 그 나라 특유의 언론 환경, 언론 정책, 미디어의 상업화 및 기업 소유 경향 등에 따라 미디어 성장과 인권 보호가 반비례 관계를 보일 수도 있다.

이처럼 다양한 변수 조건들이 인권 탄압과 인권 달성에 영향을 주는 것으로 나타났지만, 이 조건들이 예측 타당성을 갖는 모델로서 가치가 있는지 여부는 확실하게 조사되지 않았다. 다만, **국내 헌법 체계와 사법부의 독립성**, 그리고 보통법Common Law 전통을 가졌는지의 여부가 인권 보호에 긍정적인 예측력을 지닌다고 한다. 또한 **인구 중 청년층이 차지하는 비율**이 높을수록, 정부가 인권 탄압을 할 가능성이 높다고 예측된다. 청년층에 의한 대규모 반정부 시위와 저항 활동을 막기 위해 정부가 선제적으로 인권 탄압을 가할 가능성이 높기 때문이다(Hill and Jones 2014).

(3) 민주주의와 인권

민주주의가 인권 향상에 만병통치약이 아닌 것은 분명하다. 이 점은 한국에서 1987년 민주화 이후 오늘까지 계속해서 각종 인권 문제가 발생하고 있는 것만 봐도 알 수 있다. 민주개혁 정부 아래서 이루어진 약간의 인권 제도상의 개혁이 보수 정부가 등장한 이후 크게 뒷걸음치는 일도 발생하고 있다. 이른바 인권 선진국이라고 자타가 공인하는 스칸디나비아 국가들에서도 기본적 인권침해 문제가 종종 발생하곤 한다. 이렇게만 보면 마치 인권침해는 시대와 공간을 초월해 '보편적'으로 나타나는 현상 같기도 하다. 그러나 거시적이고 장기적인 추세라는 관점에서 보면 민주주의와 인권 사이에는 놀라운 연관성이 존재한다. 민주주의가 인권을 완전히 보장하지 못하는 것은 사실이지만, 민주주의 없이는 인권 또한 절대 보장되지 못한다는 사실은 진리에 가깝다.

누누이 지적했듯이 우리가 현실적으로 국민국가의 테두리 안에서 살고 있는 이상, 인권침해의 1차 방어선은 국내 민주주의라 할 수 있다. 특히 정치적 책무성의 구조가 확실히 설정될 수 있는 '강한' 민주주의 체제는 인권 달성의 보루와도 같다(Barber 1984). 민주주의와 시민적·정치적 권리의 관계, 민주주의와 경제적·사회적 권리의 관계, 그리고 시민적·정치적 권리와 경제적·사회적 권리의 관계에 대해서는 이미 연구가 이루어져 있다(조효제 2007, 276-296). 이 중에서도 민주주의와 시민적·정치적 권리 사이에는 어떤 측정치를 이용해 조사하더라도 강력한 상관관계가 있다고 나온다(United Nations 2008; 2012).

민주주의와 인권 탄압/증진 사이 관련성은 **민주주의-탄압 연계**Democracy-repression nexus라는 명칭으로 이론화되어 있다(Armstrong II 2009). 이를 좀 더 일반화한 이론이 '국내 민주적 평화'Domestic Democratic Peace 이론이다(Daven-port 2007). **국내 민주적 평화 이론**은 독재국가보다 민주국가가 국민들을 더 평화롭게 다룬다는 것, 즉 인권을 더욱 보장한다는 이론이다. 이를 뒤집으면 민주주의와 국가 탄압 사이에는 반비례 관계가 성립한다는 말도 된다. 국내 민주적 평화 이론은 4장에서 본 국제 관계에서의 민주적 평화 이론을 국내에 적용한 개념이다. 민주국가가 독재국가보다 인권을 잘 보장한다는 말은 통념상 당연한 이야기처럼 들린다. 그러나 국내 민주적 평화 이론의 기본 전제는 다음과 같다.

민주주의 체제는 시민들이 자신의 목소리Voice를 높일 수 있는 장치를 제공한다. 시민들은 지도자에 대해 책임을 물을 수 있으며, 선거를 통해 지도자를 퇴출시킬 수 있는 궁극적인 목소리를 보유한다. 다시 말해, 민주주의는 **책무성의 비용**costs of accountability을 높임으로써 정부가 시민의 인권을 침해할 가능성을 낮춘다. 또한 민주주의 체제는 대항력Veto을 제공한다. 국가 내에 정부의 권력에 대해 상쇄력을 발휘하는 여타 정치 행위자들이 공동 존재할 때 권력이 분산되므로 국가에 의한 시민의 인권침해 가능성이 낮아진다. '목소리'와 '대항력'은 여러 종류의 순열 조합이 가능하므로 국가의 적나라한 인권 탄압부터 저강도 탄압, 그리고 높은 수준의 인권 보장까지 여러 경우의 수가 가능하다.

민주주의-탄압 연계 이론에서는 국가의 정당성이 약할수록 인권침해가 증가한다고 본다. 그리고 일당 독재보다 다당제 독재하에서 국가 탄압이 더 심해지는 경향이 있다(4장 참조). 다당제 독재에서는 반대파가 활동할 수 있는 여지가 조금이라도 있기 때문에 정부가 탄압에 의존할 필요가 생기기 때문이다. 진보 좌파 정당이 의회에 진출한 다당제 국가와, 경쟁적 정당 민주정치를 시행하는 국가에서 인권을 보장할 가능성이 크며, 최대 정당과 여타 정당들 간의 의석수 차이가 크지 않을 때, 즉 권력이 분산되어 있을 때 인권이 보장될 개연성이 커진다. 민주주의는 한국의 국가인권위원회와 같은 국가 인권 기구를 창설할 수 있는 조건을 제공하는 정치체를 형성하는 데도 도움이 된다(홍성수 2010; Koo and Ramirez 2009). 그렇지만 민주주의 제도하에서도 어떤 권리는 더 잘 보장되고 어떤 권리는 무시되기도 한다. 따라서 민주제도 중 어떤 부문이 어떤 권리의 보장에 더 효과적인지를 분석적으로 파악할 필요가 있다. 이를 위해 헌정 구조, 선거제도의 특징, 정당의 다양한 대표성, 지도자 교체 한계점, 행정부의 통제, 언론 자유 등이 흔히 연구되고 있다(Davenport 2013).

흔히 국가 탄압이라는 용어를 쓰곤 하지만 정확히 말하면 행정부가 인권을 탄압하는 것이다. 그러므로 국가 탄압을 막는다는 말은 행정부를 통제한다는 말과 비슷하다. 그리고 투표권을 가진 선택권 집단의 기반을 최대한 확장하고, 권력을 분산하며 시민적 자유를 신장하는 것이 인권의 토대를 강화하는 첩경이다. 이런 관점은 결국 상호 강화 메커니즘을 강조하는 순환 논리와 흡사하다(Moore and Welch 2015). 첫째, 권력을 분산시킴으로써 어떤 지도자도 소수의 지지 기반에만 의존해 장기 집권을 하지 못하도록 한다. 둘째, 시민적 자유를 증진시켜 대중의 정치적 동원이 가능한 환경을 조성함으로써 자유선거에서 민의가 대변되도록 한다. 셋째, 선거를 통해 행정부의 주기적 교체가 가능하게끔 함으로써 행정부가 국가 내 여타 권력 기반들을 배제한 채 군림하지 못하도록 보장한다.

민주주의가 인권에 미치는 사활적인 영향 때문에 민주주의를 시행할 수 있는 권리, 즉 '민주주의에 대한 권리'right to democracy 자체를 중요한 인권으로 간주하는 시각도 있다. 〈세계인권선언〉의 제21조는 다음과 같이 규정한다. "① 모든 사람은 자기가 직접 참여하든 또는 자유롭게 선출된 대표를 통해서

간접적으로 참여하든 간에, 자기 나라의 국가 운영에 참여할 권리가 있다. …… ③ 인민의 의지가 정부 권위의 토대를 이룬다. 인민의 의지는, 주기적으로 시행되는 진정한 선거를 통해 표출된다. 이런 선거는 보통선거와 평등선거로 이루어지고, 비밀투표 또는 비밀투표에 해당하는 자유로운 투표 절차에 따라 시행된다." 또한 〈자유권 규약〉의 제25조에서도 비슷한 규정이 되풀이된다. 그런데 이런 규정들을 엄밀하게 따지면, 이는 단지 형식적 민주주의에 대한 권리, 즉 정치에 참여하고 선거를 통해 정치적 책무성을 보장받을 권리라고 볼 수도 있다. 또한 이 조항들은 특히 선거라는 제도만 강조하고 있다는 인상을 준다. 그러나 1948년 당시 민주주의를 실질적으로 규정하는 데 반대했던 여러 강대국들의 보수적 태도를 감안하면 〈세계인권선언〉에 민주제도와 관련된 조항이 포함된 사실만으로도 대단히 중요한 의미가 있다.

서구, 특히 미국 쪽에서 나오는 문헌들 중에는 해외 민주주의 지원과 인권 향상에 관한 연구물이 많다(예컨대 Tomz and Weeks 2012). 이런 연구들에서는, 예를 들어 지원국이 수혜국에게 (소수민족·여성·노동자 권리를 요구하기 이전에) 일반적으로 인정되는 권리 원칙을 우선적으로 인정하라고 요구해야 하고, 그런 권리가 일반 대중에 전파될 수 있는 방안을 감안해야 하며, 노동자의 권리를 증진시킬 수 있는 자유민주주의의 경제적 측면을 발전시켜야 하고, 커뮤니케이션 인프라를 확충해 다원주의 가치를 확산시켜야 한다는 논의 등이 활발하게 토론된다.

끝으로, 민주국가라 하더라도 인권이 언제든 후퇴할 가능성이 있음을 기억해야 한다. 민주국가가 탄압 방식을 교묘하게 변화시켜 새로운 인권 문제를 야기하는 경우가 적지 않기 때문이다. 다리우스 레잘리Darius Rejali에 따르면 민주국가에서조차 고문과 같은 악성 인권유린을 자행하는 경우가 많다고 한다(Rejali 2007). 예를 들어, 이른바 '흔적 없는 고문'clean torture; stealth torture이라 불리는 고문 기법은 민주국가에서 먼저 발전된 것이다. 사법부와 언론에 의한 권력 감시가 늘어남에 따라, 고문 사실을 은폐하기 위해 고문 흔적이 남지 않는 신문 기술이 함께 발전해 온 것이다. 실제로 민주국가들은 이미 제2차 세계대전 이전부터 흔적 없는 고문을 시행했다. 러시아·독일·오스트리아·헝가리·일본 등의 비민주국가에서 통상적인 방식으로 고문을 자행했다면, 미국·영국·프랑스 등 주요 민주국가에서는 흔적 없는 고문이 도입되었으며, 이런 관행은 20세기 후반 들어 세계 각국으로 전파되었다. 이런 식으로 시작된 흔적 없는 고문은 오늘날 민주국가와 권위주의 국가에서 모두 사용하는 탄압 수단이 되었다. 국제 인권 레짐이 확산됨에 따라 외부 감시가 엄격해지고, 국제적 평판이 떨어질까 점점 더 우려하게 되면서 권위주의 국가에서도 이제 흔적 없는 고문을 선호하는 추세가 생겼기 때문이다. 권위주의 색채를 완전히 탈피하지 못한 민주화 이행 국가에서는 저강도 인권침해를 하는 경우가 많다. 또한 외부 지표나 객관적 기준으로 잘 포착되지 않는 권리 — 감시, 도·감청, 희롱, 프라이버시 침해, 빅 데이터 오용, 해킹 등 — 는 인권 단체의 감시나 학계 연구의 대상이 되지 않을 가능성이 높다.

인권침해와 탄압의 메커니즘

국가가 시민들의 인권을 존중·보호·충족하지 않으면, 국가의 인권 보장 의무를 방기하는 것이 된다. 즉 국가가 직접 인권침해를 저지른 것이다. 더 나아가, 단순한 인권침해를 넘어 국가가 조직적이고 광범위하게 인권을 침해하는 것은 국가 탄압이라고 한다. 서두에서 말했듯 국가가 국민의 인권을 적극적으로 억압하고 유린하는 국가 탄압은 심각한 인권 문제이다. 국가 탄압은 "국가가 그 영토 관할권 내에서, 정부에 도전한다고 생각되는 행동과 신념을 억제하고, 그 대상이 되는 개인 또는 집단에 비용을 초래시킬 목적으로, 그들에게 신체적 제약이나 위협을 가하는 행위"라고 정의할 수 있다(Davenport 2013, 127). 국가 탄압은 흔히 신체적 안전 권리를 중심으로 이해되곤 하지만, 저강도 인권침해와 고강도 국가 탄압을 나누는 명확한 기준선은 없다. 인권은 종합적·전일적인 개념이고, 권리들은 서로 나눌 수 없다(불가분)는 견해가 정설이므로, 단순한 인권침해와 심각한 국가 탄압은 정도 차이는 있지만 연속선상에 위치한 현상으로 봐야 할 것이다. 다음으로는, 인권침해와 국가 탄압이 어떤 메커니즘을 통해 발생하는지에 관한 열 가지 학설을 소개한다. 이 설명들은 서로 배타적이지 않으며 맥락에 따라 설명력에 차이가 있을 뿐이다. 마지막의 신구성주의 이론은 국가 탄압과 인권 달성의 메커니즘을 종합적으로 설명하는 포괄적인 학설이다.

(1) 국가와 반대자 간의 상호작용

국가는 자기 권위에 도전하는 세력을 억압하고 박해한다. 그런데 국가에 대한 도전이라는 관념 자체가 해석에 달린 문제이다. 이른바 비폭력적이고 평화적인 방식에 의한 도전일지라도 극히 다양한 행동 양식 — 청원이나 진정에서부터 가두시위나 농성과 같은 직접행동 등 — 이 존재한다(카터 2007). 평화적 도전에 대한 국가의 용인도는 나라마다 다르다. 집회와 시위를 원천 봉쇄하고 탄압하는 국가도 있고, 이를 자유민주국가의 기본권으로 보장하는 국가도 있다. 그러나 이른바 폭력에 의한 도전에 대해서는 대다수 국가들이 한결같이 강력하게 대처하기 마련이다. 물론 폭력을 어떻게 규정할지, 방어용 폭력과 공격용 폭력을 나눌 수 있을지, 우발적 폭력과 계획적 폭력을 구분할지, 어느 선의 폭력부터 테러리즘으로 간주할지를 놓고 논란이 있을 수 있지만, 폭력적 도전을 원칙적으로 허용하는 국가는 없다고 해도 과언이 아니다. 이 때문에 반대자의 도전, 특히 폭력적 도전과 국가 탄압은 정비례하는 경향이 있다는 설명이 거의 보편적으로 인정된다. 폭력적 도전과 인권유린을 시간상 선후 관계 혹은 인과관계로 파악하는 것은 정확하지 않다. 국가의 인권침해가 반대자에 의한 폭력적 도전을 불러오고, 그것이 다시 극심한 인권 탄압으로 이어지는 악순환이 계속되기도 한다. 뒤이어 보겠지만 저항과 억압 사이에 도식적 관계만 존재하는 것이 아니다. 따라서 인권 탄압과 반대자의 활동 사이에 높은 상관관계가 있다고 보는 것이 타당하다.

(2) 국가의 '계산적 선택'에 의한 인권침해

국가와 반대자의 관계 속에서 인권 탄압이 일어난다는 설명을 받아들이더라도, 왜 국가가 반대자를 탄압하는지를 좀 더 설명할 필요가 있다. 국가나 정권이 비이성적이거나 가학적이어서 자기 권위에 도전하는 세력을 박해한다고 보는 인식은 정확하지 않다. 정반대일 가능성이 높다. 합리적 선택이론에 따르면, 오히려 **국가가 계산적이어서 반대자를 탄압**한다고 보는 것이 주류적 해석이다(Landman 2006, 37-45). 이때 '계산적'이란 규범적 이성이 아니라 도구적 이성이라는 의미에서이다(이런 설명은 특정한 존재론에 근거하고 있다. 즉 개인과 국가 각각을 단일한 행위자로 보고 이들을 기본적 설명 단위로 보는, 특정한 존재론에 기댄 관점이라는 뜻이다). 토드 랜드먼은 이를 국가가 '합당함의 논리'가 아니라 '결과의 논리'에 따라서 움직인다고 설명한다(4장 참조). 즉 국가가 취하는 선택과 행동은, 규범적 합당함의 논리에 근거를 두기보다, 어떤 결과를 도출할 수 있는지를 둘러싼 공리주의적 평가에 근거를 두기 쉽다는 말이다.

이 설명에 따르면 국가는 심지어 인권과 같이 인간 존엄성을 보호하는 사안에서조차 이해타산에 따라 자신에게 최대하게 유리한 결과를 내리려고 하는 동기를 가진다. 이것을 '합리적 유인 이론'으로 설명하기도 한다. 즉 국가는 이해타산이라는 강력한 유인 동기에 따라 더욱 이득이 나는 쪽으로 의사 결정을 내리기 마련이라는 것이다(Davenport 2013, 126). 합리적 유인 이론에서는 국가가 인권침해를 자행하는 메커니즘의 기본 전제를 다음과 같이 해석한다. 첫째, 탄압에 따른 편익(이득)이 탄압에 따른 비용보다 크다고 인식할 때 인권을 침해한다. 즉 인권침해 때문에 받게 될 비판이나 제재보다 인권침해를 통해 권력과 현 질서 유지라는 더 큰 이득을 얻을 수 있으면 인권을 침해한다는 말이다. 둘째, 국가는 시민들을 유도하거나 통제할 수 있는 실행 가능한 여타 대안이 없을 때 인권 탄압에 의존한다. 바로 이 점이 민주 사회와 비민주 사회를 구분하는 갈림길이 된다. 셋째, 탄압을 통해 시민들을 성공적으로 통제할 가능성이 높다고 판단할 때, 국가는 계산적·공리적 의사결정의 결과로서 인권침해를 자행한다. 민주적 정당성이 권력정치의 계산 논리에 의해 쉽게 무시되는 경우라 할 수 있다. 계산적 선택에 의한 인권 탄압의 논리를 역으로 적용하면, 국가가 계산적 선택에 의해 인권침해를 하지 않을 수도 있다는 뜻이 된다. 즉 탄압을 해도 실익이 없을 때, 인권 탄압에 따르는 비용이 너무 클 때, 탄압 방식 말고도 국민을 통제할 수 있는 대안이 존재할 때, 탄압을 통한 시민 통제의 성공 가능성이 낮을 때에는 ― 국가가 여전히 '결과의 논리'를 따른다 하더라도 ― 굳이 인권침해를 저지를 유인이 적다고 말할 수 있다.

합리적 선택이론의 연장선상에 **저항-탄압 연계**dissent-repression nexus 이론이 있다. 정부 정책에 저항하는 반대자는 정치적·경제적·사회적 변혁을 위해 정부의 통치 비용을 증대할 수 있는 활동을 전개한다. 예를 들어, 청원·진정·농성·시위·파업 등의 평화적 도전, 더 나아가 테러, 무장 반군 활동 등의 폭력적 도전을 통해, 국가의 정치 질서 유지 비용을 점차 높일 수 있다. 저항 -탄압 연계 이론에서는 반대자의 저항이 강해질수록 정부는 이에 상응해 탄압의 강도를 높인다고 가정한다. 즉 통치 비용이 계속 증가하는 것이다. 국가는 높아진 통치 비용을 순순히 감수하지 않는다. 정부는 정부대로 반대자의 집단행동 비용을 증가시킴으로써 그들의 저항 의지를 낮추고 현 체제를 유지하려고 한다. 예를 들어, 반대자에 대한 체포·구금·희롱·구타·살해·학살 등의 방법을 동원해 집단행동에 따른 반대자의 비용을 높이려 한다. 그런데 국가 탄압의 강도가 높아져도(반대자의 비용 상승) 반대자의 저항이 감소되지 않는 경우, 다시 말해 어느 순간부터 비용-편익 계산상의 '수익률'이 낮아질 경우, 국가가 합리적 선택자라면 탄압의 강도를 계속 높일지 혹은 낮출지를 다시 계산해 볼 것이다. 이처럼 저항-탄압 연계 이론은 산술적으로 단순한 도식에 의존하며, 그 성공 여부를 판단하는 기준도 비교적 단순하다. 즉 반대자의 활동으로 말미암아 국가가 반대자의 요구에 굴복하거나 양보하면, 반대자가 성공한 것이다. 반대로 정부의 탄압으로 인해 반대자들의 집단 행위가 줄어들면, 정부가 성공한 것으로 평가할 수 있다. 물론 현실에서는 이두 가지의 중간 어디쯤에 위치하는 상황이 있을 수 있겠지만, 이 또한 복잡하지 않은 산술적 논리로 설명이 가능하다.

(3) 탄압 기구의 정체성과 변형된 합리주의

지금까지 설명한 저항-탄압 연계 이론에 따르면, 반대자이든 국가이든 합리적 계산에 의해 자신의 행동이 미친 영향을 분석하고, 그에 맞춰 추후의 행동을 전개할 것으로 기대된다. 예를 들어, 반대자가 집단행동의 강도를 높였음에도 정부가 양보하지 않으면, 반대자는 행동의 방향·방식·강도를 재조정할 것으로 기대된다. 같은 논리로 정부가 탄압의 강도를 높였음에도 반대자의 집단행동이 수그러들지 않는다면, 정부는 탄압의 방향·방식·강도를 재조정할 것으로 기대된다. 그러나 이런 식의 계산적 선택과는 다른 결과를 보여 주는 실증적 연구가 있다. 예를 들어, 반대자의 저항이 높아지면, 정부의 고강도 탄압이 반드시 따르는 것이 거의 보편적 현상이다. 그러나 정부가 탄압 강도를 높이더라도, 반대자의 행동이 합리적 기대와 다르게 나타나는 경우도 많다. 고강도의 탄압에 굴복해 반대자의 집단행동이 약화되는 경우도 없지 않지만, 의외로 더욱 강한 집단행동이 표출되는 경우도 많다. 강한 탄압이 반대자의 저항 의지를 강화하는 이른바 '결의 효과'resolve effect가 나타나는 것이다. 이때 만일 정부가 계산적일 경우, 그리고 강력한 탄압의 효과가 적다고 판단하면, 기존 탄압의 방향·방식·강도를 재조정해야 마땅하다. 그러나 대다수의 경우, 정부 역시 '합리적이지 않게' 과거와 마찬가지로 탄압을 지속하곤 한다. 이를 **탄압 지속의 수수께끼**Puzzle of Repression Persistence라 하며, 저항-탄압 연계 이론에서 오랫동안 풀리지 않는 문제로 취급되어 왔다.

국가가 단순 유인에 근거해, 즉 비용과 효과에 따라 행동하지 않는다면 합리적 선택이론에 입각해 인권침해를 설명하는 데 큰 허점이 있음을 의미한다. 이 문제를 풀기 위해 한 연구팀이 미국에서의 '신아프리카공화국 운동' 사례를 조사했다(Davenport and Loyle 2012). 신아프리카공화국Republic of New Africa, RNA이란 1968년 3월 31일에 창설되어 1973년까지 유지되었던 미국의 흑인 해방 운동 단체를 가리킨다. 마틴 루터 킹Martin Luther King Jr. 목사로 대변되는 전통적 흑인 민권운동의 결과에 실망하고, 백인 우월주의자들이 자행하는 거듭된 폭력에 환멸과 분노를 느낀, 일단의 흑인 운동가들이 맬컴 X Malcolm X의 이론에 영향을 받아 RNA라는 급진 운동 단체를 조직했다. RNA

는 궁극적으로 미국 내에서 백인들과 분리된 독립국을 창설한다는 목표를 세웠다. 미국 남부의 이른바 '블랙 벨트'라 불리는 앨라배마 주, 루이지애나 주, 미시시피 주, 사우스캐롤라이나 주 등을 하나로 묶는 공화국의 수립을 꿈꾼 것이다. 북미 전체 흑인들을 대상으로 주민 투표를 실시하고, 아프리카 흑인 노예제도의 역사적 범죄에 대한 손해배상을 요구하는 것도 중요한 전술이었다. RNA는 합법·비합법 전술을 병행해 구사했다. 예를 들어, 공개적인 선전 활동과 회원 모집, 대중 계몽, 강연과 캠페인, 기금 조성, 선거를 통한 분리 독립 방안을 모색했다. 동시에 이들은 흑인 군단이라는 사설 군사 조직을 창설하고 도시 게릴라전을 준비하는 등 비합법적 활동도 주요한 전술로 삼았다. 그 과정에서 RNA는 미시시피 주의 토지를 대거 매입하기도 했는데, 이는 독립 공화국의 미래 수도를 건설하기 위한 것이었다.

미국 정부는 RNA의 활동을 심각한 체제 도전으로 받아들여 즉각 강력하게 대응했다. 이들에게 내란 및 국가 전복 혐의를 씌우고 미국연방수사국FBI과 지방경찰이 공조해 광범위한 탄압을 전개했다. 체포, 습격, 구타, 심리전, 공개적인 배심원 재판을 통한 부정적 여론 형성 등이 이어졌다. RNA 지부가 있는 모든 주의 지방경찰들이 서로 경쟁하듯 탄압의 강도를 높였다. 이 조직의 운동가들에 대한 도청, 감시, 미행, 프락치 침투, 역공작 등 전형적인 공안형 탄압이 벌어졌다. 그런데 애초 예상과는 달리, 국가가 아무리 탄압의 강도를 높여도, RNA의 활동에 일관성 있는 영향을 주지 못했다. RNA의 반응은 국가의 탄압과 관계없이 지역에 따라 달라지기도 하고, 시기에 따라 변동하는 경향을 보였다. 다시 말해, 산술적 논리로 평가하면 국가의 탄압이 소기의 목적을 거두지 못했던 것이다. 그럼에도, 미국 정부의 공권력은 장기간에 걸쳐 RNA에 대한 탄압을 지속했다. 저항-탄압 연계 이론의 기본 전제와 정반대되는 결과가 초래된 것이다. 왜 그랬을까? 연구자들은 그 이유를 두 가지에서 찾는다. 첫째, 미국은 자국의 기성 체제에 위협이 되는 요소를 분쇄하기 위해, 단기적인 전술 실패에도 불구하고 장기적인 대응의 일환으로 탄압을 지속했다. 설령 단기적으로 합리적 유인에 어긋나더라도 장기적 전략의 관점에서 '불확실한 투자'를 계속한 것이다. 둘째, 미국의 공권력은 처음부터 반대자의 저항을 분쇄할 목적으로 강력한 탄압을 실시한 것이 아니었다고도 할 수 있다. 미국 정부는 RNA의 잠재적 위험성을 인식했지만, 이 단체가 실제로 체제를 위협할 정도의 세력으로 확대되리라고 보지는 않았다. 그럼에도, 탄압을 시행한 주체들 — 주정부 차원의 지방경찰 및 연방 차원의 FBI — 은 자기 정체성을 유지할 목적으로 탄압을 계속했던 것이다. 즉 탄압 기구가 자신의 정체성을 유지하고, 조직을 수호하기 위해, 합리적 계산과 상관없이, 반대자 집단에 대해 강력한 탄압을 지속했다는 결론이 나온다. 이런 관점에서 보면 반대자의 집단행동은, 탄압 기구 입장에서 볼 때, 자신의 존재 의의를 입증하고, 체제 위협 세력의 위험성을 과대 포장해 대중의 공포를 높이며, 자기 조직의 예산과 인원을 극대화할 수 있는 절호의 기회였던 것이다. 이런 연구 결과는 국가의 행동이 일원적인 유인으로 움직이지 않음을 보여 준다. 반대자의 활동을 매개로 탄압 기구가 복합적이고 중층적인 유인에 반응해 인권 탄압을 지속한 증거라 할 수 있다. 이를 변형된 합리주의라고 지칭할 수 있을 것이다.

(4) 선택권 집단 이론

정치 지도자 혹은 정당이 권력을 유지하는 메커니즘을 그 지지 기반의 특성으로 파악하는 설명이 선택권 집단 이론이다. 정치 지도자가 권력을 유지하는 문제를 둘러싸고 흔히 네 종류의 집단이 관여한다고 가정한다. 첫째 **선**

택권 집단selectorate. 여기에는 법적으로 선거권을 가진 명목상의 선택권 집단과, 실제로 선거권을 행사하는 실질적 선택권 집단이 모두 포함된다. 둘째, 권력 획득 동맹. 이들은 권력 쟁취에 반드시 필요한 핵심 지지층을 말한다. 예를 들어, 특정 지역이나 계급에 기반을 둔 열성 지지층 혹은 박빙의 선거전에서 캐스팅 보트를 쥔 유권자들이다. 셋째, 정치 지도자의 선출에 아무런 영향력도 발휘할 수 없도록 제도적·실질적으로 소외된 시민권 박탈 집단. 마지막으로, 단수 혹은 복수의 정치 지도자가 있다. 민주정치에서는 선택권 집단의 규모가 대단히 크고, 권력 획득 동맹도 상대적으로 크다고 가정한다. 이는 민주주의를 시행하는 원래 목적에 부합하는 전제이다. 이때 지도자는 넓은 지지 기반을 만족시키기 위해 되도록 많은 사람에게 혜택이 부여되는 재화를 대규모로 생성하고 제공해야 한다. 다수를 위한 대규모의 재화는 보편적 사회 서비스와 깨끗한 환경 등 공공재의 형태로 나타나곤 한다. 이와 반대로 전제정치에서는 선택권 집단이 크더라도 권력 획득 동맹은 작다는 특징이 있다. 이때 지도자는 선택권 집단에 연연할 이유가 없으므로, 소수의 권력 획득 동맹을 만족시키기 위해 이들에게만 정실주의 정책이나 경제적·사회적·법적 특혜 등 사적 재화를 제공한다.

독재정치의 지도자는 선택권 집단의 지지에 의존하지 않으므로, 다수인들에게 대규모 공공재를 제공할 의무와 필요를 느끼지 않는다. 선택권 집단을 무시할 수 있다는 말은 독재자가 권력 선출의 민주적 원칙과 무관하게 자의적으로 통치를 지속할 수 있다는 뜻이다. 그런데 모든 사람에게 보편적으로 제공되어야 한다는 원칙에 근거한 **인권은 비배제적 재화이고 비경합적 소비재**라는 특성이 있다. 따라서 인권은 명백히 공공재에 속한다. 그러므로 독재는, 그 원리상, 지도자가 모든 사람에게 인권이라는 공공재를 제공하지 않더라도 권력을 유지할 수 있는 체제이다. 따라서 인권을 유린하는 독재자는 인권을 포함한 폭넓은 공공재를 요구하는 선택권 집단과 시민권에서 배제된 집단을 다음과 같이 탄압한다. "첫째, 지도자는 반대자를 처벌한다. 둘째, 지도자는 반대자를 지지하는 선택권 집단을 처벌한다. 셋째, 지도자는 정권을 타도하기 위해 혁명 활동에 가담하는 시민권 박탈 집단을 처벌한다"(De Mesquita et al. 2003; Carneiro and Elden 2009, 973-974에서 재인용). 역으로 생각하면 지도자가 선택권 집단에 폭넓은 공공재를 제공해야 할 유인이 내장되어 있는 민주주의 체제가 인권 달성에 우호적인 제도임을 알 수 있다.

(5) 인권침해의 종류에 따른 독재자의 차등적 권력 유지

전 세계적으로 민주적 절차로 선출된 지도자보다 독재자의 권력 유지 기간이 평균 두 배 이상 길다고 한다. 이와 관련해, 독재 정권의 인권 탄압이 독재자가 자신의 권력을 유지하기 위한 주요 수단이라는 관점을 보여 주는 연구를 살펴보자(Escriba-Folch 2013). 독재자가 권력을 유지할 수 있는 수단은 크게 두 가지가 있다. 첫째, 지지자들을 동원하거나, 둘째, 탄압에 의존한다. 두 가지 수단의 시간적 선후 관계는 입증되지 않으며, 흔히 두 수단이 동시에 사용되곤 한다. 탄압은 다시 두 종류로 나뉜다. 먼저, 언론을 통제하고 집회 및 결사의 자유를 억누르는 시민적 자유 제한 조처가 있다(일반적 인권침해). 다음으로, 자의적 구금, 고문, 실종, 비사법 처형 등의 정치적 폭력이 있을 수 있다. 정치적 폭력은 앞서 말한 국가 탄압에 가깝다. 두 수단은 각기 다른 효과를 낳는다. **시민적 자유를 제한하는 정책은 비폭력적 집단행동을 단기적으로 억제**하는 효과를 낳는다. 예를 들어, 집회 및 결사의 자유가 제한되면, 가두시위를 할 수 있는 여지가 줄어들기 마련이다.

하지만 정치적 폭력은 조금 다르다. 정치적 폭력은 조직화된 집단행동을 억제하는 효과를 낳는다. 반대파 지도자들에게, 납치, 감금, 고문, 비사법적 처형 등의 정치적 폭력을 가하면, 집단행동의 동력이 약화될 수 있기 때문이다. 특히 **강력한 정치적 폭력은 권력 교체의 시기를 늦추는 효과**를 발휘한다. 특히 정치적 폭력이 만연한 나라에서는 비폭력적이고 통상적인 방식(예컨대 선거)으로 지도자가 교체될 가능성이 대폭 줄어든다. 시민적 자유가 제한되었다 하더라도, 선거를 통해 지도자를 교체할 가능성이 있는 것과는 구분되는 현상이다. 그러므로 독재자 입장에서는 정치적 폭력을 통해 정권의 수명을 연장하려는 유인이 분명 존재한다. 그러나 역설이 있다. 정치적 폭력이 선거를 통한 평화적인 권력 교체를 지연시킬 수는 있으나, 폭력적이고 예외적인 권력 교체 가능성을 높이기도 한다는 점이다. 즉 극심한 인권 탄압은 정권의 수명 연장에 도움이 되는 한편, 급작스럽고 폭력적인 정권 몰락을 초래하기도 한다. 민중 봉기로 총살되었던 루마니아의 차우셰스쿠Nicolae Ceausescu, 혁명으로 민중들에게 피살되었던 리비아의 카다피의 사례는 정치적 폭력에 기대어 오랫동안 권좌에 있던 독재자가 얼마나 급격하게 붕괴할 수 있는지를 잘 보여 준다. 이는 『슈피겔』 논쟁에서 마티유 폰 로르가 제기했던 **독재 정권의 내적 모순 누적 후 급격한 붕괴론**과 일맥상통하는 설명이다.

(6) 제한적 민주주의의 위험

이미 보았듯이 민주주의와 정치적 탄압 사이에는 반비례 관계가 성립한다는 것이 학계의 정설이었다. 헬렌 파인Helen Fein은 인권 중 가장 기본에 속하는 생명 보전권과 민주주의의 관계를 조사했다(Fein 1995). 생명 보전권을 선택한 이유는, 민주주의가 국가 탄압을 실제로 통제할 수 있다면, 무엇보다 시민의 생명을 우선 보호할 수 있어야 한다는 상식적인 최저한도의 원칙을 확인하기 위해서였다. 1987년의 국제 앰네스티 연례 보고서와 프리덤하우스 랭킹에 나온 145개국을 조사한 결과 인권유린 정도에 따라 여섯 종류의 국가군이 도출되었다. 레벨0 국가군에 속한 22개국에서는 생명권 침해가 없는 것으로 조사되었다. 레벨1 국가군에 속한 22개국에서는 정치적 구금이 일부 보고되었다. 레벨2 국가군에 속한 26개국에서는 정치적 구금과 일부 고문이 조사되었다. 레벨3 국가군에 속한 50개국에서는 고문이 유형화되어 있고, 수인에 대한 가혹 행위와 강간 등 인권유린 상황이 보고되었다. 레벨4 국가군에 속한 16개국에서는 강제 실종과 비사법 처형이 보고되었다. 레벨5 국가군에 속한 9개국에서는 집단 학살과 제노사이드가 보고되었다.

통상적인 주류 해석에 따르면 권위주의 독재국가일수록 레벨이 높아져야 한다. 그러나 연구 결과는 그렇게 나오지 않았다. 민주화가 시작되어 절대적 권위주의 체제에서 벗어났지만 아직 제도화된 민주주의에는 이르지 못한 나라, 즉 부분적 민주주의 국가에서 생명권 침해가 더욱 심각했던 것이다. 다시 말해, '① 독재 체제 → ② 부분적 민주 체제 → ③ 제도적 민주 체제'의 연속선상에서 중간에 위치한 부분적 민주 체제에서 생명권 침해가 가장 많이 일어난다고 조사된 것이다. 파인을 이 현상을 **"중간 단계에서 더 많이 죽인다."** More Murder in the Middle, MMM라는 이론으로 명명했다. MMM 학설을 ∩-자형 곡선 이론curvilinearity이라고도 한다. 이는 통상적으로 받아들여지던 정설을 뛰어넘는 연구 결과였다. 그 이유가 무엇일까? 독재 체제하에서 자유가 일부 허용되기 시작하면, 반대파의 비판과 의견 표출이 활발해지는데, 이는 갈등을 유발하게 되고, 이런 갈등이 고조될수록 국가의 탄압이 늘어날 가능성이 커진다. 따라서 독재의 절대 억압 시기보다 통제가 일부 완화된 시기에 오히려 사람들의 생명이 위험에 빠지게 된다는 것이다. 또는 이 점을 국가 지도자의 리더십 문제로 설명하는 관점도 있다. 국가 탄압과 성숙한 민주주의 사이의 중간 단계, 즉 '민주-독재 혼합 체제'anocratic regime하에서 국가 지도자가 민주주의 쪽으로 명확한 리더십을 발휘하지 않으면 그 와중에 발생한 갈등으로 인해 인명 피해가 많이 날 수 있다는 것이다. 또한, 외형적으로 자유화 조치를 취해 부분적 민주국가로 분류되었다 하더라도, 이들은 사실상 독재 체제로 봐야 한다는 설명도 있다. 만일 이 마지막 견해를 받아들이면 전통적인 주류 학설이 틀리지 않았다는 결론이 나올 수 있다. 이와 관련해 부분적 민주국가 중에서도, 특히 개도국의 부분적 민주주의 체제가 생명권을 위협할 가능성이 높다는 연구 결과도 나와 있다(Regan and Henderson 2002).

중간 단계 위험 이론이 민주화 및 민주주의에 주는 함의는 뚜렷하다. 첫째, 절차적 민주 선거를 실시하는 것만큼이나 인권을 보장할 수 있는 제도와 문화를 진작하는 일이 중요하다. 민주 선거를 실시하기 전후에 인권을 보장할 조치를 먼저 취하는 일이 급선무가 되어야 한다는 것이다. 둘째, 장기 독재 치하에서 누적된 갈등 요인, 예를 들어 차별·억압·불평등 등의 문제를 민주화 이후 민주주의의 공고화 과정에서 평화롭게 해소할 수 있는 방안을 적극적으로 모색해야만, 그런 문제들이 생명권 침해를 낳지 않을 수 있다. 셋째, 민주화 도상 국가들은 제도적 민주주의를 구축하는 데만 관심을 둘 것이 아니라, 생명권 보전 정책에 최우선 순위를 두어야 한다. 물론, 민주화 이행기의 중간 단계가 아무리 위험한 시기라 하더라도, 그것이 민주주의에 반대하는 논리로 받아들여져서는 곤란하다. 파인은 다음과 같이 말한다. "민주주의는, 특히 초기 단계에서는, 만병통치약이 아니라 판도라의 상자이다. 하지만 민주주의를 제한하거나 민주화를 후퇴하는 데서 이 문제의 해법을 찾아서는 안 된다. 오히려 민주화 과정에서 시민들이 살해·고문·실종의 두려움 없이 의사 표현과 참여의 권리를 누릴 수 있도록 보호하는 조치가 근본적인 해결책이다. 제한적으로만 민주주의를 하겠다는 것은 그 자체로 모순일 뿐만 아니라, 생명권을 위협하는 조건이 되기도 한다"(Fein 1995, 185).

(7) 체제 유산과 시민의 기본권

인권침해는 독재국가에서만 나타나는 일이 아니다. 이른바 민주국가에서도 인권 보장의 편차는 대단히 크게 나타난다. 1970년대 말 민주주의 제3의 물결 속에서 민주화되었던 나라들 가운데 모범적 민주국가로 발전한 나라도 있지만, 형식적 민주국가라고밖에 볼 수 없는 상태에 머물러 있는 나라도 많다. 후자에 속한 나라들을 반#민주국가, 하이브리드 체제, 경쟁적 권위주의 체제라고 부르기도 한다. 이들은 시민적 자유와 정치적 권리, 즉 1세대 인권에 속하는 기본권조차 제대로 보장하지 못하는 나라들이다. 따라서 민주화 이후 자유선거를 통해 권력을 교체할 수 있게 되었다는 점에서는 민주국가이지만, 그 실질적 내용은 대단히 미흡한 민주 체제인 나라가 많다. 그렇다면, 왜 민주주의 체제로 잘 이행한 나라가 있는 반면, 절반의 성공밖에 거두지 못한 나라가 있기도 한 것일까? 이 둘을 가르는 근본 원인이 무엇인가? 왜 민주화 이후 각국에서 민주주의의 질이 큰 차이를 보이는 것일까? 이 질문은 민주화 도상에 있는 나라들에서 발생하는 인권침해 문제의 근본 원인을 묻는 것이기도 하다.

라틴아메리카의 여러 나라를 대상으로 이 질문을 조사한 연구가 있다.[12] 1978년부터 2010년 사이 라틴아메리카 각국의 민주주의 수준을 프리덤하우스의 자유 지표로 환산하고 서열을 매겨, 모범적 민주국가와 반#민주국가를 나눈 뒤, 이런 구분에 영향을 준 변수들을 조사한 것이다. 상위 5개국으로 코스타리카·우루과이·칠레·파나마·아르헨티나, 그리고 최하위 5개국으로 과테말라·니카라과·파라과이·콜롬비아·페루가 꼽혔다. 구조적 조건 변수로 1인당 GDP(클수록 민주주의에 호조건), 노동계급의 규모(클수록 호조건), 천연자원 의존도(클수록 악조건), 민족·언어적 분절화(클수록 악조건)를 조사했다. 또한 정치적 조건 변수로서 대통령제(내각제보다 악조건)와 이웃나라의 정치적 영향을 조사했다. 그런데 가장 큰 영향을 미친 조건으로 1900~77년 사이에 경험했던 **과거 정권의 유산**이 확인되었고, 그중에서도 과거 정권하에서 만들어졌던 정당 및 사법 체계와 같은 제도적 메커니즘이 오늘날까지 영향을 주고 있음이 확인되었다. 20세기 전반부에 민주주의를 시행했던 나라들이 독재를 겪고 난 뒤 20세기 후반에 들어서도 모범적 민주주의를 할 가능성이 높다는 사실이 드러난 것이다.

어떻게 과거 민주 정권의 유산이 오늘날의 민주주의에 영향을 줄 수 있는 가? 그것은 **시간을 뛰어넘는 연결 메커니즘**intertemporal bridging mechanism으로 설명할 수 있다. 이 메커니즘은 이른바 '경로 의존성'과는 다르다. 예를 들어, 정당의 지도자들과 활동가들은 쿠데타나 혁명으로 활동이 동결되었다 하더라도, 민주화 이후에 다시 과거의 인적 연결망을 되살려서 짧은 시간 내에 과거의 민주적 정당 조직과 활동을 복원할 수 있었다는 것이다. 또한 인권 보호에 결정적 역할을 하는 사법제도 역시 시간을 뛰어넘는 연결 메커니즘으로 설명할 수 있다. 즉 "강력한 사법부는 시민들의 권리 보호와 증진, 정치적 책무성의 생성, 민주주의 수준의 제고에 중요한 역할을 한다. …… 오랜 세월이 지난 뒤에도 사법부가 [민주주의] 법적 관행과 절차를 재생산하는 한, 새로 임명된 젊은 법관들이 그런 민주적 원칙을 지지하게끔 사회화될 수 있다. …… 그러나 **권위주의하에서 임명되었던 선배 법관들이 계속 사법부를 차지하고 있는 정체된 법원에서는 높은 수준의 민주주의를 창조하기에 불리한 관행과 절차를 재생산**하기 쉽다"(Perez-Linan and Mainwaring 2013, 389, 강조 추가). 이는 권위주의 체제의 잔재를 청산하지 않은 사법부가 시민의 기본권을 얼마나 침해하기 쉬운 제도로 남아 있을 수 있는지를 보여 준다. 2015년 8월 현재 대한민국 사법부의 최고 지도부라 할 수 있는 대법원의 대법관 14명(대법원장 포함)과 헌법재판소의 재판관 9명(재판소장 포함)을 합해 총 23명 중 22명이 1987년 민주화 이전에 법관 혹은 검사로 임명되었던 것으로 파악된다.[13] 한국 사법부의 최고위 법관들의 96퍼센트가 권위주의 정권하에서 법관 선서를 했던 것이다. 이 통계로만 본다면 한국의 사법부는 과거 독재 정권의 유산으로부터 전혀 자유롭지 않은 상태에 놓여 있다. 그런 부정적 연결 메커니즘이 인권과 관련된 판결에 어떤 영향을 미칠지는 불문가지라 할 것이다.

(8) 민주성과 시민재, 그리고 시민재의 문턱

일반적으로 민주주의는 인권 보장을 위한 중요한 제도로 인정되지만, 어떤 경우에는 민주주의가 인권 보장에 방해가 되기도 한다.[14] 부분적 민주 체제를 포함한 민주국가들에서 고문이 근절되지 않는 원인을 조사한 연구에 따르면, 민주주의가 고문 철폐를 위한 '마법의 탄환'이 될 수 없다고 한다. 의사 표현의 권리, 자유선거, 권력분립 등이 이루어진 나라에서도, 정부에 반대하는 저항의 움직임이 고조되면, 고문에 의존하는 경우가 늘어난다. 민주 제도가 존재한다는 사실만으로 고문이 자동적으로 없어지지는 않는다는 뜻이다. 또한 고문 관행이 일단 자리를 잡은 국가에서는 설령 민주화가 이루어지더라도 하루아침에 고문이 사라지기 어렵다. 특히 군이나 경찰을 행정부가 완벽하게 통제하지 못하는 나라에서는, 민주국가 반열에 진입하더라도, 고문을 근절하기에는 역부족인 경우가 많다. 권력분립 제도가 인권 개선을 가로막기도 한다. 행정부가 인권을 증진할 의지가 있다 해도, 입법부의 거부권 행사 권한이 높은 경우, 인권 문제가 계속 미해결 상태에 있게 된다. 예를 들어, 미국의 오바마 행정부는 관타나모 기지의 테러 용의자 구금 시설을 폐쇄하려 했으나, 의회가 강하게 반발해 제동이 걸려 있는 상태이다. 그리고 효과적인 사법부의 존재가 의도하지 않게 새로운 인권침해를 낳기도 한다. 예를 들어, 사법부가 고문 관행에 강력한 제동을 건다면, 행정부는 통상적인 고문, 즉 흔적이 남는 고문scarring torture을 줄이는 대신, 흔적 없는 고문 방식을 개발하곤 한다.

민주주의 제도만으로는 인권 문제가 근절될 수 없다는 말이 무엇을 의미하는가? 민주주의의 내적 수준이 높아지고, 민주주의를 실천하는 행위자들이 민주적 가치를 내면화한 상태에 도달해야 한다는 뜻이다. 이는 아무 민주주의나 인권에 긍정적인 것은 아니며, '좋은 민주주의'만이 인권에 우호적인 조건을 형성할 수 있다는 말이 된다. **좋은 민주주의**good democracy란 "그 제도들과 메커니즘들의 정당하고도 올바른 작동을 통해 시민들의 자유와 평등을 실현시켜 주는 안정된 제도적 구조를 제공하는 민주주의"라고 정의할 수 있다(김비환 2014, 36에서 재인용). 좋은 민주주의를 위해서는 민주제도뿐만 아니라 민주주의의 민주적 성격, 즉 **민주성**democraticness이 중요하다. 따라서 좋은 민주주의의 일반적 특성은 "민주주의의 절차적 측면과 실질적 측면의 긴장적 상보성, 민주주의와 다른 제도들과의 관계를 통합적으로 조망해야 한다는 전일주의적 시각, 정부의 능력과 책무성의 연계성, 좋은 민주주의의 지속 가능성, 그리고 다수 시민의 인식과 평가 및 **덕스럽고 좋은 민주 시민의 존재**"를 의미한다(김비환 2014, 56, 강조 추가).

이런 시각에 따르면 민주화와 민주 제도는 인권 달성의 충분조건이 아닌 필요조건에 불과하다. 민주주의 규범에 대한 시민들의 내면화, 평등 가치에 대한 동의, 공동체 구성원들의 기본욕구를 사회적으로 충족시킬 공동의 의무에 대한 자각, 시민적 자유의 확대, 선거를 포함한 공적 의사 결정에서 잘 알고 선택할 수 있도록 돕는 시민교육 등이 있어야 한다. 이런 덕목들을 이른바 시민재citizenship goods라고 하는데, 민주주의가 이런 **시민재의 문턱**threshold of 'citizenship-goods'을 넘어선 단계에 도달해야만, 국가 탄압이 실질적으로 감소되는 효과가 나올 수 있다고 한다(Davenport 2013, 128; Swift 2014, 198). 이런 통찰은 우리에게 민주화 이후의 민주주의가 어떤 질과 수준을 갖추었는지, 그리고 민주주의가 인권을 포함한 시민의 삶의 질에 어떤 긍정적 영향을 줄 수 있는지를 숙고하게끔 한다(최장집 2005).

(9) 과업 위임과 인권 책임 소재의 실종

국가의 인권 탄압을 연구할 때 흔히 국가를 단일하고 궁극적인 행위 주체 — 최종적 의사 결정자인 동시에 실행자인 — 로 상정하곤 한다. 그러나 심대한 인권유린을 자행할 때, 국가는 자신이 그와 같은 인권유린의 궁극적인 행위 주체로 드러나지 않도록 만드는 경우가 많다는 사실이 밝혀졌다. 1982년부터 2007년 사이 전 세계적으로 비공식적 관변 친정부 민병대pro-government militia, PGM에 의한 인권유린을 조사한 연구가 있다(Mitchell, Carey, and Butler 2014). 어떤 조직이 PGM으로 분류되려면 적어도 네 가지 조건을 갖추어야 한다. 친정부 또는 정부의 후원을 받는 관변 단체로서의 정체성을 지녔고, 정규군의 일부가 아니고, 무장을 했으며, 조직의 기본 형태를 갖추어야 한다. 이런 PGM들은 정규군이나 경찰보다 훨씬 잔악하고 과격하게 민간인의 인권을 유린할 때가 많다.

과업 위임이란, 정치·행정·경영 등의 여러 분야에서 상관이 과업에 대한 구체적 지식이 없거나 이를 시행할 시간 및 여력이 없을 때, 그 시행을 하부에 맡기는 행위를 뜻한다. 그런데 과업을 위임할 때 나타나는 문제가 있다.

첫째, 정보의 비대칭성이다. 과업 위임의 목적에 이미 나와 있듯이, 부하가 특정 과업과 관련해 상관이 알지 못하는 구체적이고 상세한 정보를 가지고 있을 경우, 정보의 비대칭 현상이 일어나 상관이 부하가 수행하는 과업의 내용을 완전히 파악하기 어렵게 된다. 둘째, 상관의 목표와 부하의 목표가 서로 다른 경우가 있다. 따라서 전통적 위임 이론에서는 과업을 부하에게 위임할 때, 상관이 그 부하를 신뢰할 수 없거나, 통제하기 어려운 경우가 발생할 수 있다고 가정해 왔다. 그러나 인권에 관해 정부가 PGM에게 과업을 위임할 경우에는, '지시자-이행자' 위임 관계의 결함이 오히려 장점이 된다. "지시자는 악명 높은 폭력배를 의도적으로 끌어 들인 뒤, 그들에 대한 통제권을 고의적으로 포기해 버린다(이는 통제권을 상실하는 것과는 다르다). …… 그럴 경우, 지시자는 이행자의 은밀한 행동으로부터 전략적 이득을 취하면서도, 그들과 거리를 둘 수 있다"(Mitchell, Carey, and Butler 2014, 818). 이를 인권유린에 있어 **지시자-이행자의 문제**principal-agent problem라고 한다.

모호하지만 일정한 방향성이 있는 지시, 구체적 과업 내용에 대한 의도적 불인지와 무지식, 그러나 확실한 결과, 이 세 가지가 인권유린 과업 위임에서 나타나는 특징이다. 이런 식으로 인권유린이 발생하면, 지시자는 반대파를 탄압할 수 있으므로 권력을 유지할 수 있고, 권력에 따르는 모든 혜택을 누리면서도 그런 폭력에 대해 책임지지 않아도 된다. 국내외적인 비난과 제재를 피할 수도 있다. 인권유린을 직접 자행하는 국가로 낙인찍히기보다 차라리 무능한 국가로 지목되는 편이 유리하기 때문이다. 따라서 지시자와 이행자 사이의 '정보의 비대칭'은 문제가 아니라 오히려 자산이 된다. 지시자는 이행자에게 대략적인 방향만 제시한 뒤, '나머지는 알아서 하라.' 혹은 '우리에게 묻지 말고 시행하라.'는 신호를 보낸다. 그렇게 해야 나중에라도 책임을 추궁당할 때 '금시초문이다.'라고 발뺌할 수 있는 여지가 생긴다. 이런 식의

그럴듯한 부인 가능성plausible deniability은 PGM에 의한 인권유린에 대해 지시자가 책임을 부정할 수 있는 핵심 기제가 된다. 지시자는 처음부터 구체적인 과업의 이행 방식을 PGM에게 위임했었기 때문에 사건의 전말을 잘 알지 못하거나, 알고 싶지도 않거나, 혹은 모르는 게 더 낫다. 정치적 테러나 정치적 인권유린은 흔히 이런 식으로 과업이 위임된 상태에서 벌어진다. 사건의 진상을 가리기 위해 특별검사를 임명하더라도 과업이 위임된 중간 회색 지대의 진실을 완전히 파악하기란 불가능에 가깝다. 당사자들조차 법리적 증거에 해당되는 확실한 진상을 전체적으로 파악하지 못할 때가 있다. 따라서 이런 문제를 법적으로만 접근할 경우, 인권유린의 궁극적 책임자(지시자)에게 면죄부를 부여할 가능성이 커진다. **인권유린의 과업 위임은 애초부터 법률적으로 책임 소재를 밝히지 못하게 할 목적**으로 고안된 장치이기 때문이다.

PGM 이행자의 사적 인권유린과 지시자의 전략적 이익은, 지시자인 정부가 PGM을 의도적으로 통제하지 않은 상태에서 수렴한다. 정부 입장에서는 PGM의 인권유린과 정부의 이익이 합치되는 한, 그리고 정부의 책임을 공식적으로 회피할 수 있는 한, PGM을 활용한다. 또한 PGM과 같은 집단은 신체적 안전 권리를 주로 침해하는 경향이 있는데 ─ 살해·실종·강간·고문 등 ─ 이 같은 인권유린은 주민들에게 극심한 공포와 위축 효과를 초래한다. 이렇게 되면 주민들은 그나마 공식 기관인 정부에 희망을 거는 역설적 효과까지 나타난다. 따라서 정부로서는 PGM의 존재가 매우 유용할 수밖에 없다.

정부가 PGM을 활용하는 이유는 책임전가 가능성 때문만이 아니다. 국가의 역량이 제한적일수록 군대가 미치는 영향력이 크다. 사회 내에서 유일하게 구심력 있고 잘 조직된 기구이기 때문이다. 피상적으로 보면 군대와 같은 조직을 인권유린에 동원하는 것이 효과적일 수 있다. 그러나 정부가 군을 절대적으로 통제할 수 있다는 보장이 없으므로, 군대를 인권유린에 활용한 것이 나중에 정부에 부메랑이 되어 돌아올 가능성을 배제할 수 없다. 그리고 정규 조직에서 인권을 유린한 경우에는 추후에라도 정부가 그 연관성을 부인하거나 꼬리를 자르기가 어렵다. 또한 군이 쿠데타를 일으켜 정부의 실정失政을 역으로 추궁할 위험도 있다. 따라서 정부 입장에서는 군대를 인권유린에 활용하기보다, 비공식적인 PGM을 활용할 유인이 더 크다. 저비용, 고신뢰, 절연 가능성 등의 이점이 있기 때문이다. 마지막으로, 한 가지만 더 지적해 두자면, 신체적 안전 권리 같은 가시적인 인권유린에만 과업 위임이 이루어지는 것은 아니다. 신자유주의 시대의 특징인 공적 과업의 민간 하청은, 언제든 인권유린의 과업을 위임하는 구도로 전개될 수 있는, 잠재적인 위험을 내포한다. 비용 절감을 이유로 정치적 책무성을 방기하는 민간 하청은, 그 내용이 PGM에 의한 주민 살해와 다를지라도, 본질적으로 동일한 논리 구도하에서 이루어지는 행위이다. 미국이 해외 전쟁에서 활용 중인 민간 군사 기업Private Military Company(김수빈 2012), 구사대, 노조 파괴 전문 용역 업체, 정보 통신 업자를 통한 시민들의 정보 수집, 감시, 사찰, 도·감청, 해킹 등의 문제가 이미 발생하고 있음을 우리는 잘 알고 있다. 한국의 국가정보원은 심지어 해외 해킹 업체를 통해 자국 시민들을 감시해 왔다는 비판을 받았다.

(10) 신구성주의의 설명

구성주의적 설명은 국제 인권 규범의 국내 수용과 적용을 설명하는 가장 종합적 이론이라 할 수 있다(Risse and Ropp 2013). 초기의 구성주의 이론은 국가들 사이의 거듭된 상호작용과 상호 설득, 규범에 대한 노출과 경험을 통해 국가 행위자가 고정된 국가주권 또는 국력 등의 전통적 방식이 아닌 새로운 방식으로 국익을 상상하게 되고, 그 결과 국가의 정체성을 변화시키는 효과를 발생시킴으로써 결국 국가의 행동 변화가 이루어진다고 설명했다. 그러나 최근의 구성주의에서는 합리적 선택이론의 몇 가지 전제들 — 헤게모니에 의한 제도 수립, 유인에 대한 반응, 물질적 이익의 추구, 평판의 중요성 — 을 받아들여 기존의 구성주의 이론을 대폭 수정했다. 나는 이를 신구성주의neo-constructivism라고 부른다. 신구성주의는 외부의 규범이 현실에서 수용되는 네 가지 사회적 메커니즘이 존재한다고 가정한다. **강압 메커니즘**은 강제력이나 법적 이행을 통해 규범을 실행한다. 이것의 근저를 이루는 행위 논리는 '위계적 권위'Herrschaft이다. **유인 메커니즘**은 보상 혹은 제재의 유인을 통해 규범의 실천을 유도한다. 이는 '결과의 논리'에 근거한다(4장 참조). **설득 메커니즘**은 논증, 거명과 수치심, 담론의 힘을 통해 규범을 받아들이게 이끈다. 설득 메커니즘은 주로 '합당함의 논리'에 기반하고 있다. 마지막으로, **역량 구축 메커니즘**은 역량이 제한된 무능력 국가의 경우에는 제도 수립, 교육, 훈련 등을 통해 인권 규범을 실천할 수 있도록 지원해야 한다고 본다. 이는 결과의 논리이든 합당함의 논리이든 간에 그것이 적용될 수 있는 전제 조건(기초 체력)이 창출되어야 한다는 점을 강조한다(앞서 살펴본 델펠드의 유형화 참조).

그런데 이런 사회적 메커니즘은 그것이 작동할 수 있는 특정한 조건 아래서 각기 다른 식으로 발현된다. 이를 '영역 조건'scope conditions이라 하는데 다섯 가지 조건들이 있다. 첫째, **민주 체제 대 권위주의 체제**이다. 이는 정권의 성격이 인권 규범을 준수하는 데 미치는 영향이 크다고 가정한다. 예를 들어, 설득 메커니즘은 안정된 민주 체제에서는 효과적이지만 독재 체제에는 효과가 적다. 유인 메커니즘은 민주 체제에는 오히려 역효과를 낼 수도 있지만(모욕으로 받아들임), 독재 체제에서는 효과적이다. 독재 체제는, 그 제도 속에 '합당함의 논리'가 포함되어 있지 않기 때문에, 규범에 의한 설득보다 즉각적인 이익에 반응하기 쉽다. 둘째, **공고한 국가 역량 대 제한적 국가 역량**이다. 모든 나라들이 높은 수준의 국가 역량을 고르게 보유하고 있지 않다. 실패 국가, 공동 국가, 최빈국가 등 제한적 국가 역량limited statehood의 상황에 놓여 있는 나라들이 많다. 이런 국가일수록 인권을 전담하는 정치-행정 제도가 없을 가능성이 크고, 설령 제도가 있다 하더라도 이를 대다수 주민들에게 집행할 여력이 없는 경우가 많다. 그리고 자국 영토 내에서 폭력의 독점이라고 하는, 현대 주권국가의 기본 요건조차 달성하지 못하는 나라도 존재한다. 셋째, **중앙집권적 규정 이행 대 분권화된 규정 이행**이다. 한 나라 내에서 중앙정부가 의사 결정을 독점하는 집중도가 높을수록 인권유린이 강하게 나타날 수 있는 한편, 인권 규범을 전국적으로 고르게 준수하게 할 수도 있다. 예를 들어, 사형 폐지의 경우 중앙집권적 국가에서 준수 효과가 더 높게 나온다. 규정을 분권화해 시행하는 나라일수록 규정의 대상이 되는 인구 집단과 규정을 이행해야 하는 공조직 사이에 분리 현상이 나타날 수 있다. 인권 규범을 전국에서 일률적으로 시행하기가 쉽지 않다는 뜻이다. 이런 경우 인권 규범의 시행을 지역별로 협상해야 하거나, 중앙정부와 지방정부 사이의 갈등이 발생할 수 있다. 지리적 분권화뿐만 아니라 행정명령 체계의 분산도 인권 규범이 시행되는 데 미치는 영향이 크다. 예를 들어, 고문 금지 규범을 시행할 경우, 국가 자체가 관할하는 군의 명령 체계와, 지방분권화되어 있는 경찰의 명령 체계 사이에서 서로 다른 이행 결과가 나오기도 한다. 물론 의사 결정이 집중되어 있다고 해서 규범의 이행력이 무조건 높아지는 것은 아니다. 넷째, **국력에 따른 수용성** 차이이다. 규범 준수 압력을 받는 국가가 외부의 인권 입력에 반응하는 정도는 그 국가의 경제력·군사력·국력과 관련이 있다. 국가(또는 다국적기업)의 자율적 결정력과 대외 영향력이 클수록 국제사회로부터의 압력에 대한 반응도가 낮다. 물리적으로 강력한 행위자의 행동을, 외부로부터의 물리적 강압이나 부정적 유인을 통해, 변화시키기는 어렵다. 다섯째, **사회적 취약성의 차이**이다. 어떤 국가 행위자가 대외적 평판도와 국가 이미지에 민감할수록, 그리고 국제사회의 일원으로 인정받고자 하는 동기가 강렬할수록, 설득 메커니즘에 반응하기 쉽다. 그 이유는 정체성이 확고하지 않은 나라, 또는 국제사회에서 존재감을 높이고자 하는 나라의 경우 '합당함의 논리'를 추구하(는 것처럼 행동하)기 때문이다. 사회적 취약성의 영역은 사회학적 제도주의(합당함의 논리)와, 합리적 선택이론(국익의 일환으로 평판을 중시)이 융합되는 장이기도 하다.

포스트 성장 시대의 경제적·사회적 권리

지금까지 보았듯이 인권 달성에 영향을 미치는 조건들을 연구할 때 흔히 시민적·정치적 권리, 그중에서도 가장 중요한 기본권들을 비교하는 경향이 있다. 인권 연구에서도 경제적·사회적 권리를 주변화하는 경향이 존재한다는 뜻이다. 왜 시민적·정치적 권리만을 중심으로 인권을 이해하는가? 이는 고전적 인권관의 영향 때문이기도 하고, 연구 조사 방법론의 문제 때문이기도 하다. 국제인권규약의 문안에서 시민적·정치적 권리는 확고한 권리로 묘사되는 반면, 경제적·사회적 권리는 일종의 포부와 지향 — 국가의 절대적 의무가 따르지 않는 것처럼 오해하기 좋을 만큼 — 으로 묘사되어 있다. 미국을 비롯한 서방 민주 자본주의 진영이 지난 반세기 동안 경제적·사회적 권리에 미온적인 태도를 보인 것도 이런 경향에 악영향을 끼쳤다. 또한 시민적·정치적 권리 침해는 극적이고 직접적이고 즉각적으로 인간 신체에 대한 인과관계상의 피해를 보여 주므로 사람들의 인식에 강렬한 인상을 남긴다. 그러나 경제적·사회적 권리 침해는 인식이나 감성적 측면에서 울분과 공감을 자아내기가 쉽지 않다. 또한 경제적·사회적 권리는 가해와 피해의 인과

관계 설정이 어려워 책임 소재를 가리기 힘들고, 특히 일반 사회'정책'의 이름으로 포장된 경제적·사회적 권리 침해에 대해, 그 정책의 허점을 비판할 수는 있으나 이를 근거로 정부에 '인권유린'을 저질렀다며 가해 책임을 묻기가 어렵다. 더 나아가 민주 자본주의의 사상적 토대가 된 고전적 자유주의에서 사적 소유권 자체를 인권으로 간주했으므로, 경제적·사회적 권리와 재산권이 마치 서로 경쟁·갈등하는, 동등하게 중요한 권리들로 여겨지기도 한다.

그런데 오늘날 전 세계적으로 통용되는 현실 민주주의는 민주 자본주의 체제에 근거하고 있다. 바로 이 점 때문에 오늘날 경제적·사회적 권리는 **민주 자본주의 체제의 성격과 성과**에 크게 의존한다. 우리가 알다시피 민주 자본주의에도 앵글로·색슨형, 사회적 시장경제형, 스칸디나비아형, 조합주의형, 발전 국가형 등 여러 종류가 있다. 이 중에서 어떤 민주 자본주의가 인권 친화적인지를 3장에서 개략적으로 소개한 바 있다. 상대적으로 소득 평등이 이루어지는지 여부도 시민적·정치적 권리 및 경제적·사회적 권리를 포함한 전체 인권을 보장하는 데 중요한 조건이 된다(Landman and Larizza 2009). 복지 예산이 높을수록, 그리고 군사 예산 비율이 낮을수록 인권 신장에 도움이 된다는 것도 정설이다. 또한 실증적 연구에 따르면, 어떤 나라의 인권에 대해 외부에서 개입할 경우, 인간 욕구를 충족하는 경제 발전을 지원하는 것이, '거명과 모욕 주기' 혹은 제재보다 인권 향상에 훨씬 효과적이라고 지적된다(Tindale 2013). 물론 인권 향상과 관련해, 해외 원조의 경우 원조를 제공하는 공여국의 단순한 경제 지원이 효과적인지, 원조를 제공받는 수원국의 민주주의 의지가 중요한지를 둘러싼 논쟁이 계속되고 있는 점도 기억해야 한다(Hertel and Minkler 2007).

어쨌든 인권을 향상하기 위해 경제 발전이 매우 중요한 토대가 된다는 점은 학계의 거의 일치된 견해이다. 경제적으로 윤택하고, 비교적 평등하게 경제 발전의 과실이 분배되어 있는 안정된 민주국가에서는 인권이 보장되는 수준도 높아지는 경향이 있기 때문이다. 그런데 바로 여기에 21세기 인권의 핵심 딜레마가 들어 있다. 다음과 같은 질문이다. **기후변화와 자원 고갈의 시대를 맞아 경제 발전과 인권 간의 관계를 어떻게 설정할 것인가?** 경제 발전 수준이 높아질수록 인권이 향상된다는 기본 전제를 우리가 계속 받아들여야 하는가? 2장에서 보았듯이 기후변화가 인류 생존에 실존적 위협을 가하고 있는 시점에서, 경제 발전과 인권 향상 간의 정비례 모델을 고수한다는 것은, 장기적으로 인류의 멸망을 전제로 한 인권 발전 모델을 고수한다는 뜻이 된다. 대단히 모순적이고 위선적인 입장이 아닐 수 없다. 특히 경제적·사회적 권리는 '지속적이고 전향적으로'progressively 충족되어야 한다는 원칙이 제시되어 있고, 그 최저 기준이 나와 있지만, 그 기준이 최적치를 지향하는 개념인지 혹은 최대치를 지향하는 개념인지가 불분명하다. 이 점이 기후변화 시대에 특히 중요한 이유는 경제 발전과 인권 간의 상관관계를 새롭게 사유할 필요성이 대두되었기 때문이다. 무한한 경제 발전을 은연중에 전제했을 때 경제적·사회적 권리는, 적어도 이론적으로는, 그런 경제 발전의 수준에 발맞춰 계속 늘어나게끔 되어 있는 권리이다. 그러나 이제는 생태적 한계로 말미암아 무한정한 발전이 가능하지 않다. 이제 인류가 지구 혹성에서 추구할 수 있는 최적의 발전 모델이 '지속 가능한 발전'이라면 — 이 개념 역시 비판받고 있지만 — 이는 경제적·사회적 권리에 어떤 영향을 줄 것인가? 지속 가능한 발전 개념을 받아들인다면, 논리적 연장선상에서 **지속 가능한 복지** 개념을 수용해야 하고, 지속 가능한 복지를 인정할 경우 **지속 가능한 경제적·사회적 권리**에 대한 이론적 근거가 마련되어야 한다. 그러나 무한정한 경제 발전 패러다임 시절에도 달성하지 못했던 만인의 경제적·사회적 권리를, 지속 가능한 발전 패러다임 내에서 어떻게 실천할 수 있을까? 더 나아가, 인류가 궁극적으로 탈성장을 예비해야 하는 형편이라면 경제적·사회적 권리 보장이 더더욱 요원한 것처럼 인식될 수도 있다. 인권을 지지하는 모든 사람에게 이 문제는 회피할 수 없는 리트머스 시험지가 되었다.

바로 이 지점에서 **인간 욕구**human needs 개념으로 문제를 해결해야 한다는 주장이 나온다.[15] 기후변화가 지리적으로는 전 세계로, 세대적으로는 미래에까지 인류의 안녕을 위협하고 있는 현실을 감안하면, **전 세계와 미래 세대를 포함하는 인간의 안녕** 개념을 경제적·사회적 권리의 핵심으로 받아들일 필요가 있다. 지금까지 인간의 안녕을 보장하는 기본 모델로서 '선호 충족'preference satisfaction 이론이 지배적이었다. 이는 개개인이 스스로 원하는 바를 시장을 통해 추구할 수 있는 자유를 전제한 패러다임이고, 무한정한 경제 발전을 전제한 패러다임이기도 했다. 그러나 선호 충족 이론은 지극히 주관적인 것이고, 인식론적으로 불합리한 선택을 개인의 '선호'라는 이름으로 정당화하기도 한다. 이렇게 되면 선호가 최고의 존재론적 위치를 차지하게 되므로 그것이 아무리 주관적이고 자아의 정신적인 욕망want에 근거해 있다 하더라도 비판할 여지가 없다. 또한 무절제한 선호가 인류의 공존에 치명적인 위해를 가할지라도 이를 도덕적으로 평가할 수 있는 아무런 기준이 없다. 객관적으로 과도한 욕망이라 하더라도 개인의 선호가 핵심인 패러다임으로는 이를 통제할 이론적·현실적 장치가 전혀 없는 것이다. 또한 선호 충족 이론은 자원 고갈과 그에 따른 불평등의 문제, 미래 세대의 욕구를 현세대가 미리 파괴하는 행위에 대한 아무런 대책이 없는 패러다임이다.

따라서 선호 충족 이론을 대체해 **인간 욕구 이론이 경제적·사회적 권리를 위한 강력한 대안**으로 등장했다.[16] 인간 욕구란 인간의 생존에 반드시 필요한 물질적이고 **기능적인 욕구 및 개인의 기본적 자율성**을 결합한 개념이다. 인간 욕구는 객관적으로 그 정당성을 입증할 수 있으며(인간의 생물학적 생존과 최소한의 사회적 존엄을 보장할 만한 기준을 설정할 수 있으므로), 구체적 근거를 제시할 수 있고, 다른 어떤 것과도 대체 불가능하며, 이를 충족할 수 있는 자원의 범위가 비교적 명확하다. 보편적 개념이라고 부를 수 있는 이론적 기반이 확실한 패러다임인 것이다. 인간 욕구 이론에 근거해 지속 가능한 복지(지속 가능한 경제적·사회적 권리)를 구성한다면, 기후변화와 자원 고갈 시대에 가장 고통받는 전 세계 빈곤층의 욕구를 우선적으로 충족하면서도, 그런 자원 배분이 무한정한 욕망을 충족하기 위한 도구로 악용되는 것을 미연에 방지할 수 있다. 비유하자면, 선호 충족 이론은 수많은 지하 단칸방에서 빈민들이 고통받으며 살고 있음에도 도심에서는 마천루가 끝없이 올라가고 있는 불평등한 도시를 묘사하고 있다고 할 수 있다. 반면에 인간 욕구 이론은, 모든 지하 단칸방 주민들에게 햇볕이 드는 지상의 작은 방을 제공하는 동시에 마천루가 끝없이 올라가지 않도록 건축 고도 제한 조치를 취하려는 이론이라고 설명할 수 있다. 이런 방식으로 달성된 지속 가능한 경제적·사회적 권리는 불평등을 완화하고 인간의 기본욕구를 충족하는 한편, 무한 성장이라는 지속 불가능한 패러다임을 거부하는 권리가 된다. 인류의 실존적 위협이 가시화된 21세기에 인간 욕구 이론에 근거한 경제적·사회적 권리는 현실적으로 타당하고, 미래 세대에게 정의로운 세계를 물려줄 수 있는 방안이라 할 만하다.

나오면서

이 장에서 다룬 내용들은 기존의 인권론에서 거의 상식처럼 전제해 온 패러다임을 크게 벗어난 것이었다. 통상적으로 인권 운동에서는 어떤 문제가 발생하면 이를 인권침해 문제 혹은 불법적 행위로 규정한 뒤, 법 제도를 통해 그 문제를 처벌하거나 시정하고, 사과 혹은 배상을 받아 내는 방식으로 해결하곤 한다. 그러나 지난 30여 년간 축적된 연구에 따르면, **시민의 자유와 권리는 거시적 차원에서 민주주의가 진전되었을 때에 그 결과로서 보장될 확률이 높다**(Haas 2014, 516). 물론 인권 운동은 각종 사회적 고통을 '인권'이라는 프리즘으로 개념화하고 형상화함으로써, 우리가 사회문제를 해석하는 방식에 하나의 유력한 패러다임을 제시해 온 공로가 있음을 부정할 수 없다. 그러나 이는 사회변혁을 위한 촉매제이자 상징적 구심체로서의 가치가 더 큰 것이다. 실증적 차원에서 인간 존엄성을 향상시켜 온 흐름은 인권이라는 호칭 바깥에 존재하는 거대한 역사적·정치적·경제적·사회적 조건들이었음을 망각해서는 안 된다.

따라서 이 장에서 살펴본바, 인권을 달성하려면 미시적 인권 운동보다 일반적 민주주의 운동이 더 효과적이라는 결론이 나온다. 인권을 권리 항목들의 개별적 확보로만 파악하면, 아무리 헌신적으로 인권 투쟁을 하더라도 인권을 근본적으로 개선하기 어렵다. 거듭 말하지만, 이 말은 개별 권리 보장을 요구하는 운동이 필요하지 않다는 것이 아니라, 개별 권리 보장 운동과 거시적 민주주의의 심화 과정을 분리해 사고하면 안 된다는 뜻이다. 더 나아가, 거시적·구조적인 차원에서의 근본적 문제들을 해결하지 않으면, 구체적·개별적 인권의 발전도 기대하기 어렵다. "인권침해를 막으려면, 인권 기준을 증진하는 것만으로는 부족하며, 허약한 민주주의, 군사화 경향, 저발전, 배타적 이념과 같은 **인권 문제의 근본 원인들을 해결해야 한다**"(Cardenas 2013, 81, 강조 추가). 나는 4장에서 그리디를 인용하면서 역동적·포괄적 인권 정치의 중요성을 강조한 바 있다. 인권 문제의 근본 원인들을 해결하려면 인권 운동이 권력의 작동 방식과 정치의 풍향을 파악하고 그것을 선용할 수 있어야 한다. "권력과 통치의 기능 없이 인간 사회가 뭔가 의미 있는 성과를 낼 수 있다면 사실 정치란 필요 없을 것이다. …… 정치 없이 인간 사회를 말할 수 없고 권력의 기능 없이 정치를 말할 수 없다면, 진보 역시 정치와 권력에 대한 현실적 이해를 가져야 할 것이다"(박상훈 2011, 165). 나는 이 인용문에 나와 있는 '진보'라는 말을 '인권'으로 대체해도 무방하다고 생각한다.

인권을 법과 제도의 힘으로 향상시키려 한다 해도 그런 법제화 과정이 이루어지는 맥락을 기억할 필요가 있다. 권위주의 체제를 거쳐 인권을 효과적으로 보장하게 된 체제들의 일반적 경험은 다음과 같다. 우선, 대중을 동원한 광범위한 정치적 투쟁을 거쳐 민주화와 민주주의의 공고화가 선행되어야 한다. 그리고 경제적·사회적 조건이 갖춰지는 등 인권이 전반적으로 달성될 수 있는 기반이 조성된 바탕에서, 인권 운동을 통한 구체적 인권 요구가 법제화되었을 때 최대한의 효과가 발휘된다. 이때 법의 지배와 사법부의 독립은 중핵적인 역할을 한다. 국제 인권법의 비준도 마찬가지이다. 독재국가에서 민주국가로 이행된 뒤 인권이 향상된 나라들 가운데 80퍼센트가 민주화 이후에 국제 인권법을 비준한 나라들이다. 국내의 민주적 기반이 없는 상태에서는, 국제 인권 조약에 가입한다고 해도, 인권이 갑자기 좋아질 수는 없다. 국가인권위원회도 마찬가지이다. 좋은 민주주의, 헌법 정신의 존중, 법의 지배, 공정하고 독립된 사법부, 덕스러운 민주 시민의 바탕 위에서, 실정법으로 해결되기 어려운 인권의 규범적 측면을 선도적으로 끌어가는 역할을 할 때, 국가인권위원회는 최대한의 효과를 낼 수 있다. 하지만 나쁜 민주주의, 헌법 정신의 무시, 부분적 법의 지배, 불공정하고 정권의 영향을 받는 사법부, 단자적이고 이기적인 시민성의 바탕 위에서 국가인권위원회의 힘만으로 우리 사회의 인권을 향상시킬 수 있을까? 한마디로 불가능하다.

이런 설명은 민주주의와 인권 간의 관계에 대한 질문으로 이어진다. 흔히 민주주의와 인권을 원칙적·철학적·윤리적인 관점에서 연결시키곤 한다. 그러나 실제로 민주주의와 인권이 어떤 경로로 연결되는지에 관한 실증적이고 예측 가능한 이론은 많지 않다(Davenport 2013, 127). 어째서 민주주의가 인권 달성의 가능성을 높이는 제도인가? 첫째, 민주주의를 실시하면 권력자가 주권자인 시민들로부터 신임받아야 한다. 권력자가 주권자를 탄압하면 선거에서 패배할 가능성이 높아지므로, 강압적 통치 방식을 무마하는 데 드는 통치 비용 또한 늘어난다. 즉 민주주의는 권력자에게 불필요한 통치 비용을 줄일 유인을 발생시킨다. 둘째, 민주 체제의 시민들은 탄압 체제 아래서는 수용되지 않는 각종 가치들 ― 관용·의사소통·숙의 등 ― 을 지지하고 학습하고 실천함으로써 이런 신념·행위·가치를 내면화하고 사회화할 수 있다. 셋째, 민주주의는 억압에 의한 강제적 통제가 아니라 참여와 논쟁을 통해 시민들이 자율적으로 자기통제를 할 수 있는 메커니즘을 제공한다. 넷째, 민주주의는 시민들 간의 갈등을 줄이고, 불만을 표출할 수 있는 제도적 통로를 제공함으로써, 사회 갈등을 막기 위해 권력이 강제로 시민들을 통제해야 할 필요성과 통제에 수반되는 비용을 줄일 수 있다. 마지막으로, 민주주의는 정치권력의 집중도를 줄여 소수의 권력자가 자의적으로 인권을 탄압할 수 있는 여지를 대폭 감소시킨다. 크게 보면 이 같은 설명은 **자유민주주의 이론**과 부합된다.

물론 자유민주주의 이론을 통해서만 인권에 대해 온전히 설명할 수는 없다. 장기적으로 봤을 때 자유민주주의 제도가 확실하게 자리 잡은 상태에서 시민적·정치적 권리를 보장하고, 동시에 여성 인권, 교육, 보건, 복지, 노동권 보장 등의 조처가 뒤따라야 경제적·사회적 권리까지 보장될 수 있다. 즉 전일적 인권을 보장하는 데 제도적 자유민주주의는 필요조건이지 충분조건은 아니다. 역사적으로도 흔히 노동권이 보장된 뒤에 복지 권리가 확대되면서 복지국가가 출현했다. **사회민주주의 이론**을 통해 이와 같은 일련의 과정을 설명할 수 있다.

사회민주주의 이론뿐만 아니라 동원 이론의 유효성도 인권 역사 속에서 관찰된다. 예를 들어, 유색인종 권리 운동(1세대 인권)과 노동자 권익 운동(2세대 인권)은 서로 다른 영역이지만 상호 연대하는 편이 서로에게 유리하다. 더 나아가, 여성운동과 동성애 운동도 초기에는 일반적 자유권 운동 및 노동운동과 연대한 뒤, 점진적으로 자기들만의 개별 의제를 추구하는 편이 현명하다(이샤이 2005). 즉 자유민주주의적 인권과 사회민주주의적 인권의 바탕 위에서 소외 집단들이 폭넓게 연대할 때 비로소 개별 인권 의제들이 개화하기 쉬운 조건이 형성된다는 것이다(Haas 2014, 235-243). 이런 역사적 흐름 속에서 단기적으로는 인권 운동 단체들의 주창 활동이 특정한 인권 의제의 승패를 가르는 데 기여했다. 그러나 그런 공헌은 개별적이고 자율적이라기보다 어떤 역사적 조건 내에서 상승효과를 유발한 것으로 해석하는 편이 타당하다. 즉 인권 달성에서 **동원 이론**도 조건부로 유효하다고 할 수 있다.[17] 이런 점들을 감안하면 〈세계인권선언〉에서 인도주의를 통해 자유민주주의와 사회민주주의를 결합하려 했던 존 험프리의 선견지명을 다시 떠올리게 된다.

결론적으로 전 세계 인권 운동에서 유력한 도구로 활용해 온, 법 제정 및 법적 소송을 통한 인권 달성 방식은 일부 예외적인 인권침해 사건에 유효할 뿐이다. 말하자면, 형식적인 법의 지배 논리로 보더라도 도저히 외면할 수 없는 가시적 사안에서는 이런 방식이 유효하다고 할 수 있다. 그러나 장기적 측면에서의 인권 향상은 국가와 민주주의와 발전이 만들어 내는 파노라마와 같은 역사의 흐름 속에서, 천천히 그러나 확실하게 형성되는 경우가 많다. 인권 운동은 그런 역사의 흐름이 만들어 내는 항해 조건을 감안해 '인간 존엄성'이라는 나침반을 제시하면서, 인간의 개별 권리들이 최대한 달성될 수 있는 방안을 지혜롭게 모색해야 한다. 역사의 장강에 떠있는 인권이라는 배, 그 뱃머리에 서서 물줄기의 방향을 가늠하는 인권 운동가를 나는 상상한다.

제7장

인권의 새로운 지평:
요약과 결론

"권리를 다 합해도 그것이 곧 인간 존엄성은 아니다."
    _볼프강 디트리히

"사악한 환경이나 부도덕한 관행을 고칠 수 있는
만병통치약이 있다고 믿지 말라. 법을 지나치게 믿거나
법에 의존하려고도 하지 말라. 처방 차원에서 탄생한
제도는 적의 손아귀에 들어가기 쉬우며, 오히려 탄압의
도구로 악용되기 십상이다."
    _루이스 브랜다이스 미국 전 연방대법관

"모든 이가 지나치지 않고 모자라지도 않게 양분을
섭취하고 운동을 한다면 그것이 바로 최고의 건강
비결이다."
    _히포크라테스

이 장에서는 앞서 본문을 통해 설명한 내용의 요점을 간략하게 정리한 뒤,
인권 이론의 새로운 지평을 그릴 때 유념해야 할 몇 가지 생각의 단상을 제
시하는 것으로 결론을 대신하려 한다.

(1) 오늘날 인권 담론은 17세기 이래 계몽주의의 정치적 기획이 의도했
던 원래의 모습에서 상당히 이탈한 양태로 진화했다. 인권의 여러 역할 가운
데 주로 도구적 역할만이 인권 제도와 인권 레짐의 형태로 계승되고, 여타
내재적·표출적 역할은 도구적 역할의 장식품으로만 간주되는 경향이 생겼
다. 그러나 인권의 내재적·표출적 역할은 근대 시민혁명 이래 해방의 정치
를 추진하기 위해 고안된 독특하고 핵심적인 장치였음을 잊어선 안 된다. 그
연장선상에서 현대 인권의 기원이 된 1948년의 〈세계인권선언〉 역시 본질
적 차원에서 정치 매니페스토였고, 인권의 내재적·표출적 역할을 강조한 정
치적 문헌이었음을 기억해야 한다.

인권이 이루어졌음을 표현하는 가장 적절한 개념은 인권의 달성이다. 인
권 달성의 4대 요소는 ① 권리의 요구 자격, ② 인권의 향유, ③ 인간의 자력
화, 그리고 ④ 인간의 포용이다. 인권이 지켜지지 않을 때 인권의 필요성을
내세우는 여러 형태의 주장이 나타나지만, 인권이 달성되면 권리 주장이 사
라지거나 주장할 필요성이 없어진다. 이를 권리 보유의 역설이라고 한다. 인
권 담론에서 내재적·표출적 역할이 줄어들고 도구적 기능만 강조되면서, 인
간 존엄성을 개별 권리들의 집합으로 이해하는 풍조가 등장했다. 그 결과 개
별 권리들의 위반을 기술적으로 해결하는 것이 곧 인권을 보장하는 것이라

고 여기는 협소하고 형식적인 관점이 인권의 주류 이론으로 자리 잡았다. 그러나 법과 제도를 통해 인권을 달성한다는 방법론은 인권의 필요조건일 수는 있어도 충분조건이 되지는 못한다. 모든 사회문제를 일일이 인권 문제로 규정하는 것만으로 인권이 보장될 수도 없다. 여기에서 인권의 근본 원인과 근본 조건에 대한 관점이 요구된다. 인권침해를 야기한 직접적인 원인을 해결하는 데만 치중하면 행위 중심의 인과관계만 보는 것이다. 그러나 인권침해의 근본 원인을 찾기 위해서는 설명 중심의 인과관계까지 고려해야 한다. 근본 원인을 간과한 직접 원인 해결 방법은 지엽적이고 단기적 변화만 가져올 수 있다. 근본 원인을 해결하지 않으면, 사안별로 권리침해를 해결했다 해도, 이를 인권 달성이라고 말할 수 없다. 비유하자면, 당장 해를 끼치는 모기를 보는 대로 잡으려는 노력은 물론 필요하다. 하지만 모기의 서식처인 웅덩이 문제를 해결하는 일은 더욱 중요하다. 인권 문제의 근본적 차원을 개선한다면, 인권이라는 말을 사용하는지 여부와 관계없이, 이미 인권이 상당히 개선된 효과가 나타날 수 있다. 이와 관련해, 인권에는 다섯 종류의 근본적 차원이 존재한다.

❶ 구조의 차원

◆ 인권의 구조적 분석을 통해 우리는 인권침해가 구조적으로 계층화되어 있음을 알 수 있다. 모든 사람들의 인권이 확률상 비슷하게 침해되는 것이 아니며, 소외 계층이나 약자 집단에 속한 사람들이 더 많은 인권침해를 경험한다.

◆ 갈퉁에 따르면 구조적 폭력이란 인간 심신의 잠재적 실현 수준보다 실제적 실현 수준이 낮아져 있는 상태이다. 구조적 폭력 때문에 개인의 주체 행위가 억압당하면 법률상 권리와 사실상 권리 사이에 격차가 발생

한다. 이는 구조적 폭력에 의한 구조적 인권침해이다. 구조적 폭력 및 구조적 인권침해는 그 비인격적 특성 때문에 빈곤이나 불평등과 같은 문제영역을 잘 설명해 낸다.

◆ 빈곤층이 누릴 수 있는 인권은 사실상 제한되어 있다. 삶의 기회가 박탈되며, 경제적·사회적·문화적 권리가 침해되기 쉽다. 또한 빈곤층은 상대적으로 시민적·정치적 권리까지 침해받을 가능성이 크다. 사법의 구조적 폭력 역시 빈곤층에 대한 시민적·정치적 권리의 구조적 박탈로 이어진다.

◆ 국가 내의 빈곤뿐만 아니라 전 지구적 차원의 빈곤 문제도 거시적인 구조적 폭력에 속한다. 구조적이고 전 지구적인 인권침해에 맞설 대안으로 등장한 인권이 발전권이다. 그러나 발전권은 경제적 발전에 대한 권리만을 의미하지 않는다. 시민적·정치적 권리도 보장되는 민주적 경제발전, 즉 지속 가능한 민주적 발전이 구조적 인권 문제에 대한 현실적 해법이다.

◆ 현재 전 세계적으로 가장 심각한 구조적 인권 문제는 기후변화이다. 기후변화는 생명권·건강권·생계권을 침해한다. 기후변화로 말미암은 구조적 인권침해를 근본적으로 막을 해법은 탄소 배출의 억제, 더 나아가 화석연료에 의존하는 자본주의 체제의 전환에서 찾을 수밖에 없다.

◆ 인권침해를 일회성·우연성·비정상성·무작위성으로 파악하는 관례적 접근은 주목받기 쉬운 직접적 폭력성과 불의만을 중요한 인권 문제로 파악하는 한계를 지닌다. 구조적 폭력에 따른 구조적 인권침해를 해소하려면 권력과 자원, 그리고 삶의 기회가 평등하게 분포되어야 한다.

◆ 인권을 구조적 관점에서 보면 인권은 쟁취되는 것이 아니라, 구조변화의 결과로서 도래하는 것이다. 진정한 인권 달성을 위해 구조적 인권

침해에 관한 문해 능력을 배양하는 것이 시급한 과제이다.

❷ 이데올로기의 차원

◆ 인권에서 이데올로기는 그 현실적 효과 때문에 중요하다. 정치 이념은 인권과 관련된 이슈에 대한 판단을 내리는 강력한 기준점이 된다. 이데올로기의 연속선상에는 그 구성 원리상 인권 적대적 이념부터 인권 친화적 이념까지 여러 이념이 배열되어 있다.

◆ 인권에 적대적이거나 미온적인 이념은 다음과 같다. 즉 배타적인 구별을 강조하는 배제적 이념, 정체성에 근거해 특정 집단을 배척하는 이념, 개인보다 집단을 강조하는 이념, 국가 안보를 최우선 과업으로 상정하는 이념, 공리주의적 경향이 강한 이념, 남성의 지배와 특정 형태의 섹슈얼리티를 당연시하는 이념, 사회 다원주의의 경향성을 지닌 이념, 국제 정치 영역에서의 현실주의 등이다.

◆ 친인권적 이념의 특징은 다음과 같다. 보편적 기준으로 인간을 대우하고, 포용 원칙과 반차별 원칙을 고수하며, 인간 복리의 총체성과 변증법적 통합성을 지지하고, 이성과 민주적 숙의를 중시하며, 인도주의적 에토스를 유지한다. 구체적으로 현대 자유주의, 복지 지향 자유민주주의, 사회민주주의, 인도주의, 페미니즘, 세계주의, 시민적 공동체주의, 급진 민주주의, 녹색주의, 다문화주의, 그리고 자유 지상주의의 일부 측면이 친인권적 이념들이다. 이 이념들은 고전적 자유주의에 기반을 둔 고전적 인권관에 대한 비판·변용·확장·극복을 통해 인권의 지평을 확장해 왔다.

◆ 서구 계몽주의 전통 내에서 전 인류를 상대로 한 대표적인 보편 이념은 자유주의와 사회주의이다. 〈세계인권선언〉은 이들을 결합하려는 시도였다. 〈세계인권선언〉의 제정자들은 인도적 자유주의와 사회민주주의

를 결합하는 문명사적 실험을 했다. 그러나 이런 사상 통합의 실험은 동서 냉전의 와중에서 성공적이지 못했다. 대신, 두 가지 경향이 발생했다. 첫째, 비동맹 진영에서 인민 자결권과 발전권 등의 급진적 인권을 주창했다. 둘째, 국제 인권 엔지오들이 초국적 인권 운동 영역을 개척했다.

◆ 이념을 넘어 문화적 차원에서 인권이 침해될 수도 있다. 갈퉁의 문화적 폭력이란 직접적 폭력 또는 구조적 폭력을 정당화하거나 합리화하기 위해 사용될 수 있는 문화의 측면을 말한다. 문화적 폭력은 직접적 폭력 또는 구조적 폭력을 옳게 여기거나 긍정적이라고 느끼게 만든다. 종교, 이데올로기, 언어, 예술, 경험적·형식적 학문 등이 문화적 폭력으로 작동하곤 한다.

◆ 문화 심리학과 도덕관념 심리학에서는, 전통적인 관점과는 달리, 도덕관념이 이성적 추론의 결과가 아니라, 타고난 감정과 심리적 기반에서 비롯된다고 주장한다.

◆ 도덕 기반 이론에서는 추론보다 직관이 앞서고, (흔히 진보주의자들이 도덕성으로 추앙하는) 보살핌과 공평함만을 도덕성으로 볼 수 없으며, 도덕이 사람을 뭉치게도 하고 눈멀게도 한다고 주장한다. 진보주의 입장에서는 고통 받는 약자를 보살피는 것이 최고의 도덕 기반이다. 보수주의는 전체 인구 집단의 도덕 공동체를 유지할 수 있는 제도와 전통을 보존하는 것을 중요한 도덕 기반으로 여긴다.

◆ 진보주의자와 보수주의자는 동일한 도덕 기반을 현실에 서로 다르게 적용한다. 예를 들이, 자유/억압의 도덕 기반은 진보와 보수가 모두 중시하는 가치이다. 그런데 진보주의자는 '보편적' 성향이므로 사회를 구성하는 그물망에서 탈락될 가능성이 높은 약자, 피해자, 취약 계층이 억압당하지 않을 자유가 진정한 자유라고 본다. 반면에 보수주의자는 '편협한'

성향이므로 내집단이 외부로부터 간섭받지 않을 자유가 진정한 자유라고 본다. 이런 식의 내집단 자율 논리를 따르면 사기업 활동의 자유를 지지하고, 국가 역할의 축소를 지향하며, 국제기구가 자국 내정에 간섭하는 데 반대하게 된다.

◆ 이데올로기는 문화적 폭력의 한 형태로서 구조적 인권침해와 직접적 인권침해를 정당화하기도 한다. 반인권적 이데올로기는 인권침해의 불기둥을 유지시키는 산소와 같다. 전통적으로 인권은 이성과 양심의 도덕관념이라는 철학적 지위를 지지해 왔다.

❸ 국제적 차원

◆ 오늘날 공식적 국가 관계는 주권국가들로 이루어진 국제 체제라는 전제 아래에서, 공식적 중앙 권력이 존재하지 않은 아나키의 특징을 보유한다. 현실적 힘의 논리와 규범적 법의 논리가 경합·각축·충돌·타협하는 국제 관계에서 인권침해가 나타나는 원인은 전쟁과 무력 충돌, 지정학적 상황, 강대국들의 행동, 국제 관계의 작동 원리, 그리고 신자유주의적 경제 지구화에서 찾을 수 있다.

◆ 세계 각국은 서로 법 전통, 정치체제와 제도, 사상과 이념이 다르기 때문에, 인권에 대해 이해관계도 저마다 다르다. 국가 행위자는 주권과 국가 안보를 포함해 여러 다양한 이익들을 놓고 끊임없이 줄타기를 한다. 국가의 눈으로 보면 인권은 국가가 마땅히 추구해야 할 여러 이익 중 단지 하나의 이익일 뿐이다.

◆ 만일 국가가 인권을 위한 국제적 행동에 동참할 때가 있다면, 그것은 여타 이익과 인권 이익이 합치될 경우, 또는 외부 압력이 크고 국가가 인권을 추구할 때 치러야 할 비용이 감당할 만한 범위 내에 있다고 판단

될 때, 또는 다수의 국가들이 집합행동에 나서는 와중에 최소한의 비용으로 집단에 편승할 수 있을 때로 한정된다. 국가는 국가 간 관계에서의 불확실성과 집합적 의사 결정의 비용을 줄이기 위해, 그리고 정보의 불균형을 해소하기 위해 국제 제도에 참여한다.

◆ 인권 운동에서는 전통적으로 국제 인권법 제도가 확대될수록 전 세계 인권이 개선될 것이라고 가정해 왔다. 그러나 국제 인권법이 인권 보호에 미치는 영향력은 중요하지만 여전히 제한적이다. 국제 인권법은 인권을 개선하는 데 우호적인 국제적·지역적 선행조건들이 존재할 때 효과를 발휘할 가능성이 높으며, 그런 조건들이 존재하지 않는다면 국제 인권법만으로 독자적 효과를 내기가 쉽지 않다.

◆ 국제정치적 차원의 인권에서 가장 현저한 특징은 문제와 해결책의 불일치에 있다. 즉 문제의 핵심은 힘에 근거를 둔 불평등한 국제 관계에 있는데 그 문제를 정면으로 제기하지 않고, 구속력이 거의 없는 법 제도를 통해 문제의 중상만 다스리려 한다. 또한 강대국들이 인권을 정치화하고 오용하는 경향이 날로 심해지고 있다. 반면에 유엔은 인권 친화적인 정책과 지침을 강조하는 기구로 인식된다. 그러나 유엔 프로세스에 의한 인권 보장은 이행력을 확보하지 못했다는 결정적 한계가 있다.

◆ 국제 인권법 체계가 자체 완결적인 구조를 갖추면서 전 세계의 보통 사람들과 유리된 채 독자적 사고방식, 독자적 언어 체계, 독자적 이해관계, 독자적 현실 인식을 지닌 관료 체제의 섬으로 전락했다는 비판이 있다.

◆ 국제 인권법에는 법적·도구적 기능과 정치적·표출적 기능이 있다. 후자에 따르면 국제 인권법은 인권 운동이 보편 가치를 요구할 수 있는 강력한 근거를 제공한다. 그 예는 다음과 같다. 인권 운동 주창 활동의 이

론적 골격, 인권 논쟁에서의 강력한 논거, 정부의 인권 정책 비판 및 대안 제시, 정부의 외교정책 압박, 새로운 인권 의제 제안, 법적 소송에서의 변호 논리, 입법 캠페인에서 국제 기준 예시, 기업 활동에서의 인권 경영 촉구, 언론·미디어를 통한 홍보 및 계몽, 인권 교육과 훈련, 인권 도시 운동 및 지방자치단체 인권 조례 제정, 국내 제도 설계의 준거, 예산 및 자원 배분의 우선순위 결정 시 참고, 인권 영향 평가 제도 등이다. 표출적 기능이라는 관점에서 국제 인권법을 본다면 이는 법의 형식을 띤 정치적 선언이라 할 수 있다.

◆ 국제 차원에서 이루어지는 인권 보장 활동은 국제 인권법을 넘어 국제 질서의 조건을 변화시키는 데 초점을 맞춰야 한다.

❹ 사회심리의 차원

◆ 전통적 설명에 따르면 편견과 차별은 자기중심적 이익을 반영하고 이를 합리화하는 기제로 작동한다. 집단 정체성을 유지하려는 심리와 집단 간 경쟁 및 갈등이 편견적 적대를 낳고, 이런 적대가 특히 심각한 형태의 차별로 이어지기 쉽다.

◆ 오늘날 인권 의식이 발전하고 각종 반차별 조처가 시행되면서 노골적인 차별 행위는 과거에 비해 상당히 줄었지만 암묵적인 차별 행위는 더 심해지는 경향이 있다. 내집단 편애 이론은 이처럼 교묘하고 미묘한 차별 행위를 잘 설명해 준다.

◆ 인권과 공격성의 관계에 대해서는, 기존 이론들을 종합한 일반 공격성 모델이 유력한 이론으로 제안되어 있다. 일반 공격성 모델은 개인들 간의 직접적 인권침해를 초래하는 공격성을 설명하기에 적합한 모델이며, 투입 단계(인간의 심리적 요인과 상황적 요인), 경로 단계(정서·인지·각성의

교차), 그리고 산출 단계(계획적 공격성과 충동적 공격성)로 이루어진다.

◆ 개인 차원의 공격성을 해결하기 위해 심리적 억제를 풀어 주는 계기와, 분노의 조절·해소가 특히 중요한 과제로 다뤄져야 한다. 일반적으로 연령이 높아질수록 공격적 성격을 바꾸기 어려워진다. 생의 경험이 늘어나면서 잘 훈련되고 접근성이 높은 지식 구조에 근거해 개인의 전형적인 세계관이 형성되는데 이런 세계관은 변하기 어렵다. 따라서 인권을 위한 교육적 개입은 잠재적으로 부정적인 인권침해 요소들을 학습하지 않도록 비교적 초기에 이루어져야 효과가 높아진다.

◆ 인권침해에서 가해자와 피해자 외에도 목격자의 역할이 대단히 크다는 사실이 최근 밝혀지고 있다. 특히 수동적 목격자는 인권침해 행위를 묵과함으로써 가해자가 인권을 더욱 침해할 개연성을 높인다. 더 나아가 방관자가 인권침해의 결과적 방조자로 '진화'할 위험도 배제할 수 없다.

◆ 집단들 사이의 폭력과 인권침해를 설명하기 위한 집단 간 폭력 모델도 제안되어 있다. 모든 집단 간 갈등은 삶의 조건이 악화되면서 시작된다. 자원 경쟁과 전쟁으로 시달리고 생계 위협 및 기본욕구의 좌절 등을 경험한 집단들이 내집단 정체성을 강화하고, 희생양을 찾고, 파괴적 이데올로기에 근거해 적을 섬멸한 뒤 도래할 미래상을 염원한다.

◆ 역사와 문화와 지금의 사회 실상이 집단 간 폭력을 정당화하고 매개하는 데서 큰 역할을 한다.

◆ 타 집단을 공격하는 집단일수록 지도자의 권위를 맹종하고 지도자의 교시를 구하며 이에 절대적으로 복종하는 구성원들이 많다는 특징이 있다.

◆ 대규모 폭력은 일회성 사건이 아니라 지속적 과정으로 파악해야 한다. 근본적 폭력이 발생하는 원인이 계속 존재하는 상태에서는 물리적 공

격이 끝난 뒤에도 근본 원인이 사람들에게 계속 영향을 끼치고 사람들을 계속 변화시키며 상황을 더욱 악화시킨다. 이를 가해 집단, 살아남은 집단, 목격자의 진화라고 표현한다. 이런 진화 과정은 집단 간 폭력의 발생 이전, 발생 도중, 발생 이후를 관통하는 긴 시간적 과정이다.

◆ 무엇보다 사회구조적 정의와 공평함의 토대가 확장되어야 그다음 단계의 화해가 가능하다. 심리적으로 왜곡된 성격의 권력자가 세계를 이해하는 방식, 타인을 신뢰하거나 불신하는 정도, 도덕적 목표와 정치적 책임에 대한 태도, 자기 권력의 성격과 한계에 대한 인식, 외국과의 관계를 설정하는 관점 등이 인권침해, 갈등, 국가 내 분쟁, 국가 간 전쟁에 큰 영향을 끼친다.

◆ 독재자는 가학적·반사회적·편집증적·자기도취적 성향일 가능성이 높다. 그렇지 않더라도 권력이 인간의 심리·태도·행동을 변화시키는 경우도 많다. 보통 사람이라 해도 큰 권력을 보유하게 되면, 삶의 보상이 커지고 기회가 대폭 늘어나면서 최종적 목표나 어떤 가치에 대한 관심보다, 그런 목표를 달성할 수 있는 수단과 방법에 대한 관심이 늘어난다.

◆ 한 개인에게 권력이 집중되면 인지구조 자체가, 자기 뜻대로 타인을 마음대로 다루고 싶은 '호기심'과 '유혹'을 느끼도록, 변화되기 쉽다. 이는 대통령부터 직장 상사, 교육자, 부모에게까지 공통적으로 나타날 수 있는 현상이다. 게다가 인간의 두뇌는 절대 권력을 아무런 문제 없이 행사할 수 있도록 만들어지지 않았다. 그러므로 주기적 권력 교체와 권력의 책무성을 강조하는 민주주의는 권력의 행사를 정치적으로 통제할 뿐만 아니라, 권력자의 심리를 통제하는 기능까지 수행한다.

◆ 민주사회에서 대중의 여론과 의식은 궁극적인 의사 결정자이므로, 인권과 같은 절대적 규범 역시 대중의 여론으로부터 완전히 분리된 채 존

재하기 어렵다. 인권은 이제 인권침해와 맞서 싸울 뿐만 아니라, 대중의 태도를 설득해야 할 과제를 부여받았다.

◆ 인권에 관한 개인적 특성을 인권 정향이라 하며 이를 결정하는 요인들은 다음과 같다. 평등주의적 심리, 사회규범과 권위에 대한 맹종 여부, 집단보다 개인의 가치를 중시하는 심리, 배타적 정치 이데올로기에 경도되는 정향, 자기 종족 중심적 사고에 근거한 높은 내집단 충성심, 공감 성향, 추상적 차원에서 윤리적 추론을 할 줄 아는 능력과 지적 수준, 세계를 유동적이고 융통성 있게 보는지 여부, 교육 수준, 그리고 세계에 대한 지식 및 세계정세와 국제 상황에 대한 인식 등에 따라 인권 가치에 동조하는지 또는 거부하는지가 정해진다.

◆ 한국 대중의 인권 의식은 교육 수준이 높다고 해서 인권을 지지하는 비율이 높아지지 않으며, 낮은 연령대에서 인권 지지율이 높지만 인권 인식 및 참여는 높지 않고, 부와 성별이 인권 정향과 무관하다는 특징이 있다.

◆ 시스템 정당화는 자신이 속한 기존 질서와 현재 상태를 정당하다고 평가하고, 그런 체제가 공정하고 자연스러우며 바람직하고 필연적이라고 인식하게 하는 기제이다.

◆ 시스템 정당화는 그 시스템 내에서 우세한 지위에 있는 집단에 유리한 체제 옹호 논리인데, 역설적으로 체제 내 낮은 지위 집단의 구성원이 무의식 차원에서 암묵적인 외집단 선호를 보이는 경향이 있다. 또한 낮은 지위 집단의 구성원이 높은 지위 집단 구성원의 이익과 가치를 내면화하고, 정작 자신의 권리 의식은 낮게 설정되어 있을 가능성이 크다. 또한 사회 변화를 위한 행동에 나설 가능성이 낮고 우익 권위주의, 정치적 보수주의, 권력자 숭배, 적자생존, 약육강식의 관념을 더욱 지지하는 경

향이 생긴다.

◆ 에드먼드 칸이 말하는 불의감은 공평하지 않고, 부당하며, 억울하고, 부조리하며, 하소연할 데가 없다고 느낄 때 터져 나오는 정서적 반응과 심리적 격동을 합친 느낌을 뜻한다. 칸의 불의감 이론은 인간이 현실에서 겪는 부정의에 대한 격노와 의분을 인권의 토대로 설정했다는 점에서 인권 운동가와 인권 옹호가들의 인식과 행동 양식을 잘 설명해 준다.

◆ 인권 운동의 전장戰場은 가해자와 피해자 사이에만 존재하는 것이 아니다. 인권 운동은 독재자, 권위주의 정권, 반인권적 권력자에 저항하는 투쟁 속에만 있지 않다. 일반 대중의 가슴과 마음을 이해하고 사로잡기 위한 경쟁의 현장에서도 인권 운동이 일어나야 한다.

❺ 국가와 민주주의의 차원

◆ 국가는 인권 보장에 있어 이중적 성격을 지닌다. 국가는 사람을 죽인다. 그러나 국가가 없어도 사람이 죽는다.

◆ 라파엘 렘킨이 개념화한 제노사이드는 특정 인구 집단의 정체성적 특성에 기인해 그 집단을 물리적으로 절멸하거나 문화적으로 거세하는 현상을 가리킨다. 루돌프 러멜이 창안한 데모사이드는 국가에 의한 인민의 대규모 살해를 지칭하는 개념으로 제노사이드와 구분된다.

◆ 전통적 인권론에서는 국가의 인권 의무를 세 가지로 가정한다. 시민들의 권리를 존중할 의무, 시민들의 권리를 보호할 의무, 시민들의 권리를 충족할 의무 등이다.

◆ 국가가 인권을 침해하는 맥락은 다음과 같다. 국가 안보상의 고려, 외부 침략에 대한 공포, 독재 통치의 유지 및 특정 이념의 고수, 국가의 무능력 등이다.

◆ 인권침해와 인권 촉진을 유발하는 정치적·경제적·사회적 조건들은 다음과 같다. 민주주의, 민주화 및 민주주의 이행, 교육 수준, 인구 규모와 인구 분포, 도시화 비율, 거시 경제적 요인, 상대적 소득 평등, 복지 예산 비중, 군사비 비중, 해외투자 및 국제무역, 구조 조정 프로그램, 국가의 재정원, 국내 사법제도, 국제 인권법 제도, 강제노동, 여성의 정치 진출, 언론·미디어의 발전 등이다.

◆ 민주주의와 인권 탄압 및 증진 사이의 관련성은 민주주의-탄압 연계 이론으로 정식화되어 있다. 이를 더욱 일반화한 것이 국내 민주적 평화 이론이다.

◆ 국내 민주적 평화 이론의 요체는 독재국가보다 민주국가가 대화·숙의·논쟁·절차 등 상대적으로 비폭력적인 경로로 의사 결정에 이르므로 그 과정에서 인권이 잘 보장될 수 있다는 것이다.

◆ 민주주의에 대한 권리가 중요한 인권으로 대두되고 있다. 그러나 민주국가라 하더라도 인권이 항상 자동적으로 보장되는 것은 아니다. 안보 상황이나 국내외 정세, 경제 상황에 따라 인권이 언제든 후퇴할 가능성이 있다. 민주국가에서도 안보와 인권을 제로섬 관계로 여기며 인권을 침해하는 정당화 논리가 나오곤 하며, 대중 여론은 이런 논리의 영향을 받기 쉽다.

◆ 인권침해와 탄압에 대한 메커니즘을 설명하는 이론들이 제안되어 있다. 우선, 국가와 반대자 간의 상호작용 속에서 인권침해가 일어난다. 국가가 반대자의 저항에 대응하는 계산적 선택의 일환으로 인권침해를 자행하기도 한다.

◆ 국가가 단지 계산적 선택에 의해서뿐만 아니라 국가 하부의 탄압 기구들이 자신의 정체성을 유지하고 조직을 보위하고자 인권침해를 자행

하는 경우도 있다. 이를 변형된 합리주의 선택이론으로 볼 수도 있다.

◆ 선거 결과를 좌우하는 선택권 집단의 규모가 클수록 ─ 즉 평등형 민주주의가 시행될수록 ─ 이들에게 분배해야 할 공공재의 규모도 함께 늘어난다. 인권은 비경합적 공공재이므로 선택권 집단이 늘어날수록 인권을 존중할 가능성이 더 커진다. 극심한 독재 시기를 지나 민주화 이행기에 오히려 인권침해가 더 많이 발생하는 MMM 현상이 관찰된다. 이는 민주주의의 제한적 실시와 지도자의 불명확한 리더십이 결합했을 때 인권에 큰 위험이 초래됨을 뜻한다.

◆ 과거 체제의 유산이 시간을 뛰어넘는 연결 메커니즘을 통해 후세대의 인권에까지 영향을 미친다는 연구가 나와 있다. 민주주의의 질이 높고 시민성 재화의 수준이 일정한 문턱을 넘었을 때 인권 보장이 항구화될 수 있다고 한다.

◆ 정부가 비공식 집단에 인권침해의 과업을 위임해 의도적으로 권력의 책임 소재를 흐리게 함으로써 인권침해가 발생하거나 은폐되는 현상도 중요한 연구 주제이다.

◆ 인권침해 메커니즘 이론들을 종합한 신구성주의 설명이 최신 이론으로 제출되어 있다.

◆ 인권은 민주정치가 거시적 진전을 이룬 결과로서 보장될 가능성이 크다.

◆ 기후변화와 자원 고갈의 시대를 맞아 인간 욕구 개념을 확장해 경제 발전과 인권 간의 관계를 새롭게 설정해야 한다.

(2) 이 책의 핵심 논지는 인권을 침해하는 근본 원인과 인권을 증진할 수 있는 근본 조건에 더욱 주목해야 한다는 것이다. 이는 사회과학의 관점에서

본다면 상식에 가까운 주장일 수도 있다. 그런데 왜 통상적인 인권 담론에서는, 이와 같은 접근 방식을 충분히 발전시키지 못했는가? 이 질문에 대한 답은, 서문에서 지적했듯이, 인권 발전의 구체적 역사에서 찾을 수 있지만, 인권 담론의 성격 자체에도 어느 정도 이유가 있다. 인권을 근대 이성의 정치적 기획의 일부로 간주했던 입장에서는 인간 존엄성과 권리를 민주정치의 핵심 가치로 선포하는 것 자체에 큰 의미를 부여했다. 이것이 서문에서 말한 인권의 표출적 역할이었다. 그런 가치를 실천하기 위해 그 시대마다 가장 중요하게 간주되었던 핵심적 억압들을 통제할 방안으로서 개별 권리의 목록을 예시했던 것이다. 다시 말해, '보편적 인간 존엄성을 선포한다. 예를 들어 다음과 같은 권리들은 인간의 존엄성을 위해 반드시 보호되어야 한다. ……'라는 식이었다.

계몽주의자들이 예로 들었던 개별 권리들은 당대에 존재한 가장 현저한 억압 권력을 형상화한 것이었다. 그런데 **개별 권리들은 시대와 장소와 맥락에 의존하는 특정한 권리**라는 점을 기억해야 한다. 극단적인 예를 들자면, 21세기에도 대단히 전통적인 생활 방식을 고수하고 있는 원주민 집단들에게 국민국가 체제의 특수성을 반영하는 '망명권'은 현실적으로 그리 의미 있는 권리가 아니다. 이런 각도에서 본다면, 법 제도를 통해 인권에 접근하는 도구적 역할의 관점과는 달리 인권에는 시대와 장소와 맥락에 따라 불확정적인 성격이 있는 것이다. 그런데 시간이 지나면서 일종의 주객전도 현상이 일어났다. 예시적 논법으로 제시했던 개별 권리들을 인간 존엄성 그 자체로 해석하기 시작한 것이다. 개별 권리로서의 인권을 보장하기만 하면 인간 존엄성이 보장될 수 있다는 믿음이 생긴 것이다. 이런 시각은 도구적 역할을 인권의 중심에 두는 입장이다. 또한 자기 권리가 유린된 화급한 상황에서 국제적으로 인정되는 보편 인권 규범만큼 효과적인 치료제도 없을 것이다. 급박

하고 부당한 불의 앞에서 인간이 누려야 할 최소한의 법적 권리를 요구하는 것은 그 누구도 부정하지 못할 호소력을 지닌다. 이처럼 인권의 도구적 역할이 전면에 부각되면서 개별 권리의 침해를 해결할 수 있는 방법, 즉 **구체적 문제 해결식 접근 방식이 인권 담론을 주도**하게 되었다. 특정한 인권 문제를 실용적으로, 현실 타당한 방식으로 해결하려면, 국제 인권법 규범을 설정하고, 이에 맞춰 국내적으로 기본권 보장 체계와 제도를 수립하는 것이 가장 필요하다고 본 것이다. 이런 상황에서 인권의 근본 원인과 근본 조건을 따지는 것은 탁상공론처럼 들릴 법했다. 또한 어떤 기준선 이하로 인권이 나빠지면 안 된다는 식의 최저 기준적 사고가 인권의 기본 원칙이 되었다.[1] 인권의 도구적 역할과 문제 해결식 접근 방식이 대세를 이루면서, 외견상 드러난 현상으로서의 인권침해 사안을 해결하는 데 모든 역량을 집중하는 경향이 나타났다. 그 과정에서 **근본 원인과 근본 조건에 대한 관심이 희박**해졌다. 그럴 여력이 없었다고 보는 편이 더 정확할지도 모른다. 그와 더불어, 냉전 시대를 거치면서 이념적 진영 논리와 무관하게 인권을 주장하기 위해 맥락을 고려하지 않는 보편주의 담론을 고수하려는 경향이 늘었다. 그 결과 인권 운동은 불편부당하고 비당파적이며 '오직 인권만을' 추구한다고 하는, 의도적인 터널 비전이 형성되었다. 여기에, 근본 원인과 눈앞에서 벌어지는 화급한 인권침해 사이의 상관관계를 추측할 수는 있지만, 직접적인 인과관계를 확정하기 어렵다는 고민도 더해졌다. 그 귀결로서, 근본 원인을 찾는 '설명 중심의 인과관계'는 인권 담론에서 설 자리를 잃었다.

　물론 인권의 도구적 역할은 대단히 중요하고, 경우에 따라 절대적으로 필요한 역할이다. 우선 인권을 명확하게 규정할 수 있는 것이 큰 장점이다. 예를 들어, '법의 지배'를 보장하라고 요구하는 것보다, 특정 권리조항의 보장을 요구하는 편이 훨씬 구체적이고 효과적일 수 있는 것이다. 그리고 히드라와 같이 여러 촉수를 지닌 불의의 실상을 드러내게 하는 발견적 도구로서 인권만큼 효과적인 개념도 없다. 이 점은 고통 받는 당사자와 이를 인정하는 비당사자 모두에게 해당되는 말이다. "불의에 맞서 싸우는 사람들은 전 세계 온갖 종류의 맥락에서 인권의 틀을 적용하고 동원한다. 이들은 인권 개념과 실행 방식을 확장해 자신들을 똑같은 인간으로 인정할 것, 자신들의 요구 내용을 정당한 권리로 보장할 것, 그리고 이런 권리의 향유를 가로막는 각종 장애물을 제거하는 조치를 취해 줄 것을 촉구한다"(Ackerly 2013, 36). 이처럼, 인권은 우리가 당연시하는 현실을 적절히 '문제화'할 수 있는 눈을 길러 주고, 존재하면서도 드러나지 않던 불의를 인식할 수 있게 해준다. 또한 억압 권력에 의해 피해를 당한 무력한 사회 행위자들에게는 인권을 불러내는 것이 자신에게 주어진 유일한 대항 권력이자 방어의 수단이기도 하다.

그러나, 인권의 도구적 역할에 많은 장점이 있음에도, 이 책에서 내가 주장했듯 **인권침해를 일으키는 근본 원인을 파악하고 근본 조건을 개선해야 발본적인 해결책**이 나올 수 있다. 게다가 인권 달성의 근본 조건을 개선하려면 인권의 도구적 역할만으로는 미흡하다. 인권의 표출적 역할 — 인간 존엄성을 민주정치의 핵심 가치로 정위定位시키는 — 을 동원해 시스템 전체를 인간화하는 장기적 비전이 있어야 한다. 한 가지 흥미로운 비유를 들어 보자. 1974년 『캐나다 국민 건강에 관한 새로운 관점』이라는 보고서가 발간되었다. 당시 마크 라롱드Marc Lalonde 보건부 장관의 이름을 따 『라롱드 보고서』로 명명된 이 보고서는 질병의 치료를 중심으로 건강을 이해하던 전통적 의료 모델을 넘어, 국민의 건강을 둘러싼 여러 차원들을 종합적으로 고려해 건강을 증진해야 한다는 보건 모델을 제안했다(Lalonde 1974). '의료 모델'에서는 건강을 질병 치료와 동일시하면서 의료 제도와 의료 전문가의 역할을 강조한다. 그러나 '보건 모델'에서는 질병 치료가 건강의 일부에 불과하다고 전제한다. 건강 증진을 위해 생물학적 요인, 계급과 불평등과 사회적 조건 등 환경적 요인, 개인의 생활 방식, 그리고 의료 제도와 의료 전문가의 역할이 모두 중요하다고 본다. 중병에 걸린 환자에게는 당장 의사의 치료가 필요하지만, 시민들의 건강을 궁극적으로 좌우하는 요인은 의료적 개입보다 훨씬 복합적이고 중층적인 차원들로 이루어져 있다는 뜻이다. 이런 관점에서 보면 사람들의 건강을 총체적으로 향상시킬 수 있는 방안은 전문 의학이 아니라 건강학(보건학)에서 찾아야 한다. 인권도 건강의 구도와 유사하다. 인권침해를 시정하는 법 제도와 전문가의 개입을 강조하는 인권의 도구적 역할 모델이 필요할 때가 분명히 있다. 하지만 그것만으로 인권이 보장되는 것은 아니다. 인권을 달성할 수 있는 다층적이고 복합적인 원인과 조건들을 종합적으로 고려하는 사회과학적 표출적 역할 모델이 훨씬 중요하다. 비유하자면, 강물이 모두 썩었는데 각자 정수기만 사용한다고 식수 문제가 해결되는 것은 아니다. 정수기를 사용하면서도, 오염된 강의 문제를 근본적으로 해결해야 하는 것이다. 인권의 표출적 역할이 눈앞에 발생한 인권침해를 당장 바로잡는 데 별로 도움이 안 되고, 눈에 잘 띄지 않는다고 해서 그것이 중요하지 않다고 생각해선 안 된다. 인권의 간판을 단 모든 제도·규정·조직·개입은, **민주주의의 심화, 인권에 호의적인 정부, 독립적이고 공정한 사법부, 더욱 평등하고 지속 가능한 발전, 정의로운 국제 질서, 전쟁 위협의 해소와 평화 구축, 인간을 수단이 아닌 목적으로 받드는 이념, 타인과 공감할 수 있는 심리 정향을 지닌 인격의 함양**이라는 근본적 토대가 있어야만 장기적이고 진정한 효과를 발휘한다. 인권을 촉진하는 근본 조건은 인권의 표출적 역할을 통해 훨씬 잘 구축될 수 있다. 인권의 도구적 역할을 강조하는 통상적 인권론과 인권의 계몽주의적 기원을 복원하려는 표출적 인권론의 비중이 현재는 아마 99 대 1 정도일 것이다. 나는 이 비율을 적어도 대등한 수준으로 바꿔야 한다고 생각한다. 노파심에서 덧

붙이지만, 인권의 표출적 역할과 거시적 근본 조건을 강조하는 입장을 자칫 조야한 구조 결정론으로 오해해서는 안 된다. 이렇게 되면 궁극적인 문제 해결은 시스템 변화를 통해 일어날 수밖에 없다고 믿기 쉽다. 이런 입장은 점진적 진화로서의 사회 변화 가능성을 원천적으로 봉쇄하는 시대착오적인 반개량주의 관점이다. 이렇게 될 경우, 구체성이 결여된 거대 담론의 해묵은 논쟁 — 소모적이고 해결 불가능한 — 만 남을 수도 있다. 더 심각하게는, 악행에 있어 개인의 책임이 희석되고 구조기능주의의 추상적 설명만 남을 위험마저 있다. 이는 홀로코스트 사건에서 히틀러 개인의 책임 범위를 둘러싸고 벌어진 역사적 논쟁에서 이미 확인된 바 있다(Rosenbaum 2014). 병이 났을 때에는 의사의 치료, 그리고 평상시에는 건강관리가 모두 필요하듯, **시급한 인권침해를 해결할 수 있는 법 제도와 근본 차원에서 인권을 증진할 수 있는 방안이 모두 필요**하다. 내 주장의 핵심은 두 관점 중 한쪽에 치우치지 말고 균형을 맞추자는 것이다. 그런데 현재의 인권 담론이 인권의 도구적 역할에 압도적으로 기울어져 있음을 고려한다면, 도구적 역할과 표출적 역할 사이에서 균형을 잡으려는 노력 자체가 거의 혁명적인 사고의 전환을 요구한다고 볼 수 있다.

　이론적으로는 인권의 도구적 역할과 표출적 역할을 변증법적으로 통합하는 문제가 남는다. **인권의 통상적 해결 방식과 근본 조건들 간의 잃어버린 고리**를 다시 찾아야 한다. 인권 문제가 발생하면, 이를 직접 해결하고자 노력해야 하지만, 또한 그것이 구조적인 문제의 징후적 예시라는 점을 인식해야 한다. 그러기 위해서는 인권의 좀 더 근본적인 치원을 고민해야 한다. 이 책의 2장부터 6장에서 다뤘던 다섯 차원의 문제의식이 바로 그것이다. 이는 사회 문제를 권리의 언어로 '번역'해, 인권침해를 일으키는 근본 원인을 대중이 쉽게 확인할 수 있도록 만든다는 뜻이다. 이를 빙산에 비유해 보자. 인권을 침해하는 근본 원인은 수면 아래에 잠겨 있는 빙산의 저변과 같다. 우리는 수면 위에 드러난 빙산의 꼭대기를 볼 수 있을 뿐이지만, 빙산의 일각을 통해 빙산 전체를 짐작할 수 있다. 즉 사회문제가 빙산의 저변이라면 그것이 수면 위로 드러나 있는 구체적 인간 고통의 꼭짓점을 인권 문제로 형상화했을 때 사회문제의 전모를 파악하기가 쉬워진다. 인권은, 사회문제를 권리로 프레이밍을 해야만 파악될 수 있는 것이며, 선험적으로 존재하는 형이상학적 개념이 아니라 사회문제를 권리 개념으로 만들어 가는 사회적 과정을 통해 생산되는 '인공물'artefact로 봐야 한다(Short 2013, 94). 이 점이 **인권 문제가 근본적인 사회문제의 징후적 예시라고 하는 이유가 된다.** 이는 사회조사 연구 방법론에서 말하는 '조작화' 개념과 유사한 면이 있다. 조작화란 직접 관찰하기 어려운 사회현상을 관찰·측정·평가가 가능한 구체적인 것으로 형상화하는 과정이다. 이와 마찬가지로, 직접 관찰하기 어려운 구조적·근본적 사회문제를 해결하기 위해, 일단 그 문제를 관찰과 평가가 가능한 어떤 구성물 — 즉 인권 — 로 조작화할 경우, 좀 더 구체적인 문제 해결 방식을 모색할 수 있다. 이렇게 할 때, 인권을 통념과는 다른 관점에서 바라볼 여지가 생긴다. 세상의 불의와 사회적 고통을, 인간 존엄성이라는 개념으로 '문제화'하고 '조작화'하며 호명할 수 있게 하는 것 자체가 인권의 가장 큰 기여일 수가 있다는 말이다. 요컨대, 인권의 표출적 역할에 따르면 인간의 사회적 고통을 초래하는 불의에 이름을 붙이고, 이를 민주정치의 중요 의제로 격상하는 것 자체가 의미 있는 투쟁이 된다.

결론을 대신해 지금까지의 논의에서 찾을 수 있는 함의를 생각해 보자. 첫째, 인권의 도구적 역할이 개별 권리를 달성하기 위한 법적 논리에 입각해 있다면(김도균 2008), 인권의 표출적 역할은 인간 존엄성을 사회의 핵심 가치로 격상하기 위한 정치적 논리에 입각해 있다. 상반되는 이 두 논리는 민주

체제에서 법과 정치의 상충되는 작동 방식을 각각 대변한다. 인권은 양자의 병존과 경합에서 비롯되는 긴장을 감당해야 한다. 예를 들어, 사회 내 모든 부정의의 문제를 법으로 해결할 수 있는지 비판적으로 숙고할 필요가 있다. '정치적'이라는 표현이 경멸적으로 이해되는 사회일수록 모든 갈등을 법으로 해결하려는 유혹에 빠지기 쉽다. 미국 연방 대법관을 지낸 루이스 브랜다이스Louis Dembitz Brandeis, 1856~1941는 법의 지배 원칙을 지키는 것이 중요하지만, 그것이 법 환원주의로 전락해서는 안 된다는 점을 오래전에 경고한 바 있다. 우리는 법적 논리에 의한 인권 달성과 정치적 논리에 의한 인권 달성의 미묘한 차이와 상이한 기여를 함축적으로 이해할 필요가 있다. '오직 인권만을' 잣대로 사용해 사회문제를 다루려는 태도가 법 제도 환원주의의 유혹을 높일 수도 있기 때문이다.

둘째, 인권 달성의 4대 요소인 권리의 요구 자격, 인권의 향유, 인간의 자력화, 인간의 포용은 인권에 관한 5대 근본 요소(즉 구조, 이데올로기, 국제 관계, 사회심리, 국가와 민주주의)의 전체 차원과 각각 조응한다. 예를 들어, 어떤 권리의 요구 자격은 구조적 폭력이 적을 때(구조), 배타적 이데올로기의 힘을 억제할 수 있는 사회에서(이데올로기), 국제적·지역적 역학이 인권 달성에 유리하게 조성된 맥락에서(국제 관계), 대중의 사회심리가 소수자를 포용할 수 있는 환경에서(사회심리), 그리고 인권 피해자들의 불만을 의제화할 수 있는 정치 세력과 리더십이 있을 때(민주주의) 적절하게 성문화되고 제도화될 수 있다. 향유·자력화·포용 등의 요소에서도 동일한 구도가 적용될 수 있다. 이렇게 본다면 **인권의 궁극적 목표는 인권의 전일적 요소와 거시적 근본 차원을 총체적으로 결합**하는 데 있다.

셋째, 사회문제를 권리 문제로 프레이밍을 할 때, 앞서 본 대로 그것이 인권침해의 근본 원인을 형상화하는 방식으로 진행되어야 한다. 그렇게 한다면 개별 권리가 침해되는 문제를 근본적인 사회문제의 뿌리와 연결시킬 수 있다. 그러나 근본적 차원과 연결되지 않은 개별 권리 중심으로만 인권을 표상화하면, 이는 자칫 파편화하고, 개인주의적이고, 심지어 이기적인 권리 요구로 변질될 가능성도 없지 않다. 다시 의학에 비유하자면, 환자의 증상을 질병의 근본 원인과 연결해 근본 조건을 향상하고자 더욱 노력해야 하는 것이다. 명의의 대명사처럼 되어 있는 히포크라테스Hippokratēs는 적당한 영양과 운동이 최선의 건강 유지법임을 간파했었다. 아마 그는 당장 약을 달라고 청하는 환자에게 약 대신 섭생과 운동을 처방하는 경우가 많았을 것이다. 인권도 마찬가지이다. **사회문제를 인권 문제로 형상화할 때에도 그것이 반드시 필요한 경우와 그렇지 않은 경우, 적절한 프레이밍 방식과 적절하지 않은 프레이밍 방식이 있을 수 있다.** 예를 들어 절박한 기본적 욕구를 권리로 프레이밍을 했을 때 민주 체제 내에서의 인권의 절실함이 부각될 수 있다. 그러나 동네에 장애인 시설이 들어오는 것을 반대하기 위해 주민들의 '권리'를 운운한다면, 이는 사익을 인권으로 포장해 민주 체제를 약화시키는 것에 지나지 않는다. 인권 전문가일수록 어떤 사회문제를 놓고, 인권으로 프레임밍을 해서 해결할지, 혹은 건전한 민주 체제를 강화하는 장기적 해법 — 다소 불확실하고 시간이 걸리더라도 — 에 맡길지를 냉정하게 판별할 수 있어야 한다. 이렇게 할 때 인권 운동은 결국 총체적 차원의 민주주의 운동과 유사해진다. 잘못된 인권 프레임의 궁극적 피해는 인권 담론 전체에 돌아오기 마련이다.

넷째, 인권 운동이 개별 권리 확보를 넘어 사회의 거시적 조건을 변화시키려면 **인권의 상호 연결성을 최대화**하는 전략을 택해야 한다. 즉 모든 사람의 인권이 보장되지 않으면 한 사람의 인권도 보장되지 않으며, 모든 권리가 보장되지 않으면 하나의 권리도 보장되지 않는다는 점을 강조할 필요가 있다. 이 같은 논리를 연장하면 보수 종교인이 성 소수자의 권리를 부정할 때, 이는 역으로 모든 신앙인들의 종교 자유의 기반까지 허물고 있는 것이다. "일부 집단의 권리를 부정할 만한 타당한 이유가 있다고 사회가 용인하는 순간, 그 사회는 수렁에 빠지기 시작한다"(Ackerly 2013, 37). 역사적으로 인권의 상호 연결성을 최대한 활용했던 사례가 적지 않다. 예를 들어, 한국을 포함한 비서구권에서 노동운동과 경제적·사회적 권리 운동, 그리고 민족자결권 운동이 결합해 거대한 반식민 운동으로 이어진 경우가 흔히 있었다. 특히 빈곤과 불평등, 환경 훼손, 시민권의 악화가 총체적으로 동시에 진행되고 있는 오늘날과 같은 지구화 시대에는, 모든 인권을 연결시켜 인간 존엄성의 공통분모를 최대한 넓히는 방법이야말로, 인권 운동이 인권침해의 근본 원인에 관여할 현실적 방안이 될 수 있다.

요컨대, 근대 인권 담론은 인간 해방을 위한 계몽주의의 정치적 기획으로 시작되었음에도, 인권의 도구적 역할이 전면적으로 강조된 까닭에, 그 표출적 역할이 오랫동안 동면 상태에 놓여 있었다. 다른 한편으로, 20세기 후반에 사회과학의 시선이 인권 영역을 본격적으로 탐색하면서, 인권침해를 야기하는 거대한 문제의 뿌리와 인권을 달성하기 위한 거시적 조건들을 점차 파헤치기 시작했다. 이 과정에서 다음과 같은 점이 분명히 드러났다. 즉 인권 운동이 숲을 보지 못하고 나무만 본다면 숲도 살리기 어렵고 나무도 살리기 어렵다는 사실이다. 숲 전체가 죽어 가고 있는데 나무 한 그루, 한 그루를 돌보는 데만 인권 운동의 초점을 맞춘다면, 개인 윤리의 실천이라는 의미 이상의 어떤 본질적 의미를 찾기 어렵다. 개인 권리 및 개별 권리는 공동선·공공성·선일성의 실현과 어우러질 때 가장 잘 보장될 수 있고, 가장 좋은 의미에서 제대로 발현될 수 있다. 인권 달성의 근본 조건들이 너무 큰 문제여서 도저히 해결하기 어렵다고 지레 짐작하고, 이를 우회하는 방안으로서 법제화된 미시적 개별 권리 운동에만 몰두한다면, 이는 잘못된 방향으로 인권 담론을 호도하는 것이다. 자칫 인권 문제를 양산하는 현 질서를 결과적으로 옹호하는 ― 의도하진 않았겠지만 ― 결과를 낳을 수도 있다. 이런 발견에 힘입어 인권의 표출적 역할이 오랜 동면에서 깨어나 다시 조명받기 시작했다. 인권을 권리침해의 즉각적 해결과 구제로 간주해 온 기존 시각으로 보면, 이 같은 전환을 선뜻 받아들이기 어려울지도 모른다. 눈앞에 놓인 문제를 해결하는 방법이 아니라 불확실성과 장기적 시간성을 전제하는 시시포스와 같은 길을 제시하기 때문이다. 인권 담론의 장점으로 여겨졌던, 명백한 침해 사실에 대한 확실한 책임 추궁의 방식을 희석시킨다는 비판이 나올 수도 있다. 그러나 근대 이후, 특히 20세기 이후, 인류가 시도해 온 모든 정치적·경제적·사회적 실험들이 우리에게 주는 교훈이 있다면, 그것은 인류 진보에는 지름길도 왕도도 없다는 사실이다. 인권도 마찬가지다. 인간 존엄성과 자유·평등·우애의 추상적·선언적 가치를 민주주의의 역사적 과정 속에서 끊임없이, 끈기 있게 진전시킬 때, 결국 개별 권리도 안정적으로 보장할 수 있다. 최근 들어, **인권의 표출적 역할이 재발견되고, 근본 원인에 대한 사회과학적 분석이 진전됨에 따라 인간 존엄성을 개별 권리들로 상상하고 실천해 온 기존 관행을 더는 답습할 수 없게 되었다.** 결국 인간 존엄성은 인간 심리, 사상, 국가, 국제 관계, 사회구조를 전일적으로 포괄하는 민주적 조건, 그리고 적절한 방식으로 프레임이 설정된 인권의 실천이 결합할 때에만 달성될 수 있다. 전통적 패러다임을 넘어선 인권의 새로운 지평이 우리 눈앞에 열리고 있다. 이 책을 통해 그 지평의 한 자락이 드러났기를 희망한다.

후주

서문

1_ 드워킨(Dworkin 1977)의 저서는 한국에서 『법과 권리』(드워킨 2010)라는 제목으로 출간 되었다.

2_ 국가인권위원회 출범 후 10년간의 평가에 대해서는 홍성수(2011)를, 지방자치단체의 인권 조례 제정에 관한 종합적 분석은 홍성수(2012)를, 군대 인권 문제에 관해서는 김종대·임태훈(2014)을 참조하라.

3_ '인권 법제화의 한계'는 홍성수 교수의 제안에 따른 표현이다.

1장

1_ 〈세계인권선언〉의 번역문은 조효제(2011)를 보라.

2_ 요한 갈퉁은 이를 '주체-행위-객체 관계'subject-action-object relation라고 표현한다. 의지를 가진 주체가 자발적으로 행위한 결과로서 어떤 객체에게 폭력이 가해진 것을 뜻한다(Galtung 1969, 170-171).

3_ 프랑스혁명 선언에서 인권을 선언적·형이상학적으로 천명했기에 에드먼드 버크를 위시한 보수주의자들은 이에 격렬하게 반발하기도 했다(버크 2008; 조효제 2007, 74-78).

4_ 인권의 전일적 특성에 관해서는 필즈(2013, 142-187)를 보라.

5_ 각 이슈별로 참고할 문헌은 다음과 같다. 고문(Kelly 2009; World Organisation Against Torture 2008), 인신매매(Poucki 2012), 여성 인신매매(La Strada International 2008), 테러리즘(Asan 2010; Krueger and Maleckova 2003; OSCE Office for Democratic Institutions and Human Rights 2007), 젠더 불평등(Cerise and Francavilla 2012), 폭력 갈등(European Commission 2008), 민주주의 이행기 사회의 인권 문제(Horowitz and Schnabel 2004), HIV/에이즈 차별(United Nations Office of the High Commissioner for Human Rights 2014), 난민 (Otunnu 1992), 제노사이드(Staub 1989; 1999).

6_ 다음 책은 그 이유를 찾는 여정을 그렸다. 서경식(2006).

2장

1_ 하지만 마르크스주의의 구조적 분석을 인권 문제에 그대로 적용하는 데에는 어려움이 있다. 그 이유는 조효제(2007, 137-174)를 보라. 닐 스태머스Neil Stammers는 억압 권력이 각 시대별로 다른 형태를 띠고 나타나지만 지배-종속 관계라는 기본 구조가 보편적으로 존재한다고 주장한다. 이 점에서 스태머는 마르크스주의적 통찰에 일부 의존하지만 그것의 변인으로 물질적 관계만을 상정하지 않는다는 점에서 마르크스주의와 구분된다(Stammers 2009).

2_ 인권은 법적 요구 자격 그리고 특히 개인의 자력화를 인권 달성의 핵심 요소로 삼는다는 점에서 평화와 구분된다(1장 참조). 하지만 이는 개념적 구분일 뿐 현실에서 인권과 평화는 상호 보완 관계를 이루며, 둘 사이의 실천적 공통분모 또한 크다.

3_ 나머지 다섯 가지 차원은 다음과 같다. 첫째, 육체적 폭력과 심리적 폭력의 차이, 둘째, 소극적 영향(처벌)과 적극적 영향(보상), 셋째, 폭력의 대상이 존재하는지 여부, 넷째, 의도성과 비의도성, 다섯째, 명시적manifest 폭력과 잠재적latent 폭력의 차이 등이다.

4_ 이 연구의 공동 연구자 중 하버드 대학교의 경제학자 센딜 멀레이너선과 프린스턴 대학교의 심리학자 엘다 샤퍼는 이 주제를 심화시켜 『궁핍: 부족함이 우리 삶을 어떻게 규정하는지에 관한 새로운 과학』(Mullainathan and Shafir 2013)을 펴냈다.

5_ '회피 가능한 빈곤' 개념은 앞서 설명한 구조적 폭력을 연상시킨다. 즉 불공평한 전 지구적 제도들이 달성 가능한 수준의 번영과 비참한 현실 사이의 격차를 지속시킨다는 것이다. 이 격차는 인류가 마음먹기에 따라 피할 수 있는 것이다.

6_ 천연자원을 향유할 수 있는 권리는 제3세계 자기 결정권 주장의 핵심을 이룬다. 예를 들어, 〈사회권 규약〉과 〈자유권 규약〉의 제1조 2항은 공통적으로 다음과 같이 규정한다. "모든 인민은 …… 그들 자신의 목적을 위하여 **자신들의 천연의 부와 자원**natural wealth and resources**을 자유로이 처분**할 수 있다. 어떠한 경우에도 인민은 자신들의 생존 수단을 박탈당하지 아니한다"(강조 추가).

7_ 세계은행이 2011년에서 2014년 사이 실질 구매력을 놓고 조사한 1인당 소득 통계에서 한국은 조사 대상 185개국 중 31위로 나타났다. 전 세계적 차원의 빈곤 격차로 봤을 때 한국은 인권침해국에 속하는가, 인권 피해국에 속하는가?

8_ 행위 주체(국가 또는 시민들)의 작위성commission과 부작위성omission을 기준으로 전자는 어떤 것을 적극적으로 행함으로써 어떤 결과를 도모한다는 의미, 후자는 어떤 것을 행하지 않음으로써 어떤 결과를 도모한다는 의미이다. 즉 정부가 개인의 삶에 간섭하지 않음으로써 시민들의 자유가 보장되는 것을 '소극적 권리'(또는 피동적 권리)라 하며, 시민들이 불평등한 국제 질서에 가담하는 자국 정부를 지지하지 않음으로써 국제 질서의 정의를 기여해야 할 의무를 '소극적 의무'(토마스 포기)라 한다. 반대로 정부가 개인 삶의 온전한

발전을 위한 사회정책을 펼침으로써 시민들 삶의 자유가 보장되는 것을 '적극적 권리'(또는 능동적 권리)라 하며, 시민들이 개도국의 빈곤 현실을 직접 돕기 위해 인도적 지원에 참여해야 할 의무를 '적극적 의무'(피터 싱어)라 한다.

9_ 싱어와 포기의 인권론은 유럽에서 사회권을 이해하는 시각과 유사하다. 유럽에서는 사회적 권리를 사회적 맥락과 무관한 개별적 사회권들의 보장으로 보지 않고, 사회적 응집력social cohesion을 유지하게 하는 수단으로 이해한다. 이는 모든 사회 구성원의 안녕을 사회가 보장할 능력을 유지해야 한다는 관점이다(Haas 2014, 382). 1998년에 설치된 유럽 사회적 응집력, 인간존엄성 및 평등위원회European Committee for Social Cohesion, Human Dignity and Equality, CDDECS가 이런 관점을 대표하는 사례이다.

10_ 미국은 시군 단위 지방자치단체장이 지방법원과 즉결재판소의 판사를 임명할 수 있다.

11_ 유엔총회가 1986년 채택한 〈발전권리선언〉의 제2조 1항은 인간이 "발전의 핵심 주체이며, 발전 권리의 능동적 참여자이자 수혜자"가 되어야 한다고 규정한다. 전문은 다음을 보라. 〈http://www.un.org/documents/ga/res/41/a41r128.htm〉.

12_ 이 절의 대략적인 요약은 조효제(2015d)를 보라.

13_ 다음을 보라. 〈http://www.bbc.com/news/world-asia-31917913〉.

14_ 키리바시 대통령실의 공식 사이트를 참조하라. "Kiribati Climate Change."
〈http://www.climate.gov.ki/category/effects/〉.

15_ 보고서는 다음 사이트에 실려 있다.
〈http://web.kma.go.kr/notify/press/kma_list.jsp?bid=press&mode=view&num=1192981〉.

16_ 다음 기사를 보라. "올 여름 지구, 관측 사상 '최고 펄펄'."
〈http://media.daum.net/culture/all/newsview?newsid=20150821202009437〉.

17_ 온도 상승 저지 목표를 섭씨 2도로 정한 것 자체가 과학적인 근거로 뒷받침되기보다 자의적인 타협의 결과이다. 현재 전 지구적 온도가 0.8도 상승한 상태에서도 인류가 겪고 있는 재난의 규모가 이토록 클 정도인데, 온도가 2도 상승했을 때 그 결과가 어떨지는 충분히 상상할 수 있다. 그런데 자의적인 목표치인 2도 선의 저지조차 달성 가능성이 낮다는 데에 인류의 비극이 있다.

18_ 영국의 일간지 『가디언』은 2015년에 이제 화석연료를 채굴하지 말자는 환경 캠페인, "땅 속에 그냥 두라"Keep It In the Ground를 시작했다.
〈http://www.theguardian.com/environment/ng-interactive/2015/mar/16/keep-it-in-the-ground-guardian-climate-change-campaign〉.

19_ 『가디언』(2015/01/22)의 다음 기사를 참조하라. "Climate change inaction pushes 'doomsday clock' closest to midnight since 1984."
〈http://www.theguardian.com/world/2015/jan/22/climate-change-nuclear-bombs-doomsday-clock-near-midnight〉.

20_ 예를 들어, 옥스퍼드 대학교의 인류미래연구소Future of Humanity Institute와 케임브리지 대학교의 실존적 위험 연구센터Centre for the Study of Existential Risk는 인류를 멸종시킬 수 있는 전 지구적 위험의 철학적·윤리적·사회적·정치적 함의를 분석하고 실존적 위험을 경감할 방안을 연구하고 있다. 다음 사이트를 참조하라.
⟨http://www.fhi.ox.ac.uk/⟩, ⟨http://cser.org/⟩.

21_ 기후변화로 환경권의 개념 정의가 크게 바뀐 구도를 인간 중심의 사유anthropocentrism와 생태 중심의 사유ecocentrism를 대립시키는 관점을 뛰어넘은 '종합'으로 이해할 수 있다. 최근 환경권과 동물권을 통합하려는 시도도 등장했다. 국제법 체계로 보면 1997년의 ⟨암스테르담 조약⟩Treaty of Amsterdam에서 처음으로 동물을 '지각을 가진 존재'sentient being로 규정했지만 유엔 차원에서 동물권 협정은 아직 성립되지 않았다. 동물권을 논의할 때 '동물을 비인간 인격체non-human personhood로 인정할 것인가', 더 나아가 '동물이 권리를 주장할 수 있는 주체인가?'라는 초보적 질문이 제기된다. 동물권을 적극적으로 해석하는 입장에서는 동물을 목적 그 자체로 간주해야 하고, 모든 동물이 내재적·본질적 가치를 보유하므로 동물에게도 권리가 있다고 본다. 그러나 동물권을 이론적으로 인정하더라도 동물이 스스로 그 권리를 요구하지 못하므로 인간이 동물권의 대리자 역할을 해야 한다. 즉 동물권을 인정한다는 말은 사실상 인간이 동물권 보호의 의무 담지자가 되겠다는 의지의 표현이다. 그런데 동물권을 인정하느냐 여부와 관계없이, 지구 생태 보존과 인권을 모두 함께 거시적 환경권으로 간주한다면, 그 속에는 이미 지상의 생명(인간과 동물) 전체를 보호해야 한다는 관점이 포함된다. 따라서 기후변화 패러다임으로 재구성된 환경권은 인간 중심의 인권과 동물의 권리를 결과론적으로 통합하는 효과를 발휘한다(Haas 2014, 514).

22_ 정확한 명칭은 '전 지구적 기후변화의 인간적 차원에 관한 말레 선언'Malé Declaration on the Human Dimension of Global Climate Change이다. 전문은 다음 사이트를 보라.
⟨http://www.ciel.org/Publications/Male_Declaration_Nov07.pdf⟩.

23_ 2015년 12월 파리에서 열린 제21차 ⟨유엔 기후변화협약⟩ 당사국총회COP21에서는 신기후체제 합의문인 ⟨파리 협정⟩Paris Agreement을 채택했다. 기존의 교토 의정서 체제를 대체하게 될 ⟨파리 협정⟩에 따라 선진국과 개도국 등 모든 국가들이 기후변화 대응에 참여하게 되었다. 신기후체제는 온실가스 배출 감소, 기후변화 대응 재원 조성 등을 통해 환경과 경제·사회 발전의 조화를 꾀하는 지속 가능 발전을 추구하게 된다. 또한 국제사회의 장기 목표로 산업화 이전 대비 지구 평균기온 상승을 2도보다 낮은 수준으로 유지하기로 하고, 가능하면 1.5도 이하로 제한하기 위한 노력을 기울이기로 결의했다는 점에서, 적어도 정치적 의지의 표현이라는 면에서는, 패배주의적 분위기를 바꾸는 데 일조했다고 평가할 수 있다. 온실가스 감축과 관련된 국가별 목표(자발적 기여 방안NDC)를 스스로 정하기로 했으며, 기여 방안 제출을 의무화하되, 이행 자체는 국가별 자율성에 맡기기로 했

다. 즉 강력한 구속력과 단순한 선언 사이에서 절충적인 봉합을 한 것이다. 이런 한계를 상쇄하기 위해 각국은 매 5년마다 기존보다 더 높게 설정된 목표를 제출해야 하고, 국제 사회가 공동으로 검증하는 이행 점검Global stocktaking 시스템을 통해 모든 나라가 목표 달성 현황을 검토받아야 한다. 더 나아가 기후변화에 대한 적응의 중요성을 강조하고, 기후변화에 따른 '손실과 피해' 문제도 적극적으로 다루기로 했다. 기후변화 대응 체제가 개도국에 과도한 부담을 지운다는 비판에 대응해 선진국에서 개도국으로의 기술 이전도 강화될 예정이다. 한국의 환경운동연합은 "전 세계가 동참하는 기후변화 대응 체제를 마련했다는 중요한 의미가 있다."고 환영을 표하는 한편, "국제사회는 지구 온도 상승 1.5도 이하 제한 목표를 세웠지만 과학계는 각국이 제출한 대책이 실현되더라도 3도에 가까운 지구온난화가 이어질 것으로 경고한다."며 선진국의 온실가스 감축 목표 강화, 재생에너지 장려, 개도국에 대한 재정·기술 이전 확대가 필요하다고 강조했다. 또한 파리 회의를 계기로 기후변화 문제를 더는 환경 운동에 국한시키지 말고 인권 운동의 의제로 적극적으로 확장해야 한다는 여론이 조성된 것도 하나의 성과로 기록될 만하다(조효제 2015d).

24_ 지면이 부족해 이 장에서 다루지는 않았지만 한국의 핵발전 정책은 기후변화만큼이나 심각한 구조적 폭력 요인을 갖추고 있다. 특히 탄소 배출을 줄일 대안으로 원자력발전을 지지하는 것은 하나의 리스크 요소를 다른 리스크 요소로 대체하는 데 지나지 않는다(김명진 외 2011 참조).

25_ 반등 효과란 에너지 효율성이 높아져도 에너지 소비 총량이 줄지 않고 오히려 늘어나는 현상을 말한다. 19세기 영국의 경제학자 윌리엄 제번스William Stanley Jevons는 1865년에 간행한 『석탄 문제』에서 증기기관의 에너지 효율성이 높아지면 석탄의 소비량이 잠시 감소하는 것 같지만 곧 다시 늘어나는데 이는 증기기관차가 더 늘어나기 때문이라고 주장했다. 여기서 에너지 생산의 효율성 제고가 에너지 소비의 증가로 이어진다는 **제번스 역설**The Jevons Paradox이 나왔다. 예를 들어, 연비가 향상된 자동차가 개발되어도 자동차의 전체 숫자가 늘어나므로 결국 화석연료 소비 총량은 증가한다.

26_ 유엔 인권이사회에서 기후변화를 전담하는 인권특별보고관을 임명하자는 국제적 운동이 활발히 전개되고 있다. 예를 들어, 다음 사이트를 보라.

⟨http://ejfoundation.org/petition/special_rapporteur⟩.

3장

1_ 어떤 이념이 그 자체로서 지향하는 정치적 도덕성을 '구성적 도덕성'constitutive morality 이라 하고, 그 이념을 현실에 적용하고자 전략적으로 사용하는 도덕성을 '파생적 도덕성' derivative morality이라고 한다(Lukes 1990).

2_ 공리주의의 기본 전제를 수용하면서 이를 인권과 결합시키려는 '수정 공리주의' 입장도

있다. 수정 공리주의는 1차적 가치판단 영역에서 인간의 자율성과 표출적 의지를 넓은 의미의 인간의 복리로 인정한다. 인권도 복리라고 보는 입장이다. 그 바탕 위에서 2차적 가치판단 영역을 가정해, 인권을 침해하지 않는 범위 내에서 제한된 자원을 효율적으로 사용하고, 효용의 극대화가 아닌 최적화를 도모하자고 제안한다(Freeden 1991, 83- 100).

3_ 이런 점에서 1948년 군대를 폐지한 코스타리카의 사례는 흥미로운 시사점을 제공한다. 자세한 설명으로 리키야(2011), 조효제(2015a, 175-181) 등을 보라.

4_ 각 이데올로기별 참고문헌은 다음과 같다. 인종주의와 국수주의(박경태 2009), 군국주의 (노다 마사아키 2000), 파시즘(팩스턴 2005; Preston 2012), 나치즘(힐베르크 2008; 커쇼 2010), 반공주의(조효제 2015c), 스탈린주의(Conquest 2007), 신자유주의(조연민 2014), 성차별주 의(하웨이·오닐 2002), 이성애 규범주의(박지훈 2011), 종교 근본주의(이찬수 외 2011).

5_ 인간존재의 '총체적 개화'flourishing는 '발전'development의 원래 의미인 독일 어휘 'ent-wicklung'에 가깝다고 할 수 있다.

6_ 루스벨트 대통령이 말했던 네 가지 자유는 ① 말과 표현의 자유freedom of speech and expression, ② 신앙의 자유freedom of worship, ③ 결핍으로부터의 자유freedom from want, ④ 두려움으로부터의 자유freedom from fear이다. 특히 '결핍으로부터의 자유'는 경제적·사회적 권리를 예시한 것이다. 다음을 보라. 〈http://www.fdrlibrary.marist.edu/pdfs/fftext.pdf〉.

7_ 다음을 보라. 〈http://avalon.law.yale.edu/wwii/atlantic.asp〉.

8_ 다음을 보라. 〈http://avalon.law.yale.edu/20th_century/decade03.asp〉.

9_ 다음을 보라. 〈http://www.anc.org.za/show.php?id=4474〉.

10_ 다음을 보라. 〈http://www.un.org/en/documents/charter/〉.

11_ 다음을 보라. 〈http://www.un.org/en/documents/charter/〉.

12_ 지구화 시대의 조건을 감안한 사회적 시장경제의 재구성에 관한 논의는 하이제(2014) 를 보라.

13_ 전문은 다음을 보라.
〈http://www.cbck.or.kr/book/book_search.asp?p_code=k5110&seq=400338&page=1&Cat=A&key=Title&kword=%EC%83%88%EB%A1%9C%EC%9A%B4%20%EC%82%AC%ED%83%9C〉.

14_ 〈세계인권선언〉의 종합적 이념 유형과 1948년 대한민국 제헌 헌법의 종합적 이념 유형 사이에 유사성이 있음을 지적하고 싶다. 역사가들의 연구에 따르면 우리나라의 제헌 헌법이 정치적으로는 자유민주주의, 사회경제적으로는 사회민주주의를 지향했다고 한다 (박찬승 2013).

15_ 소련은 〈세계인권선언〉의 제정 과정에 핵심 국가로 참여했다가 1948년 유엔총회의 표결에서는 기권을 택했다. 그때까지만 해도 소련은 선언의 취지와 중요성을 어느 정도 인정하는 듯한 태도를 취했는데, 냉전이 격화되면서 점차 선언을 부정하는 입장으로 선

회했다(Amos 2011).

16_ 또한 이 같은 입장은 대한민국 헌법에 나오는 '자유민주적 기본 질서'에 복지국가의 비중을 높일 수 있으면 인권 달성에 획기적 계기가 마련될 수 있음을 시사한다.

17_ 이 책의 서평은 조효제(2000a)를 보라.

18_ 집단의 존립을 개인보다 앞세우는 문화권에서 중시하는 "충성·의무·체면·예의범절·순결·겸손·자제" 등의 가치를, 한국에서 최근 시행되기 시작한 〈인성교육진흥법〉에서 규정한 인성의 핵심 가치인 "예·효·정직·책임·배려·협동"과 비교해 보라. 내적으로 거의 정확하게 중복됨을 알 수 있을 것이다.

19_ 조너선 하이트는 서구, 특히 미국의 정치 이념 스펙트럼을 중심으로 논의를 전개한다. 한국어판에서는 원저의 'liberal'을 진보로, 'conservative'를 보수로, 'libertarian'을 자유주의 또는 자유 지상주의로 표현한다. 미국에서의 'liberalism'은 폴 슈메이커가 '현대 자유주의'라고 명명한 이념이며, 고전적 자유주의, 자유 지상주의, 신자유주의와 구분된다. 한국에서 흔히 '진보'라고 지칭하는 정치 이념과 미국의 현대 자유주의가 정확히 대응하지는 않지만, 미국의 맥락에서 현대 자유주의는 진보에 속하므로 미국인들이 리버럴이라고 할 때에는 흔히 리버럴-레프트(현대 자유주의 및 미국식 좌파)를 지칭하는 것으로 보면 된다.

20_ 하이트의 통찰은 어째서 노동 계층과 서민들이 자기들에게 물질적 이익을 보장하려고 노력하는 진보 정당이 아니라 오히려 보수 정당에 투표하는지에 관한 이유의 일단을 제공한다. 노동 계층과 서민들 중에는 물질적 이해관계로 투표에 임하지 않고, 스스로 옳다고 믿는 '도덕적 이해관계'에 따라 보수 정당에 투표하는 이들이 많다고 한다.

4장

1_ 예를 들면 다음 연구들이 있다. 박찬운(1999), 도널리(2002), 버겐탈(1992), 한희원(2012), Smith(2014), Steiner, Alston, and Goodman(2007).

2_ 한국에서도 이런 경향은 예외가 아니다. 2015년 8월 남북한 사이 무력 충돌 긴장이 고조되었을 때 한 일간지는 "진정한 평화를 원하면 전쟁을 두려워해선 안 된다"라는 사설을 싣기도 했다. 다음을 보라. 〈http://www.munhwa.com/news/view.html?no=2015082101073911000003〉.

3_ 아프리카의 무력 분쟁을 지속시키는 금융·재정의 검은 고리를 제거할 목적으로 설립된 'The Sentry'라는 인권 엔지오는 전쟁의 근본 원인을 제거하기 위해 활동하는 드문 사례라 할 수 있다. 다음을 보라. 〈https://thesentry.org/〉.

4_ 대한적십자사의 다음 사이트를 보라.
〈http://www.redcross.or.kr/redcross_rcmovement/redcross_rcmovement_humanitariallaw_introduce.do〉.

5_ 본문에서 이어지는 내용은 주로 Haas(2014, 315-368)를 요약한 것이다.

6_ 미국의 인권 대외 정책은 카터 행정부의 인권 외교로 시작되었다. 레이건 행정부는 개도국의 민주화 추진 그리고 제3세계의 우파 정권이나 우파 반군을 동원한 대리전을 통해 공산 세력을 저지하는 것을 인권 대외 정책으로 간주했다. 중국의 톈안먼 광장 학살 사건 이후 미국은 인권을 대중국 압박과 협상용 지렛대로 활용했다. 미국은 1990년대 이후 인권을 명분으로 인도적 개입을 시작했으며, 2001년 9·11 사태 이후에는 중동과 세계 각지에서 인권의 이름으로 대테러 전쟁과 내정 개입을 단행했다. 제임스 펙James Peck은 미국이 1970년대 후반 이래 전 세계 인권 담론을 실질적으로 포섭해 왔다고 비판한다(Peck 2010).

7_ 미국과 같이 영향력이 큰 나라는 국제적으로 중요한 '예시 효과'를 발휘한다. 일례로 미국의 테러범 재판 기준이 낮아지자 짐바브웨나 조지아 같은 나라에서는 곧바로 미국을 모방한 법을 제정했다. 한국에서도 대테러 방지법이 여러 번 발의된 끝에, 결국 2016년 3월 '국민보호와 공공안전을 위한 테러방지법에 대한 수정안'이 국회 본회의를 통과했다.

8_ 다음을 보라.

⟨http://www.theguardian.com/law/ng-interactive/2015/jun/15/human-experimentation-cia-document⟩.

9_ 이런 이유로 조지 W. 부시 전 대통령과 도널드 럼스펠트Donald Rumsfeld 전 국방장관은 전범으로 간주되어 보편적 관할권에 의해 해외에서 체포될 가능성이 있는 상태이다. 실제로 럼스펠트는 2007년 파리에서 체포될 뻔했으며, 부시 역시 2011년 스위스 여행을 취소해야 했다. 보편적 관할권에 대해서는 박찬운(2012)의 '국제범죄와 보편적 관할권' 장을 참조하라.

10_ 헬드 외(2002), 프레드먼(2009), 워터만(2000), 맥마이클(2013), 마르틴 외(1998)를 참조하라.

11_ 논자에 따라서는 국제인도법을 최상위 개념으로 두기도 한다. 이런 입장에 따르면 국제인도법은 국제 인권법과 전쟁법으로 나눌 수 있고, 전쟁법은 다시 정전법Just War과 협의 전쟁법law of armed conflicts으로 나뉜다. 협의 전쟁법은 제네바법law of Geneva과 헤이그법law of Hague으로 구성된다. 통상적으로는 협의 전쟁법만을 국제인도법으로 간주하곤 한다(이장희 2014, 52-53).

12_ 이 부분은 대한적십자사 사이트의 설명을 요약한 것이다.

⟨http://www.redcross.or.kr/redcross_rcmovement/redcross_rcmovement_humanitariallaw_introduce.do⟩.

13_ ⟨자유권 규약⟩은 설령 국가비상사태 상황에서도 위반할 수 없는 '이탈 불가 권리'non-derogable rights를 규정한다. 여기에는 생명권, 고문 금지, 노예 금지, 형법의 소급 적용 금지, 법 앞에서 인간으로 인정될 권리, 사상·양심·종교의 자유 등이 포함된다.

14_ 본문에서 이어지는 설명은 Moravcsik(2000)를 요약한 것이다.

15_ 다음 사이트를 참조하라. ⟨http://www.scaruffi.com/politics/massacre.html⟩.

16_ 이른바 '고문 영장'을 발부해 테러범을 합법적으로 고문할 수 있게 하자고 제안했던 하버드 대학교 로스쿨의 앨런 더쇼비츠Alan Dershowitz 교수, 미 법무부에 유사 고문 신문 기법을 정당화하는 의견서를 제출했던 버클리 캘리포니아 대학교 로스쿨의 존 유John Yoo 교수 등의 사례를 참조하라.

17_ 예를 들어, 다음과 같은 연구들은 국제 인권법 제도의 효과를 긍정적으로 인정하는 쪽이다. Cole(2009), Hill Jr.(2010), Simmons(2009).

18_ 이 선언의 내용은 다음을 보라. 〈http://www.un.org/documents/ga/res/39/a39r011.htm〉.

19_ 이 선언의 내용은 다음을 보라. 〈https://www1.umn.edu/humanrts/instree/1968a.htm〉.

20_ 국제 인권법을 국내에 적용하는 문제에 관해서는 다음을 보라. 정경수(2000), 지영환·김민진(2011), Hathaway(2007), Lupu(2013), Powell and Staton(2009).

5장

1_ 사회심리학에서는 전통적으로 편견을 성격과 개인의 차이로 개념화해 왔다. 그 결과 몰역사적이고 사회적 맥락이 소거된 개인 심리로서의 편견만을 연구 대상으로 하는 문제가 생겼다. 이와 반대로 편견이 사회적 의사소통의 산물이고, 역사와 사회적 맥락에서 이를 이해해야 하며, 이데올로기가 편견의 주요한 토대가 된다는 반론이 제기되어 있다. 이에 따르면 편견의 사회적 유통과 의미가 중요해진다. 예를 들어, 개인의 심리적 정향의 분석보다, 한 사회에서 타자로 지목된 소수자·약자·주변인을 대중이 묘사하고 표현하는 방식이 더욱 중요한 분석 대상이 된다(Tileaga 2014).

2_ 이 연구에 따르면 사진 이미지에 노출된 뒤 자동 반응적 편견은 줄었지만, 적극적이고 의지적인 편견에 대한 태도에는 큰 변화가 없었다고 한다. 따라서 정서에 기인한 편견은 감정적 방법으로 설득이 가능하지만, 인지적 편견은 이성적 논증에 의해 설득해야 한다는 결론을 얻을 수 있다. 즉 기원이 각기 다른 태도의 변화를 위해서는 별도의 개입 전략이 필요하다는 것이다(Dasgupta and Greenwald 2001).

3_ 본문에서 이어지는 내용은 Ramirez and Andreu(2003)를 요약·해설한 것이다.

4_ 본문에서 이어지는 내용은 Staub(2003)를 요약·해설한 것이다.

5_ 본문에서 이어지는 내용은 Anderson and Bushman(2002)을 요약·해설한 것이다.

6_ 본문에서 이어지는 내용은 Anderson and Huesmann(2003)을 요약·해설한 것이다.

7_ 본문에서 이어지는 내용은 Staub(2006)를 요약·해설한 것이다.

8_ 본문에서 이어지는 내용은 Staub(2006)를 요약·해설한 것이다.

9_ 이 보고서는 다음 사이트에 전문이 게재되어 있다. Langer(1943). 나중에 기밀 해제된 뒤 단행본으로 출간된 것은 Langer(1972)를 보라. 히틀러의 정신 병리를 다룬 가장 종합

적인 연구로는 Waite(1993)를 보라.

10_ 본문에서 이어지는, 사회규범에 관한 설명은 Prentice(2012)를 요약·해설한 것이다.

11_ 인권이라는 용어를 사용하지 않더라도 인권을 실질적으로 구현할 수 있는 '팬더 원칙' 에 대해서는 조효제(2015a, 371-376)를 보라.

12_ 다음을 예로 들 수 있다. McFarland and Mathews(2005), Koo, Cheong, and Rami-rez(2015).

13_ 본문에서 이어지는 내용은 Cohrs et al.(2007), McFarland and Mathews(2005)를 요약·해설한 것이다.

14_ 본문에서 이어지는 내용은 Jost, Banaji, and Nosek(2004)를 요약·해설한 것이다.

15_ 『불의감』은 1949년에 초판이 간행되었고, 1964년 칸이 타계하기 직전 저자의 에필로 그를 추가한 개정판이 나왔다.

16_ 첫째와 둘째 설명은 Sigler(1967)를 보라.

17_ 셋째부터 여섯째까지의 설명은 Ledewitz(1985)를 보라.

18_ 다음 사이트에 선언의 전문이 실려 있다.

〈http://www.unesco.org/webworld/peace_library/UNESCO/HRIGHTS/107-116.HTM〉.

19_ 본문에서 이어지는 내용은 Fox, Prilleltensky, and Austin(2009)을 요약·해설한 것이다.

20_ 본문에서 이어지는 내용은 Melton(1992)을 요약·해설한 것이다.

21_ 다음 기사를 참조하라.

〈http://media.daum.net/society/all/newsview?newsid=20150809153605375〉.

6장

1_ 아르메니아어로 '메즈예게른'Medz Yeghern(대죄)이라고 한다. 약 80만~150만 명의 희생 자가 발생했다고 추산된다.

2_ 러멜이 2004년에 출간한 소설 *War and Genocide Never Again* (Rummel 2004)이 한국 에 번역되어 있다(러멜 2005). 이 책은 다음 사이트에도 전문이 게재되어 있다.

〈https://www.hawaii.edu/powerkills/NA.BK1.PDF〉.

3_ 러멜은 국가가 살해를 의도하지 않았지만 방임·무책임·무능 때문에 사람들이 죽게 된 경우에도 국가의 책임이 있다고 간주해 '모르타사이드'mortacide(방임 치사)라는 용어를 창 안했다. 방임 치사도 데모사이드에 포함된다.

4_ 러멜의 주요 저서들이 현재 하와이 대학교의 홈페이지에 수록되어 있다. 다음 사이트를 참조하라. 〈https://www.hawaii.edu/powerkills/〉.

5_ 러멜은 1928~87년 사이 중국에서 7,670만2천 명, 1917~87년 사이 소련에서 6,191만1

천 명, 1933~45년 사이 히틀러에 의해 2,094만6천 명이 데모사이드로 살해되었다고 추산한다.

6_ 이하, 이 문단 끝까지의 내용은 Hoffmann(2014)을 발췌·요약한 것이다.

7_ 이하, 이 문단 끝까지의 내용은 Von Rohr(2014)를 발췌·요약한 것이다.

8_ 〈자유권 규약〉 제4조 1항은 다음과 같이 규정한다. "국민의 생존을 위협하는 공공의 비상사태public emergency의 경우에 있어서, 그러한 비상사태의 존재가 공식적으로 선포되어 있을 때에는 이 규약의 당사국은 당해 사태의 긴급성에 의하여 엄격히 요구되는 한도 내에서 이 규약상의 의무를 이탈하는 조치를 취할 수 있다." 물론 규약은 의무 이탈의 범위와 한계와 조건을 엄격하게 규제한다.

9_ 『한겨레』(2015/07/02)의 다음 기사를 보라. "중국 새 국가안전법 통과 …… 전방위 사회 통제 우려."

10_ 유엔 개발계획의 최빈국 목록은 다음 사이트를 참조하라.
⟨http://www.un.org/en/development/desa/policy/cdp/ldc/ldc_list.pdf⟩.

11_ 본문에서 이어지는 내용은 Hill and Jones(2014)와 Poe, Tate, and Keith(1999)를 정리한 것이다.

12_ 본문에서 이어지는 내용은 Perez-Linan and Mainwaring(2013)을 요약·해설한 것이다.

13_ 대법원과 헌법재판소의 다음 사이트를 참조하라.
⟨http://www.ooourt.go.kr/oupromo/nows/ChfJusticeListAction.work?gubun=705&top=Y⟩,
⟨http://www.ccourt.go.kr/cckhome/kor/ccourt/person/person.do;jsessionid=jAaXmWOHtixTJkPCXKijncN
GZyBYK5rcfpVhSOpINOdC1OTw6UOYrdyDnl8Jk3mz.cowas-1_servlet_engine10⟩.

14_ 본문에서 이어지는 내용은 Conrad and Moore(2010)를 요약·해설한 것이다.

15_ 본문에서 이어지는 내용은 Gough(2014)를 요약·해설한 것이다.

16_ 이런 관점은 프란치스코 교종이 2015년 6월에 발표한 환경회칙 『찬미받으소서』에도 잘 나와 있다(프란치스코 2015; Francis 2015).

17_ 인권 달성을 자유민주주의 이론, 사회민주주의 이론, 동원 이론으로 설명하는 방식은 Haas(2014)에서 아이디어를 얻었다.

7장

1_ 최소주의 원칙에 관해서는 선스타인(2015)을 참조하라.

참고문헌

갈퉁, 요한. 2000. 『평화적 수단에 의한 평화』. 강종일 외 옮김. 들녘.

강수돌. 2008. 『경쟁은 어떻게 내면화되는가』. 생각의나무.

_____. 2009. 『살림의 경제학』. 인물과사상사.

고병헌. 2006. 『평화교육사상』. 학지사.

공석기. 2013. "인권 운동." 정진성 외. 『인권 사회학』. 다산출판사.

글라시우스, 말리스. 2004. "국제형사재판소와 지구시민사회". 헬무트 안하이어, 메어리 칼도어,
　　　말리스 글라시우스 공저. 『지구시민사회: 개념과 현실』. 조효제·진영종 옮김. 아르케,
　　　81-111쪽.

길리건, 제임스. 2015. 『위험한 정치인: 정치와 죽음의 관계를 밝힌 정신의학자의 보고서』. 이희재
　　　옮김. 교양인.

김도균. 2008. 『권리의 문법: 도덕적 권리·인권·법적 권리』. 박영사.

김동춘. 2000. 『근대의 그늘: 한국의 근대성과 민족주의』. 당대.

_____. 2004. 『미국의 엔진: 전쟁과 시장』. 창비.

김명진·김현우·박진희·유정민·이정필·이헌석. 2011. 『탈핵: 포스트 후쿠시마와 에너지 전환시대의
　　　논리』. 이매진.

김비환. 2009. "가치다원주의 시대의 인권 규범 형성: 정치철학적 접근". 『정치사상연구』 15(1): 7-30.

_____. 2014. "좋은 민주주의의 조건들: 가치, 절차, 목적, 관계, 그리고 능력". 『비교민주주의연구』
　　　10(1): 33-63.

김상준. 2013. "무죄판결과 법관의 사실인정에 관한 연구: 항소심의 파기자판 사례들을 중심으로."
　　　박사 학위논문. 서울대학교 법학전문대학원.

김수빈. 2012. "리바이어던의 암종(癌腫): 민간군사기업의 창궐로 본 국가와 인권의 균열".
　　　『아시아저널』 6호, 66-87쪽.

김종대·임태훈. 2014. 『그 청년은 왜? 군대 가서 돌아오지 못했나』. 나무와숲.

김태우. 2013. 『폭격: 미 공군의 공중폭격 기록으로 읽는 한국전쟁』. 창비.

노다 마사아키. 2000. 『전쟁과 인간: 군국주의 일본의 정신분석』. 서혜영 옮김. 길.

니켈, 제임스 W. 2010. 『인권의 좌표』. 조국 옮김. 명인문화사.

도널리, 잭. 2002. 『인권과 국제정치』. 박정원 옮김. 오름.

뒤낭, 앙리. 1862/2009. 『솔페리노의 회상』. 대한적십자사 인도법연구소.

드워킨, 로널드. 2010. 『법과 권리』. 염수균 옮김. 한길사.

라고스, 리카르도. 2012. 『피노체트 넘어서기: 칠레 민주화 대장정』. 정진상 옮김. 삼천리.

러멜, 루돌프 J. 2005. 『데모사이드』. 이남규 옮김. 기파랑.

러미스, C. 더글러스. 2011.『경제성장이 안되면 우리는 풍요롭지 못할 것인가』. 개정판.
　　　　김종철·최성현 옮김. 녹색평론사.

레비, 프리모. 1958/2007.『이것이 인간인가』. 이현경 옮김. 돌베개.

마르틴, 한스 피터 외. 1998.『세계화의 덫: 민주주의와 삶의 질에 대한 공격』. 강수돌 옮김.
　　　　영림카디널.

맥마이클, 필립. 2013.『거대한 역설』. 조효제 옮김. 교양인.

머튼, 토마스. 2006.『머튼의 평화론』. 조효제 옮김. 분도출판사.

모겐소, 한스 J. 2010.『과학적 인간과 권력정치』. 김태현 옮김. 나남.

밀그램, 스탠리. 2009.『권위에 대한 복종』. 정태연 옮김. 에코리브르.

박경태. 2009.『인종주의』. 책세상.

박기갑. 1995. "人道法, 戰爭法 그리고 人權".『인도법논총』15: 123-134.

박동천. 2010.『깨어 있는 시민을 위한 정치학 특강』. 모티브북.

박상훈. 2011.『정치의 발견』. 후마니타스.

박지훈. 2011. "한국 퀴어 미디어의 역사와 발전". 전규찬·이희은·황인성·주형일·김수미·이경숙·
　　　　오원환·채석진·정의철·박지훈 공저.『한국 사회 미디어와 소수자 문화정치』.
　　　　커뮤니케이션북스, 321-368쪽.

박찬승. 2013.『대한민국은 민주공화국이다』. 돌베개.

박찬운. 1999.『국제 인권법』. 한울.

＿＿＿. 2012.『인권법의 신동향』. 한울.

박흥식·이지문·이재일. 2014.『내부고발자, 그 의로운 도전: 성취, 시련, 그리고 자기보호의 길』. 한울.

버겐탈, 토마스. 1992.『국제 인권법 개론』. 양건·김재원 옮김. 교육과학사.

버크, 에드먼드. 2008.『프랑스혁명에 관한 성찰』. 이태숙 옮김. 한길사.

베일스, 케빈. 2003.『일회용 인간: 글로벌 경제시대의 새로운 노예제』. 편동원 옮김. 이소출판사.

서경식. 2006.『시대의 증언자 쁘리모 레비를 찾아서』. 박광현 옮김. 창비.

＿＿＿. 2015. "니키가 쏜 총탄은 아직도 날고 있다".『한겨레』. 11월 6일: 30면.

서희경. 2004. "'한계 상황의 정치'(politics of extremity)와 민주주의: 1948년 한국의 여순사건과
　　　　국가보안법 관련 논의를 중심으로".『한국정치학회보』38(5): 7-31.

선스타인, 캐스. 2015.『누가 진실을 말하는가』. 이시은 옮김. 21세기북스.

센, 아마티아. 2013.『자유로서의 발전』. 김원기 옮김. 갈라파고스.

쇼트, 필립. 2008.『폴 포트: 대참사의 해부』. 이혜선 옮김. 실천문학사.

슈메이커, 폴. 2010.『진보와 보수의 12가지 이념: 다원적 공공정치를 위한 철학』. 조효제 옮김.
　　　　후마니타스.

슈바거, 라이문트. 2009.『희생양은 필요한가?』. 손희송 옮김. 가톨릭대학교출판부.

스코치폴, 테다. 1989.『국가와 사회혁명: 혁명의 비교 연구』. 한창수 옮김. 까치.

신광영. 2016. "한국사회 불평등과 민주주의". '한국민주주의의 미래'. 한국사회학회 서울
　　　　심포지엄(2016/03/31).

아다치 리키야. 2011.『군대를 버린 나라: 코스타리카 사람들의 평화이야기』. 설배환 옮김. 검둥소.

안드레아센, 보르·스티브 마크스. 2010.『인권을 생각하는 개발 지침서』. 양영미·김신 옮김.

후마니타스.

에셀, 스테판. 2011. 『분노하라』. 임희근 옮김. 돌베개.

워터만, 피터. 2000. 『지구화 시대의 전 세계 노동자』. 국제연대정책정보센터 옮김. 문화과학사.

웨어, 헬렌 외. 2013. 『국제분쟁, 재앙인가, 평화를 위한 갈등인가?』. 아시아평화인권연대·이광수
　　　옮김. 이후.

유아사 마코토. 2009. 『빈곤에 맞서다: 누구나 인간답게 사는 사회를 위해』. 이성재 옮김. 검둥소.

유엔인권센터 엮음. 2005. 『인도주의법과 인권』. 국가인권위원회 국제 협력담당관실 편역.
　　　국가인권위원회 국제 협력담당관실.

유엔인권최고대표사무실. 2014. 『국제 인권법과 사법: 법률가(법관, 검사, 변호사)를 위한 인권편람』.
　　　국제인권법연구회 옮김. 비매품.

유은혜. 2013. "인권사회학 방법론". 정진성 외. 『인권 사회학』. 다산출판사.

이경주. 2014. 『평화권의 이해: 개념과 역사, 분석과 적용』. 사회평론.

이샤이, 미셸린. 2005. 『세계인권사상사』. 조효제 옮김. 길.

이연호. 2013. 『불평등 발전과 민주주의』. 박영사.

이장희. 2014. "국제인도법 이행의 미래에 대한 국제법적 전망". 『인도법 논총』 34: 50-64.

이재승. 2010. 『국가 범죄: 한국 현대사를 관통하는 국가 범죄와 그 법적 청산의 기록』. 앨피.

이준구. 2015. "4대강사업 비판한 경제학 교과서, 제가 썼습니다". 『오마이뉴스』. 2월 9일.

　　　⟨http://www.ohmynews.com/NWS_Web/View/at_pg.aspx?CNTN_CD=A0002079997&PAGE_CD=ET000&BL
　　　CK_NO=1&CMPT_CD=T0000)⟩.

이찬수·이길용·최대광·황용연·유영근·이은선·김대식·박현도·전병술·김종명. 2011. 『종교
　　　근본주의: 비판과 대안』. 모시는사람들.

임지현·권혁범·김기중·박노자·김은실·권인숙·유명기·감근·김진호·전진삼·문부식. 2000. 『우리
　　　안의 파시즘』. 삼인.

정경수. 2000. "국제인권법의 국내 적용에 관한 비판적 분석". 『민주법학』 17: 148-175.

정인섭 편역. 2000. 『국제 인권 조약집』. 사람생각.

정인섭. 2012. 『생활 속의 국제법 읽기』. 일조각.

정진성·구정우·유은혜·정병은·공석기·김두년·이정은·박경태·한성훈. 2013. 『인권 사회학』.
　　　다산출판사.

정진성·유성상·정병은·김두년·공석기. 2011. 『국민인권 의식 실태조사』. 국가인권위원회.

조성호. 2015. "인성교육진흥법이 실패할 세 가지 이유". 『서울신문』. 8월 4일: 26면.

조연민. 2014. "신자유주의 세계화와 형벌국가의 등장: 로익 바캉의 『가난을 엄벌하다』에 대한
　　　비판범죄학적 검토를 중심으로". 『공익과 인권』. 14: 445-505.

조효제 편역. 2000a. 『NGO의 시대: 지구시민사회를 향하여』. 창작과비평사.

조효제. 2000b. "인권의 정치학: 피노체트 사건을 중심으로". 『인권과평화』. 1(1): 1-33.

_____. 2007. 『인권의 문법』. 후마니타스.

_____. 2008. "인권 경영의 모색: 쟁점과 비판". 『아세아연구』. 51(3): 128-160.

_____. 2011. 『인권을 찾아서: 신세대를 위한 세계인권선언』. 한울.

_____. 2013a. "먹거리 인권과 먹거리 주권의 시론적 고찰". 『민주주의와 인권』. 13(2): 267-301.

_____. 2013b. "스테판 에셀의 삶과 사상". 스테판 에셀. 『포기하지 마라』. 조민현 옮김. 문학세계사.

_____. 2015a. 『조효제 교수의 인권 오디세이』. 교양인.

_____. 2015b. "애국주의/국가주의 대 인권". 『내일을 여는 역사』. 통권 58: 118-129.

_____. 2015c. "한국의 반공주의와 인권". 김동춘·기외르기 스켈·크리스토프 폴만 외. 『반공의 시대: 한국과 독일, 냉전의 정치』. 돌베개, 369-389쪽.

_____. 2015d. "기후변화, 절체절명의 인권 문제". 『한겨레』. 8월 19일: 29면.

_____. 2015e. "현대 독일 사회의 인권담론". 『FES Information Series』. 2015-03.

_____. 2015f. "인권 달성의 근본조건". 『민주주의와인권』. 15(3): 229-273.

지영환·김민진. 2011. "국제인권조약의 한국 적용에 관한 입법적 연구". 『경희법학』 46(2): 237-271.

지젝, 슬라보예. 2011. 『폭력이란 무엇인가: 폭력에 대한 6가지 삐딱한 성찰』. 김희진·정일권·이현우 옮김. 난장이.

차병직. 2010. 『뚱딴지가 아니다: 묻고 답하며 깨치는 법 이야기』. 우리교육.

초스도프스키, 미셸. 1998. 『빈곤의 세계화』. 이대훈 옮김. 당대.

촘스키, 노암. 1996. 『미국이 진정으로 원하는 것』. 김보경 옮김. 한울.

최장집. 2005. 『민주화 이후의 민주주의: 한국 민주주의의 보수적 기원과 위기』. 제2판. 후마니타스.

카너먼, 대니얼. 2012. 『생각에 관한 생각』. 이진원 옮김. 김영사.

카터, 에이프릴. 2007. 『직접행동: 21세기 민주주의, 거인과 싸우다』. 조효제 옮김. 교양인.

칸트, 이마누엘. 1796/1992. 『영원한 평화를 위하여』. 이한구 옮김. 서광사.

커쇼, 이언. 2010. 『히틀러 I, II』. 이희재 옮김. 교양인.

코언, 스탠리. 2009. 『잔인한 국가, 외면하는 대중: 왜 국가와 사회는 인권침해를 부인하는가』. 조효제 옮김. 창비.

클라우제비츠, 카알 폰. 2009. 『전쟁론 1, 2, 3권』. 김만수 옮김. 갈무리.

클라인, 나오미. 2008. 『쇼크 독트린』. 김소희 옮김. 살림.

팩스턴, 로버트 O. 2005. 『파시즘: 열정과 광기의 정치혁명』. 손명희·최희영 옮김. 교양인.

포크, 키이스. 2009. 『시티즌십: 시민정치론 강의』. 이병천·이종두·이세형 옮김. 아르케.

프란치스코. 2015. 『찬미받으소서: 프란치스코 교황 회칙』. 한국천주교주교회의.

프리드먼, 샌드라. 2009. 『인권의 대전환: 인권공화국을 위한 법과 국가의 역할』. 조효제 옮김. 교양인.

프리먼, 마이클. 2005. 『인권: 이론과 실천』. 김철효 옮김. 아르케.

피케티, 토마. 2014. 『21세기 자본』. 장경덕 외 옮김. 글항아리.

필즈, 벨덴. 2013. 『인권: 인간이기 때문에 누려야 할 권리』. 박동천 옮김. 모티브북.

하웨이, 미셸·제임스 M. 오닐. 2002. 『남성의 폭력성에 관하여: 무엇이 여성에 대한 남성의 폭력을 야기하는가?』. 김태련·김정휘 옮김. 이화여자대학교 출판부.

하이제, 아르네. 2014. "세계화 시대 속 '사회적 시장경제'". FES Information Series 프리드리히 에버트 재단 한국 사무소.

하이트, 조너선. 2014. 『바른 마음: 나의 옳음과 그들의 옳음은 왜 다른가』. 왕수민 옮김. 웅진지식하우스.

한홍구. 2014. 『유신: 오직 한 사람을 위한 시대』. 한겨레출판사.

한희원. 2012. 『국제인권법원론: 이론과 케이스』. 삼영사.

허창수. 1996. 『자본주의의 도덕성과 비도덕성: 경제윤리적 소고』. 분도출판사.

허창수·김종민. 1995. 『경제활동: 사람은 어디 있는가?』. 분도출판사.

허창수·정용교 엮음. 2003. 『역사 속에서 바라본 노동개념의 변화』. 도서출판 영한.

헬드, 데이비드·앤터니 맥그루·데이비드 골드블라트·조너선 페라턴. 2002. 『전 지구적 변환』. 조효제 옮김. 창비.

호네트, 악셀. 2011. 『인정 투쟁: 사회적 갈등의 도덕적 형식론』. 문성훈·이현재 옮김. 사월의책.

홍성수. 2010. "법에 의한 인권 보호의 한계와 국가인권기구의 존립근거: '정규 국가기구'로서의 인권위의 기능과 위상". 『고려법학』. 58: 151-194.

_____. 2011. "국가인권위원회 조사·구제 기능에 대한 평가와 과제: 출범 이후 10년간의 통계를 중심으로". 『전북대학교 법학연구』. 34: 79-120.

_____. 2012. "지방자치단체의 인권조례에 대한 연구: 이념, 현실, 전망". 『민주주의와 인권』. 12(3): 305-337.

홍일표. 2007. 『기로에 선 시민입법』. 후마니타스.

힐베르크, 라울. 2008. 『홀로코스트, 유럽 유대인의 파괴』. 김학이 옮김. 개마고원.

Ackerly, Brook. 2013. "Feminist and activist approaches to human rights." In: Michael Goodhart (Ed). *Human Rights: Politics and Practice*. Second Edition. Oxford: Oxford University Press, pp. 27-41.

Ali, Fathi, Morten Koch Andersen, Ahlam Chemlali, Jens Modvig, Henrik Ronsbo, and Mette Skar. 2014. *Consequences of Torture and Organized Violence: Libya Needs Assessment Survey*. Copenhagen: DIGNITY Danish Institute Against Torture.

Ambrosewicz-Jacobs, Jolanta (Ed). 2009. *The Holocaust: The Voices of Scholars*. Cracow: Centre for Holocaust Studies, Jagiellonian University.

Amnesty International. 1985. *AI in Quotes*. London: Amnesty International Publications.

_____. 2015. *Amnesty International Report 2014/15: The State of the World's Human Rights*. London: Amnesty International.

Amos, Jennifer. 2011. "Embracing and contesting: The Soviet Union and the Universal Declaration of Human Rights, 1948-1958." In: Stefan-Ludwig Hoffmann (Ed). *Human Rights in the Twentieth Century*. Cambridge: Cambridge University Press, pp. 147-165.

Anderson, Craig A. and Brad J. Bushman. 2002. "Human aggression." *Annual Review of Psychology* 53: 27-51.

Anderson, Craig A. and L. Rowell Huesmann. 2003. "Human aggression: A social-cognitive view." In: Michael A. Hogg and Joel Cooper (Eds). *The Sage Handbook of Social Psychology*. Thousand Oaks, CA: Sage Publications, pp. 296-323.

Armstrong II, David Alan. 2009. "Measuring the democracy-repression nexus." *Electoral Studies* 28(3): 403-412.

Asan, Askin. 2010. "The root causes of terrorism." 1st Standing Committee on Political and

Security-related Cooperation. Rabat: Parliamentary Assembly of the Mediterranean.

Barber, Benjamin. 1984. *Strong Democracy: Participatory Politics for a New Age*. Berkeley and Los Angeles: University of California Press. [바버, 벤자민. 1992. 『강한 민주주의: 새 시대를 위한 참여적 정치』. 박재주 옮김. 부천: 인간사랑]

Bayefsky, Anne. 2001. *The UN Human Rights Treaty System: Universality at the Crossroads*. The Hague: Kluwer.

Bedford, Richard and Charlotte Bedford. 2010. "International migration and climate change: A post-Copenhagen perspective on options for Kiribati and Tuvalu." In: Bruce Burson (Ed). *Climate Change and Migration: South Pacific Perspectives*. Wellington: Institute of Policy Studies, pp. 89-134.

Bernstein, Edward. 1899/1911. *Evolutionary Socialism: A Criticism and Affirmation*. Translated by Edith C. Harvey. New York: B.W. Huebsch.

Bew, John. 2014. "The real origins of realpolitik." *The National Interest* 130: 40-52.

Blaesius, Julia, Tobias Gombert, Christian Krell, and Martin Timpe (Eds). 2009. *Foundations of Social Democracy: Social Democracy Reader 1*. Berlin: Friedrich Ebert Stiftung. [곰베르트, 토비아스. 2012. 『사회민주주의의 기초』. 한상익 옮김. 파주: 한울아카데미]

Bobbio, Norberto. 1996. *The Age of Rights*. Translated by Allan Cameron. Cambridge: Polity.

Broadbent, Edward. 2001. "Introduction." In: Edward Broadbent (Ed). *Democratic Equality: What Went Wrong?* Toronto: University of Toronto Press, pp. xv-xxvi.

Brock, Gillian. 2015. "Global justice." *Stanford Encyclopedia of Philosophy*. 〈http://plato.stanford.edu/entries/justice-global/〉.

Bruce, Joshua R. 2013. "Uniting theories of morality, religion, and social interaction: Grid-Group Cultural theory, the 'Big Three' Ethics, and Moral Foundations Theory." *Psychology & Society* 5(1): 37-50.

Brunnee, Jutta and Stephen J. Toope. 2010. *Legitimacy and Legality in International Law: An Interactional Account*. Cambridge: Cambridge University Press.

Burgers, Jan Herman. 1992. "The road to San Francisco: The revival of the human rights idea in the twentieth century." *Human Rights Quarterly* 14(4): 447-477.

Burke, Roland. 2010. *Decolonization and the Evolution of International Human Rights*. Philadelphia: University of Pennsylvania Press.

Cahn, Edmond. 1964. *The Sense of Injustice*. Bloomington: Indiana University Press.

Caney, Simon. 2010. "Climate change, human rights, and moral thresholds." In: Stephen Gardiner, Simon Caney, Dale Jamieson, and Henry Shue (Eds). *Climate Ethics: Essential Readings*. Oxford: Oxford University Press, pp. 163-177.

Cardenas, Sonia. 2013. "Human Rights in comparative politics." In: Michael Goodhart (Ed). *Human Rights: Politics and Practice*. Oxford: Oxford University Press, pp. 75-90.

Carneiro, Cristiane and Dominique Elden. 2009. "Economic sanctions, leadership survival, and human rights." *Journal of International Law* 30(3): 969-998.

Carney, Dana R., Andy J. Yap, Brian J. Lucas, and Pranjal H. Mehta. 연도 미상. "How power corrupts: Power buffers the emotional, cognitive, and physiological stress of lying." ⟨http://haas.berkeley.edu/groups/mors/papers/Carney.HowPowerCorrupts.pdf⟩.

Carpenter, Edward. 1915. *The Healing of Nations and the Hidden Sources of Their Strife*. Project Gutenberg. ⟨http://www.gutenberg.org/ebooks/10097⟩.

Center for International Environmental Law. 2011. *Climate Change & Human Rights: A Primer*. Washington DC: CIEL.

Cerise, Somali and Francesca Francavilla. 2012. *Trafficking the Root Causes of Gender Inequalities in the Post-2015 Development Agenda*. Paris: OECD Development Centre.

Cetorelli, Valeria. 2014. "The Effect on Fertility of the 2003–2011 War in Iraq." *Population and Development Review* 40(4): 581-604.

Chandler, David. 2013. "Contemporary critiques of human rights." In: Michael Goodhart (Ed). *Human Rights: Politics and Practice*. Oxford: Oxford University Press, pp. 107-122.

Chazel, F. 2001. "Structure: Social." *International Encyclopedia of the Social & Behavioral Sciences*. Oxford: Elsevier Science, pp. 15,233-15,237.

Cho, Hyo-Je. 2010a. "Two concepts of human rights in contemporary Korea." *Development and Society* 39(2): 301-327.

_____. 2010b. "Lessons for global human rights movement: The response of South Korean human rights movement to the North Korean situation." In: Hans Harbers (Ed). *Strangeness and Familiarity: Global Unity and Diversity in Human Rights and Democracy*. Utrecht: Forum, pp. 206-235.

Christie, George C. 2011. *Philosopher Kings?: The Adjudication of Conflicting Human Rights and Social Values*. Oxford: Oxford University Press.

Clapham, Andrew. 2006. *Human Rights Obligations of Non-State Actors*. Oxford: Oxford University Press.

Cloud, John. 2011. "The psychology of dictatorship: Why Gaddafi clings to power?" *Time* 26 May. ⟨http://healthland.time.com/2011/05/26/the-psychology-of-dictatorship-why-gaddafi-clings-to-power/⟩.

Cobb, Michael D., Brendan Nyhan, Jason Reifler. 2013. "Beliefs don't always persevere: How political figures are punished when positive information about them is discredited." *Political Psychology* 34(3): 307-326.

Cohrs, J. Christopher, Juergen Maes, Barbara Moschner, and Sven Kielmann. 2007. "Determinants of human rights attitudes and behavior: A comparison and interpretation of psychological perspectives." *Political Psychology* 28(4): 441-469.

Cole, Wade M. 2009. "Hard and soft commitments to human rights treaties, 1966-2000." *Sociological Forum* 24(3): 563-588.

Congressional Research Service. 2013. "The United Nations Educational, Scientific, and Cultural

Organization(UNESCO)." CRS Report for Congress: 7-5700, R42999.

Conquest, Robert. 2007. *The Great Terror: A Reassessment*. Oxford: Oxford University Press. [콘퀘스트, 로버트. 1987. 『혁명과 권력: 소련혁명의 비사』. 최숭 옮김. 서울: 슬라브연구사]

Conrad, Courtenay Ryals and Will H. Moore. 2010. "What stops the torture?" *American Journal of Political Science* 54(2): 459-476.

Coolidge, Frederick L. and Daniel L. Segal. 2007. "Was Saddam Hussein like Adolf Hitler?: A personality disorder investigation." *Military Psychology* 19(4): 289-299.

Corti, Kevin and Alex Gillespie. 2015. "Revisiting Milgram's Cyranoid method: Experimenting with hybrid human agents." *Journal of Social Psychology* 155(1): 30-56.

Crawford, Neta C. 2013. "Civilian death and injury in Iraq War, 2003-2013."
〈http://watson.brown.edu/costsofwar/files/cow/imce/papers/2013/Civilian%20Death%20and%20Injury%20i n%20the%20Iraq%20War,%202003-2013.pdf〉.

Dasgupta, Nilanjana and Anthony G. Greenwald. 2001. "On the malleability of automatic attitudes: Combating automatic prejudice with images of admired and disliked individuals." *Journal of Personality and Social Psychology* 81(5): 800-814.

Davenport, Christian and Cyanne Loyle. 2012. "The states must be crazy: Dissent and the puzzle of repressive persistence." *International Journal of Conflict and Violence* 6(1): 75-95.

Davenport, Christian. 2007. *State Repression and the Domestic Democratic Peace*. Cambridge: Cambridge University Press.

_____. 2013. "Political democracy and state repression." In: Michael Goodhart (Ed). *Human Rights: Politics and Practice*. Oxford: Oxford University Press, pp. 125-143.

De Mesquita, Bruce Bueno, Alastair Smith, Randolph M. Siverson, and James D. Morrow. 2003. *The Logic of Political Survival*. Boston: The MIT Press.

Delfeld, Helen J. 2014. *Human Rights and the Hollow State*. New York: Routledge.

Department of Justice. 2015a. "Memorandum: Department of Justice Report Regarding the Criminal Investigation into the Shooting Death of Michael Brown by Ferguson, Missouri Police Officer Darren Wilson." US Department of Justice.
〈http://www.justice.gov/sites/default/files/opa/press-releases/attachments/2015/03/04/doj_report_on_shooti ng_of_michael_brown_1.pdf〉.

_____. 2015b. "Investigation of the Ferguson Police Department." US Department of Justice.
〈http://www.justice.gov/sites/default/files/opa/press-releases/attachments/2015/03/04/ferguson_police_dep artment_report.pdf〉.

Devine, Patricia G., Patrick S. Forscher, Anthony J. Austin, and William T. L. Cox. 2012. "Long-term reduction in implicit race bias: A prejudice habit-breaking intervention." *Journal of Experimental Social Psychology* 48(6): 1,267-1,278.

Diamond, Larry and Leonardo Morlino (Eds). 2005. *Assessing the Quality of Democracy*. Baltimore, MD: The Johns Hopkins University Press.

Dillon, John. 2014. "The arms trade: A critical look." *Discoveries* 12: 125-134.

Donnelly, Jack. 2013. *Universal Human Rights in Theory and Practice.* Third Edition. Ithaca: Cornell University Press.

Douzinas, Costas. 2007. *Human Rights and Empire: The Political Philosophy of Cosmopolitanism.* New York: Routledge-Cavendish.

_____. 2014. "Human rights and the paradoxes of liberalism." *OpenDemocracy* 8 August. 〈https://www.opendemocracy.net/costas-douzinas/human-rights-and-paradoxes-of-liberalism〉.

Dunne, Tim and Marianne Hanson. 2013. "Human rights in international relations." In: Michael Goodhart (Ed). *Human Rights: Politics and Practice.* Second Edition. Oxford: Oxford University Press, pp. 42-57.

Dworkin, Ronald. 1977. *Taking Rights Seriously.* London: Duckworth. [드워킨, 로널드. 2010. 『법과 권리』. 염수균 옮김. 파주: 한길사]

Escriba-Folch, Abel. 2013. "Repression, political threats, and survival under autocracy." *International Political Science Review* 34(5): 543-560.

Eshet, Dan. 2007. *Totally Unofficial: Raphael Lemkin and the Genocide Convention.* Brookline, MA: Facing History and Ourselves National Foundation.

European Commission. 2008. "European Commission Check-list for root causes of conflict." 〈http://ec.europa.eu/external_relations/cfsp/cpcm/cp/list.htm〉.

Falk, Richard A. 2000. *Human Rights Horizon: The Pursuit of Justice in a Globalizing World.* London: Routledge.

Farmer, Paul. 2003. *Pathologies of Power: Health, Human Rights, and the New War on the Poor.* Berkeley: University of California Press. [파머, 폴. 2009. 『권력의 병리학』. 김주연·리병도 옮김. 서울: 후마니타스]

Fein, Helen. 1995. "More murder in the middle: Life-integrity violations and democracy in the world, 1987." *Human Rights Quarterly* 17(1): 170-191.

Feinberg, Matthew, Robb Willer, Olga Antonenko, and Oliver P. John. 2012. "Liberating reason from the passions: Overriding intuitionist moral judgments through emotion reappraisal." *Psychological Science* 23(7): 788-795.

Foot, Rosemary. 2010. "The Cold War and human rights." In: Melvyn P. Leffler and Odd Arne Westad (Eds). *The Cambridge History of the Cold War Volume 3: Endings.* Cambridge: Cambridge University Press, pp. 445-465.

Forsythe, David P. 1982. "Socioeconomic human rights: The United Nations, the United States, and beyond." *Human Rights Quarterly* 4(4): 433-449.

_____. 1997. "The United Nations, human rights, and development." *Human Rights Quarterly* 19(2): 334-349.

_____. 2009. "Peace and human rights." In: David P. Forsythe (Ed). *Encyclopedia of Human Rights Vol. 4.* Oxford: Oxford University Press, pp. 187-196.

_____. 2012a. *Human Rights in International Relations.* Third Edition. Cambridge: Cambridge

University Press.

_____. 2012b. *The UN Security Council and Human Rights: State Sovereignty and Human Dignity*. Berlin: Friedrich Ebert Stiftung.

Fortman, Bas De Gaay. 2011. "Human rights in the context of international relations." *E-International Relations*.
⟨http://www.e-ir.info/2011/07/30/human-rights-in-the-context-of-international-relations-a-critical-appraisal/⟩.

Fox, Dennis, Isaac Prilleltensky, and Stephanie Austin. 2009. "Critical psychology for social justice: Concerns and dilemmas." In: Dennis Fox, Isaac Prilleltensky, and Stephanie Austin (Eds). *Critical Psychology: An Introduction*. Second Edition. London: Sage Publications, pp. 3-19.

Francis. 2015. *Encyclical Letter Laudato Si' of the Holy Father Francis on Care for Our Common Home*. Vatican: Vatican Press.

Freeden, Michael. 1991. *Rights*. Minneapolis: University of Minnesota Press.

_____. 1998. *Ideologies and Political Theory: A Conceptual Approach*. Oxford: Oxford University Press.

Frieden, Jeffry A., David A. Lake and Kenneth A. Schultz. 2010. *World Politics: Interests, Interactions, Institutions*. New York: W.W. Norton and Co.

Galtung, Johan. 1964. "An editorial." *Journal of Peace Research* 1(1): 1-4.

_____. 1969. "Violence, peace, and peace research." *Journal of Peace Research* 6(3): 167-191.

_____. 1990. "Cultural violence." *Journal of Peace Research* 27(3): 291-305.

Giddens, Anthony and Philip W. Sutton. 2014. *Essential Concepts in Sociology*. Cambridge: Polity. [기든스, 앤서니·필립 W. 서튼. 2015. 『사회학의 핵심 개념들』. 김봉석 옮김. 파주: 동녘]

Glendon, Mary Ann. 2001. *A World Made New: Eleanor Roosevelt and the Universal Declaration of Human Rights*. New York: Random House.

Goldhagen, Daniel Jonah. 1996. *Hitler's Willing Executioners: Ordinary Germans and Holocaust*. New York: Knopf.

Goldsmith, Jack L. and Eric A. Posner. 2005. *The Limits of International Law*. Oxford: Oxford University Press.

Goodhart, Michael. 2007. "'None so poor that he is compelled to sell himself': Democracy, subsistence, and basic income." In: Shareen Hertel and Lanse Minkler (Eds). *Economic Rights: Conceptual, Measurement, and Policy Issues*. Cambridge: Cambridge University Press, pp. 94-114.

_____. 2013. "Introduction: Human rights in politics and practice." In: Michael Goodhart (Ed). *Human Rights: Politics and Practice*. Oxford: Oxford University Press, pp. 1-8.

Goodman, Ryan and Derek Jinks. 2003. "Measuring the effects of human rights treaties." *European Journal of International Law* 14(1): 171-183.

_____. 2004. "How to influence states: Socialization and international human rights law." *Duke*

Law Journal 54(3): 621-703.

Goodnow, Jacqueline J. 1988. "Parents' ideas, actions, and feelings: Models and methods from developmental and social psychology." *Child Development* 59(2): 286-320.

Gough, Ian. 2014. "Climate change and sustainable welfare: An argument for the centrality of human needs." Centre for Analysis of Social Exclusion: CASE/182. London School of Economics.

Graham, Jesse, Jonathan Haidt, and Brian A. Nosek. 2009. "Liberals and Conservatives rely on different sets of moral foundations." *Journal of Personality and Social Psychology* 96(5): 1,029-1,046.

Gready, Paul. 2003. "The politics of human rights." *Third World Quarterly* 24(4): 745-757.

Greenwald, Anthony G. 1980. "The totalitarian ego: Fabrication and revision of personal history." *American Psychologist* 35(7): 603-618.

Greenwald, Anthony G. and Thomas F. Pettigrew. 2014. "With malice toward none and charity for some: Ingroup favoritism enables discrimination." *American Psychologist* 69(7): 669-684.

Haas, Michael. 2014. *International Human Rights: A Comprehensive Introduction.* Second Edition. New York: Routledge.

Hafner-Burton, Emilie M. and Kiyoteru Tsutsui. 2007. "Justice lost! The failure of international law to matter where needed most." *Journal of Peace Research* 44(4): 407-425.

Hafner-Burton, Emilie M., Kiyoteru Tsutsui, and John W. Meyer. 2008. "International human rights law and the politics of legitimation: Repressive states and human rights treaties." *International Sociology* 23(1): 115-141.

Haidt, Jonathan. 2012. *The Righteous Mind: Why Good People are Divided by Politics and Religion.* New York: Vintage Books. [하이트, 조너선. 2014. 『바른 마음: 나의 옳음과 그들의 옳음은 왜 다른가』. 왕수민 옮김. 서울: 웅진지식하우스]

Hathaway, Oona A. 2002. "Do human rights treaties make a difference?" *The Yale Law Journal* 111(8): 1,935-2,042.

_____. 2007. "Why do countries commit to human rights treaties?" *Journal of Conflict Resolution* 51(4): 588-621.

Haule, Romuald R. 2006. "Some reflections on the foundation of human rights: Are human rights an alternative to moral values?" *Max Planck Yearbook of United Nations Law* 10: 367-395.

Hertel, Shareen and Lanse Minkler. 2007. "Economic rights: The terrain." In: Shareen Hertel and Lanse Minkler (Eds). *Economic Rights: Conceptual, Measurement, and Policy Issues.* Cambridge: Cambridge University Press, pp. 1-35.

Hill Jr., Daniel W. 2010. "Estimating the effects of human rights treaties on state behavior." *Journal of Politics* 72(4): 1,161-1,174.

Hill, Daniel W. and Zachary M. Jones. 2014. "An empirical evaluation of explanations for state repression." *American Political Science Review* 108(3): 661-687.

Ho, Kathleen. 2007. "Structural violence as a human rights violation." *Essex Human Rights Review* 4(2): 1-17.

Hobbes, Thomas. 1651. *Leviathan: Or, The Matter, Forme, & Power of a Common-wealth, Ecclesiasticall and Civill.* London: Andrew Crooke. [홉스, 토머스. 2008. 『리바이어던: 교회국가 및 시민국가의 재료와 형태 및 권력』. 진석용 옮김. 파주: 나남]

Hobsbawm, Eric. 2002. "War and peace in the 20th century." *London Review of Books* 24(4): 16-18. ⟨http://www.lrb.co.uk/v24/n04/eric-hobsbawm/war-and-peace-in-the-20th-century⟩.

Hoffmann, Christiane. 2014. "Freedom vs. stability: Are dictators worse than anarchy?" *Spiegel Online* 8 October.
⟨http://www.spiegel.de/international/world/why-keeping-a-dictator-is-often-better-than-instability-a-996101. html⟩.

Hollander, Paul. 2008. "Contemporary political violation and its legitimation." In: Paul Hollander (Ed). *Political Violence: Belief, Behavior, and Legitimation.* New York: Palgrave Macmillan, pp. 1-20.

Hollyer, James R. and B. Peter Rosendorff. 2012. "Do human rights agreements prolong the tenure of autocratic ratifiers?" *International Law and Politics* 44: 791-811.

Hopgood, Stephen. 2013. *The Endtimes of Human Rights.* Ithaca: Cornell University Press.

Hornsby-Smith, Michael P. 2006. *An Introduction to Catholic Social Thought.* Cambridge: Cambridge University Press.

Horowitz, Shale and Albrecht Schnabel (Eds). 2004. *Human Rights and Societies in Transition: Causes, Consequences, Responses.* New York: United Nations University Press.

Hsiang, Solomon A., Marshall Burke, and Edward Miguel. 2013. "Quantifying the influence of climate on human conflict." *Science* 341(6151): 1,212-1,226.

Human Rights Watch. 2015. *Mass Rape in Darfur: Sudanese Army Attacks Against Civilians in Tabit.* Human Rights Watch.

Humphreys, Stephen. 2015. "Climate change poses an existential threat to human rights." *OpenDemocracy* 16 July.
⟨https://www.opendemocracy.net/openglobalrights/stephen-humphreys/climate-change-highlights-fragility-of-human-rights-norms⟩.

ICHRP(International Council on Human Rights Policy). 2008. *Climate Change and Human Rights: A Rough Guide.* Versoix: ICHRP.

ICISS(International Commission on Intervention and State Sovereignty). 2001. *The Responsibility to Protect.* Ottawa: International Development Research Centre.

Ignatieff, Michael. 2005. "Introduction: American exceptionalism and human rights." In: Michael Ignatieff (Ed). *American Exceptionalism and Human Rights.* Princeton: Princeton University Press, pp. 1-26.

ITUC(International Trade Union Confederation). 2014. *ITUC Global Rights Index: The World's*

Worst Countries for Workers. 〈http://www.ituc-csi.org/IMG/pdf/survey_ra_2014_eng_v2.pdf〉.

Jones, Peter. 1999. "Human rights, group rights, and peoples' rights." *Human Rights Quarterly* 21(1): 80-107.

Jost, John T., Christopher M. Federico, and Jaime L. Napier. 2009. "Political ideology: Its structure, functions, and elective affinities." *Annual Review of Psychology* 60: 307-337.

Jost, John T., Mahzarin R. Banaji, and Brian A. Nosek. 2004. "A decade of system justification theory: Accumulated evidence of conscious and unconscious bolstering of the status quo." *Political Psychology* 25(6): 881-919.

Jung, Alexander, Horand Knaup, Samiha Shafy and Bernhard Zand. 2015. "The Warming World: Is Capitalism Destroying Our Planet?" *Spiegel International* 25 February. 〈http://www.spiegel.de/international/world/climage-change-failed-efforts-to-combat-global-warming-a-1020 406.html〉.

Kaldor, Mary. 2012. *New and Old Wars: Organized Violence in a Global Era*. Third Edition. Cambridge: Polity. [켈도어, 메리. 2010. 『새로운 전쟁과 낡은 전쟁: 세계화 시대의 조직화된 폭력』. 유강은 옮김. 서울: 그린비출판사]

Kar, Robin Bradley. 2013. "The psychological foundations of human rights." In: Dinah Shelton (Ed). *The Oxford Handbook of International Human Rights Law*. Oxford: Oxford University Press, pp. 104-143.

Kearns, Erin M. 2015. "The study of torture: Why it persists, why perceptions of it are malleable, and why it is difficult to eradicate." *Laws* 4: 1-15.

Keck, Margaret E. and Kathryn Sikkink. 1998. *Activists Beyond Borders: Advocacy Networks in International Politics*. Ithaca, NY: Cornell University Press.

Kelly, Paul. 2005. *Liberalism*. Cambridge: Polity.

Kelly, Tobias. 2009. "The UN Committee Against Torture: Human rights monitoring and the legal recognition of cruelty." *Human Rights Quarterly* 31(3): 777-800.

Keltner, Dacher, Deborah H. Gruenfeld, and Cameron Anderson. 2003. "Power, approach, and inhibition." *Psychological Review* 110(2): 265-284.

Keynes, John Maynard. 1936. *The General Theory of Employment, Interests and Money*. A Project of Gutenberg. 〈http://gutenberg.net.au/ebooks03/0300071h/printall.html〉. [케인스, 존 메이너드. 2011. 『고용, 이자 및 화폐에 관한 일반이론』. 박만섭 옮김. 서울: 지식을만드는지식]

Kirchmeier, Felix. 2013. *Climate Change and Human Rights: The Quest for a New Mandate of the UN Human Rights Council*. Geneva: Friedrich Ebert Stiftung.

Klein, Naomi. 2014. *This Changes Everything: Capitalism vs. The Climate*. Alfred A. Knopf Canada. eBook.

Kohlberg, Lawrence and Richard H. Hersh. 1977. "Moral Development: A review of the theory." *Theory Into Practice* 16(2): 53-59.

Koo, Jeong-Woo and Francisco O. Ramirez. 2009. "National incorporation of global human rights: Worldwide expansion of national human rights institutions, 1966-2004." *Social Forces* 87(3): 1,321-1,353.

Koo, Jeong-Woo, Byeong-Eun Cheong, and Francisco O. Ramirez. 2015. "Who thinks and behaves according to human rights?: Evidence from the Korean National Human Rights Survey." *Korean Observer* 46(1): 53-87.

Krueger, Alan B. and Jitka Maleckova. 2003. "Education, poverty and terrorism: Is there a causal connection?" *Journal of Economic Perspectives* 17(4): 119-144.

Kukis, Mark. 2015. "The myth of victory." *Aeon Magazine*.
〈getpocket.com/redirect?url=http%3A%2F%2Faeon.co%2Fmagazine%2Fsociety%2Fcan-americans-updat e-their-ideas-about-war%2F〉.

Kysar, Douglas A. 2013. "Climate change and the International Court of Justice." *Public Law Research Paper* 315. Yale Law School.

La Strada International. 2008. *Violation of Women's Rights: A Cause and Consequence of Trafficking in Women*. Amsterdam: LSI.

Lai, Calvin K. et al. 2014. "Reducing implicit racial preferences: I. A comparative investigation of 17 interventions." *Journal of Experimental Psychology: General* 143(4): 1,765-1,785.

Lalonde, Marc. 1974. *A New Perspective on the Health of Canadians: A Working Document*. Ottawa: Minister of Supply and Services Canada.

Lambelet, Doriane. 1989. "The contradiction between the Soviet and American human rights doctrine: Reconciliation through Perestroika and pragmatism." *Boston University International Law Journal* 7: 61-83.

Landman, Todd and Marco Larizza. 2009. "Inequality and human rights: Who controls what, when, and how." *International Studies Quarterly* 53(3): 715-736.

Landman, Todd. 2006. *Studying Human Rights*. New York: Routledge.

Langer, Walter C. 1943. "A psychological analysis of Adolf Hitler."
〈http://www.nizkor.org/hweb/people/h/hitler-adolf/oss-papers/text/profile-index.html〉.

_____. 1972. *The Mind of Adolf Hitler: The Secret Wartime Report*. New York: Basic Books.
[랑거, 월터 C. 1999. 『히틀러의 정신분석: 미 OSS의 극비 보고서』. 최종배 옮김. 서울: 솔출판사]

Langlois, Anthony J. 2004. "The elusive ontology of human rights." *Global Society* 18(3): 243-261.

_____. 2013. "Normative and theoretical foundation of human rights." In: Michael Goodhart (Ed). *Human Rights: Politics and Practice*. Second Edition. Oxford: Oxford University Press, pp. 11-26.

Lauren, Paul Gordon. 2011. *The Evolution of International Human Rights: Visions Seen*. Third Edition. Philadelphia: University of Pennsylvania Press.

Ledewitz, Bruce S. 1985. "Edmond Cahn's Sense of Injustice: A contemporary reintroduction."

Journal of Law and Religion 3(2): 277-330.

Leitenberg, Milton. 2006. "Deaths in wars and conflicts in the 20th Century." Occasional Paper #29. Third Edition. Cornell University: Peace Studies Program.

Lemkin, Raphael. 1946. "Genocide." *American Scholar* 15(2): 227-230.

Letman, Jon. 2013. "How climate change destroys human rights." *Al Jazeera* 19 December. 〈http://www.aljazeera.com/humanrights/2013/12/how-climate-change-destroys-human-rights-20131217174532837148.html〉.

Lewandowsky, Stephan, Ulrich K. H. Ecker, Colleen M. Seifert, Norbert Schwartz, and John Cook. 2012. "Misinformation and its correction: Continued influence and successful debiasing." *Psychological Science in the Public Interest* 13(3): 106-131.

Lewis, Simon L. and Mark A. Maslin. 2015. "Defining the Anthropocene." *Nature* 519: 171-180.

Lukes, Steven. 1990. "Marxism and morality: Reflections on the revolutions of 1989." *Ethics & International Affairs* 4(1): 19-31.

Lupu, Yonatan. 2013. "Best evidence: The role of information in domestic judicial enforcement of international human rights agreements." *International Organization* 67(3): 469-503.

MacCormick, Neil. 1984. *Legal Right and Social Democracy: Essays in Legal and Political Philosophy.* Oxford: Oxford University Press.

Mandal, Ruma and Amanda Gray. 2014. *Out of the Shadows: The Treatment of Statelessness Under International Law.* London: Chatham House.

Mani, Anandi, Sendhil Mullainathan, Eldar Shafir, and Jiaying Zhao. 2013. "Poverty impedes cognitive function." *Science* 341(6149): 976-980.

March, James G. and Johan P. Olsen. 1998. "The institutional dynamics of international political orders." *International Organization* 52(4): 943-969.

_____. 2006. "The logic of appropriateness." In: Michael Moran, Martin Rein, and Robert Goodin (Eds). *The Oxford Handbook of Public Policy.* Oxford: Oxford University Press, pp. 689-708.

Marks, Susan. 2011. "Human rights and root causes." *The Modern Law Review* 74(1): 57-78.

McFarland, Sam and Melissa Mathews. 2005. "Who cares about human rights?" *Political Psychology* 26(3): 365-385.

McKibben, Bill. 2012. "Global warming's terrifying new math: Three simple numbers that add up to global catastrophe - and that make clear who the real enemy is." *Rolling Stone* 2 August. 〈http://www.rollingstone.com/politics/news/global-warmings-terrifying-new-math-20120719?page=5〉.

Melton, Gary B. 1992. "The law is a good thing (Psychology is too): Human rights in psychological jurisprudence." *Law and Human Behavior* 16(4): 381-398.

Minnerath, R., O. Fumagalli Carulli and V. Possenti (Eds). 2010. *Catholic Social Doctrine and Human Rights.* Vatican City: The Pontifical Academy of Social Sciences.

Mitchell, Neil J., Sabine C. Carey, and Christopher K. Butler. 2014. "The impact of pro-government militias on human rights violations." *International Interactions: Empirical and Theoretical Research in International Relations* 40: 812-836.

Moore, Will H. and Ryan M. Welch. 2015. "Why do governments abuse human rights?" *Emerging Trends in the Social and Behavioral Sciences.* John Wiley & Sons, Inc., pp. 1-16.

Mora, Camilo et al. 2013. "The projected timing of climate departure from recent variability." *Nature* 502: 183-187.

Moravcsik, Andrew. 2000. "The origins of human rights regimes: Democratic delegation in postwar Europe." *International Organization* 54(2): 217-252.

Morlino, Leonardo. 2004. "What is 'good' democracy?" *Democratization* 11(5): 10-32.

Moyn, Samuel. 2010. *The Last Utopia: Human Rights in History.* Cambridge, MA: Belknap Press of the Harvard University Press.

Msimang, Sisonke. 2015. "South Africa's human rights hypocrisy." *The International New York Times* 19 June.

Mullainathan, Sendhil and Eldar Shafir. 2013. *Scarcity: The New Science of Having Less and How It Defines Our Lives.* New York: Times Books. [멀레이너선, 센딜·엘다 샤퍼. 2014. 『결핍의 경제학: 왜 부족할수록 마음은 더 끌리는가』. 이경식 옮김. 서울: 알에이치코리아]

Nagel, Thomas. 2005. "The problem of global justice." *Philosophy & Public Affairs* 33(2): 113-147.

Ni, Preston C. 2006. *How to Communicate Effectively and Handle Difficult People.* Second Edition. ⟨www.nipreston.com⟩.

OSCE Office for Democratic Institutions and Human Rights. 2007. *Countering Terrorism, Protecting Human Rights.* Warsaw: OSCE-ODIHR.

Otunnu, Ogenga. 1992. "Socio-economic and political crises in Uganda: Reasons for human rights violations and refugees." *Refuge* 11(3): 23-35.

OXFAM. 2014. *Even It Up: Time to End Extreme Inequality.* Oxford: OXFAM GB.

Pamlin, Dennis and Stuart Armstrong. 2015. *12 Risks That Threaten Human Civilisation.* Stockholm: Global Challenges Foundation.

Peck, James. 2010. *Ideal Illusions: How the U.S. Government Co-opted Human Rights.* New York: Metropolitan Books.

Perez-Linan, Anibal and Scott Mainwaring. 2013. "Regime legacies and levels of democracy: Evidence from Latin America." *Comparative Politics* 45(4): 379-397.

Permanent Peoples' Tribunal. 2010. *Tribunal on Sri Lanka: 14-16 January 2010.* Roma: Permanent Peoples' Tribunal, Fondazione Lelio Basso Sezione Internazionale.

_____. 2013. *Peoples' Tribunal on Sri Lanka: 07-10 December 2013.* Roma: Permanent Peoples' Tribunal, Fondazione Lelio Basso Sezione Internazionale.

Pierson, Christopher. 2004. *The Modern State.* Second edition. London: Routledge. [피어슨, 크리스토퍼. 1999. 『근대국가의 이해』. 박형신·이택면 옮김. 서울: 일신사]

Poe, Steven C., C. Neal Tate, and Linda Camp Keith. 1999. "Repression of the human right to personal integrity revisited: A global cross-national study covering the years 1973-1993." *International Studies Quarterly* 43(2): 291-313.

Pogge, Thomas. 2002. *World Poverty and Human Rights: Cosmopolitan Responsibilities and Reforms.* Cambridge: Polity Press.

_____. 2005. "Recognized and violated by international law: The human rights of the global poor." *Leiden Journal of International Law* 18(4): 717-745.

_____. 2011. "Are we violating the human rights of the world's poor?" *Yale Human Rights and Development Law Journal* 14(2): 1-33.

Pollis, Nicholas P. 1981. "Conformity, compliance, and human rights." *Human Rights Quarterly* 3(1): 93-105.

Posner, Eric A. 2008. "Human welfare, not human rights." *Columbia Law Review* 108(7): 1,758-1,801.

_____. 2014. *The Twilight of Human Rights Law.* New York: Oxford University Press.

Poucki, Sasa. 2012. "The quest for root causes of human trafficking: A study on the experience of marginalized groups, with a focus on the Republic of Serbia." PhD Thesis: Rutgers University.

Powell, Emilia Justyna and Jeffrey K. Staton. 2009. "Domestic judicial institutions and human rights treaty violation." *International Studies Quarterly* 53(1): 149-174.

Prentice, Deborah A. 2012. "The psychology of social norms and the promotion of human rights." In: Ryan Goodman, Derek Jinks, and Andrew K. Woods (Eds). *Understanding Social Action, Promoting Human Rights.* Oxford: Oxford University Press, pp. 23-43.

Preston, Paul. 2012. *The Spanish Holocaust: Inquisition and Extermination in Twentieth-Century Spain.* London: Harper Press.

Ramcharan, Bertrand G. 2002. *Human Rights and Human Security.* The Hague: M.Nijhoff Publishers.

Ramirez, J. Martin and Jose M. Andreu. 2003. "Aggression's typologies." *Revue Internationale de Psychologie Sociale* 16(3): 125-141.

Ranstorp, Magnus (Ed). 2007. *Mapping Terrorism Research: State of the Art, Gaps and Future Direction.* New York: Routledge.

Rawls, John. 1999. *The Law of Peoples.* Cambridge, MA: Harvard University Press. [롤스, 존. 2009. 『만민법』. 장동진·김만권·김기호 옮김. 서울: 아카넷]

Regan, Patrick M. Errol A. Henderson. 2002. "Democracy, threats and political repression in developing countries: Are democracies internally less violent?" *Third World Quarterly* 13(1): 119-136.

Rejali, Darius. 2007. *Torture and Democracy.* Princeton: Princeton University Press.

Risse, Thomas and Stephen C. Ropp. 2013. "Introduction and overview." In: Thomas Risse, Stephen C. Ropp, and Kathryn Sikkink (Eds). *The Persistent Power of Human Rights:*

From Commitment to Compliance. New York: Cambridge University Press, pp. 3-25.

Rosenbaum, Ron. 2014. *Explaining Hitler: The Search for the Origins of His Evil.* Updated Edition. Boston: Da Capo Press.

Rost, Nicolas. 2011. "Human rights violations, weak states, and civil war." *Human Rights Review* 12: 417-440.

Rotblat, Joseph. 1996. "If you want peace, prepare for peace." *Times Higher Education* 29 November.

⟨https://www.timeshighereducation.co.uk/news/if-you-want-peace-prepare-for-peace/91655.article⟩.

Rummel, Rudolph J. 1997. *Power Kills: Democracy as a Method of Nonviolence.* New Brunswick: Transaction Books.

_____. 2004. *War & Genocide Never Again.* Coral Springs, FL: Llumina Press.

Sen, Amartya. 1999. *Development as Freedom.* New York: Alfred A Knopf. [센, 아마티아. 2013. 『자유로서의 발전』. 김원기 옮김. 서울: 갈라파고스]

Shaw, Martin. 2003. *War and Genocide: Organized Killing in Modern Society.* Cambridge: Polity.

Shestack, Jerome J. 1998. "The philosophic foundations of human rights." *Human Rights Quarterly* 20(2): 201-234.

Short, Damien. 2013. "Sociological and anthropological approaches." In: Michael Goodhart (Ed). *Human Rights: Politics and Practice.* Oxford: Oxford University Press, pp. 91-106.

Shweder, Richard A. and Jonathan Haidt. 2000. "The cultural psychology of emotions: Ancient and new." In: M. Lewis and J. M. Haviland-Jones (Eds). *Handbook of Emotions.* Second Edition. New York: Guilford, pp. 397-414.

Sigler, Jay A. 1967. "Edmond Cahn and the search for empirical justice." *Villanova Law Review* 12(2): 235-250.

Silva, Marisa Viegas e. 2013. "The United Nations Human Rights Council: Six Years On." *SUR-International Journal on Human Rights* 10(18): 96-113.

Simmons, Beth A. 2009. *Mobilizing for Human Rights: International Law in Domestic Politics.* New York: Cambridge University Press.

Singer, Peter. 1972. "Famine, affluence, and morality." *Philosophy and Public Affairs* 1(3): 229-243.

Smith, Rhona K. M. 2013. "Human rights in international law." In: Michael Goodhart (Ed). *Human Rights: Politics and Practice.* Oxford: Oxford University Press, pp. 58-74.

_____. 2014. *Textbook on International Human Rights.* 6th Edition. Oxford: Oxford University Press.

Snyder, Timothy. 2015. "Hitler's World." *New York Review of Books* 24 September.

⟨http://www.nybooks.com/articles/archives/2015/sep/24/hitlers-world/⟩.

Stal, Mariana. 2013. "Psychopathology of Joseph Stalin." *Psychology* 4(9A1): 1-4.

Stammers, Neil. 2009. *Human Rights and Social Movements*. London: Pluto.

Staub, Ervin. 1989. *The Roots of Evil: The Origins of Genocide and Other Group Violence*. Cambridge: Cambridge University Press.

_____. 1999. "The origins and prevention of genocide, mass killing, and other collective violence." *Peace and Conflict: Journal of Peace Psychology* 5(4): 303-336.

_____. 2003. *The Psychology of Good and Evil: Why Children, Adults, and Groups Help and Harm Others*. Cambridge: Cambridge University Press.

_____. 2006. "Reconciliation after genocide, mass killing, or intractable conflict: Understanding the roots of violence, psychological recovery, and steps toward a general theory." *Political Psychology* 27(6): 867-894.

_____. 2012. "The psychology of morality in genocide and violent conflict: Perpetrators, passive bystanders, rescuers." In: Mario Mikulincer and Phillip R. Shaver (Eds). *The Social Psychology of Morality*. Washington DC: American Psychological Association Press, pp. 381-398.

Steffen, Will et al. 2015. "The trajectory of the Anthropocene: The Great Acceleration." *The Anthropocene Review* 2(1): 81-98.

Steiner, Henry J., Philip Alston, Ryan Goodman. 2007. *International Human Rights in Context: Law, Politics, Morals*. Third Edition. Oxford: Oxford University Press.

Swift, Adam. 2014. *Political Philosophy*. Third Edition. Cambridge: Polity. [스위프트, 애덤. 2011. 『정치의 생각: 정의에서 민주주의까지』. 김비환 옮김. 서울: 개마고원]

Thoreau, Henry David. 1849. *On the Duty of Civil Disobedience*. Elegant Ebooks. [소로, 헨리 데이비드. 1999. 『시민의 불복종』. 강승영 옮김. 서울: 이레]

Tileaga, Cristian. 2014. "Prejudice as collective definition: Ideology, discourse and moral exclusion." In: Charles Antaki and Susan Condor (Eds). *Rhetoric, Ideology and Social Psychology: Essays in Honour of Michael Billing*. London: Routledge, pp. 71-82.

Tindale, Stephen. 2013. *Priorities for EU Development Aid*. Centre for European Reform. 〈http://www.cer.org.uk/sites/default/files/publications/attachments/pdf/2013/pbrief_sct_development_14june13-7556.pdf〉.

Tomz, Michael and Jessica L. Weeks. 2012. "Human rights, democracy, and international conflict." Working Paper. Stanford University: Department of Political Science.

Turner, Bryan S. 1993. "Outline of a theory of human rights." *Sociology* 27(3): 489-512.

U. S. Senate. 2014. *Report of the Senate Select Committee on Intelligence: Committee Study of the Central Intelligence Agency's Detention and Interrogation Program*, pp. 113-288.

United Nations Economic and Social Council Resolution. 1967. 1235 (XLII), 42 U.N. ESCOR Supp. (No. 1) at 17, U.N. Doc. E/4393 (1967).

United Nations Office of the High Commissioner for Human Rights. 2002. "Recommended Principles and Guidelines on Human Rights and Human Trafficking." Text presented to the Economic and Social Council.

⟨http://www.ohchr.org/Documents/Publications/Commentary_Human_Trafficking_en.pdf⟩.

_____. 2014. "HIV/AIDS and human rights." ⟨http://www.ohchr.org/EN/Issues/HIV/Pages/HIVIndex.aspx⟩.

United Nations. 2008. "Report on Indicators for Promoting and Monitoring the Implementation of Human Rights." HRI/MC/2008/3.

_____. 2009. *Human Security in Theory and Practice*. New York: UN Office for the Coordination of Humanitarian Affairs.

_____. 2010. *National Human Rights Institutions: History, Principles, Roles and Responsibilities*. New York: Office of the United Nations High Commissioner for Human Rights.

_____. 2012. *Human Rights Indicators: A Guide to Measurement and Implementation*. New York and Geneva: Human Rights Office of the High Commissioner.

Van der Meer, Erwin. 2012. "Are Thomas Pogge's and Peter Singer's approaches to global justice and human rights mutually exclusive?: A presentation." Summer School on Global Justice and Human Rights. Maastricht University: 3 August.
⟨https://www.academia.edu/8270328/A_Comparison_of_Peter_Singer_and_Thomas_Pogge_in_their_approach_to_World_Poverty_and_Hunger⟩.

Von Rohr, Mathieu. 2014. "Anarchy vs. Stability: Dictatorships and chaos go hand in hand." *Spiegel Online* 9 October.
⟨http://www.spiegel.de/international/world/stable-dictatorships-are-not-the-lesser-evil-a-996278.html⟩.

Vreeland, James Raymond. 2008. "Political institutions and human rights: Why dictatorships enter into the United Nations Convention Against Torture." *International Organization* 62: 65 101.

Waite, Robert G. L. 1993. *The Psychopathic God Adolf Hitler*. New York: Da Capo Press.

Waters, Malcolm. 1996. "Human rights and the universalization of interests: Towards a social constructionist approach." *Sociology* 30(3): 593-600.

Wells, H. G. 1940. *The New World Order*. London: Secker and Warburg.

Wendt, Alexander. 2003. "Why a world state is inevitable." *European Journal of International Relations* 9(4): 491-542.

World Bank. 2012. *Turn Down the Heat: Why a 4°C Warmer World Must be Avoided*. Washington DC: The World Bank.

World Organisation Against Torture. 2008. *Addressing the Economic, Social and Cultural Root Causes of Torture in Kenya: An Alternative Report to the Committee Against Torture November 2008*. Geneva: OMCT.

Yehuda, Rachel et al. 2015. "Holocaust exposure induced intergenerational effects on *FKBP5* methylation." *Biological Psychiatry* 12 August. DOI:
⟨http://dx.doi.org/10.1016/j.biopsych.2015.08.005⟩

Young, Iris Marion. 2003. "Political responsibility and structural injustice." The Lindley Lecture. University of Kansas. 5 May 2003.
⟨https://www.bc.edu/content/dam/files/schools/cas_sites/sociology/pdf/PoliticalResponsibility.pdf⟩.

찾아보기

| 국제법·조약·선언 등 |

부록_ 세계인권선언

Universal Declaration of Human Rights

- 1948년 12월 10일 유엔에서 제정 / 조효제 옮김

전문

우리가 인류 가족 모든 구성원들의 타고난 존엄성과, 그들의 평등한 권리 및 빼앗길 수 없는 권리를 인정할 때, 자유롭고 정의롭고 평화적인 세상의 토대가 마련될 것이다.

인권을 무시하고 짓밟은 탓에 인류의 양심을 분노하게 한 야만적인 일들이 발생했다. 따라서 보통 사람들이 바라는 간절한 소망이 있다면 그것은 모든 사람이 말할 자유, 신앙의 자유, 공포로부터의 자유, 그리고 결핍으로부터의 자유를 누릴 수 있는 세상의 등장이라고 우리 모두가 한목소리로 외치게 되었다.

인간이 폭정과 탄압에 맞서, 최후의 수단으로, 폭력 저항에 의존해야 할 지경에까지 몰리지 않으려면 법의 지배로써 인권을 반드시 보호해야 한다.

오늘날 여러 나라 사이에서 친선 관계의 발전을 도모하는 일이 참으로 필요해졌다.

유엔에 속한 여러 인민들은 유엔헌장을 통해 기본 인권에 대한 신념, 인간의 존엄성 및 가치에 대한 신념, 남성과 여성의 평등한 권리에 대한 신념을 재확인했으며, 더욱 폭넓은 자유 속에서 사회 진보 및 더 나은 생활수준을 촉진시키자고 다짐한 바 있다.

유엔 회원국들은, 유엔과 협력하여, 인권과 기본적 자유를 함께 존중하고 준수하며, 그것을 증진하자고 약속했었다.

그런데 이러한 서약을 온전히 실현하려면 인권이 무엇인지 또 자유가 무엇인지에 관해 모든 사람이 공통적으로 이해하는 것이 무엇보다도 중요하다.

따라서 이제, 유엔총회는, 사회 속의 모든 개인과 모든 조직이 이 선언을 언제나 마음속 깊이 간직하면서, 가르침과 배움을 통해 이런 권리와 자유가 존중되도록 애써 노력하며, 국내에서든 국제적으로든, 전향적이고 지속적인 조치를 통해 이런 권리와 자유가 보편적이고 효과적으로 인정되고 지켜지도록 애써 노력하기 위해, 모든 인민과 모든 국가가 함께 달성해야 할 하나의 공통된 기준으로서 세계인권선언을 유엔 회원국들의 인민들뿐만 아니라 회원국의 법적 관할하에 있는 영토의 인민들에게 선포하는 바이다.

제1조　모든 사람은 자유로운 존재로 태어났고, 똑같은 존엄과 권리를 가진다. 사람은 이성과 양심을 타고났으므로 서로를 형제애의 정신으로 대해야 한다.

제2조　모든 사람은, 인종, 피부색, 성, 언어, 종교, 정치적 견해 또는 그 밖의 견해, 출신 민족 또는 사회적 신분, 재산의 많고 적음, 출생 또는 그 밖의 지위에 따른 그 어떤 종류의 구분도 없이, 이 선언에 나

와 있는 모든 권리와 자유를 누릴 자격이 있다.

더 나아가, 어떤 사람이 속한 곳이 독립국이든, 신탁통치령이든, 비자치령이든, 그 밖의 어떤 주권상의 제약을 받는 지역이든 상관없이, 그곳의 정치적 지위나 사법 관할권상의 지위 혹은 국제적 지위를 근거로 사람을 구분해서는 절대로 안 된다.

제3조 모든 사람은 생명, 자유, 그리고 인신 안전의 권리를 가진다.

제4조 어느 누구도 노예가 되거나 타인에게 예속된 상태에 놓여서는 안 된다. 노예제도와 노예 매매는 어떤 형태로든 일절 금지된다.

제5조 어느 누구도 고문, 또는 잔인하고 비인도적이거나 모욕적인 대우 또는 처벌을 받아서는 안 된다.

제6조 모든 사람은 그 어디에서든 법 앞에서 다른 사람과 똑같이 한 인간으로 인정받을 권리가 있다.

제7조 모든 사람은 법 앞에 평등하며, 어떤 차별도 없이 똑같이 법의 보호를 받을 자격이 있다. 모든 사람은 이 선언에 위배되는 그 어떤 차별에 대해서도, 그리고 그러한 차별에 대한 그 어떤 선동 행위에 대해서도 똑같은 보호를 받을 자격이 있다.

제8조 모든 사람은 헌법 또는 법률이 보장하는 기본권을 침해당했을 때 해당 국가의 법정에 의해 적절하게 구제받을 권리가 있다.

제9조 어느 누구도 함부로 체포 또는 구금되거나 해외로 추방되어서는 안 된다

제10조 모든 사람은 자신의 권리와 의무가 무엇인지를 가려내고, 자신에게 가해진 범죄 혐의에 대해 심판받을 때에, 독립적이고 불편부당한 법정에서 다른 사람과 똑같이 공정하고 공개적인 재판을 받을 자격이 있다.

제11조

1. 형사상 범죄 혐의로 기소당한 사람은 누구나 자신의 변호를 위해 필요한 모든 법적 보장이 되어 있는 공개재판에서 법에 따라 정식으로 유죄판결이 나기 전까지는 무죄로 추정받을 권리가 있다.
2. 어떤 사람이 그전에 국내법 또는 국제법상으로 범죄가 아니었던 일을, 행하거나 행하지 않았던 것을 두고 그 후에 유죄라고 판결해서는 안 된다. 또한 범죄를 저지른 당시에 부과할 수 있었던 처벌보다 더 무거운 처벌을 그 후에 부과해서도 안 된다.

제12조 어느 누구도 자신의 사생활, 가족 관계, 가정, 또는 타인과의 연락에 대해 외부의 자의적인 간섭을 받지 않으며, 자신의 명예와 평판에 대해 침해를 받지 않는다. 모든 사람은 그러한 간섭과 침해에 대해 법의 보호를 받을 권리가 있다.

제13조

1. 모든 사람은 자기 나라 내에서 어디에든 갈 수 있고, 어디에든 살 수 있는 자유를 누릴 권리가 있다.

2. 모든 사람은 자기 나라를 포함한 어떤 나라로부터도 출국할 권리가 있으며, 또한 자기 나라로 다시 돌아갈 권리가 있다.

제14조

1. 모든 사람은 박해를 피해 다른 나라에서 피난처를 구할 권리와 그것을 누릴 권리를 가진다.

2. 그러나 이 권리는 순수하게 비정치적인 범죄로 제기된 법적 소추, 또는 유엔의 목적과 원칙에 위배되는 행위로 제기된 법적 소추의 경우에는 적용되지 않는다.

제15조

1. 모든 사람은 국적을 가질 권리가 있다.

2. 어느 누구도 함부로 자신의 국적을 빼앗기지 않으며, 또한 자신의 국적을 바꿀 권리를 부정당하지 않는다.

제16조

1. 성인이 된 남녀는 인종이나 국적, 종교에 따른 어떠한 제약도 받지 않고, 결혼할 수 있는 권리 그리고 가정을 이룰 권리가 있다. 남성과 여성은 결혼 도중 그리고 이혼할 때, 혼인과 관련된 모든 문제에 있어 서로 똑같은 권리를 가진다.

2. 결혼은 오직 배우자가 되려는 당사자들 간의 자유롭고 완전한 합의에 의해서만 유효하다.

3. 가정은 사회의 자연적이고 기본적인 구성단위이므로 사회와 국가의 보호를 받을 자격이 있다.

제17조

1. 모든 사람은, 다른 사람들과 공동으로 재산을 소유할 권리 그리고 단독으로 재산을 소유할 권리가 있다.

2. 어느 누구도 자기 재산을 함부로 빼앗기지 않는다.

제18조 모든 사람은 사상의 자유, 양심의 자유, 그리고 종교의 자유를 누릴 권리가 있다. 이러한 권리에는 자신의 종교 또는 신앙을 바꿀 자유도 포함된다. 또한 이러한 권리에는 혼자 또는 다른 사람들과 함께, 공개적으로 또는 사적으로, 자신의 종교나 신앙을 가르치고 실천하고 예배드리고 엄수할 자유가 포함된다.

제19조 모든 사람은 의사 표현의 자유를 누릴 권리가 있다. 이 권리에는 간섭받지 않고 자기 의견을 가질 수 있는 자유와, 모든 매체를 통하여 국경과 상관없이 정보와 생각을 구하고 받아들이고 전파할 수 있는 자유가 포함된다.

제20조

1. 모든 사람은 평화적 집회 및 결사의 자유를 누릴 권리가 있다.
2. 어느 누구도 어떤 모임에 소속될 것을 강요당해서는 안 된다.

제21조

1. 모든 사람은 자기가 직접 참여하든 또는 자유롭게 선출된 대표를 통해서 간접적으로 참여하든 간에, 자기 나라의 국가 운영에 참여할 권리가 있다.
2. 모든 사람은 자기 나라의 공직을 맡을 평등한 권리가 있다.
3. 인민의 의지가 정부 권위의 토대를 이룬다. 인민의 의지는, 주기적으로 시행되는 진정한 선거를 통해 표출된다. 이런 선거는 보통선거와 평등선거로 이루어지고, 비밀투표 또는 비밀투표에 해당하는 자유로운 투표 절차에 따라 시행된다.

제22조 모든 사람은 사회의 구성원으로서 사회보장을 받을 권리가 있다. 또한 모든 사람은, 국가의 자체적인 노력과 국제적인 협력을 통해, 그리고 각 나라가 조직된 방식과 보유한 자원의 형편에 맞춰 자신의 존엄성과 인격의 자유로운 발전에 반드시 필요한 경제적·사회적·문화적 권리를 실현할 자격이 있다.

제23조

1. 모든 사람은 노동할 권리, 자유롭게 직업을 선택할 권리, 공정하고 유리한 조건으로 일할 권리, 그리고 실업 상태에 놓였을 때 보호받을 권리가 있다.
2. 모든 사람은 어떠한 차별도 받지 않고 동일한 노동에 대해서 동일한 보수를 받을 권리가 있다.
3. 모든 노동자는 자신과 그 가족이 인간적으로 존엄을 지키고 살아갈 수 있도록 보장해 주는 정당하고 유리한 보수를 받을 권리가 있다. 또한 이러한 보수가 부족할 때에는 필요하다면 여타 사회 보호 수단을 통해 부조를 받을 권리가 있다.
4. 모든 사람은 자신의 이익을 지키기 위해 노동조합을 결성하고 그것에 가입할 권리가 있다.

제24조 모든 사람은 휴식을 취하고 여가를 즐길 권리가 있다. 이러한 권리에는 노동시간을 적절한 수준으로 제한할 수 있는 권리 그리고 정기적인 유급 휴가를 받을 권리가 포함된다.

제25조

1. 모든 사람은 자신과 가족의 건강과 안녕에 적합한 생활수준을 누릴 권리가 있다. 이러한 권리에는 음식, 입을 옷, 주거, 의료, 그리고 생활에 필요한 사회 서비스 등을 누릴 권리가 포함된다. 또한 실업 상태에 놓였거나, 질병에 걸렸거나, 장애를 당했거나, 배우자와 사별했거나, 나이가 많이 들었거나, 그 밖에 자신의 힘으로 어쩔 수 없는 형편이 되어 생계가 곤란해진 모든 사람은 사회나 국가로부터 보호를 받을 권리가 있다.

2. 자식이 딸린 어머니 그리고 어린이와 청소년은 사회로부터 특별한 보살핌과 도움을 받을 자격이 있다. 모든 어린이와 청소년은 그 부모가 결혼한 상태에서 태어났든 아니든 간에 똑같은 보호를 받는다.

제26조

1. 모든 사람은 교육받을 권리가 있다. 적어도 초등교육과 기본 교육 단계에서는 무상교육을 해야 한다. 초등교육은 의무적으로 실시해야 한다. 보통 사람들이 큰 어려움 없이 기술교육과 직업교육을 받을 수 있어야 하며, 고등교육은 오직 학업 능력으로만 판단하여 모든 사람에게 똑같이 개방되어야 한다.
2. 교육은 인격을 온전하게 발달시키고, 인권과 기본적 자유를 더욱 존중할 수 있도록 그 방향을 맞춰야 한다. 교육은 모든 국가, 모든 인종 집단 또는 모든 종교 집단이 서로 이해하고 서로 너그러운 마음으로 포용하며 친선을 도모할 수 있게 해야 하고, 평화를 유지하기 위한 유엔의 활동을 촉진해야 한다.
3. 부모는 자기 자녀가 어떤 교육을 받을지를 우선적으로 선택할 권리가 있다.

제27조

1. 모든 사람은 자기가 속한 공동체의 문화생활에 자유롭게 참여할 권리, 예술을 즐길 권리, 학문적 진보와 그 혜택을 다 함께 누릴 권리가 있다.
2. 모든 사람은 자신이 만들어 낸 모든 학문, 문예, 예술의 창작물에서 생기는 정신적·물질적 이익을 보호받을 권리가 있다.

제28조 모든 사람은 이 선언에 나와 있는 권리와 자유가 온전히 실현될 수 있는 사회체제 및 국제 체제 내에서 살아갈 자격이 있다.

제29조

1. 모든 사람은 자신이 속한 공동체에 대하여 의무를 진다. 어떤 사람이든 그러한 공동체를 통해서만 자신의 인격을 자유롭고 온전하게 발전시킬 수 있다.
2. 모든 사람이 자신의 권리와 자유를 온전하게 행사할 수 있지만, 다음과 같은 경우에는 예외적으로 그러한 권리와 자유가 제한될 수 있다. 즉 타인에게도 나와 똑같은 권리와 자유가 있다는 사실을 인정하고 존중해 주기 위해 제정된 법률, 그리고 민주 사회의 도덕률과 공중 질서, 사회 전체의 복리를 위해 정당하게 요구되는 사안을 충족시키기 위해 제정된 법률에 의해서는 제한될 수 있다.
3. 그 어떤 경우에도 이러한 권리와 자유를 유엔의 목적과 원칙에 어긋나게 행사해서는 안 된다.

제30조 이 선언에 나와 있는 어떤 내용도 다음과 같이 해석해서는 안 된다. 즉 어떤 국가, 집단 또는 개인이 이 선언에 나와 있는 그 어떤 권리와 자유라도 파괴하기 위한 활동에 가담할 권리가 있다고 암시하거나, 그러한 행동을 할 권리가 있다는 식으로 해석해서는 절대로 안 된다.

부록_ 경제적·사회적·문화적 권리에 관한 국제규약
International Covenant on Economic, Social and Cultural Rights

- 1966년 12월 16일 유엔에서 채택, 1976년 1월 3일 발효
- 자료 : 유네스코한국위원회 〈http://www.unesco.or.kr/hrtreaty/〉

이 규약의 당사국은, 국제연합 헌장에 선언된 원칙에 따라 인류 사회의 모든 구성원의 고유의 존엄성 및 평등하고 양도할 수 없는 권리를 인정하는 것이 세계의 자유, 정의 및 평화의 기초가 됨을 고려하고, 이러한 권리는 인간의 고유한 존엄성으로부터 유래함을 인정하며, 세계인권선언에 따라 공포와 결핍으로부터의 자유를 향유하는 자유 인간의 이상은 모든 사람이 자신의 시민적·정치적 권리뿐만 아니라 경제적·사회적·문화적 권리를 향유할 수 있는 여건[조건]이 조성되는 경우에만 성취[달성]될 수 있음을 인정하며, 인권과 자유에 대한 보편적 존중과 준수를 촉진시킬 국제연합 헌장상의 국가의 의무를 고려하며, 타 개인과 자기가 속한 사회에 대한 의무를 지고 있는 개인은, 이 규약에서 인정된 권리의 증진과 준수를 위하여 노력하여야 할 책임이 있음을 인식하여, 다음 조문들에 합의한다.

제1부

제1조

1. 모든 인민은 자결권을 가진다. 이 권리에 기초해 모든 인민은 그들의 정치적 지위를 자유로이 결정하고, 또한 그들의 경제적·사회적·문화적 발전을 자유로이 추구한다.
2. 모든 인민은, 호혜의 원칙에 입각한 국제경제 협력으로부터 발생하는 의무 및 국제법상의 의무에 위반하지 아니하는 한, 그들 자신의 목적을 위하여 자신들의 천연의 부와 자원을 자유로이 처분할 수 있다. 어떠한 경우에도 인민은 자신들의 생존 수단을 박탈당하지 아니한다.
3. 비자치지역 및 신탁통치 지역의 행정 책임을 맡고 있는 국가들을 포함하여 이 규약의 당사국은 국제연합 헌장의 규정에 따라 자결권의 실현을 촉진하고 동 권리를 존중하여야 한다.

제2부

제2조

1. 이 규약의 각 당사국은 특히 입법 조치의 채택을 포함한 모든 적절한 수단에 의하여 이 규약에서 인정된 권리의 완전한 실현을 점진적으로 달성하기 위하여, 개별적으로 또한 특히 경제적, 기술적인 국제 지원과 국제 협력을 통하여, 자국의 가용 자원이 허용하는 최대한도까지 조치를 취할 것을 약

속한다.

2. 이 규약의 당사국은 이 규약에서 선언된 권리들이 인종, 피부색, 성, 언어, 종교, 정치적 또는 기타의 의견, 민족적 또는 사회적 출신, 재산, 출생 또는 기타의 신분 등에 의한 어떠한 종류의 차별도 없이 행사되도록 보장할 것을 약속한다.

3. 개발도상국은, 인권과 국가 경제를 충분히 고려하여 이 규약에서 인정된 경제적 권리를 어느 정도까지 자국의 국민이 아닌 자에게 보장할 것인가를 결정할 수 있다.

제3조 이 규약의 당사국은 이 규약에 규정된 모든 경제적, 사회적 및 문화적 권리를 향유함에 있어서 남녀에게 동등한 권리를 확보할 것을 약속한다.

제4조 이 규약의 당사국은, 국가가 이 규약에 따라 부여하는 권리를 향유함에 있어서, 그러한 권리의 본질과 양립할 수 있는 한도 내에서, 또한 오직 민주 사회에서의 공공복리 증진의 목적으로 반드시 법률에 의하여 정하여지는 제한에 의해서만, 그러한 권리를 제한할 수 있음을 인정한다.

제5조

1. 이 규약의 어떠한 규정도 국가, 집단 또는 개인이 이 규약에서 인정되는 권리 및 자유를 파괴하거나, 또는 이 규약에서 규정된 제한의 범위를 넘어 제한하는 것을 목적으로 하는 활동에 종사하거나 또는 그와 같은 것을 목적으로 하는 행위를 행할 권리를 가지는 것으로 해석되지 아니한다.

2. 이 규약의 어떠한 당사국에서 법률, 협정, 규칙 또는 관습에 의하여 인정되거나 또는 현존하고 있는 기본적 인권에 대하여는, 이 규약이 그러한 권리를 인정하지 아니하거나 또는 그 인정의 범위가 보다 협소하다는 것을 구실로 동 권리를 제한하거나 또는 훼손하는 것이 허용되지 아니한다.

제3부

제6조

1. 이 규약의 당사국은, 모든 사람이 자유로이 선택하거나 수락하는 노동에 의하여 생계를 영위할 권리를 포함하는 근로의 권리를 인정하며, 동 권리를 보호하기 위하여 적절한 조치를 취한다.

2. 이 규약의 당사국이 근로권의 완전한 실현을 달성하기 위하여 취하는 제반 조치에는 개인에게 기본적인 정치적·경제적 자유를 보장하는 조건하에서 착실한 경제적·사회적·문화적 발전과 생산적인 완전고용을 달성하기 위한 기술 및 직업의 지도, 훈련 계획, 정책 및 기술이 포함되어야 한다.

제7조 이 규약의 당사국은 특히 다음 사항이 확보되는 공정하고 유리한 근로조건을 모든 사람이 향유할 권리를 가지는 것을 인정한다.

  (a) 모든 근로자에게 최소한 다음의 것을 제공하는 보수

    (i) 공정한 임금과 어떠한 종류의 차별도 없는 동등한 가치의 노동에 대한 동등한 보수, 특히 여

성에게 대하여는 동등한 노동에 대한 동등한 보수와 함께 남성이 향유하는 것보다 열등하지 아니한 근로조건의 보장

  (ii) 이 규약의 규정에 따른 근로자 자신과 그 가족의 품위 있는 생활

  (b) 안전하고 건강한 근로조건

  (c) 연공서열 및 능력 이외의 다른 고려에 의하지 아니하고, 모든 사람이 자기의 직장에서 적절한 상위직으로 승진할 수 있는 동등한 기회

  (d) 휴식, 여가 및 근로시간의 합리적 제한, 공휴일에 대한 보수와 정기적인 유급 휴일

제8조

1. 이 규약의 당사국은 다음의 권리를 확보할 것을 약속한다.

  (a) 모든 사람은 그의 경제적·사회적 이익을 증진하고 보호하기 위하여 관계 단체의 규칙에만 따를 것을 조건으로 노동조합을 결성하고, 그가 선택한 노동조합에 가입하는 권리. 그러한 권리의 행사에 대하여는 법률로 정하여진 것 이외의 또한 국가 안보 또는 공공질서를 위하여 또는 타인의 권리와 자유를 보호하기 위하여 민주 사회에서 필요한 것 이외의 어떠한 제한도 과할 수 없다.

  (b) 노동조합이 전국적인 연합 또는 총연합을 설립하는 권리 및 총연합이 국제노동조합조직을 결성하거나 또는 가입하는 권리

  (c) 노동조합은 법률로 정하여진 것 이외의 또한 국가 안보, 공공질서를 위하거나 또는 타인의 권리와 자유를 보호하기 위하여 민주 사회에서 필요한 제한 이외의 어떠한 제한도 받지 아니하고 자유로이 활동할 권리

  (d) 특정 국가의 법률에 따라 행사될 것을 조건으로 파업을 할 수 있는 권리

2. 이 조는 군인, 경찰 구성원 또는 행정관리가 전기한 권리들을 행사하는 것에 대하여 합법적인 제한을 부과하는 것을 방해하지 아니한다.

3. 이 조의 어떠한 규정도 결사의 자유 및 단결권의 보호에 관한 1948년의 국제노동기구협약의 당사국이 동 협약에 규정된 보장을 저해하려는 입법 조치를 취하도록 하거나, 또는 이를 저해하려는 방법으로 법률을 적용할 것을 허용하지 아니한다.

제9조 이 규약의 당사국은 모든 사람이 사회보험을 포함한 사회보장에 대한 권리를 가지는 것을 인정한다.

제10조 이 규약의 당사국은 다음 사항을 인정한다.

1. 사회의 자연적이고 기초적인 단위인 가정에 대하여는, 특히 가정의 성립을 위하여 그리고 가정이 부양 어린이의 양육과 교육에 책임을 맡고 있는 동안에는 가능한 한 광범위한 보호와 지원이 부여된다. 혼인은 혼인 의사를 가진 양 당사자의 자유로운 동의하에 성립된다.

2. 임산부에게는 분만 전후의 적당한 기간 동안 특별한 보호가 부여된다. 동 기간 중의 근로 임산부에

게는 유급휴가 또는 적당한 사회보장의 혜택이 있는 휴가가 부여된다.

3. 가문 또는 기타 조건에 의한 어떠한 차별도 없이, 모든 어린이와 연소자를 위하여 특별한 보호와 원조의 조치가 취하여진다. 어린이와 연소자는 경제적·사회적 착취로부터 보호된다. 어린이와 연소자를 도덕 또는 건강에 유해하거나 또는 생명에 위험하거나 또는 정상적 발육을 저해할 우려가 있는 노동에 고용하는 것은 법률에 의하여 처벌할 수 있다. 당사국은 또한 연령 제한을 정하여 그 연령에 달하지 않은 어린이에 대한 유급 노동에의 고용이 법률로 금지되고 처벌될 수 있도록 한다.

제11조

1. 이 규약의 당사국은 모든 사람이 적당한 식량, 의복 및 주택을 포함하여 자기 자신과 가정을 위한 적당한 생활수준을 누릴 권리와 생활 조건을 지속적으로 개선할 권리를 가지는 것을 인정한다. 당사국은 그러한 취지에서 자유로운 동의에 입각한 국제적 협력의 본질적인 중요성을 인정하고, 그 권리의 실현을 확보하기 위한 적당한 조치를 취한다.

2. 이 규약의 당사국은 기아로부터의 해방이라는 모든 사람의 기본적인 권리를 인정하고, 개별적으로 또는 국제 협력을 통하여 아래 사항을 위하여 구체적 계획을 포함하는 필요한 조치를 취한다.

   (a) 과학·기술 지식을 충분히 활용하고, 영양에 관한 원칙에 대한 지식을 보급하고, 천연자원을 가장 효율적으로 개발하고 이용할 수 있도록 농지 제도를 발전시키거나 개혁함으로써 식량의 생산, 보존 및 분배의 방법을 개선할 것.

   (b) 식량 수입국 및 식량 수출국 쌍방의 문제를 고려하여 필요에 따라 세계 식량 공급의 공평한 분배를 확보할 것.

제12조

1. 이 규약의 당사국은 모든 사람이 도달 가능한 최고 수준의 신체적·정신적 건강을 향유할 권리를 가지는 것을 인정한다.

2. 이 규약 당사국이 동 권리의 완전한 실현을 달성하기 위하여 취할 조치에는 다음 사항을 위하여 필요한 조치가 포함된다.

   (a) 사산율과 유아사망률의 감소 및 어린이의 건강한 발육

   (b) 환경 및 산업위생의 모든 부문의 개선

   (c) 전염병, 풍토병, 직업병 및 기타 질병의 예방, 치료 및 통제

   (d) 질병 발생 시 모든 사람에게 의료와 간호를 확보할 여건의 조성

제13조

1. 이 규약의 당사국은 모든 사람이 교육에 대한 권리를 가지는 것을 인정한다. 당사국은 교육이 인격과 인격의 존엄성에 대한 의식이 완전히 발전되는 방향으로 나아가야 하며, 교육이 인권과 기본적 자유를 더욱 존중하여야 한다는 것에 동의한다. 당사국은 나아가서 교육에 의하여 모든 사람이 자유

사회에 효율적으로 참여하며, 민족 간에 있어서나 모든 인종적, 종족적 또는 종교적 집단 간에 있어서 이해, 관용 및 친선을 증진시키고, 평화 유지를 위한 국제연합의 활동을 증진시킬 수 있도록 하는 것에 동의한다.

2. 이 규약의 당사국은 동 권리의 완전한 실현을 달성하기 위하여 다음 사항을 인정한다.

(a) 초등교육은 모든 사람에게 무상 의무교육으로 실시된다.

(b) 기술 및 직업 중등교육을 포함하여 여러 가지 형태의 중등교육은, 모든 적당한 수단에 의하여, 특히 무상교육의 점진적 도입에 의하여 모든 사람이 일반적으로 이용할 수 있도록 하고, 또한 모든 사람에게 개방된다.

(c) 고등교육은, 모든 적당한 수단에 의하여, 특히 무상교육의 점진적 도입에 의하여, 능력에 기초하여 모든 사람에게 동등하게 개방된다.

(d) 기본 교육은 초등교육을 받지 못하였거나 또는 초등교육의 전 기간을 이수하지 못한 사람들을 위하여 가능한 한 장려되고 강화된다.

(e) 모든 단계에 있어서 학교 제도의 발전이 적극적으로 추구되고, 적당한 연구·장학제도가 수립되며, 교직원의 물질적 처우는 계속적으로 개선된다.

3. 이 규약의 당사국은 부모 또는 경우에 따라서 법정후견인이 그들 자녀를 위하여 공공 기관에 의하여 설립된 학교 이외의 학교로서 국가가 정하거나 승인하는 최소한도의 교육 수준에 부합하는 학교를 선택하는 자유 및 그들의 신념에 따라 자녀의 종교적·도덕적 교육을 확보할 수 있는 자유를 존중할 것을 약속한다.

4. 이 조의 어떠한 부분도 항상 이 조 제1항에 규정된 원칙을 준수하고, 그 교육기관에서의 교육이 국가가 결정하는 최소한의 기준에 일치한다는 요건하에서, 개인과 단체가 교육기관을 설립·운영할 수 있는 자유를 간섭하는 것으로 해석되지 아니한다.

제14조 이 규약의 당사국이 되는 때 그 본토나 자국 관할 내에 있는 기타 영토에서 무상으로 초등 의무교육을 확보할 수 없는 각 당사국은 계획상에 정해질 합리적인 연한 이내에 모든 사람에 대한 무상 의무교육 원칙을 점진적으로 시행하기 위한 세부 실천 계획을 2년 이내에 입안·채택할 것을 약속한다.

제15조

1. 이 규약의 당사국은 모든 사람의 다음 권리를 인정한다.

(a) 문화생활에 참여할 권리

(b) 과학의 진보 및 응용으로부터 이익을 향유할 권리

(c) 자기가 저작한 모든 과학적, 문학적 또는 예술적 창작품으로부터 생기는 정신적·물질적 이익의 보호로부터 이익을 받을 권리

2. 이 규약의 당사국이 그러한 권리의 완전한 실현을 달성하기 위하여 취하는 조치에는 과학과 문화의

보존, 발전 및 보급에 필요한 제반 조치가 포함된다.

3. 이 규약의 당사국은 과학적 연구와 창조적 활동에 필수 불가결한 자유를 존중할 것을 약속한다.

4. 이 규약의 당사국은 국제적 접촉의 장려와 발전 및 과학과 문화 분야에서의 협력으로부터 이익이 초래됨을 인정한다.

제4부

제16조

1. 이 규약의 당사국은 규약에서 인정된 권리의 준수를 실현하기 위하여 취한 조치와 성취된 진전 사항에 관한 보고서를 이 부의 규정에 따라 제출할 것을 약속한다.

2. (a) 모든 보고서는 국제연합 사무총장에게 제출된다. 사무총장은 이 규약의 규정에 따라, 경제사회이사회가 심의할 수 있도록 보고서 사본을 동 이사회에 송부한다.

   (b) 국제연합 사무총장은 이 규약의 당사국으로서 국제연합 전문기구의 회원국인 국가가 제출한 보고서 또는 보고서 내용의 일부가 전문기구의 창설 규정에 따라 동 전문기구의 책임에 속하는 문제와 관계가 있는 경우, 동 보고서 사본 또는 그 내용 중의 관련 부분의 사본을 동 전문기구에 송부한다.

제17조

1. 이 규약의 당사국은 경제사회이사회가 규약 당사국 및 관련 전문기구와 협의한 후, 이 규약의 발효 후 1년 이내에 수립하는 계획에 따라, 자국의 보고서를 각 단계별로 제출한다.

2. 동 보고서는 이 규약상의 의무의 이행 정도에 영향을 미치는 요소 및 장애를 지적할 수 있다.

3. 이 규약의 당사국이 이미 국제연합 또는 전문기구에 관련 정보를 제출한 경우에는, 동일한 정보를 다시 작성하지 않고 동 정보에 대한 정확한 언급으로서 족하다.

제18조 경제사회이사회는 인권과 기본적 자유의 분야에서의 국제연합 헌장상의 책임에 따라, 전문기구가 동 기구의 활동 영역에 속하는 이 규약 규정의 준수를 달성하기 위하여 성취된 진전 사항을 이 사회에 보고하는 것과 관련하여, 당해 전문기구와 협정을 체결할 수 있다. 그러한 보고서에는 전문기구의 권한 있는 기관이 채택한 규정의 이행에 관한 결정 및 권고의 상세를 포함할 수 있다.

제19조 경제사회이사회는 제16조 및 제17조에 따라 각국이 제출하는 인권에 관한 보고서 및 제18조에 따라 전문기구가 제출하는 인권에 관한 보고서 중 국제연합 인권위원회의 검토, 일반적 권고, 또는 정보를 위하여 적당한 보고서를 인권위원회에 송부할 수 있다.

제20조 이 규약의 당사국과 관련 전문기구는 제19조에 의한 일반적 권고에 대한 의견 또는 국제연합 인권위원회의 보고서 또는 보고서에서 언급된 어떠한 문서에서도 그와 같은 일반적 권고에 대하여 언

급하고 있는 부분에 관한 의견을 경제사회이사회에 제출할 수 있다.

제21조 경제사회이사회는 일반적 성격의 권고를 포함하는 보고서와 이 규약에서 인정된 권리의 일반적 준수를 달성하기 위하여 취한 조치 및 성취된 진전 사항에 관하여 이 규약의 당사국 및 전문기구로부터 입수한 정보의 개요를 수시로 총회에 제출할 수 있다.

제22조 경제사회이사회는 이 규약의 제4부에서 언급된 보고서에서 생기는 문제로서, 국제연합의 타 기관, 그 보조기관 및 기술원조의 제공에 관여하는 전문기구가 각기 그 권한 내에서 이 규약의 효과적·점진적 실시에 기여할 수 있는 국제적 조치의 타당성을 결정하는 데 도움이 될 수 있는 문제에 대하여 그들의 주의를 환기시킬 수 있다.

제23조 이 규약의 당사국은 이 규약에서 인정된 권리의 실현을 위한 국제적 조치에는 협약의 체결, 권고의 채택, 기술원조의 제공 및 관계 정부와 협력하여 조직된 협의와 연구를 목적으로 하는 지역별 회의 및 기술적 회의의 개최와 같은 방안이 포함된다는 것에 동의한다.

제24조 이 규약의 어떠한 규정도 이 규약에서 취급되는 문제에 관하여 국제연합의 여러 기관과 전문기구의 책임을 각각 명시하고 있는 국제연합 헌장 및 전문기구 헌장의 규정을 침해하는 것으로 해석되지 아니한다.

제25조 이 규약의 어떠한 규정도 모든 사람이 그들의 천연적 부와 자원을 충분히, 자유로이 향유하고, 이용할 수 있는 고유의 권리를 침해하는 것으로 해석되지 아니한다.

제5부

제26조

1. 이 규약은 국제연합의 모든 회원국, 전문기구의 모든 회원국, 국제사법재판소 규정의 모든 당사국 또한 국제연합 총회가 이 규약에 가입하도록 초청한 기타 모든 국가들의 서명을 위하여 개방된다.
2. 이 규약은 비준되어야 한다. 비준서는 국제연합 사무총장에게 기탁된다.
3. 이 규약은 이 조 제1항에서 언급된 모든 국가들의 가입을 위하여 개방된다.
4. 가입은 가입서를 국제연합 사무총장에게 기탁함으로써 이루어진다.
5. 국제연합 사무총장은 이 규약에 서명 또는 가입한 모든 국가들에게 각 비준서 또는 가입서의 기탁을 통보한다

제27조

1. 이 규약은 35번째의 비준서 또는 가입서가 국제연합 사무총장에게 기탁된 날로부터 3개월 후에 발효한다.

2. 35번째 비준서 또는 가입서의 기탁 후에 이 규약을 비준하거나 또는 이 규약에 가입하는 국가에 대하여는, 이 규약은 그 국가의 비준서 또는 가입서가 기탁된 날로부터 3개월 후에 발효한다.

제28조 이 규약의 규정은 어떠한 제한이나 예외 없이 연방 국가의 모든 지역에 적용된다.

제29조

1. 이 규약의 당사국은 개정안을 제안하고 이를 국제연합 사무총장에게 제출할 수 있다. 사무총장은 개정안을 접수하는 대로, 각 당사국에게 동 제안을 심의하고 표결에 회부하기 위한 당사국회의 개최에 찬성하는지에 관한 의견을 사무총장에게 통보하여 줄 것을 요청하는 것과 함께, 개정안을 이 규약의 각 당사국에게 송부한다. 당사국 중 최소 3분의 1이 당사국회의 개최에 찬성하는 경우, 사무총장은 국제연합의 주관하에 동 회의를 소집한다. 동 회의에 출석하고 표결한 당사국의 과반수에 의하여 채택된 개정안은 그 승인을 위하여 국제연합 총회에 제출된다.

2. 개정안은 국제연합 총회의 승인을 얻고, 각기 자국의 헌법 절차에 따라 이 규약 당사국의 3분의 2의 다수가 수락하는 때 발효한다.

3. 개정안은 발효 시 이를 수락한 당사국을 구속하며, 여타 당사국은 계속하여 이 규약의 규정 및 이미 수락한 그 이전의 모든 개정에 의하여 구속된다.

제30조 제26조 제5항에 의한 통보에 관계없이, 국제연합 사무총장은 동조 제1항에서 언급된 모든 국가에 다음을 통보한다.

   (a) 제26조에 의한 서명, 비준 및 가입

   (b) 제27조에 의한 이 규약의 발효 일자 및 제29조에 의한 모든 개정의 발효 일자

제31조

1. 이 규약은 중국어, 영어, 불어, 러시아어 및 서반아어본이 동등히 정본이며, 국제연합 문서보존소에 기탁된다.

2. 국제연합 사무총장은 제26조에서 언급된 모든 국가들에게 이 규약의 인증 등본을 송부한다.

이상의 증거로, 하기 서명자들은 각자의 정부에 의하여 정당히 권한을 위임받아 1966년 12월 19일 뉴욕에서 서명을 위하여 개방된 이 규약에 서명하였다.

부록_ 시민적·정치적 권리에 관한 국제규약
International Covenant on Civil and Political Rights

- 1966년 12월 16일 유엔에서 채택, 1976년 3월 23일 발효
- 자료 : 유네스코한국위원회 〈http://www.unesco.or.kr/hrtreaty/〉

이 규약의 당사국은, 국제연합 헌장에 선언된 원칙에 따라 인류 사회의 모든 구성원의 고유의 존엄성 및 평등하고 양도할 수 없는 권리를 인정하는 것이 세계의 자유, 정의 및 평화의 기초가 됨을 고려하고, 이러한 권리는 인간의 고유한 존엄성으로부터 유래함을 인정하며, 세계인권선언에 따라 시민적·정치적 자유 및 공포와 결핍으로부터의 자유를 향유하는 자유 인간의 이상은 모든 사람이 자신의 경제적·사회적·문화적 권리뿐만 아니라 시민적·정치적 권리를 향유할 수 있는 여건[조건]이 조성되는 경우에만 성취달성될 수 있음을 인정하며, 인권과 자유에 대한 보편적 존중과 준수를 촉진시킬 국제연합 헌장상의 국가의 의무를 고려하며, 타 개인과 자기가 속한 사회에 대한 의무를 지고 있는 개인은, 이 규약에서 인정된 권리의 증진과 준수를 위하여 노력하여야 할 책임이 있음을 인식하여, 다음의 조문들에 합의한다.

제1부

제1조
1. 모든 인민은 자결권을 가진다. 이 권리에 기초해 모든 인민은 그들의 정치적 지위를 자유로이 결정하고, 또한 그들의 경제적·사회적·문화적 발전을 자유로이 추구한다.
2. 모든 인민은, 호혜의 원칙에 입각한 국제적 경제협력으로부터 발생하는 의무 및 국제법상의 의무에 위반하지 아니하는 한, 그들 자신의 목적을 위하여 자신들의 천연의 부와 자원을 자유로이 처분할 수 있다. 어떠한 경우에도 인민은 자신들의 생존 수단을 박탈당하지 아니한다.
3. 비자치지역 및 신탁통치 지역의 행정 책임을 맡고 있는 국가들을 포함하여 이 규약의 당사국은 국제연합 헌장의 규정에 따라 자결권의 실현을 촉진하고 동 권리를 존중하여야 한다.

제2부

제2조
1. 이 규약의 각 당사국은 자국의 영토 내에 있으며, 그 관할권하에 있는 모든 개인에 대하여 인종, 피부색, 성, 언어, 종교, 정치적 또는 기타의 의견, 민족적 또는 사회적 출신, 재산, 출생 또는 기타의 신분 등에 의한 어떠한 종류의 차별도 없이 이 규약에서 인정되는 권리들을 존중하고 확보할 것을 약속한다.

2. 이 규약의 각 당사국은 현행의 입법 조치 또는 기타 조치에 의하여 아직 규정되어 있지 아니한 경우, 이 규약에서 인정되는 권리들을 실현하기 위하여 필요한 입법 조치 또는 기타 조치를 취하기 위하여 자국의 헌법상의 절차 및 이 규약의 규정에 따라 필요한 조치를 취할 것을 약속한다.

3. 이 규약의 각 당사국은 다음의 조치를 취할 것을 약속한다.

   (a) 이 규약에서 인정되는 권리 또는 자유를 침해당한 사람에 대하여, 그러한 침해가 공무 집행 중 인 자에 의하여 자행된 것이라 할지라도 효과적인 구제 조치를 받도록 확보할 것.

   (b) 그러한 구제 조치를 청구하는 개인에 대하여, 권한 있는 사법, 행정 또는 입법 당국 또는 당해 국가의 법률제도가 정하는 기타 권한 있는 당국에 의하여 그 권리가 결정될 것을 확보하고, 또한 사법적 구제 조치의 가능성을 발전시킬 것.

   (c) 그러한 구제 조치가 허용되는 경우, 권한 있는 당국이 이를 집행할 것을 확보할 것.

제3조 이 규약의 당사국은 이 규약에서 규정된 모든 시민적 및 정치적 권리를 향유함에 있어서 남녀 에게 동등한 권리를 확보할 것을 약속한다.

제4조

1. 국민의 생존을 위협하는 공공의 비상사태의 경우에 있어서 그러한 비상사태의 존재가 공식으로 선 포되어 있을 때에는 이 규약의 당사국은 당해 사태의 긴급성에 의하여 엄격히 요구되는 한도 내에서 이 규약상의 의무를 위반(이탈)하는 조치를 취할 수 있다. 다만, 그러한 조치는 당해국의 국제법상의 여타 의무에 저촉되어서는 아니되며, 또한 인종, 피부색, 성, 언어, 종교 또는 사회적 출신만을 이유 로 하는 차별을 포함하여서는 아니된다.

2. 전항의 규정은 제6조, 제7조, 제8조(제1항 및 제2항), 제11조, 제15조, 제16조 및 제18조에 대한 위 반을 허용하지 아니한다.

3. 의무를 위반하는 조치를 취할 권리를 행사하는 이 규약의 당사국은, 위반하는 규정 및 위반하게 된 이유를, 국제연합 사무총장을 통하여 이 규약의 타 당사국들에게 즉시 통지한다. 또한 당사국은 그 러한 위반이 종료되는 날에 동일한 경로를 통하여 그 내용을 통지한다.

제5조

1. 이 규약의 어떠한 규정도 국가, 집단 또는 개인이 이 규약에서 인정되는 권리 및 자유를 파괴하거나, 또는 이 규약에서 규정된 제한의 범위를 넘어 제한하는 것을 목적으로 하는 활동에 종사하거나 또는 그와 같은 것을 목적으로 하는 행위를 행할 권리를 가지는 것으로 해석되지 아니한다.

2. 이 규약의 어떠한 당사국에서 법률, 협정, 규칙 또는 관습에 의하여 인정되거나 또는 현존하고 있는 기본적 인권에 대하여는, 이 규약이 그러한 권리를 인정하지 아니하거나 또는 그 인정의 범위가 보 다 협소하다는 것을 구실로 동 권리를 제한하거나 또는 훼손하여서는 아니된다.

제3부

제6조

1. 모든 인간은 고유한 생명권을 가진다. 이 권리는 법률에 의하여 보호된다. 어느 누구도 자의적으로 자신의 생명을 박탈당하지 아니한다.

2. 사형을 폐지하지 아니하고 있는 국가에 있어서 사형은 범죄 당시의 현행법에 따라서 또한 이 규약의 규정과 집단 살해죄의 방지 및 처벌에 관한 협약에 저촉되지 아니하는 법률에 의하여 가장 중한 범죄에 대해서만 선고될 수 있다. 이 형벌은 권한 있는 법원이 내린 최종 판결에 의하여서만 집행될 수 있다.

3. 생명의 박탈이 집단 살해죄를 구성하는 경우에는 이 조의 어떠한 규정도 이 규약의 당사국이 집단 살해죄의 방지 및 처벌에 관한 협약의 규정에 따라 지고 있는 의무를 어떠한 방법으로도 위반하는 것을 허용하는 것은 아니라고 이해한다.

4. 사형을 선고받은 사람은 누구나 사면 또는 감형을 청구할 권리를 가진다. 사형선고에 대한 일반사면, 특별사면 또는 감형은 모든 경우에 부여될 수 있다.

5. 사형선고는 18세 미만의 자가 범한 범죄에 대하여 과하여져서는 아니되며, 또한 임산부에 대하여 집행되어서는 아니된다.

6. 이 규약의 어떠한 규정도 이 규약의 당사국에 의하여 사형의 폐지를 지연시키거나 또는 방해하기 위하여 원용되어서는 아니된다.

제7조

어느 누구도 고문 또는 가혹하고 비인도적이거나 모욕적인 처우 또는 형벌을 받지 아니한다. 특히 누구든지 자신의 자유로운 동의 없이 의학적 또는 과학적 실험의 대상이 되지 아니한다.

제8조

1. 어느 누구도 노예 상태에 놓여지지 아니한다. 모든 형태의 노예제도 및 노예 매매는 금지된다.

2. 어느 누구도 예속 상태에 놓여지지 아니한다.

3. (a) 어느 누구도 강제 노동을 하도록 요구되지 아니한다.

   (b) 제3항 "(a)"의 규정은 범죄에 대한 형벌로 중노동을 수반한 구금형을 부과할 수 있는 국가에서, 권한 있는 법원에 의하여 그러한 형의 선고에 따른 중노동을 시키는 것을 금지하는 것으로 해석되지 아니한다.

   (c) 이 항의 적용상 "강제노동"이라는 용어는 다음 사항을 포함하지 아니한다.

   (i) "(b)"에서 언급되지 아니한 작업 또는 역무로서 법원의 합법적 명령에 의하여 억류되어 있는 자 또는 그러한 억류로부터 조건부 석방 중에 있는 자에게 통상적으로 요구되는 것

   (ii) 군사적 성격의 역무 및 양심적 병역거부가 인정되고 있는 국가에 있어서는 양심적 병역 거

부자에게 법률에 의하여 요구되는 국민적 역무

(iii) 공동사회의 존립 또는 복지를 위협하는 긴급사태 또는 재난 시에 요구되는 역무

(iv) 시민으로서 통상적인 의무를 구성하는 작업 또는 역무

제9조

1. 모든 사람은 신체의 자유와 안전에 대한 권리를 가진다. 누구든지 자의적으로 체포되거나 또는 억류되지 아니한다. 어느 누구도 법률로 정한 이유 및 절차에 따르지 아니하고는 그 자유를 박탈당하지 아니한다.

2. 체포된 사람은 누구든지 체포 시에 체포 이유를 통고받으며, 또한 그에 대한 피의 사실을 신속히 통고받는다.

3. 형사상의 죄의 혐의로 체포되거나 또는 억류된 사람은 법관 또는 법률에 의하여 사법권을 행사할 권한을 부여받은 기타 관헌에게 신속히 회부되어야 하며, 또한 그는 합리적인 기간 내에 재판을 받거나 또는 석방될 권리를 가진다. 재판에 회부되는 사람을 억류하는 것이 일반적인 원칙이 되어서는 아니되며, 석방은 재판 기타 사법적 절차의 모든 단계에서 출두 및 필요한 경우 판결의 집행을 위하여 출두할 것이라는 보증을 조건으로 이루어질 수 있다.

4. 체포 또는 억류에 의하여 자유를 박탈당한 사람은 누구든지, 법원이 그의 억류의 합법성을 지체 없이 결정하고, 그의 억류가 합법적이 아닌 경우에는 그의 석방을 명령할 수 있도록 하기 위하여, 법원에 절차를 취할 권리를 가진다.

5. 불법적인 체포 또는 억류의 희생이 된 사람은 누구든지 보상을 받을 권리를 가진다.

제10조

1. 자유를 박탈당한 모든 사람은 인도적으로 또한 인간의 고유한 존엄성을 존중하여 취급된다.

2. (a) 피고인은 예외적인 사정이 있는 경우를 제외하고는 기결수와 격리되며, 또한 유죄의 판결을 받고 있지 아니한 자로서의 지위에 상응하는 별도의 취급을 받는다.

   (b) 미성년 피고인은 성인과 격리되며 또한 가능한 한 신속히 재판에 회부된다.

3. 교도소 수감 제도는 재소자들의 교정과 사회 복귀를 기본적인 목적으로 하는 처우를 포함한다. 미성년 범죄자는 성인과 격리되며 또한 그들의 연령 및 법적 지위에 상응하는 대우가 부여된다.

제11조 어느 누구도 계약상 의무의 이행불능만을 이유로 구금되지 아니한다.

제12조

1. 합법적으로 어느 국가의 영역 내에 있는 모든 사람은, 그 영역 내에서 이동의 자유 및 거주의 자유에 관한 권리를 가진다.

2. 모든 사람은 자국을 포함하여 어떠한 나라로부터도 자유로이 퇴거할 수 있다.

3. 상기 권리는 법률에 의하여 규정되고, 국가 안보, 공공질서, 공중 보건 또는 도덕 또는 타인의 권리와 자유를 보호하기 위하여 필요하고, 또한 이 규약에서 인정되는 기타 권리와 양립되는 것을 제외하고는 어떠한 제한도 받지 아니한다.

4. 어느 누구도 자국에 돌아올 권리를 자의적으로 박탈당하지 아니한다.

제13조 합법적으로 이 규약의 당사국의 영역 내에 있는 외국인은, 법률에 따라 이루어진 결정에 의하여서만 그 영역으로부터 추방될 수 있으며, 또한 국가 안보상 불가피하게 달리 요구되는 경우를 제외하고는 자기의 추방에 반대하는 이유를 제시할 수 있고 또한 권한 있는 당국 또는 동 당국에 의하여 특별히 지명된 자에 의하여 자기의 사안이 심사되는 것이 인정되며, 또한 이를 위하여 그 당국 또는 사람 앞에서 다른 사람이 그를 대리하는 것이 인정된다.

제14조

1. 모든 사람은 재판에 있어서 평등하다. 모든 사람은 그에 대한 형사상의 죄의 결정 또는 민사상의 권리 및 의무의 다툼에 관한 결정을 위하여 법률에 의하여 설치된 권한 있는 독립적이고 공평한 법원에 의한 공정한 공개심리를 받을 권리를 가진다. 보도기관 및 공중에 대하여서는, 민주 사회에 있어서 도덕, 공공질서 또는 국가 안보를 이유로 하거나 또는 당사자들의 사생활의 이익을 위하여 필요한 경우, 또는 공개가 사법상 이익을 해할 특별한 사정이 있는 경우 법원의 견해로 엄격히 필요하다고 판단되는 한도에서 재판의 전부 또는 일부를 공개하지 않을 수 있다. 다만, 형사소송 기타 소송에서 선고되는 판결은 미성년자의 이익을 위하여 필요한 경우 또는 당해 설차가 혼인 관계의 분쟁이나 아동의 후견 문제에 관한 경우를 제외하고는 공개된다.

2. 모든 형사 피의자는 법률에 따라 유죄가 입증될 때까지 무죄로 추정받을 권리를 가진다.

3. 모든 사람은 그에 대한 형사상의 죄를 결정함에 있어서 적어도 다음과 같은 보장을 완전 평등하게 받을 권리를 가진다.

   (a) 그에 대한 죄의 성질 및 이유에 관하여 그가 이해하는 언어로 신속하고 상세하게 통고받을 것

   (b) 변호의 준비를 위하여 충분한 시간과 편의를 가질 것과 본인이 선임한 변호인과 연락을 취할 것

   (c) 부당하게 지체됨이 없이 재판을 받을 것

   (d) 본인의 출석하에 재판을 받으며, 또한 직접 또는 본인이 선임하는 자의 법적 조력을 통하여 변호할 것. 만약 법적 조력을 받지 못하는 경우 변호인의 조력을 받을 권리에 대하여 통지를 받을 것. 사법상의 이익을 위하여 필요한 경우 및 충분한 지불수단을 가지고 있지 못하는 경우 본인이 그 비용을 부담하지 아니하고 법적 조력이 그에게 주어지도록 할 것

   (e) 자기에게 불리한 증인을 신문하거나 또는 신문받도록 할 것과 자기에게 불리한 증인과 동일한 조건으로 자기를 위한 증인을 출석시키도록 하고 또한 신문받도록 할 것

   (f) 법정에서 사용되는 언어를 이해하지 못하거나 또는 말할 수 없는 경우에는 무료로 통역의 조력

을 받을 것

(g) 자기에게 불리한 진술 또는 유죄의 자백을 강요당하지 아니할 것

4. 미성년자의 경우에는 그 절차가 그들의 연령을 고려하고 또한 그들의 갱생을 촉진하고자 하는 요망을 고려한 것이어야 한다.

5. 유죄판결을 받은 모든 사람은 법률에 따라 그 판결 및 형벌에 대하여 상급 법원에서 재심을 받을 권리를 가진다.

6. 어떤 사람이 확정판결에 의하여 유죄판결을 받았으나, 그 후 새로운 사실 또는 새로 발견된 사실에 의하여 오심이 있었음을 결정적으로 입증함으로써 그에 대한 유죄판결이 파기되었거나 또는 사면을 받았을 경우에는 유죄판결의 결과 형벌을 받은 자는 법률에 따라 보상을 받는다. 다만, 그 알지 못한 사실이 적시에 밝혀지지 않은 것이 전체적으로 또는 부분적으로 그에게 책임이 있었다는 것이 증명된 경우에는 그러하지 아니한다.

7. 어느 누구도 각국의 법률 및 형사 절차에 따라 이미 확정적으로 유죄 또는 무죄 선고를 받은 행위에 관하여서는 다시 재판 또는 처벌을 받지 아니한다.

제15조

1. 어느 누구도 행위 시의 국내법 또는 국제법에 의하여 범죄를 구성하지 아니하는 작위 또는 부작위를 이유로 유죄로 되지 아니한다. 또한 어느 누구도 범죄가 행하여진 때에 적용될 수 있는 형벌보다도 중한 형벌을 받지 아니한다. 범죄인은 범죄가 행하여진 후에 보다 가벼운 형을 부과하도록 하는 규정이 법률에 정해진 경우에는 그 혜택을 받는다.

2. 이 조의 어떠한 규정도 국제사회에 의하여 인정된 법의 일반 원칙에 따라 그 행위 시에 범죄를 구성하는 작위 또는 부작위를 이유로 당해인을 재판하고 처벌하는 것을 방해하지 아니한다.

제16조   모든 사람은 어디에서나 법 앞에 인간으로서 인정받을 권리를 가진다.

제17조

1. 어느 누구도 그의 사생활, 가정, 주거 또는 통신에 대하여 자의적이거나 불법적인 간섭을 받거나 또는 그의 명예와 신용에 대한 불법적인 비난을 받지 아니한다.

2. 모든 사람은 그러한 간섭 또는 비난에 대하여 법의 보호를 받을 권리를 가진다.

제18조

1. 모든 사람은 사상, 양심 및 종교의 자유에 대한 권리를 가진다. 이러한 권리는 스스로 선택하는 종교나 신념을 가지거나 받아들일 자유와 단독으로 또는 다른 사람과 공동으로, 공적 또는 사적으로 예배, 의식, 행사 및 선교에 의하여 그의 종교나 신념을 표명하는 자유를 포함한다.

2. 어느 누구도 스스로 선택하는 종교나 신념을 가지거나 받아들일 자유를 침해하게 될 강제를 받지 아

니한다.

3. 자신의 종교나 신념을 표명하는 자유는, 법률에 규정되고 공공의 안전, 질서, 공중보건, 도덕 또는 타인의 기본적 권리 및 자유를 보호하기 위하여 필요한 경우에만 제한받을 수 있다.

4. 이 규약의 당사국은 부모 또는 경우에 따라 법정 후견인이 그들의 신념에 따라 자녀의 종교적·도덕적 교육을 확보할 자유를 존중할 것을 약속한다.

제19조

1. 모든 사람은 간섭받지 아니하고 의견을 가질 권리를 가진다.

2. 모든 사람은 표현의 자유에 대한 권리를 가진다. 이 권리는 구두, 서면 또는 인쇄, 예술의 형태 또는 스스로 선택하는 기타의 방법을 통하여 국경에 관계없이 모든 종류의 정보와 사상을 추구하고 접수하며 전달하는 자유를 포함한다.

3. 이 조 제2항에 규정된 권리의 행사에는 특별한 의무와 책임이 따른다. 따라서 그러한 권리의 행사는 일정한 제한을 받을 수 있다. 다만, 그 제한은 법률에 의하여 규정되고 또한 다음 사항을 위하여 필요한 경우에만 한정된다.

    (a) 타인의 권리 또는 신용의 존중

    (b) 국가 안보 또는 공공질서 또는 공중 보건 또는 도덕의 보호

제20조

1. 전쟁을 위한 어떠한 선전도 법률에 의하여 금지된다.

2. 차별, 적의 또는 폭력의 선동이 될 민족적, 인종적 또는 종교적 증오의 고취는 법률에 의하여 금지된다.

제21조   평화적인 집회의 권리가 인정된다. 이 권리의 행사에 대하여는 법률에 따라 부과되고, 또한 국가 안보 또는 공공의 안전, 공공질서, 공중 보건 또는 도덕의 보호 또는 타인의 권리 및 자유의 보호를 위하여 민주 사회에서 필요한 것 이외의 어떠한 제한도 과하여져서는 아니된다.

제22조

1. 모든 사람은 자기의 이익을 보호하기 위하여 노동조합을 결성하고 이에 가입하는 권리를 포함하여 다른 사람과의 결사의 자유에 대한 권리를 갖는다.

2. 이 권리의 행사에 대하여는 법률에 의하여 규정되고, 국가 안보 또는 공공의 안전, 공공질서, 공중 보건 또는 도덕의 보호 또는 타인의 권리 및 자유의 보호를 위하여 민주 사회에서 필요한 것 이외의 어떠한 제한도 과하여져서는 아니된다. 이 조는 군대와 경찰의 구성원이 이 권리를 행사하는 데 대하여 합법적인 제한을 부과하는 것을 방해하지 아니한다.

3. 이 조의 어떠한 규정도 결사의 자유 및 단결권의 보호에 관한 1948년의 국제노동기구협약의 당사국이 동 협약에 규정하는 보장을 저해하려는 입법 조치를 취하도록 하거나 또는 이를 저해하려는 방법

으로 법률을 적용할 것을 허용하는 것은 아니다.

제23조

1. 가정은 사회의 자연적이며 기초적인 단위이고, 사회와 국가의 보호를 받을 권리를 가진다.

2. 혼인적령의 남녀가 혼인을 하고, 가정을 구성할 권리가 인정된다.

3. 혼인은 양 당사자의 자유롭고 완전한 합의 없이는 성립되지 아니한다.

4. 이 규약의 당사국은 혼인 기간 중 및 혼인 해소 시에 혼인에 대한 배우자의 권리 및 책임의 평등을 확보하기 위하여 적절한 조치를 취한다. 혼인 해소의 경우에는 자녀에 대한 필요한 보호를 위한 조치를 취한다.

제24조

1. 모든 어린이는 인종, 피부색, 성, 언어, 종교, 민족적 또는 사회적 출신, 재산 또는 출생에 관하여 어떠한 차별도 받지 아니하고 자신의 가족, 사회 및 국가에 대하여 미성년자로서의 지위로 인하여 요구되는 보호조치를 받을 권리를 가진다.

2. 모든 어린이는 출생 후 즉시 등록되고, 성명을 가진다.

3. 모든 어린이는 국적을 취득할 권리를 가진다.

제25조 모든 시민은 제2조에 규정하는 어떠한 차별이나 또는 불합리한 제한도 받지 아니하고 다음의 권리 및 기회를 가진다.

    (a) 직접 또는 자유로이 선출한 대표자를 통하여 정치에 참여하는 것

    (b) 보통·평등 선거권에 따라 비밀투표에 의하여 행하여지고, 선거인의 의사의 자유로운 표명을 보장하는 진정한 정기적 선거에서 투표하거나 피선되는 것

    (c) 일반적인 평등 조건하에 자국의 공무에 취임하는 것

제26조 모든 사람은 법 앞에 평등하고 어떠한 차별도 없이 법의 평등한 보호를 받을 권리를 가진다. 이를 위하여 법률은 모든 차별을 금지하고, 인종, 피부색, 성, 언어, 종교, 정치적, 또는 기타의 의견, 민족적 또는 사회적 출신, 재산, 출생 또는 기타의 신분 등의 어떠한 이유에 의한 차별에 대하여도 평등하고 효과적인 보호를 모든 사람에게 보장한다.

제27조 종족적, 종교적 또는 언어적 소수민족이 존재하는 국가에 있어서는 그러한 소수민족에 속하는 사람들에게 그 집단의 다른 구성원들과 함께 그들 자신의 문화를 향유하고, 그들 자신의 종교를 표명하고 실행하거나 또는 그들 자신의 언어를 사용할 권리가 부인되지 아니한다.

제4부

제28조

1. 인권이사회(이하 이 규약에서 이사회라 한다)를 설치한다. 이사회는 18인의 위원으로 구성되며 이 하에 규정된 임무를 행한다.

2. 이사회는 고매한 인격을 가지고 인권 분야에서 능력이 인정된 이 규약의 당사국의 국민들로 구성하 고, 법률적 경험을 가진 약간 명의 인사의 참여가 유익할 것이라는 점을 고려한다.

3. 이사회의 위원은 개인적 자격으로 선출되고, 직무를 수행한다.

제29조

1. 이사회의 위원은 제28조에 규정된 자격을 가지고 이 규약의 당사국에 의하여 선거를 위하여 지명된 자의 명단 중에서 비밀투표에 의하여 선출된다.

2. 이 규약의 각 당사국은 2인 이하의 자를 지명할 수 있다. 이러한 자는 지명하는 국가의 국민이어야 한다.

3. 동일인이 재지명받을 수 있다.

제30조

1. 최초의 선거는 이 규약의 발효일로부터 6개월 이내에 실시된다.

2. 국제연합 사무총장은, 제34조에 따라 선언된 결원의 보충선거를 제외하고는, 이사회의 구성을 위한 각 선거일의 최소 4개월 전에, 이 규약 당사국이 3개월 이내에 위원회의 위원후보 지명을 제출하도 록 하기 위하여 당사국에 서면 초청장을 발송한다.

3. 국제연합 사무총장은, 이와 같이 지명된 후보들을 지명국 이름의 명시와 함께 알파벳순으로 명단을 작성하여 늦어도 선거일 1개월 전에 동 명단을 이 규약 당사국에게 송부한다.

4. 이사회 위원의 선거는 국제연합 사무총장이 국제연합 본부에서 소집한 이 규약 당사국 회합에서 실 시된다. 이 회합은 이 규약 당사국의 3분의 2를 정족수로 하고, 출석하여 투표하는 당사국 대표의 최 대 다수표 및 절대 다수표를 획득하는 후보가 위원으로 선출된다.

제31조

1. 이사회는 동일 국가의 국민을 2인 이상 포함할 수 없다.

2. 이사회의 선거에 있어서는 위원의 공평한 지리적 안배와 상이한 문명 형태 및 주요한 법률 체계가 대표되도록 고려한다.

제32조

1. 이사회의 위원은 4년 임기로 선출된다. 모든 위원은 재지명된 경우에 재선될 수 있다. 다만, 최초의 선거에서 선출된 위원 중 9인의 임기는 2년 후에 종료된다. 이들 9인 위원의 명단은 최초 선거 후 즉

시 제30조 제4항에 언급된 회합의 의장에 의하여 추첨으로 선정된다.

2. 임기 만료 시의 선거는 이 규약 제4부의 전기 조문들의 규정에 따라 실시된다.

제33조

1. 이사회의 어느 한 위원이 그의 임무를 수행할 수 없는 것이 일시적 성격의 결석이 아닌 다른 이유로 인한 것이라고 다른 위원 전원이 생각할 경우, 이사회의 의장은 국제연합 사무총장에게 이를 통보하며, 사무총장은 이때 동 위원의 궐석을 선언한다.

2. 이사회의 위원이 사망 또는 사임한 경우, 의장은 국제연합 사무총장에게 이를 즉시 통보하여야 하며, 사무총장은 사망일 또는 사임의 효력 발생일로부터 그 좌석의 궐석을 선언한다.

제34조

1. 제33조에 의해 궐석이 선언되고, 교체될 궐석 위원의 잔여 임기가 궐석 선언일로부터 6개월 이내에 종료되지 아니할 때에는, 국제연합 사무총장은 이 규약의 각 당사국에게 이를 통보하며, 각 당사국은 궐석을 충원하기 위하여 제29조에 따라서 2개월 이내에 후보자의 지명서를 제출할 수 있다.

2. 국제연합 사무총장은 이와 같이 지명된 후보들의 명단을 알파벳순으로 작성, 이를 이 규약의 당사국에게 송부한다. 보궐선거는 이 규약 제4부의 관계 규정에 따라 실시된다.

3. 제33조에 따라 선언되는 궐석을 충원하기 위하여 선출되는 위원은 동조의 규정에 따라 궐석 위원의 잔여 임기 동안 재직한다.

제35조 이사회의 위원들은 국제연합 총회가 이사회의 책임의 중요성을 고려하여 결정하게 될 조건에 따라, 국제연합의 재원에서 동 총회의 승인을 얻어 보수를 받는다.

제36조 국제연합 사무총장은 이 규정상 이사회의 효과적인 기능 수행을 위하여 필요한 직원과 편의를 제공한다.

제37조

1. 국제연합 사무총장은 이사회의 최초 회의를 국제연합본부에서 소집한다.

2. 최초 회의 이후에는, 이사회는 이사회의 절차 규칙이 정하는 시기에 회합한다.

3. 이사회는 통상 국제연합본부나 제네바 소재 국제연합사무소에서 회합을 가진다.

제38조 이사회의 각 위원은 취임에 앞서 이사회의 공개 석상에서 자기의 직무를 공평하고 양심적으로 수행할 것을 엄숙히 선언한다.

제39조

1. 이사회는 임기 2년의 임원을 선출한다. 임원은 재선될 수 있다.

2. 이사회는 자체의 절차 규칙을 제정하며 이 규칙은 특히 다음 사항을 규정한다.

(a) 의사정족수는 위원 12인으로 한다.

(b) 이사회의 의결은 출석 위원 과반수의 투표로 한다.

제40조

1. 이 규약의 당사국은 규약에서 인정된 권리를 실현하기 위하여 취한 조치와 그러한 권리를 향유함에 있어서 성취된 진전 사항에 관한 보고서를 다음과 같이 제출할 것을 약속한다.

   (a) 관계 당사국에 대하여는 이 규약의 발효 후 1년 이내

   (b) 그 이후에는 이사회가 요청하는 때

2. 모든 보고서는 국제연합 사무총장에게 제출되며 사무총장은 이를 이사회가 심의할 수 있도록 이사회에 송부한다. 동 보고서에는 이 규약의 이행에 영향을 미치는 요소와 장애가 있을 경우, 이를 기재한다.

3. 국제연합 사무총장은 이사회와의 협의 후 해당 전문기구에 그 전문기구의 권한의 분야에 속하는 보고서 관련 부분의 사본을 송부한다.

4. 이사회는 이 규약의 당사국에 의하여 제출된 보고서를 검토한다. 이사회는 이사회 자체의 보고서와 이사회가 적당하다고 간주하는 일반적 의견을 당사국에게 송부한다. 이사회는 또한 이 규약의 당사국으로부터 접수한 보고서 사본과 함께 동 일반적 의견을 경제사회이사회에 제출할 수 있다.

5. 이 규약의 당사국은 본조 제4항에 따라 표명된 의견에 대한 견해를 이사회에 제출할 수 있다.

제41조

1. 이 규약의 당사국은 타 당사국이 이 규약상의 의무를 이행하지 아니하고 있다고 주장하는 일 당사국의 통보를 접수·심리하는 이사회의 권한을 인정한다는 것을 이 조에 의하여 언제든지 선언할 수 있다. 이 조의 통보는 이 규약의 당사국 중 자국에 대한 이사회의 그러한 권한의 인정을 선언한 당사국에 의하여 제출될 경우에만 접수·심리될 수 있다. 이사회는 그러한 선언을 행하지 아니한 당사국에 관한 통보는 접수하지 아니한다. 이 조에 따라 접수된 통보는 다음의 절차에 따라 처리된다.

   (a) 이 규약의 당사국은 타 당사국이 이 규약의 규정을 이행하고 있지 아니하다고 생각할 경우에는, 서면 통보에 의하여 이 문제에 관하여 그 당사국의 주의를 환기시킬 수 있다. 통보를 접수한 국가는 통보를 접수한 후 3개월 이내에 당해 문제를 해명하는 설명서 또는 기타 진술을 서면으로 통보한 국가에 송부한다. 그러한 해명서에는 가능하고 적절한 범위 내에서, 동 국가가 당해 문제와 관련하여 이미 취하였든가, 현재 취하고 있든가 또는 취할 국내 절차와 구제 수단에 관한 언급이 포함된다.

   (b) 통보를 접수한 국가가 최초의 통보를 접수한 후 6개월 이내에 당해 문제가 관련 당사국 쌍방에게 만족스럽게 조정되지 아니할 경우에는, 양 당사국 중 일방에 의한 이사회와 타 당사국에 대한 통고로 당해 문제를 이사회에 회부할 권리를 가진다.

(c) 이사회는, 이사회에 회부된 문제의 처리에 있어서, 일반적으로 승인된 국제법의 원칙에 따라 모든 가능한 국내적 구제 절차가 원용되고 완료되었음을 확인한 다음에만 그 문제를 처리한다. 다만, 구제 수단의 적용이 부당하게 지연되고 있을 경우에는 그러하지 아니한다.

(d) 이사회가 이 조에 의한 통보를 심사할 경우에는 비공개 토의를 가진다.

(e) "(c)"의 규정에 따를 것을 조건으로, 이사회는 이 규약에서 인정된 인권과 기본적 자유에 대한 존중의 기초 위에서 문제를 우호적으로 해결하기 위하여 관계 당사국에게 주선을 제공한다.

(f) 이사회는 회부받은 어떠한 문제에 관하여도 "(b)"에 언급된 관계 당사국들에게 모든 관련 정보를 제출할 것을 요청할 수 있다.

(g) "(b)"에서 언급된 관계 당사국은 당해 문제가 이사회에서 심의되고 있는 동안 자국의 대표를 참석시키고 구두 또는 서면으로 의견을 제출할 권리를 가진다.

(h) 이사회는 "(b)"에 의한 통보의 접수일로부터 12개월 이내에 보고서를 제출한다.

(i) "(e)"의 규정에 따라 해결에 도달한 경우에는 이사회는 보고서를 사실과 도달된 해결에 관한 간략한 설명에만 국한시킨다.

(ii) "(e)"의 규정에 따라 해결에 도달하지 못한 경우에는 이사회는 보고서를 사실에 관한 간략한 설명에만 국한시키고 관계 당사국이 제출한 서면 의견과 구두 의견의 기록을 동 보고서에 첨부시킨다. 모든 경우에 보고서는 관계 당사국에 통보된다.

2. 이 조의 제 규정은 이 규약의 10개 당사국이 이 조 제1항에 따른 선언을 하였을 때 발효된다. 당사국은 동 선언문을 국제연합 사무총장에게 기탁하며, 사무총장은 선언문의 사본을 타 당사국에 송부한다. 이와 같은 선언은 사무총장에 대한 통고에 의하여 언제든지 철회될 수 있다. 이 철회는 이 조에 의하여 이미 송부된 통보에 따른 어떠한 문제의 심의도 방해하지 아니한다. 어떠한 당사국에 의한 추후의 통보는 사무총장이 선언 철회의 통고를 접수한 후에는 관계 당사국이 새로운 선언을 하지 아니하는 한 접수되지 아니한다.

제42조

1. (a) 제41조에 따라 이사회에 회부된 문제가 관계 당사국들에 만족스럽게 타결되지 못하는 경우에는 이사회는 관계 당사국의 사전 동의를 얻어 특별조정위원회(이하 조정위원회라 한다)를 임명할 수 있다. 조정위원회는 이 규약의 존중에 기초하여 당해 문제를 우호적으로 해결하기 위하여 관계 당사국에게 주선을 제공한다.

(b) 조정위원회는 관계 당사국에게 모두 수락될 수 있는 5인의 위원으로 구성된다. 관계 당사국이 3개월 이내에 조정위원회의 전부 또는 일부의 구성에 관하여 합의에 이르지 못하는 경우에는, 합의를 보지 못하는 조정위원회의 위원은 비밀투표에 의하여 인권이사회 위원 중에서 인권이사회 위원 3분의 2의 다수결 투표로 선출된다.

2. 조정위원회의 위원은 개인 자격으로 직무를 수행한다. 동 위원은 관계 당사국, 이 규약의 비당사국 또는 제41조에 의한 선언을 행하지 아니한 당사국의 국민이어서는 아니된다.

3. 조정위원회는 자체의 의장을 선출하고 또한 자체의 절차 규칙을 채택한다.

4. 조정위원회의 회의는 통상 국제연합본부 또는 제네바 소재 국제연합사무소에서 개최된다. 그러나, 동 회의는 조정위원회가 국제연합 사무총장 및 관계 당사국과 협의하여 결정하는 기타 편리한 장소에서도 개최될 수 있다.

5. 제36조에 따라 설치된 사무국은 이 조에서 임명된 조정위원회에 대하여도 역무를 제공한다.

6. 이사회가 접수하여 정리한 정보는 조정위원회가 이용할 수 있으며, 조정위원회는 관계 당사국에게 기타 관련 자료의 제출을 요구할 수 있다.

7. 조정위원회는 문제를 충분히 검토한 후, 또는 당해 문제를 접수한 후, 어떠한 경우에도 12개월 이내에, 관계 당사국에 통보하기 위하여 인권이사회의 위원장에게 보고서를 제출한다.

   (a) 조정위원회가 12개월 이내에 당해 문제에 대한 심의를 종료할 수 없을 경우, 조정위원회는 보고서를 당해 문제의 심의 현황에 관한 간략한 설명에 국한시킨다.

   (b) 조정위원회가 이 규약에서 인정된 인권의 존중에 기초하여 당해 문제에 대한 우호적인 해결에 도달한 경우, 조정위원회는 보고서를 사실과 도달한 해결에 관한 간략한 설명에 국한시킨다.

   (c) 조정위원회가 "(b)"의 규정에 의한 해결에 도달하지 못한 경우, 조정위원회의 보고서는 관계 당국 간의 쟁점에 관계되는 모든 사실문제에 대한 자체의 조사 결과 및 문제의 우호적인 해결 가능성에 관한 견해를 기술한다. 동 보고서는 또한 관계 당사국이 제출한 서면 의견 및 구두 의견의 기록을 포함한다.

   (d) "(c)"에 의하여 조정위원회의 보고서가 제출되는 경우, 관계 당사국은 동 보고서의 접수로부터 3개월 이내에 인권이사회의 위원장에게 조정위원회의 보고서 내용의 수락 여부를 통고한다.

8. 이 조의 규정은 제41조에 의한 이사회의 책임을 침해하지 아니한다.

9. 관계 당사국은 국제연합 사무총장이 제출하는 견적에 따라 조정위원회의 모든 경비를 균등히 분담한다.

10. 국제연합 사무총장은 필요한 경우, 이 조 제9항에 의하여 관계 당사국이 분담금을 납입하기 전에 조정위원회의 위원의 경비를 지급할 수 있는 권한을 가진다.

제43조 이사회의 위원과 제42조에 의하여 임명되는 특별조정위원회의 위원은 국제연합의 특권 및 면제에 관한 협약의 관계 조항에 규정된 바에 따라 국제연합을 위한 직무를 행하는 전문가로서의 편의, 특권 및 면제를 향유한다.

제44조 이 규약의 이행에 관한 규정은 국제연합과 그 전문기구의 설립 헌장 및 협약에 의하여 또는 헌장 및 협약하에서의 인권 분야에 규정된 절차의 적용을 방해하지 아니하고, 이 규약 당사국이 당사

국 간에 발효 중인 일반적인 또는 특별한 국제 협정에 따라 분쟁의 해결을 위하여 다른 절차를 이용하는 것을 방해하지 아니한다.

제45조 이사회는 그 활동에 관한 연례 보고서를 경제사회이사회를 통하여 국제연합 총회에 제출한다.

제5부

제46조 이 규약의 어떠한 규정도 이 규약에서 취급되는 문제에 관하여 국제연합의 여러 기관과 전문기구의 책임을 각각 명시하고 있는 국제연합 헌장 및 전문기구 헌장의 규정을 침해하는 것으로 해석되지 아니한다.

제47조 이 규약의 어떠한 규정도 모든 사람이 그들의 천연적 부와 자원을 충분히 자유로이 향유하고, 이용할 수 있는 고유의 권리를 침해하는 것으로 해석되지 아니한다.

제6부

제48조

1. 이 규약은 국제연합의 모든 회원국, 전문기구의 모든 회원국, 국제사법재판소 규정의 모든 당사국 또한 국제연합 총회가 이 규약에 가입하도록 초청한 기타 모든 국가들의 서명을 위하여 개방된다.
2. 이 규약은 비준되어야 한다. 비준서는 국제연합 사무총장에게 기탁된다.
3. 이 규약은 이 조 제1항에서 언급된 모든 국가들의 가입을 위하여 개방된다.
4. 가입은 가입서를 국제연합 사무총장에게 기탁함으로써 이루어진다.
5. 국제연합 사무총장은 이 규약에 서명 또는 가입한 모든 국가들에게 각 비준서 또는 가입서의 기탁을 통보한다.

제49조

1. 이 규약은 35번째의 비준서 또는 가입서가 국제연합 사무총장에게 기탁되는 날로부터 3개월 후에 발효한다.
2. 35번째의 비준서 또는 가입서의 기탁 후에 이 규약을 비준하거나 또는 이 조약에 가입하는 국가에 대하여는, 이 규약은 그 국가의 비준서 또는 가입서가 기탁된 날로부터 3개월 후에 발효한다.

제50조 이 규약의 규정은 어떠한 제한이나 예외 없이 연방 국가의 모든 지역에 적용된다.

제51조

1. 이 규약의 당사국은 개정안을 제안하고 이를 국제연합 사무총장에게 제출할 수 있다. 사무총장은 개정안을 접수하는 대로, 각 당사국에게 동 제안을 심의하고 표결에 회부하기 위한 당사국회의 개최에

찬성하는지에 관한 의견을 사무총장에게 통보하여 줄 것을 요청하는 것과 함께, 개정안을 이 규약의 각 당사국에게 송부한다. 당사국 중 최소 3분의 1이 당사국회의 개최에 찬성하는 경우, 사무총장은 국제연합의 주관하에 동 회의를 소집한다.

동 회의에 출석하고 표결한 당사국의 과반수에 의하여 채택된 개정안은 그 승인을 위하여 국제연합 총회에 제출된다.

2. 개정안은 국제연합 총회의 승인을 얻고, 각기 자국의 헌법상 절차에 따라 이 규약 당사국의 3분의 2 의 다수가 수락하는 때 발효한다.

3. 개정안은 발효 시 이를 수락한 당사국을 구속하고, 여타 당사국은 계속하여 이 규약의 규정 및 이미 수락한 그 이전의 모든 개정에 의하여 구속된다.

제52조 제48조 제5항에 의한 통보에 관계없이, 국제연합 사무총장은 동조 제1항에서 언급된 모든 국가에 다음을 통보한다.

　(a) 제48조에 의한 서명, 비준 및 가입

　(b) 제49조에 의한 이 규약의 발효 일자 및 제51조에 의한 모든 개정의 발효 일자

제53조

1. 이 규약은 중국어, 영어, 불어, 러시아어 및 서반아어본이 동등히 정본이며 국제연합 문서보존소에 기탁된다.

2. 국제연합 사무총장은 제48조에서 언급된 모든 국가들에게 이 규약의 인증 등본을 송부한다.

이상의 증거로, 하기 서명자들은 각자의 정부에 의하여 정당히 권한을 위임받아 1966년 12월 19일 뉴욕에서 서명을 위하여 개방된 이 규약에 서명하였다.